Yungdrung Wangden Kreuzer

Kunst des Lebens – Kunst des Sterbens

YUNGDRUNG WANGDEN KREUZER

Kunst *des* Lebens
Kunst *des* Sterbens

*Wie wir den Traum von Ich und Welt mit Achtsamkeit,
Mitempfinden und offenem Gewahrsein meistern
und befreiende Luzidität erlangen können*

Arbor Verlag
Freiburg im Breisgau

Widmung

Die Arbeit an diesem Buch war im Herbst 2019 beendet. Es sei dem langen Leben und segensreichen Wirken aller erleuchteten Meister und der baldigen Befreiung und Erleuchtung aller Wesen gewidmet.

Lektorat: Ralf Lay; Lektorat Glossar: Tina Draszczyk
Coverabbildung: © Yungdrung Wangden Kreuzer
Umschlaggestaltung und Satz: mediengenossen.de
Druck und Bindung: Eberl & Koesel, Krugzell

Dieses Buch wurde auf 100 % Altpapier gedruckt und ist alterungsbeständig. Weitere Informationen über unser Umweltengagement finden Sie unter www.arbor-verlag.de/umwelt

www.arbor-verlag.de

ISBN 978-3-86781-293-1

Inhalt

Erster Teil

Kunst des Lebens –
Kunst des Sterbens

— 1 —

Ars longa, vita brevis:
Eine Einleitung in die Thematik des Buches

Wer ein gutes Leben führt, der stirbt auch gut.
MOTTO DER ARS MORIENDI

*Leeres Gewahrsein hat keinen Anfang und kein Ende. Weil es
nicht geboren wurde, stirbt es nicht.*
LONGCHEN RABJAM GYALPO

*Schlechtes wird von der Seele nie als solches gewählt,
sondern als vermeintlich Gutes.*
PROKLOS

*Wie du selbst nicht behandelt werden willst,
so behandle auch die anderen nicht.*
KONFUZIUS

*Die Freiheiten eines menschlichen Lebens gefunden zu haben
und zu versäumen, mich im Heilsamen zu üben –
könnte es eine größere Dummheit geben als diese?*
SHANTIDEVA

Die Weisen haben ihre Handlungen, ihre Worte
und ihre Gedanken gemeistert. In der Tat –
sie sind vollkommene Meister ihrer selbst geworden.

DHAMMAPADA

Es ist mir eine große Freude, nun diese Sammlung von Texten in Buchform vorlegen zu können, in denen Betrachtungen, Lehren und Methoden zur Kunst eines gelassenen und achtsamen Lebens und deren Fortsetzung im Sterben und über den Tod des Körpers hinaus in eine neue, wenn möglich erleuchtete und leidensfreie Form des Daseins und Erlebens im Zentrum stehen.

Die Kunst des Lebens und die Kunst des Sterbens sind, was den Okzident betrifft, von Platon zu Plotin, Cicero und Seneca und den christlichen Autoren von Gregor dem Großen bis hin zu Seuse, Anselm von Canterbury, Thomas von Kempen und Erasmus von Rotterdam noch ganz selbstverständlich nicht voneinander zu trennen. Der nach authentischer Weisheitserkenntnis strebende Mensch widmet sich der Philosophie, indem er sich täglich im Sterben, in der Loslösung von allem Unwesentlichen übt. Seneca sagte: »Leben muss man ein ganzes Leben lang lernen und … während des ganzen Lebens muss man sterben lernen.« Was die Meister des Orients betrifft, so ist ihnen seit frühester Zeit der Tod die Richtschnur zur klaren Unterscheidung des Wesentlichen vom Unwesentlichen, vom wandellosen Wesen des Geistes und seinen wandelbaren, vergänglichen Erfahrungen. Nur was bleibt, ist wirklich, und alles andere ist unwirklich. Das Bleibende im Wandel, die ewig gültigen Wahrheiten und Gesetze des Lebens zu erkennen und aufzuzeigen ist von jeher die Aufgabe und das Ziel der »ewigen Philosophie« im Osten und im Westen.

Der Glaube an ein Fortleben des Geistes nach dem Verfall und Tod des physischen Körpers war dem Menschen schon seit frühesten Zeiten zu eigen, wie wir aus vielen archäologischen Funden schließen können, und wird – wie wir sehen werden, mit gutem Grund – trotz des diskreditierenden Einflusses neuzeitlicher, reduktionistisch-materialistischer Anschauungen auch heute noch von der Mehrheit der Menschen geteilt.

Dieser Glaube oder diese Überzeugung beruht auf in Wahrheit recht allgemein menschlichen Erfahrungen, die in Todesnähe, am Sterbebett und in der Zeit nach dem Exitus auftreten, die wir in späteren Kapiteln genauer betrachten werden. Er entspricht einem inneren, intuitiven Wissen des Menschen um seine wahre, unzerstörbare Natur als geistiges Wesen, das seinem Wesen nach unabhängig vom Körper ist. Dieses tiefe Wissen lebt fort, auch wenn zurzeit oberbewusst erdachte, gesellschaftlich vorgegebene Paradigmen dem scheinbar widersprechen.

Dieses geistige Wesen, das jetzt in einem menschlichen Körper lebt, will voll und ganz erkannt werden. Es sucht die Natur seiner Erfahrungen zu verstehen und fragt ganz natürlich nach der Sinnhaftigkeit, nach dem Woher und Wohin seines Daseins. Es kann, über seine Wahrnehmungen reflektierend, den Zusammenhang von Ursache und Wirkung in der Natur und in seinem eigenen Handeln und Erleben erkennen.

Ein klares Erkennen, welche Handlungen für uns und unsere Umgebung zu glücklichen, heilsamen Erfahrungen führen und welche zu unheilsamen, leidvollen, wird »Lebensweisheit« genannt – insofern diese die Frucht der Erfahrung vieler Leben und vieler Generationen ist. Ethisches Verhalten ist intelligentes, vernünftiges und weises Verhalten. So könnten wir, in Abwandlung eines Worts von F. Schleiermacher sagen: Ethik ist die Wissenschaft eines vernünftigen und auf die Dauer heilsamen Handelns.

Die Frage, was eigentlich ein gutes, ein glückliches und sinnerfülltes Leben ist, steht damit am Anfang aller Philosophie, welche diesen Namen verdient, und sie steht bewusst oder noch unbewusst auch am Anfang der persönlichen Suche jedes Einzelnen nach Glück und Selbstverwirklichung.

Was die möglichen Antworten auf diese grundlegende Frage betrifft, so besteht seit Langem ein gesellschaftstragender, ein mitmenschlichempathischer Konsens – eine große, Kulturen und Religionen übergreifende Übereinstimmung der Herzen in Bezug auf das, was wahre »Menschlichkeit«, was korrektes Verhalten und was ein gelungenes und erfülltes Leben bedeutet, ein intuitives Gefühl für das Richtige, welches das Leben des Einzelnen und der Gemeinschaft leitet und inspiriert. Dieses wirkt, zu unserem Glück, trotz vieler Widerstände, intellektueller Zweifel und zunehmender Orientierungslosigkeit bis heute weiter, und wir zehren davon.

Die Menschheit zehrt noch von den vor der heute global verbreiteten materialistischen »Wissenschaftsgläubigkeit« ihre Gesellschaften dominierenden Maximen der Weltreligionen, die, einfach zusammengefasst, übereinstimmend lehren: Wer ein gutes, also ein tugendhaftes Leben gemäß den Empfehlungen göttlicher Weisheit, geoffenbart in den heiligen Schriften der jeweiligen Tradition, führt und auf die heilsame Qualität seines Denkens und seiner Handlungen achtet, der wird die Prüfungen des Lebens in dieser Welt gut bestehen, an Weisheit und Verdiensten wachsen und folglich mit ruhiger Seele sterben. Wenn er sich vorab von der Anhaftung an irdische Dinge befreit hat, kann er mit freudiger Erwartung seiner Erlösung entgegensehen. In der geistigen Welt oder in seiner nächsten Existenz wird er die Früchte seiner achtsamen altruistischen und heilsamen Handlungen ernten, denn ein jeder erntet ganz natürlich das, was er einmal selbst gesät hat.

Die Überwindung des kleinen Selbst, Freiheit vom Ich und vom Körper und von ihren Leiden, welche erlangt wird durch die Zähmung des eigenen ungeordneten Denkens, Wünschens, Sprechens und Handelns und ein Tätigsein, welches der Gemeinschaft dient, waren lange und unbestritten das Ideal einer gelungenen Individuation in West und Ost, vorgestellt in der Gestalt der großen, verwirklichten Meister wie Jesus und Buddha und der großen Heiligen der verschiedenen Religionen, an deren Vorbild man sich selbst zu messen hatte und deren gelassene Haltung, Selbstlosigkeit, Geduld im Leiden, Gewaltlosigkeit und einfühlsam-verstehendes, liebevolles Tun und Lassen als beispielhaft für das eigene Leben und Sterben gelten konnten.

Wer sich darin übt, sich zu lassen, immer da, wo er an sich und an bestimmten Erfahrungen und Umständen festhält, der wird, trotz aller Schwierigkeiten und Leiden, ein entspanntes, sinnvolles und glückliches Leben haben. Wenn wir lernen, mit klar erkennender Achtsamkeit im Augenblick zu leben, erwerben wir damit die Fähigkeit im eigenen Geist, unheilsame und heilsame Impulse zu unterscheiden, wenn sie erscheinen, und wir entdecken unsere prinzipielle Freiheit, diesen zu folgen oder nicht. Daraus erwächst eine gleichmütige und gelassene Haltung, die an nichts festhält und deshalb frei von einschränkenden Konzepten über Vergangenheit, Gegenwart und Zukunft bleibt. Wenn wir unsere Fähigkeit zu Mitempfinden, Mitfreude und Wohlwollen kultivieren, weiten und entspannen sich unser Herz und Geist, und wir können die eingebildete Enge, Angst und Isolation unseres kleinen Ichs vergessen und transzendieren.

Die Basis kontemplativer Geistesschulung

Die Einübung einer gleichmütigen Achtsamkeit oder wachen Präsenz und Nüchternheit ist das Grundelement oder die Basis aller Systeme kontemplativer Geistesschulung. Sie ist unerlässlich, um Fehler im System zu erkennen, um unseren Geist von allem zwanghaften, dualistischen Denken und von den entsprechenden Störgefühlen zu reinigen, welche beide die Folge von Nichtgewahrsein und die Hauptursachen für Unzufriedenheit und alle anderen leidvollen Erfahrungen sind. Befreit von den zwei Schleiern, dem des konzeptuellen Denkens und dem der instinktiven Emotionalität, die beide Leiden schaffen, werden wir schließlich das höchste Glück vollkommener Erleuchtung erlangen. Das ist der Weg, der in unserem Geist angelegt ist – der Weg zurück zum bleibenden, unverlierbaren Glück, unserem ursprünglich erleuchteten Zustand, aus dem nichtluziden, selbstverblendeten Erfahren unseres Geistes im Prozess gedanklicher Zerstreuung und Projektion wieder zurück zum luziden Zustand der Einheit und des völligen Friedens mit uns selbst.

Sicher war es zu allen Zeiten auch möglich, einfach nur dahinzuleben. Aber das können auch die Tiere, und sie können es auf den ersten Blick hin besser als wir. Jede Katze, und das überall auf der Welt, versteht es erst einmal besser als wir, entspannt und aufmerksam im Augenblick zu leben – ohne eine Vorstellung von Vergangenheit und Zukunft.

Aber zum Menschsein gehört ein Streben nach Erkenntnis von Sinn und Zusammenhang, und so ist es erst einmal »Manas« oder die Fähigkeit unseres »Denkbewusstseins«, die uns als »Manusha« (in Sanskrit), das heißt als »Mensch«, von den Tieren unterscheidet. Und diese Fähigkeit, die es uns ermöglicht, zu unterscheiden, zu vergleichen und uns zu erinnern, lässt uns auch vieles kompliziert erscheinen, was eigentlich sehr einfach ist.

Die unterscheidende Intelligenz des Menschen ist noch weit entfernt von der wahren Vernunft des göttlichen »Nous« (griechisch *nous* [Geist]), aber sie ist die Grundvoraussetzung für eine mögliche Zusammenschau aller Handlungen und Erlebnisse und für ein Begreifen ihres Zusammenhangs von Ursache und Wirkung.

Gleichzeitig ist diese Fähigkeit Ursache des menschlichen Leidens an sich selbst und durch sich selbst. Im Gegensatz zu den Tieren sind unsere Leiden überwiegend selbst erdacht; und solange sein Denken nicht von Weisheit und Liebe gelenkt ist, erzeugt und erfindet der »Homo sapiens«, oder wohl besser »Homo Faber«, vielerlei Leiden für sich selbst und für seine Mitmenschen und Mitgeschöpfe.

Die menschliche Geschichte gibt beredtes Zeugnis für seine kurzsichtige Genialität und sein am Ende immer auch ihm selbst schadendes Handeln.

Da menschliches Bewusstsein autoreflexiv und von Erinnerung gestützt ist, können wir den Zusammenhang zwischen unserem Denken, Sprechen und Handeln und seinen Wirkungen auf uns selbst und auf unsere

Umgebung und Umwelt verstehen. Aber in unserer Brust wirken sowohl die Kräfte, die uns zu höherem Erkennen inspirieren wollen, wie auch die herabziehenden Kräfte eines Lieber-nicht-wissen-Wollens und einer Bequemlichkeit, die es vorzieht, alles als zufällig und zusammenhanglos zu sehen. Und so wollen wir uns oft in einer Pseudoannahme des Status quo, in einer Annehmlichkeit und in einer Pseudospontaneität, die den instinktiven Impulsen einer von den Toxinen des Geistes inspirierten Dynamik folgt, einer wirklichen Selbsterkenntnis gar nicht öffnen.

Wenn wir es aber verstehen, diese Fähigkeit des Erkennens von Zusammenhängen weiterzuentwickeln, so können wir zu einem wirklich umfassenden Verständnis des Lebens, können zu Lebensweisheit und damit zu einem vernünftigen und heilsamen Gebrauch all unserer Kräfte und Begabungen kommen. So ist es also für eine vernünftige Gestaltung unseres Lebens und unserer Lebensführung von entscheidender Bedeutung, zu einer Klarheit darüber zu kommen, welche Werte für uns wichtig sind und wie wir leben wollen, ja, was ein glückliches, ein in jeder Hinsicht optimales und sinnvolles Dasein eigentlich ist.

Suchen wir nach einer allgemein verlässlichen Basis der Verständigung und des Verstehens – nach etwas, das Mensch und Tier, trotz aller Verschiedenheiten und individueller Variationen gemeinsam ist –, so finden wir, dass alle Wesen zweifellos das Glück oder zumindest das für sie Angenehme suchen und dass sie das Leiden oder für sie Schmerzliche fliehen. Sie alle wollen keine unangenehmen Erfahrungen, genauso wie wir selbst; und doch ist alles Leben von subtilen oder groben, von plötzlichen oder von chronischen Leidenszuständen durchdrungen, die von Zuständen leichter Unruhe und Gereiztheit, eines Unbehagens kombiniert mit Angst oder Verlangen oder einer unerklärlichen Unzufriedenheit bis hin zu schweren psychischen und physischen Krankheiten und Leidenserfahrungen reichen.

Natürlich sind hier alle neurotischen Gefühle und Stimmungen wie Stolz, Ehrgeiz, Eifersucht, Verlangen, Neid und Ärger, welche täglich im Geistesstrom eines Menschen auftauchen können, inkludiert. Sie alle sind zwar normal, aber sie alle sind auch leidvoll, und sie erzeugen neues Leid, sofern wir unter ihrem Einfluss stehen und von ihnen motiviert handeln.

Wenn wir uns mit offenem Herzen umschauen und die Lebensumstände unserer Mitmenschen und der Tiere genau betrachten, so sehen wir, wie sie sich selbst und den anderen Wesen immer wieder Leiden bereiten, weil sie es scheinbar nicht besser wissen und einfach instinktiv ihren Prägungen und Bedürfnissen entsprechend handeln. Den Tieren mangelt es an der nötigen Intelligenz, um die Ursachen des Leids und jene des Glücks klarer zu verstehen. Sie passen sich lediglich besser an die Umstände an und verbessern die Strategien ihres Selbsterhalts und Überlebens. Aber auch die meisten Menschen suchen die Ursachen ihres Missbehagens im Außen und sehen meist nicht, was und wie sie selbst durch ihr eigenes Denken und Handeln dazu beitragen.

Nun ist es einfach zu verstehen, dass es, wenn wir ein entspanntes und sorgenfreies Leben führen wollen, sicherlich gut und förderlich ist, uns in Geduld zu üben und zu lernen, uns zu entspannen und uns keine Sorgen, also keine überflüssigen und ängstlichen Gedanken zu machen.

Die relativ neue Disziplin der Glücksforschung kam zu dem Ergebnis, dass es nicht materielle Güter und Besitz, sondern innere und äußere Gesundheit und harmonische und verlässliche menschliche Beziehungen sind, die von den meisten Menschen als ihr größtes Glück empfunden werden, wenn ihre materielle Situation ausreichend gesichert ist. So liegt es folglich auf der Hand, dass es, wenn wir glücklich sein wollen, das Beste ist, unsere Empathiefähigkeit und unser Mitgefühl und Wohlwollen zu kultivieren, ja dass unser Glück und unser Verständnis weiter wachsen werden, wenn wir lernen, »in der Liebe zu bleiben«, und eine grundsätzlich wohlwollende Einstellung gegenüber unseren Mitmenschen und allen fühlenden Wesen kultivieren.

Dieses allumfassende, unparteiische Wohlwollen drückt sich aus in dem Saatgedanken »Mögen alle Wesen glücklich sein«. Wenn wir diesen besten aller Wünsche in unserem Geistesstrom immer wieder hervorbringen, verändern sich unsere Sichtweise und unser Erleben sehr rasch zum

Positiven, und jedes Mal, wenn wir ihn denken, werden die »Wurzeln des Guten« in uns verstärkt, und unsere Fähigkeit, unser kleines Ich mit seinen Ängsten und Wünschen zu transzendieren, wächst.

Es ist auch sehr sinnvoll und wertvoll, wenn wir die Ursachen des Leids immer klarer erkennen, denn nur wer die wirkliche Ursache einer Krankheit erkannt hat, kann sie auch beseitigen. In ihrer Erkenntnis liegt der Weg zur Aufhebung allen Leids in uns selbst und im Universum, denn nur wenn wir unsere Täuschung klar erkennen, können wir uns von ihr befreien und in der Folge auch anderen helfen, frei zu werden.

•➤•

Nun wird dieses befreiende Erkennen der eigenen Täuschungen und Abhängigkeiten von unserer heutigen Umwelt und Gesellschaft leider nicht gerade unterstützt und gefördert. Vor allem seit der Erfindung der Massenmedien, beginnend mit Radio und TV bis hin zum Internet, werden den Menschen überwiegend ganz andere, von den großen Vorbildern für wahre Selbsterkenntnis und erleuchtete Humanität wie Jesus, Buddha oder auch Konfuzius abweichende Leitbilder, Anschauungen und Leitmotive auf breiter Basis vermittelt. Wenn Information und Unterhaltung an die Stelle von humanistischer Bildung treten, wird es für die vielen zwangsläufig immer unverständlicher, worin ein gutes, ein vernünftiges und sinnvolles Leben und Handeln und ein ethisches Verhalten überhaupt bestehen.

Wenn aber, generell gesprochen, der besondere Sinn und Wert des Menschseins und die Richtung und Möglichkeit seines geistigen Wachstums und einer gelungenen Selbstentwicklung dem einzelnen Menschen nicht richtungsweisend und prägend in seiner Familie und Gesellschaft vorgestellt und vorgelebt werden und wenn diese nicht mehr das Leitbild für die mögliche Höhe einer Kultur und ihrer Bildung sind, sondern eine unter vielen möglichen Anschauungen und Meinungen, so verbreitet sich ein Gefühl der Orientierungslosigkeit, der Sinnlosigkeit und Beliebigkeit, und ein inneres und äußeres Chaos sind die Folge.

Die profitorientierte Werbung leitet das stets zerstreute und nach einem Inhalt und Sinn suchende Denken und Begehren in allen Medien auf Wunschobjekte, Leitbilder und Selbstbilder um, die Abhängigkeit erzeugen und für deren Erlangung, Pflege und Erhaltung ständig gearbeitet werden muss. Wenn sie nicht erlangt, erworben und aufrechterhalten werden können, entstehen daraus Komplexe, Frustration, Unzufriedenheit, Neid und andere Störgefühle. Die Folge ist vielfach eine fortschreitende »Verschmutzung« der Innenwelt, die mit der Verschmutzung und Vergiftung der Umwelt einhergeht, die gleichsam ihr für alle sichtbarer Ausdruck ist.

Nun ist es für die meisten immer schwer gewesen, dem Haupttrend des kollektiven Denkens ihrer jeweiligen Gesellschaft nicht zu folgen; und leider ist es heute fast unmöglich geworden, sich dem Einfluss der ununterbrochenen Werbung, Prägung und Konditionierung durch die Massenmedien zu entziehen. Ja, eine ständige Erreichbarkeit und ein ständiges Online- und Angeschlossensein an die Medien wird in der »Informationsgesellschaft« nun sogar als unabdingbar dargestellt und gefordert.

Ein Strom konfuser und vielfältig divergierender Informationen und Meinungen formiert heute den Menschen, ob er es will oder nicht; und eine flutartige Menge von Informationen ist für alle sichtbar dabei, eine wirkliche Bildung des Menschen im klassischen Sinn zu überwachsen. Diese scheint durch eine auf technischem, pharmakologischem, psychologischem und neurologischem Wissen basierende Programmierung und Gleichschaltung ersetzt zu werden. Zum ersten Mal in der Geschichte der Menschheit sind nun die technischen Möglichkeiten vorhanden, dass dies auf der ganzen Welt geschieht.

Es ist eigentlich ein recht wüster und verwirrender Traum, der dem Menschen nun auf allen Kanälen zur Unterhaltung und als »In-Formation« angeboten wird. Und es ist, glaube ich, wichtig, die Art dieser »Formation« und die Probleme, die daraus für jeden Einzelnen und für die ganze Welt entstehen, mitfühlend verstehen zu können. Vor allem, wenn man täglich mit Menschen zu tun hat und bestrebt ist, ihnen in dieser Zeit, da die Toxine des Geistes stark anwachsen, therapeutisch zu helfen.

Die falschen Versprechungen, ein glückliches Leben durch den Konsum bestimmter Waren und Situationen zu erlangen, führen in die Irre, denn sie binden den Menschen und halten ihn von der Erkenntnis des eigentlichen Sinns seines Lebens ab. Immer neue Wunschobjekte werden ihm vor Augen gestellt und erzeugen neue Wünsche und in der Folge Unzufriedenheit. Durch zu intensiven Medienkonsum können falsche Ängste und Feindbilder entstehen, die zu einer diffusen Nervosität und Unsicherheit führen.

Natürlich war es auch in früheren Zeiten nicht einfach, zu Selbsterkenntnis, einem sicheren moralischen Urteil und geistiger Unabhängigkeit zu kommen und aus dem Traum des eigenen Denkens, Wünschens und Befürchtens zu erwachen. Die eigentlichen Ursachen des persönlichen und des kollektiven Leids und Unbehagens – sie liegen im Geist eines jeden von uns, und sie sind immer die gleichen: Unvernunft, Ignoranz, Egoismus, geistige Unruhe, Existenzangst, Anhaften und Aversion, doch heute erscheint es durch die enge Anbindung des persönlichen Denkens an die Medien und Kommunikationsmittel noch um vieles schwieriger, sich von der Zwanghaftigkeit und Zerstreutheit eines ständigen Konzeptualisierens und Begehrens frei zu machen.

Weil aber unser Geist seiner Natur nach eigentlich frei ist und all seine Wahrnehmungen und Gedankenkonstrukte ebenso natürlich vergänglich sind, ist es in jedem Augenblick theoretisch möglich, aus dem nur scheinbar wirklichen Traum des jeweiligen Zeitgeists und aus dem ihn begleitenden Denken zu erwachen und plötzlich luzide zu werden. Wenn wir im Traumzustand glauben, gleich in einen Abgrund zu stürzen, geschieht häufig, durch die Todesangst ausgelöst, ein Erwachen zu momentaner Luzidität (vom spätlateinischen *luciditas* für »Helle, Klarheit«), und wir erkennen, dass wir gerade träumen. Auch steht unser Denken völlig still, wenn wir durch etwas plötzlich geschockt sind oder wenn wir im Tiefschlaf, in einem Zustand tiefer und seliger Entspannung, alle Träume und Gedanken von Ich und Welt völlig vergessen.

Luzidität und Freiheit von Gedanken sind uns als Erlebnisformen dem-
nach möglich, aber unser ganz normales, menschliches Problem besteht
darin, dass wir momentan entweder wach sind und angespannt vielen
Gedanken folgen, oder wir beginnen zu entspannen, finden etwas geistige
Ruhe und werden dabei aber schläfrig und verlieren das Bewusstsein. Wir
pendeln gewissermaßen zwischen den beiden Extremen Bewusstsein und
Unbewusstheit, und in beiden mangelt es uns an Luzidität. Wegen dieses
Mangels ist Bewusstsein üblicherweise spannungsgeladen und wirkliche
Entspannung eigentlich nur durch den Verlust des Bewusstseins möglich.

•◆•

Die hohe, erlösende Kunst der Dzogchen-Meditation besteht darin, völlig
gewahr und völlig entspannt zu sein. Die möglichst beständig aufrecht-
erhaltene Luzidität wird dann mit der Zeit alle Bewusstseinsschichten
durchdringen. Wie das erreicht werden kann, wird in den späteren, auf die
kontemplative Praxis der Geistesschulung bezogenen Teilen dieses Buches
en détail erklärt werden. Es mag an dieser Stelle genügen zu sagen, dass es
möglich ist, in der Kontemplation einen Grad der Entspannung zu erreichen wie im Tiefschlaf und trotzdem völlig gewahr zu sein. Hier liegt der
Grund, warum in der visionären Praxis des Dzogchen das eigene innere
Licht so stark hervortreten kann wie sonst nur im Schlaf und im Tod, und
das in einem Zustand völliger Wachheit und rezeptiver Offenheit aller Sinne.
      Der authentische Zustand leeren Gewahrseins ist frei vom Denkbe-
wusstsein und frei von der dumpfen, fühllosen Trance der Unbewusstheit.
Wenn wir die Fähigkeit entwickeln, im Wachzustand völlig entspannt und
ohne alle Konzepte zu sein, werden wir am Ende des Sterbeprozesses frei
von Bewusstsein mit dem klaren Licht reinen Gewahrseins verschmelzen
können und Buddhaschaft erreichen. Je länger wir bereits jetzt in diesem
»natürlichen Zustand des Geistes«, frei von Gedanken, bleiben können,
umso größer ist die Chance dieser endgültig befreienden Verwirklichung
im Tod. Wir werden über diesen Zusammenhang in den späteren Kapiteln noch oft und ausführlich sprechen.

Gelassenheit, Mitgefühl und Luzidität

Und damit kehren wir zurück zu dem, was ein gutes Leben eigentlich ausmacht und ermöglicht: die Kultivierung von Gelassenheit, Mitgefühl und Luzidität.

Das Achten auf persönliche Psychohygiene und die Anwendung von Meditation und Entspannungsübungen zur Stressreduktion sind zu einer lebensnotwendigen Gegenmaßnahme geworden, um dem sich aufbauenden inneren und äußeren Druck überhaupt standhalten zu können. Meditation kann im gedanklichen Chaos Ordnung schaffen, kann psychisches und physisches Leid lindern und heilen, und sie kann als Teil einer umfassenden Geistesschulung, wenn sie kontinuierlich und systematisch geübt wird, schließlich sogar die eigentlichen Ursachen unseres Leids, die tief in unserem Unterbewusstsein liegen und uns konditionieren, beseitigen und damit auch den Zustand eines bleibenden, von äußeren Umständen unabhängigen Glücks verwirklichen.

Wie gesagt: Kein fühlendes Wesen will leiden. Alle Wesen suchen das Glück oder das für sie Angenehme, aber leider meist auf Wegen, die sie von Objekten abhängig machen und Sucht erzeugen und damit notwendigerweise zu neuen Leiden führen und den Zustand des Mangels, der Unfreiheit und geistigen Unruhe damit fortsetzen. So heißt es auch bei Seneca: »Wenn du glücklich sein willst, vermehre nicht deine Besitztümer, sondern verringere deine Wünsche.« Durch die Übung der Meditation erfährt der Geist häufiger Zustände von entspannter Ruhe, von wunschlosem Glücklichsein und eine nichturteilende, verständnisvolle Klarheit, die authentische Selbsterkenntnis ermöglicht. Durch die Einübung einer gelassenen, an nichts haftenden Wachheit und ruhigen Achtsamkeit gegenüber den eigenen Gedanken wird man dieser erst wirklich gewahr, durch Gewahrsein wird man frei von ihnen, und irgendwann steht es uns wirklich frei, ihnen zu folgen oder nicht. Diese Übung des ständigen Loslassens kann schließlich zu einer stabilen, verlässlichen »Gelassenheit« führen, die frei ist vom Denken, frei vom Ich und seinen Wünschen und Ängsten, und sie bringt uns mit dem Leben in Einklang, bedeutet sie doch eigentlich nichts anderes, als ein Leben in Übereinstimmung mit der vergänglichen Natur aller Dinge zu führen.

Luzidität im Sinne des Buddha bedeutet, unser eigenes Denken und all unsere Erfahrungen als von der Natur eines Traums zu erkennen und zu meistern. Gelingt es uns, beides, Gelassenheit und Luzidität, zu kultivieren, so können wir die Ursachen des Leids in uns – also Unwissenheit und Unachtsamkeit, Anhaften und Aversion – beseitigen, und die Ursachen des Glücks heute und in der Zukunft werden dadurch vermehrt. Alle Erscheinungen können uns dann zum Freund und Lehrer und zum willkommenen Anlass eines immer neuen und frischen Erkennens des Wesentlichen werden.

Durch die Betrachtung des Vergänglichen erkennen wir das Unvergängliche. Wenn wir den Tod oder die Auflösung der Formen nicht mehr als Ende des Erlebens, sondern als seine Transformation verstehen, so schwindet alle Angst vor Veränderung, und es wird möglich, jeden Augenblick unseres Lebens und Sterbens mit Achtsamkeit und Wertschätzung zu genießen.

Im frühen Buddhismus des »Theravada« besteht die Hauptübung des Meditierenden darin, Körper, Atmung und Geist, ohne zu urteilen, direkt zu beobachten und so der Vergänglichkeit aller Phänomene gewahr zu werden. Durch diese unmittelbare Beobachtung kann man zur zweifelsfreien persönlichen Erkenntnis kommen, dass weder der »Wahr-Nehmende« noch das »Wahr-Genommene« eine bleibende, selbstständige Existenz besitzen.

Alles Lebendige fließt als ein Strom fortwährender Wandlungen, und keiner dieser Augenblicke ist genau so wiederholbar. Vom Feinsten bis zum Gröbsten können wir ein ständiges Werden und »Entwerden« in uns selbst und unserer Umgebung beobachten, und tatsächlich ist Vergänglichkeit das einzig bleibende und gemeinsame, direkt beobachtbare Charakteristikum all unserer sonst so verschiedenen Erfahrungen. Nichts ist so beständig wie der Wandel. Weil alles an uns, in uns und um uns herum vergänglich ist, sind wir im Grunde von Anfang an erlöst – aber wir wollen die Vergänglichkeit und damit unser Erlöstsein nicht wahr-haben. Wir wollen nicht vergänglich sein.

Ein Buddha aber ist völlig vergänglich, fließend und selbstlos. Er ist frei vom Größenwahn und frei vom Minderwertigkeitskomplex des Ich-Bewusstseins, denn er verweilt in nichts.

»So wie Eis nur Wasser ist, sind die Menschen in ihrem wahren Wesen Buddha«, lehrte Hakuin in seinem *Gesang des Zen*.

•→•

Nun ist ein ständiges Erfassen, Begreifen und Einordnen die natürliche Funktion unseres Denkbewusstseins, doch das Denken oder der Verstand kann seiner Art nach die ungreifbare Wirklichkeit nicht erfassen, sondern nur seine eigenen Konzepte, Abstraktionen und Deutungen des Erlebten festhalten, obwohl alle unsere Bewusstseinszustände und alle Erscheinungen vergänglich sind und unser Erleben genau besehen ein ständiges Sterben und Geborenwerden ist – denn was auch immer erscheint, es verschwindet quasi im selben Augenblick wieder, nur um neuer Erscheinung Raum zu geben.

Wir erfahren ein kontinuierliches Schwingen zwischen Form und Formlosigkeit, und doch erscheinen Leben und Sterben unserem dichotomischen Denken als unversöhnliche Gegensätze; und an dem einen haftend, fürchten wir das andere. An dem einen festhaltend, entgeht uns das andere. »Sein oder Nichtsein?«, fragt unser Bewusstsein, denn die übergegensätzliche Einheit von Wahrnehmung und Leerheit kann es nicht erfassen. Seine Funktion ist es, die Dinge auseinanderzuhalten und einzuordnen. Das Bewusstsein lebt in seiner eigenen virtuellen Welt von Namen und Vorstellungen und hält an seinen reduktionistischen und einseitigen Überzeugungen und Begriffen als empirische Wirklichkeit fest.

Hier liegt also eine grundlegende Verwechslung vor, die weitreichende negative Folgen hat, denn wenn die Prämisse falsch ist, sind auch die daraus gezogenen Schlüsse falsch. Daraus ergibt sich eine Kette von Fehl-wahrnehmungen. Das denkende Bewusstsein lebt in einem Traum von Fassbarkeit und Pseudowissen, der zwar mit der Wirklichkeit nicht über-einstimmt, aber sprachlich und gedanklich von der Mehrheit der Men-schen immer wieder formuliert und als gemeinsames Erleben geteilt wird. Die Glaubenssätze oder geistig-seelischen Konstrukte einer Person sind deshalb auch immer kontextuell in der Verbindung mit seiner Familie und Gesellschaft zu untersuchen, um ihre Textur zu verstehen und sie, falls nötig, lösen zu können.

Je mehr wir an Formen und am Körper haften und uns mit diesen identifizieren, umso mehr fliehen und verabscheuen wir deren Auflösung, als ob es unsere eigene wäre. Dasselbe gilt auch für das Selbstbild und für alles, was unser Bewusstsein als Bleibendes fixiert und »verbegrifflicht«.

Unsere Anhaftungen trüben unseren Blick und verhindern die unmit-telbare Schau des Gegebenen, und deshalb definierte Sokrates, genauso wie christliche, buddhistische, hinduistische und taoistische Meister, das philosophische Leben, das Leben eines Menschen, der die Wahrheit liebt und ihr gemäß leben möchte als ein ständiges Sterben, ein ständiges Loslassen, das ihn schließlich von aller Bindung und Beschränkung des Körpers und des Geistes befreien wird, wenn er in einem Vergessen alles Geschaffenen sich selbst schließlich ganz der göttliche Weisheit überlässt.

Sokrates antwortete der unfassbaren Natur der Wirklichkeit entspre-chend, indem er sagte: »Ich weiß, dass ich nichts weiß.«

•◆•

Es ist erfreulich und ein gutes Zeichen, dass seit einiger Zeit überall auf der Welt und vor allem in den nun seit Langem von einer positi-vistischen und materialistischen Sichtweise in Philosophie und Wissen-schaft geprägten westlichen Gesellschaften parallel zu den beschriebenen Entwicklungen aber auch eine Fülle von Büchern über Tod, Sterbebe-gleitung und verwandte Themen erschienen sind und erscheinen. Ein starkes Interesse an Spiritualität und authentischer Selbsterkenntnis ist im Menschheitsbewusstsein entstanden und findet seine Antwort in einer Fülle von Publikationen, die die Weisheitslehren der verschiedensten Traditionen zugänglich machen. Die Bandbreite reicht hier von esoterischen Privatoffenbarungen und Lebensratgebern für »Glückssucher« bis hin zu klassischen Texten der Weisheitsliteratur der Welt und höchsten Belehrungen und Schriften bis heute ungebrochener Übertragungslinien vom Meister auf den Schüler, wie wir sie vor allem im tibetischen Buddhismus finden. Dieser hat mit seiner großen Wertschätzung der schriftlichen und mündlichen Überlieferung die weltweit umfangreichste Literatur über buddhistische Psychologie, ihre Therapien und Meditationstechniken und über Thanatologie (das Wissen vom Sterben und vom Tod) bewahrt und hervorgebracht. Die darin gelehrten Anweisungen werden auch heute noch weitergegeben und präzise in der persönlichen Geistesschulung und in der Sterbebegleitung angewendet.

Selbst seit über vier Jahrzehnten in der Nachfolge von tibetischen Meistern des Mahamudra und des Dzogchen stehend, bin ich voll Dankbarkeit für die unschätzbaren Lehren, die ich von ihnen erhalten habe. Dasselbe gilt natürlich auch für meine Lehrer im Zen-Buddhismus und im Theravada. (In den Literaturhinweisen im Anhang dieses Buches findet sich eine Auswahl von Büchern, die ich zu einem weiteren Studium empfehlen kann.)

•—•

Wenn ich in den Kapiteln dieses Buches über Leben und Sterben, über Bindung und Erlösung, über Zeitgeist und Erleuchtungsgeist, über Irrtum und Wahrheit, über Körper, Psyche und Geist, über Luzidität und Unbewusstheit, über heilsame und unheilsame Manifestationen des Denkens, über Leid erzeugendes und von Leiden befreiendes Handeln spreche, so tue ich das im Gewahrsein der buddhistischen Lehre, dass alles Erkennen, Denken und Benennen der Traum des Geistes ist.

Insofern es Traum ist, ist all unser Erleben auch symbolisch, weil das Denken und Sinnen des Geistes sich als Wort, Gestalt und Situation darin zum Ausdruck bringt und sich, ganz seiner Artung und Qualität entsprechend, dabei verortet und versinnbildlicht. So ist ein jeder Seinsbereich, wie zum Beispiel die Menschenwelt, die karmische Vision der dort lebenden Wesen und wird durch ihr kollektives Denken, ihre Emotionen und Wünsche verändert und geformt. Ein jeder Geist erträumt sich seine Welt und ist, falls er mit Verstand begabt ist, mit der Deutung des Erlebten beschäftigt. Nun ist die Deutung mit dem Erlebten natürlich nicht identisch, prägt aber als Annahme, als Vorurteil und mentales Konstrukt wiederum das weitere Erleben.

Es fällt leicht und ist normal, sich auf die eigenen Deutungen zu fixieren und ihren relativen Charakter zu vergessen. Weil aber der erkennende Geist von seinen eigenen Gedanken und Beschreibungen nicht erfasst werden kann, ist es äußerst sinnvoll, zwischen dem Geist an sich als absoluter Wirklichkeit *(Natura naturans)* und seinen Erfahrungen und Formulierungen als relative Wirklichkeit *(Natura naturata)* klar zu unterscheiden. Diese provisorische gedankliche Unterscheidung entspricht natürlich nicht der nondualen Wirklichkeit, sie dient im Buddhismus nur dazu, das Spiel der Wahrnehmung erkenntnistheoretisch zu verstehen.

Worte sind Träger des Sinns und haben lediglich eine hinweisende Funktion, denn nichts von dem, was gesagt werden kann – sei es eine Dummheit, eine mathematische Formel, eine Ideologie, Theologie oder Philosophie –, besitzt eine eigene Wirklichkeit unabhängig vom Geist, der es formuliert und wahrnimmt. Selbst die Buddha-Lehre, die mit immer denselben und immer verschiedenen, der Situation der Hörer angepassten Worten darauf hinweist, dass wir gerade träumen, ist insofern ein Traum im Traum.

Wenn wir träumen, erfahren wir die vielfältigsten Erscheinungen und halten sie für wirklich, doch wenn wir erwachen, verfliegt der Traum, und wir erkennen, dass alles nur in unserem eigenen Geist geschah. Und genauso ist es, so lehrte der Buddha, mit jeder Erfahrung im Universum: Sie erscheint, ist erlebbar, und doch ist sie nichts anderes als der eigene Geist, der sich auf diese Art in sich selbst spiegelt und erfährt. Dies deutlich und ohne Unterbrechung zu erkennen ist Erleuchtung oder völlige Luzidität.

Wenn wir einen Albtraum haben und im Traum leiden, so hat dies zwar seine Gründe in unserem Unterbewusstsein, aber trotzdem werden wir von diesem leidvollen Erfahren in dem Augenblick frei sein, wenn wir erwachen oder wenn wir luzide werden und erkennen, dass es nur ein Traum war.

Das Leid in unserem Traum des Lebens, durch Unwissenheit um die wahre Natur der eigenen Erfahrungen begründet, besteht leider weiter, solange diese Unbewusstheit nicht durch das Erlangen einer vollen, alle Schichten durchdringenden Luzidität oder Erleuchtung abgelöst worden ist.

Der Ausdruck »Luzidität« wurde im Bereich der Medizin und Psychologie bisher einerseits für die Klarheit des normalen Bewusstseins, also für die geistige Präsenz, Wachheit, Ansprechbarkeit und Orientierungsfähigkeit einer Person, verwendet und andererseits für den besonderen Zustand einer gesteigerten geistigen Klarheit im Traumerleben, in dem man sich bewusst ist, dass man träumt. »Luzidität« ist also ein Begriff für Geistesgegenwart und Präsenz, welche, wie die Intelligenz oder das »Helle-Sein« des Geistes einer Person, durchaus geringere und höhere Grade ihrer Entwicklung kennt und in den uns erlebbaren Bewusstseinszuständen entweder kontinuierlich präsent ist, sporadisch erlebt wird oder völlig fehlt wie im Tiefschlaf. In all diesen Erlebnisformen und auch im Sterben und im Nachtodzustand ist Vollbewusstheit oder besser völlige Luzidität erreichbar.

·•·

Die leuchtende, erkennende Klarheit des Geistes ist Basis sowohl für das Erkennen einfachster Zusammenhänge und koordinierter Wahrnehmung wie auch für das intuitive Verstehen der wahren Natur von Selbst und Welt und für übersinnliche Erfahrungen wie Telepathie und Präkognition (Vorauswissen).

Wie am Beispiel des möglichen Erlangens von Luzidität im Traum ersichtlich wird, kann und soll unsere geistige Klarheit weiterentwickelt werden und nach und nach alle Schichten bewusster und unbewusster Erfahrung durchdringen. Wir nutzen, wie oft zu hören ist, bisher nur einen kleinen Teil unseres Gehirns – und leider nutzen wir auch nur einen kleinen Teil unseres Herzens, unserer Empathiefähigkeit. Nur ein kleiner Teil des unbegrenzten Potenzials unseres Geistes und seiner Erkenntnismöglichkeiten, ein kleiner Teil der Weisheit und der Liebe, die in uns ist, konnte sich bis jetzt offenbaren.

»Lass den Buddha heraus, der in dir steckt«, so sagt man im Zen. Wer seine geistige Klarheit, die in ihm angelegte Fähigkeit zu einer gesteigerten Luzidität und Achtsamkeit entwickelt, kann das Dunkel der Unbewusstheit durchdringen und sich von der Beschränkung durch eingefahrene Denkstrukturen und subliminale Gewohnheitsmuster, von Konditionierungen und imaginierten Zwängen befreien, indem er durch direkte, nichturteilende Beobachtung deren vergängliches und damit unwirkliches Wesen erkennt. Die konstruktivistische Psychologie geht, in diesem Punkt im Einklang mit der 2400 Jahre alten Bewusstseinslehre des Buddhismus, davon aus, dass wir als Menschen eigentlich nie von absoluter oder auch objektiver Wahrheit denken oder sprechen können, sondern nur von der Art unseres Erkennens, von unserer Art, das Gegebene zu erfahren.

Dass die Dinge nicht von selbst erscheinen, sondern ihre Erscheinung erst vom erkennenden Subjekt mit seinen Anschauungsformen Zeit und Raum produziert wird, sagte auch Kant, aber er versteht diesen Satz anders als der Buddha und folgert anderes daraus. Er ist ein Philosoph der Aufklärung. Er hatte zwar den fiktiven Charakter menschlicher Begriffsbildung und sinnlicher Anschauung erkannt, verstand es aber dann in dem Sinn, dass die äußere Welt davon unabhängig existiere. Ähnlich wie Descartes verfestigte er damit denkerisch ein Subjekt und ein Objekt in der Wahrnehmung, trennte sie voneinander und lieferte so die Prämissen für das sogenannte wissenschaftlich-positivistische Denken, in dem in der Folge die fixe Idee einer klinisch sauberen entmenschlichten »Empirie« –

nämlich die Idee, man könne das Wesen der Natur erkennen, wenn man möglichst so tue, als gäbe es keinen Erkennenden – größte Bedeutung gewann. Die übliche Definition der wissenschaftlichen »Empirie« ist eine Erkenntnis, die nicht von einer Theorie oder Begriffen beeinflusst ist, sondern auf Fakten beruht, die aus der Erfahrung gewonnen werden.

Nun gibt es natürlich keine Erfahrung ohne ein erfahrendes Bewusstsein; und auch alle Messergebnisse sind nichts ohne jemanden, der sie deutet, aber man kaprizierte sich auf die Vorstellung einer unabhängig vom Betrachter existierenden »objektiven« Wirklichkeit.

Ging das vorher geltende theologische Denken von einem göttlichen Wesen und Geist als Schöpfer aller Dinge aus, so wurden im Paradigmenwechsel der Aufklärung zunehmend »Gott«, das Geistige, Transzendente, Unwägbare und dann auch das Seelische als nur subjektiv und erdacht diskreditiert, und die äußere Welt und ihre Verhältnisse wurden als allein wirklich und das Subjekt prägend gesehen. Man fiel also von einem Extrem in das andere. Vom naiven Glauben, dass ein unabhängig existierender, persönlicher Gott uns geschaffen hat und folglich für alles verantwortlich ist, verfiel man in den ebenso naiven Glauben, dass Bewusstsein aus Materie entstanden ist und eine unabhängig existierende Welt uns hervorgebracht hat und bestimmt. Vielen schien die zweite Hypothese sinnfälliger, war sie doch für eine grob sinnliche Wahrnehmung eher nachvollziehbar.

Begrenzte Vorstellungen über die Natur der Wirklichkeit

Im Dzogchen, dessen Theorie oder Anschauung per definitionem das leere Gewahrsein selbst ist, werden einseitige philosophische Positionen wie Theismus, Dualismus, Eternalismus, Positivismus, Materialismus oder Nihilismus »begrenzte Vorstellungen über die Natur der Wirklichkeit« genannt. Den heute dominierenden, ursprünglich von

Philosophen erdachten und formulierten Sichtweisen des Materialismus, Positivismus und Nihilismus sind das Vergessen des Aspekts des erkennenden Gewahrseins und das Sichverlieren an den Aspekt der Erfahrungen oder Anschauungen gemeinsam, insofern sie das von ihnen Erdachte für wirklich halten und daran festhalten. Auch die Idee des Primats der Materie ist nur eine Idee. Das Wesen dessen, der über Gott und die Welt nachdenkt, wurde dabei, wie vorher schon in der christlichen Theologie, zumeist übersehen. Nun entspricht jeder Anschauung und jedem Glauben ein adäquates Verhalten, und dieses bewirkt die daraus folgenden Früchte oder Resultate. Es gab und gibt Sichtweisen wie der Glaube an Karma (die ausgleichende göttliche Gerechtigkeit), die ein heilsames, verantwortliches Verhalten fördern; und es gibt solche, die zum Gegenteil tendieren. Dem naiven reduktionistischen Glauben zufolge existiert nur Messbares und Berührbares; er sagt, dass alles Leben nur aus Materie entstanden ist und dass der Mensch und alle Lebewesen mit ihrem Körper identisch sind. Aus ihm folgt, dass es nur ein Leben gibt und keine Seele, die den Tod des Körpers überlebt und die Früchte ihrer Handlungen ernten könnte.

Sind Beweise für die Richtigkeit dieser Auffassung auch nie erbracht worden, so sind doch ihre unheilsamen Folgen überdeutlich: Die gefühllosen Grausamkeiten, Massenmorde, Kindstötungen und rücksichtslosen Zerstörungen der Natur im 20. Jahrhundert sind von einem in der Menschheitsgeschichte bis heute ungekannten Ausmaß. An ihren Früchten können wir den Geist oder Ungeist hinter einer bestimmten Ideologie erkennen und unterscheiden. Auch das ist Empirie. Wollen wir eine bessere Welt, so müssen wir als Erstes unheilsame, Leiden erzeugende Arten des Denkens als Fehler erkennen, sie durch heilsame Gedanken ersetzen und darauf verzichten, die Urheber solch fataler Denkrichtungen nachträglich noch zu feiern.

●—◆—●

Im *Lankavatara-Sutra,* einer buddhistischen Lehrschrift aus dem 3. Jahrhundert, heißt es, Mahamati, der Bodhisattva-Mahasattva, habe sich an den Buddha mit den Worten gewandt: »Du hast von den irrtümlichen Sichtweisen der Philosophen gesprochen; bitte erläutere uns diese und wie wir sie als solche erkennen können.«

Der Buddha sprach daraufhin, der Irrtum in den Lehren dieser Philosophen liege darin, dass sie nicht erkennen, dass die objektive Welt aus dem Geist entsteht. Sie verstünden auch nicht, dass alle Bewusstseinszustände aus dem Geist entstehen. Ausgehend von der Annahme, dass diese Manifestationen des Geistes wirklich sind, führen sie damit fort, diese zu unterscheiden. Sie kategorisierten sie in dualistische Begriffe wie dieses und jenes, Sein und Nichtsein, und sie ignorierten dabei die Tatsache, dass es nur eine einzige, alles umfassende Essenz gibt. Seine (Buddhas) Lehre hingegen basiere auf der Erkenntnis, dass die objektive Welt wie eine Vision – eine Manifestation des eigenen Geistes – sei, und sie lehre, wie Unwissenheit, Begehren und Aversion beseitigt werden können und wie Ursache und Wirkung und alles Leid, das aus dem dualistischen Denken erwächst, ein Ende finden.

•◆•

Alle Konzepte, Bedeutungen, Namen und Merkmale sind relativ – sind Abstraktionen. Sie entstehen abhängig von dem, der sie formuliert, und drücken den Stand seiner Erkenntnis oder Nichterkenntnis aus. Werden sie in der Philosophie benutzt, um das Wesen der Wirklichkeit aufzuzeigen, so kann sowohl ihre Formulierung wie auch das Verstehen des Sinngehalts notwendigerweise nur der mehr oder weniger großen Auffassungsfähigkeit und Intelligenz, der individuellen Konditionierung und dem Charakter, dem Wissenshintergrund und der Bewusstseinsstufe sowie der persönlichen Auswahl der philosophierenden oder studierenden Person entsprechen.

Hieraus ergibt sich, dass die genaueste und umfassendste Darstellung der Wahrheit oder Wirklichkeit nur vonseiten eines Wesens gegeben werden kann, das sich von den Schleiern des konzeptuellen Denkens und der Störgefühle bereits gereinigt hat, also von dem, was wir »einen Buddha« oder ein »völlig erwachtes Wesen« nennen. Die Buddhas haben die Ursachen des Leidens der Menschen und aller fühlenden Wesen und den Weg zu deren Beseitigung und zu dauerhaftem Glück klar erkannt und aufgezeigt, doch die meisten Menschen ziehen es vor, weiterzuträumen und sich ihr eigenes Weltbild auszudenken, wobei sie zumeist die gerade dominierenden Vorstellungen ihrer Gesellschaft spiegeln. Damit bleiben sie leider im dualistischen Denken befangen und üben sich nicht darin, dieses zu überschreiten. Doch ohne die Fähigkeit, das Denken zu überschreiten, kann man seine Funktionsweise und seine Wunder nicht verstehen. Man bleibt im Käfig der eigenen Begriffe gefangen.

Was hier gemeint ist, kommt zum Ausdruck in dem enigmatischen Satz eines Zen-Meisters des 9. Jahrhunderts: »Wenn du verstehst, dass der Geist nicht Geist ist, verstehst du den Geist und seine Werke.«

Das heißt, wenn wir die absolute, leere und klare Natur des Geistes in der Kontemplation, in der »Unio mystica«, »erfahren« haben, verstehen wir intuitiv auch die Wunder seiner Erscheinung. Wir verstehen dann die Lehre im Herzsutra: »Erscheinung ist Leerheit, und Leerheit ist Erscheinung.«

•–•

Wenn wir den Begriff der »Luzidität« im Kontext einer konstruktivistischen Psychologie und Verhaltenstherapie verwenden, so steht er hier für einen Zustand gesteigerter Geistesklarheit, in dem wir nicht nur unserer Wahrnehmungen gewahr sind, sondern uns auch darüber klar sind, dass alle gedanklichen Vorstellungen, die wir über uns selbst als »den Wahrnehmenden« und über »unsere Wahrnehmungen« gebildet haben und bilden, nichts anderes sind als ebendas: unsere eigenen Vorstellungen und

Interpretationen des Erlebten. Sich hierüber klar zu werden ist schon sehr viel, und aus dieser Erkenntnis entsteht sehr wahrscheinlich dann die Bereitschaft in uns, jede Vorstellung, die wir uns von uns selbst und von der Welt gemacht haben, systematisch infrage zu stellen, zum Beispiel indem wir häufig zu ergründen versuchen: »*Wer* ist sich dieses Traums gewahr?« Diese Fragestellung ist besonders effizient, um zu einer verlässlichen Luzidität zu kommen, denn mit dem ersten Teil des Satzes, also »Wer …?«, ziehen wir das »Ich« und jedes »Selbstbild« in Zweifel, und mit dem zweiten stellen wir die »objektive Wirklichkeit« der Welt infrage, indem wir affirmieren, dass all unser Erleben die Natur eines *Traums* hat. In Richtung auf die fiktionale Natur des menschlichen Denkens und Erkennens räsonierte ja auch die Erkenntnistheorie des Philosophen Kant und die von Descartes, und Letzterer ahnte in seinen Überlegungen zum sogenannten »Traumargument«, dass es in jeder Erlebnisform und Wahrnehmung im Schlafen und Wachen eigentlich unmöglich ist nachzuweisen, dass das Erlebte nicht ebenfalls Teil unseres Traumes ist.

Leider verblieben beide schlussendlich in einer dualistischen Sichtweise, die letztlich nur das Subjektive diskreditierte und das Objektive als davon unabhängig existierend affirmierte. Descartes identifizierte sich so sehr mit seinem Denken, dass er sein Sein als davon abhängig definierte, indem er zu dem Schluss kam: »Ich denke, also bin ich.«

Descartes wird mit Recht als Vorläufer der modernen Philosophie betrachtet. Wo der Geist nur philosophiert, aber nicht fähig ist, das eigene Denken zu »über-schreiten«, kann er die antinomische Natur des Denkens auch nicht transzendieren – und folglich die übergegensätzliche Natur des Geistes nicht realisieren.

•▪•

Die buddhistische Philosophie und Psychologie wuchs aus der direkten Beobachtung von Körper und Geist – aus einer unmittelbaren empirischen Beobachtung, die durch ein rigoroses Beiseitelassen von Konzepten vermeiden konnte, die Beobachtung mit den eigenen konzeptuellen Prämissen zu kontaminieren. Sie beschreibt das Wesen des »Geistes« oder des »Lebens« als die prinzipielle Untrennbarkeit von Gewahrsein und seinen Erscheinungen oder Erfahrungen, die nur scheinbar, eben wie in einem Traum, auseinandertreten, um das Spiel der Selbstwahrnehmung des Geistes überhaupt zu ermöglichen.

Dem Buddha nach ist das Wesen des »Wahrnehmenden« und der »Dinge« an sich und in sich unerkennbar – aber was heißt das? Es ist unerkennbar, weil in Wirklichkeit das »allumfassende« große Ganze eins ist, weil das gesamte Universum ein einziger lebendiger Geist ist. Alles Erkennen vollzieht sich also innerhalb des Geistes und ist niemals wirklich von ihm getrennt, sondern nur in seiner eigenen Vorstellung.

Wie gesagt: So wie wir luzide geworden sind im Traum, diesen als unseren eigenen Traum erkennen, so erkennen wir luzide geworden im Wachzustand den konzeptuellen Prozess der Vorstellung, der das fließende Erleben der meisten Menschen fast immer begleitet, als unsere eigene Vorstellung und Projektion. Luzide geworden, halten wir unseren eigenen Traum nicht mehr für eine von uns unabhängige Wirklichkeit, und ebenso halten wir die Vorstellungen, die wir von den »Dingen« haben, dann nicht mehr für eine objektive, von uns unabhängige, eigenständige Wirklichkeit.

Es versteht sich wohl von selbst, dass diese Art durchschauender Luzidität und diese nichturteilende Achtsamkeit und Freiheit von Gedanken einer systematischen Geistesschulung und Einübung bedürfen, um schließlich zu einer gewissen Stabilität des Ruhens in einem Zustand reinen, luziden Gewahrseins gelangen zu können. Solange wir noch nicht völlige Freiheit von Gedanken erlangt haben, sind wir auch nicht völlig frei von möglicher Projektion und Übertragung.

Eine einsichtsvolle Zurückhaltung in Bezug auf den Hochmut des Denkens, Benennens und Urteilens, wie sie aufleuchtet im Wort des Angelus Silesius: »Ich weiß nicht, was ich bin, und ich bin nicht, was ich weiß«, ist also immer angebracht. Stillesein, Rezeptivität, Einfühlungsvermögen, Nichturteilen und Zuhörenkönnen sind Qualitäten der klar erkennenden Natur des Geistes, die das Wesen der Dinge intuitiv und nonverbal unterscheiden und verstehen kann.

·◆·

Wenn ein Therapeut sich selbst vergessen und sein Rat und Hilfe suchendes Gegenüber so ohne Vorbehalte und Vorwissen annehmen und empfangen kann wie ein leerer und klarer Spiegel, so sind die idealen Voraussetzungen für eine einfühlsam-mitfühlende, intuitive Erkenntnis des imaginären Problemzusammenhangs seitens des Therapeuten und für ein vertrauendes Sichöffnen, befreiendes Erkennen und Loslassen seitens des Hilfesuchenden gegeben. Mit nichturteilendem Gewahrsein werden die psychischen Probleme des Gegenübers zwar mitfühlend als wirksam anerkannt und betrachtet, aber es wird ihnen keine Wirklichkeit zugestanden, indem man sie weiter konzeptualisiert und mit Aufmerksamkeit auflädt. Entsprechend dem wundervollen Diktum des Mahasiddha Tilopa – »Wisse, mein Schüler, nicht die Erfahrungen binden dich, sondern nur dein Anhaften an ihnen« –, kann sowohl die Vergänglichkeit eines jeden gedanklichen Konstrukts aufgezeigt werden wie auch die Möglichkeit, einschränkenden, selbstreferenziellen Vorstellungen und Strukturen keine Aufmerksamkeit mehr zu widmen und die Aufmerksamkeit stattdessen auf heilsame, selbsttranszendierende Ideen zu lenken.

·◆·

Der Gordische Knoten einer Problemvorstellung muss und kann nicht auf derselben Bewusstseinsebene gelöst oder durchschnitten werden, auf der er geflochten wurde. Ich möchte dies hier darauf beziehen, dass jeder illusionäre Knoten im Bewusstsein geflochten und im Unterbewusstsein festgehalten wird, seine Lösung aber liegt im Gewahrsein und in der entschiedenen Loslösung, dem Durchschneiden der problematisierenden Gedanken. Die intuitive Fähigkeit, das richtige Wort zur richtigen Zeit zu finden, erübrigt lange Analysen, welche ja selbst neue Konstrukte sind. Dieses erlösende Wort kommt spontan aus einem freien und offenen Geist, es kommt vom Herzen, und es zeigt in der fiktiven, vom Denken immer wieder verdichteten, erdichteten Wand der jeweiligen Konstrukte auf die immer offene Tür, die übersehen wurde, weil die Aufmerksamkeit bisher unnötigerweise auf eine gedankliche Struktur oder Erinnerungsspur fixiert war. Es zeigt auf das in diesem Augenblick ganz offene, frische und heile Gewahrsein des in Gedanken und Gefühle verstrickten, Lösungen suchenden Menschen. Es zeigt direkt auf den Himmel, auf den Raum zwischen zwei Gedanken, der unsere wahre, ungeborene Natur ist, während alles andere immer fließend geboren wird und stirbt. »Nur das, was sich nicht verändert, ist wirklich«, so lehrten schon die Upanishaden. »Was ist es, das all dieser vergänglichen Erfahrungen gewahr ist?« Diese Fragestellung führt uns direkt zurück in unsere unvergängliche Mitte und in den Zustand der Luzidität.

Dr. Roberto Assagioli erklärte die Herangehensweise seines therapeutischen Systems der »Psychosynthese« einmal so: Es gehe darum zu erkennen, dass man einen Körper habe, aber nicht sein Körper sei. Man habe Gefühle, aber sei nicht seine Gefühle. Man habe Wünsche, aber sei nicht seine Wünsche. Man habe einen Geist, aber sei nicht sein Geist – sondern ein Zentrum aus reinem Bewusstsein. Daraus schließe ich, dass Assagioli, inspiriert vom Advaita-Vedanta, bereits in eine Richtung gearbeitet hat, die mir für eine künftige Psychotherapie nun möglich scheint. Ich möchte dabei aber im Sinne des Dzogchen Bewusstsein und Gewahrsein, Psyche und Gewahrsein klar unterschieden wissen und dann die Betonung auf Gewahrsein legen, insofern von dort Heilung kommt – ja, Heilsein in unserem nichtkonzeptuellen Zustand bereits immer verwirklicht ist. Wenn wir nun von dieser grundlegenden Gesundheit ausgehen und bei ihr ansetzen wollen, so ist es gut, von »Gewahrseinstherapie« zu sprechen.

Energie fließt immer dahin, worauf die Aufmerksamkeit sich richtet. Gewahrseinstherapie vollzieht eine völlige Wende der therapeutischen Sicht- und Vorgehensweise, indem der Fokus des Therapeuten weniger auf die Probleme als auf die ursprüngliche Gesundheit, auf das reine Gewahrsein des Patienten gerichtet ist. Der Patient lernt im Gespräch, wie er seine Gefühle und Gedanken achtsam betrachten kann, ohne auf sie mit Verdrängung, mit Anhaften oder Aversion zu reagieren, und erfährt dadurch Selbstdistanzierung und Freisein von diesen Inhalten. Mithilfe der Fragestellung »Wer ist sich dieser Gefühle und Gedanken gewahr?« kann er direkt in den Zustand reinen Gewahrseins eingeführt werden, der in der grundlegenden Offenheit der Sinne und des Geistes zwar immer gegenwärtig ist, aber bisher übersehen wurde.

Ist der Patient in der Anwendung dieser Fragestellung instruiert worden, so kann er sie selbst in allen Situationen verwenden und sich so seiner ursprünglichen Freiheit von allen Gefühlen und Gedanken erinnern.

Die Schwierigkeiten des Hilfesuchenden werden zwar vorsichtig erfragt und gemeinsam betrachtet, die Therapie beschäftigt sich aber nicht weiter mit den Symptomen, sondern weist erstens auf die Möglichkeit hin, die belastenden Inhalte *loszulassen,* da diese sich ja von selbst auflösen, wenn man sie nicht festhält. Zweitens verweist sie darauf, dass das Gewahrsein des Patienten von diesen immer schon frei ist, weil er fähig ist, sie zu erkennen, weil er ihrer gewahr ist.

Eine natürliche Distanz zu unserem psychischen Erleben und zu der Vorstellung, die wir von uns selbst haben, also zu unserem vorgestellten oder erfahrbaren Selbst, ist in jedem Menschen bereits immer gegenwärtig. Wir können einen Gegenstand ja auch nur dann sehen, wenn er eine gewisse Distanz zu unserem Auge hat.

•◆•

Wie ich schon sagte, ist die Leerheit all unserer Sinne und des ihnen zugrunde liegenden Gewahrseins die Conditio sine qua non aller Wahrnehmung und Vorstellung. Unsere wahre Natur oder unser wahres Selbst ist also nicht etwas, was sich entwickelt oder von uns entwickelt werden kann. Es geht lediglich darum zu entdecken, was wir immer schon sind.

Diese unsere ursprüngliche Freiheit kann in jeder Wahrnehmungs-situation entdeckt werden. Dieser Raum, in dem alles geschieht, ist immer und überall gegenwärtig – in jeder Situation. Oder besser: Jede Situation geschieht ja nur im Raum. Unsere Leiden können nur bestehen, wenn wir uns auf eine Erfahrung, Idee oder Vorstellung fixieren und den Raum, in dem das Ganze geschieht und in den sich jeder Gedanke ja sofort wieder auflöst, noch nicht oder gerade nicht mehr sehen. Eine solche therapeutisch-initiierende Vorgehensweise setzt natürlich voraus, dass der Therapeut selbst den Zustand nichtkonzeptuellen Gewahrseins gut kennt, selbst darin eine gewisse Stabilität erreicht hat und ihn des-halb einem anderen Menschen aufzeigen kann. Es werden solche medi-tierenden Psychologen sein – und es gibt sie bereits –, die diesen Ansatz weiterentwickeln werden.

Einen weiteren solcher Gewahrseinstherapie verwandten Ansatz sehe ich in der Logotherapie von Viktor E. Frankl. Ich weiß nicht viel über seine Lehre, denn mein eigentliches Studiengebiet ist der Buddhismus, nicht die westliche Psychologie, aber es gibt eine interessante Aussage von ihm, die mir zeigt, dass er die Natur des Geistes gesehen hat, ja – dass er ausgehend von dieser »Satori-Erfahrung« wohl seinen Begriff der »Selbst-Transzendenz« entwickelt hat.

Jemand fragte ihn einmal, was das in wenigen Worten sei, und er ant-wortete, der Mensch könne sich nur da verwirklichen, wo er sich selbst vergesse. Selbsttranszendenz »seien« unsere Augen: Die Fähigkeit unserer Augen, optisch wahrzunehmen, stehe und falle mit der Unfähigkeit, sich selbst wahrzunehmen, von Spiegelungen von uns selbst abgesehen. In dem Maße, wie unser Auge etwas von sich selbst bemerke und sehe, sei es krank. Wenn man Wolken sehe, sei es grauer Star oder eine Linsentrübung und so weiter. Das normale Auge sehe nicht sich selbst. Genauso sei es mit dem Menschsein. Selbst-Transzendenz heiße, dass der Mensch ganz Mensch werde, genau in dem Maße, in dem er sich selbst übersehe und vergesse. In diesem Maße sei er offen für den Dienst an einer guten Sache, bezogen auf den Sinn oder offen für andere Menschen. Da werde er ganz er selbst.

In dieser Aussage wird offensichtlich, dass Frankl »sein eigenes Gesicht« geschaut hat, das er bereits hatte, bevor seine Eltern geboren wurden. In einem spontanen Erleuchtungserlebnis hat er eines Tages sich selbst erkannt. Selbstlos ist es, offen, leuchtend, und nichts im Universum wird von ihm zurückgewiesen. Weil unsere wahre Natur leer ist und selbstlos, kann sie alles erkennen und besitzt unbehindertes, grenzenloses Mitgefühl. Sie besitzt ungehinderte Responsibilität und ist erleuchtet vom intuitiven Erkennen des Sinns.

Buddhismus: Sich selbst studieren

Der große Zen-Meister des 13. Jahrhunderts Dogen Zenji sagte, die buddhistische Lehre zu studieren bedeute, sich selbst zu studieren. Sich selbst zu studieren bedeute, sich selbst zu vergessen. Sich selbst zu vergessen bedeute, erleuchtet zu werden von den zehntausend Dingen.

Wenn wir wahrhaft luzide geworden in solcher Erkenntnis leben, so brauchen wir den Tod nicht zu fürchten, denn wir selbst haben uns als unzerstörbares, leeres Gewahrsein erkannt; und das, was stirbt und geboren wird, sind nur unsere Erfahrungen, von Anfang an vergänglich und unfassbar. Wer also könnte oder müsste sie festhalten oder begreifen?

Alle Erfahrung ist »Rang-Nang«, ist »Selbst-Erfahrung«, aber alle Wesen im Samsara, dem Kreislauf der Existenzen, sind so geblendet und betäubt von der überwältigenden Vielfalt ihrer Wahrnehmungen, dass sie ihren Traum für eine unabhängig vom Erkennen existierende Realität halten. Auf das Erlebte mit Begehren und Aversion reagierend, vergessen sie sich selbst als den Schöpfer und Erkenner ihrer eigenen Projektionen. Aus diesem Grund lautet die essenziellste der befreienden Instruktionen für den Bardo-Zustand – und wir sind auch jetzt in einem Bardo, einem »Zwischenzustand« –: »Ruhe frei von Gedanken in reinem Gewahrsein, und erkenne alle Erscheinungen als deine eigene Vision, untrennbar von dir selbst!«

Wenn wir in der Leerheit des Geistes ruhen, sind auch alle Erscheinungen für uns leer. Nun kommen die leeren Gestaltungen unserer individuellen Träume aus unserem persönlichen Karma, aus den Spuren unseres eigenen früheren Denkens und Handelns. Der Traum der Menschheit aber, in die wir hineingeboren wurden, ist Ausdruck des kollektiven Karmas und Denkens aller Individuen, aus denen sie sich zusammensetzen; und alle haben mit ihrem bildnerischen Denken, Wünschen und Handeln kreativen Anteil daran. Alle Wesen, die gerade als Mensch verkörpert sind, befinden sich in einem Lernprozess, in dessen Verlauf sie erfahren können, wie sie mit ihrem Körper, ihrer Rede und ihrem Geist verantwortlich und heilsam umgehen und nicht die Ursachen für neues Leid, sondern die Ursachen für das Glück schaffen können, das alle Wesen sich im Grunde wünschen. Das menschliche Leben bietet die Möglichkeit, aus Fehlern zu lernen und zu solcher »Lebensweisheit« zu kommen.

Während ein Großteil der Gesellschaften in West und Ost inzwischen unter den Einfluss eines ganz auf das Diesseits bezogenen Zeitgeistes geraten sind, der auf allen medialen Kanälen, wirtschaftlichen Interessen folgend, immer neue weltliche Ziele, Glücksversprechen und Wunschobjekte propagiert, öffnen sich wie gesagt gleichzeitig immer mehr Menschen, vom Mainstream und seiner Oberflächlichkeit enttäuscht, einer authentischen inneren Suche nach dem eigentlichen Sinn des Lebens und nach wahren Werten, und diese Wahrheitssuche ist sehr persönlich. Sie folgt weniger aus einer gesellschaftlichen Konvention oder einer Konfession. Von sich aus, von ihrem Inneren her, suchen die Menschen nun eher – einem internen Antrieb und geistigen Impuls zu tieferem Erkennen folgend, der all jene in dieser Zeit inspiriert, die für ihn empfänglich sind.

Viele sind auch von den althergebrachten Religionen enttäuscht, in die sie hineingeboren wurden – teils, weil deren Vertreter ihren hohen Idealen im Lauf der Geschichte selbst nicht immer folgten, teils, weil ihre Lehren über Gott und die Welt einem weiterentwickelten Verstand keine befriedigenden Antworten geben konnten. Wo es nicht gestattet war, Glaubensinhalte denkerisch und experimentell zu überprüfen, haben sich viele vom Glauben abgewandt und ihr gläubiges Vertrauen und ihre Hoffnung in menschliches Denken und Erfassen gesetzt. Die den gesellschaftlichen und medialen Diskurs immer noch dominierende Wissenschaftsgläubigkeit, gepaart mit einer populär-positivistischen, »aufgeklärten« Sichtweise, hat – egal, ob in kapitalistischer, sozialistischer oder kommunistischer Ausformung – alles Transzendente und Nichtwägbare und alle den materialistischen Rahmen sprengende spirituelle, übersinnliche Erfahrung als naiv, überholt, dumm oder sogar als pathologisch diskreditiert und immer mehr entwertet. Was im Christentum und Buddhismus als die Hauptfaktoren eines heilsamen, selbstlosen und nachhaltigen Handelns gelehrt wurde, die christlichen Grundtugenden und »die die Welt transzendierenden Tugenden«, die »Paramitas«, scheint vielen nun, wenn sie überhaupt noch darüber nachdenken, als beliebig ausgedacht und eine Vorstellung von vielen.

Was ein »korrektes Verhalten« oder, mit anderen Worten, »ethisches Handeln« ist, wird zunehmend als »Moralvorstellung«, als etwas der jeweiligen Zeit und den persönlichen Neigungen, Bedürfnissen und Auffassungen Entsprechendes oder als soziale Übereinkunft definiert. Eine Pluralität von willkürlichen, persönlichen Meinungen wird in den Medien als Vielfalt interessanter, möglicher Standpunkte zu ethischen Fragen verbreitet. Und sie unwidersprochen als gleichermaßen berechtigt gelten zu lassen wird als Toleranz und damit als positiv und demokratisch dargestellt. Faktisch wird es für den Einzelnen immer schwerer, »das Richtige« und das für alle Beteiligten und für sich selbst heilsame Handeln zu erkennen, wenn so viele Stimmen durcheinandersprechen. Wenn die Definition eines »korrekten, ethischen Verhaltens« in diesen wichtigen Fragen, wie zum Beispiel die Legalisierung von assistiertem Selbstmord und Abtreibung, zum Gegenstand von Diskussionsrunden und einer mehrheitlichen, »demokratischen« Abstimmung gemacht wird, dann bestimmen heute nolens volens die Medienmacher, was ethisch ist und was nicht.

Wenn wir also, um uns inmitten einer »Entwertung aller Werte« Klarheit zu verschaffen, die Frage stellen, worin der Sinn eines ethischen, eines tugendhaften Handelns besteht, so wird dies deutlich, indem wir »Tugend« in ihrem ursprünglichen Sinn einfach als »geschicktes Handeln« verstehen. Geschicktes Handeln schafft für uns selbst und unsere Kinder, für alle Lebewesen, für die Menschheit und für unsere Welt, nachhaltig heilsame, gesunde und das Leben und seine Grundlagen bewahrende Umstände, und es bewirkt nicht Vergiftung, Tod und neues Leid. Ein Handeln, das uns selbst, den anderen und unserer Umwelt auf kurze und auf lange Sicht schadet – sowohl psychisch als auch physisch –, ist dagegen unvernünftig und kontraproduktiv.

Es gibt also hier auf Erden einiges zu lernen, und so war und ist das eigentliche Ziel der Menschenbildung und der Selbstentwicklung der Erwerb höchst schätzenswerter Qualitäten: zum Beispiel ein wacher Verstand, Weisheit, Mitgefühl, Gelassenheit, Aufrichtigkeit, Hilfsbereitschaft und Großzügigkeit – Eigenschaften, die den Menschen zu einem vernünftigen, achtsamen, altruistischen, mutigen und verantwortlichen Handeln befähigen und ihn dadurch unter seinen Mitmenschen besonders auszeichnen und liebenswert und vertrauenswürdig machen.

Das grundlegende Leitmotiv eines religiösen Lebens im Christentum, Judentum, Islam, Hinduismus und Buddhismus besteht nach wie vor darin, sich von negativen Charaktereigenschaften oder Untugenden zu befreien. Als da wären Selbstsucht, Ignoranz, Gleichgültigkeit, Rücksichtslosigkeit, Überheblichkeit, Eifersucht, Begierde, Neid und Zorn. Es geht um die Befreiung von aller Anhaftung an Dinge und Sinnesreize, an Körper, Ich und Welt. Es gilt, positive Qualitäten wie Selbstlosigkeit, Mitgefühl, Liebe, Mitfreude und Gleichmut sowie Tugenden wie Freigebigkeit, Geduld, Selbstbeherrschung, freudiges Bemühen im Guten, geistige Sammlung und klar unterscheidende Weisheit zu kultivieren.

Der Wert und Sinn von guten Werken und von altruistischem Handeln, von Verzicht auf Besitz und leibliche Genüsse, Selbstüberwindung, Nächstenliebe, Gebet, Stillewerden und Kontemplation wurde früher stärker als heute in ihrem natürlichen Zusammenhang von Ursache und Wirkung gesehen und war eingebettet in die selbstverständliche Perspektive eines Weiterlebens nach dem Tode und einer göttlichen, ausgleichenden Gerechtigkeit, die, einfach und treffend formuliert, darin besteht, dass »jeder das ernten wird, was er einmal selbst gesät hat«. Die Früchte, die wir ernten werden, entsprechen der Art von Samen, die wir gelegt haben. Die Welt zu überschreiten und das Ego zu überwinden war das hohe Ziel, und das Streben nach Heiligkeit, Erlösung und Erleuchtung war allgemein anerkannt und als höchste Leistung des Menschen überaus geachtet. Wenn ich hier »war allgemein anerkannt« schreibe, dann deshalb, weil in diesem »Zeitalter der Degeneration«, wie »der zweite Buddha« Padmasambhava unsere Zeit in seinen Prophezeiungen nennt, der eigentliche »Sinn und Zweck« dieses Menschenlebens und die Richtlinien eines ethischen Handelns immer mehr unter einer Fülle von Informationen, Meinungen und Zeitvertreiben verschüttet werden.

•─•·

Wie also können wir sie wieder klar und deutlich herausarbeiten und verständlich machen? Das Wort »Tugend«, lateinisch *virtus,* hat seine Wurzeln in den Worten *vis* für »Kraft«, als Wirkendes und Zeugendes verstanden, und *vir,* das »Mann« oder »Held« bedeutet: ein »Mann« oder »Mensch« mit hervorragenden Fähigkeiten und einer »optimalen Qualität des Verhaltens«, wobei unter den Letzteren die herausragende Geschicklichkeit in der Anwendung der gegebenen Talente und Kräfte des Wirkens und Gestaltens zu verstehen sind. *Vir* leitet sich von dem weitaus älteren Sanskritwort *vira* her, das »Held« oder »Heros« bedeutet. »Maha-Vira« oder »großer Held« ist im Hinduismus ein Beiname des Gottes Vishnu, und in den Mahayana-Sutras des Buddhismus werden alle Wesen auf den höheren Stufen des Wegs zur völligen Erleuchtung oder Buddhaschaft, also die »Bodhisattvas«, häufig mit dem Epitheton »Maha-Vira« benannt. Das deutsche Wort »Tugend« impliziert Tauglichkeit oder Nützlichkeit und bezeichnet sowohl große Begabungen und gute Charaktereigenschaften wie auch eine erstrebenswerte Geschicklichkeit und Weisheit in all unseren Handlungen. Lernt man, seine Kräfte von Körper, Rede und Geist geschickt anzuwenden und den Erfordernissen jeder Situation entsprechend und angemessen zu handeln oder Handlungen zu unterlassen, so führt dies schließlich zu *Virtuosität* – zur Fähigkeit, eine Kunst, eine Wissenschaft oder ein Handwerk meisterlich, das heißt optimal und fehlerfrei, doch gleichzeitig spontan und anstrengungslos auszuüben.

Wenn wir Ethik als »die Wissenschaft eines jetzt und auf Dauer heilsamen Handelns« definieren, so ist ihr Gegenstand der Zusammenhang aller Handlungen von Körper, Rede und Geist mit den dadurch bewirkten Folgen und damit das Studium des Gesetzes von Ursache und Wirkung oder Karma. Dieses wirkt in Bezug auf all unsere Taten und Erfahrungen ebenso verlässlich regulierend und ausgleichend wie überall in der Natur. *Actio est Reactio.* Wenn wir die Ursachen des Leidens verstehen, können wir diese beseitigen und wieder gesund werden.

All unsere Gedanken, Worte und Handlungen haben als spezifische, von uns ausgehende und gesetzte Ursachen und Impulse die ihnen genau entsprechenden Wirkungen, die unmittelbar in der Gegenwart und in der Zukunft unsere eigene Wahrnehmungsweise und unsere Erfahrungswelt gestalten und prägen. Achtsames, auch auf seine Folgen bedachtes Handeln erweist sich als nachhaltig geschickt, denn seine Auswirkungen sind positiv, wenn es frei von unheilsamen Beweggründen ist. Unachtsames, auf die möglichen Nachwirkungen nicht achtendes, rücksichtloses Handeln ist meist auch unheilsam und damit ungeschickt, weil es negative Folgen für einen selbst und die Gesellschaft und die Umwelt hat. Um ein deutliches Beispiel zu geben, brauchen wir wie gesagt nur die derzeitige Umweltverschmutzung, die sie verursachende Profitgier der Firmen, unser eigenes, von der Werbung gesteuertes Konsumverhalten und dessen Folgen zu betrachten. Der Verschmutzung der äußeren Welt geht wie gesagt die Verschmutzung unserer Innenwelt mit den Toxinen des Geistes wie Überheblichkeit, das Ignorieren unserer Fehler, Rücksichtslosigkeit und die

Gier nach immer neuen Wunschobjekten und Sensationen voraus. Unser Denken, Wünschen und Handeln formen unser Leben und unsere Welt.

Um ein weiteres, kleines Beispiel aus dem täglichen Leben zu geben: Unsere Worte sind im Grunde nur Töne, die verklingen – sie sind unbeständig und vergänglich, und doch kann ein verletzendes Wort Schäden bewirken, die schlimmer sind und länger bleiben als solche, die durch Waffen zugefügt werden. Ein böses und unbedacht hingesagtes Wort genügt manchmal, um Freunde lebenslang zu Feinden zu machen. Ein negatives, entwertendes Wort kann die gute Stimmung eines friedvollen Miteinanders in der Familie trüben oder ihre Mitglieder für immer entzweien. Seine verunreinigende Wirkung gleicht einem Körnchen Mäusekot, das, wenn es in einen Topf Milch hineinfällt, die ganze Milch verderben kann – so sagen die Tibeter.

Heilsames Handeln

Die genannten ethischen Richtlinien des gültigen Dharmas der Einheit allen Seins oder des göttlichen Gesetzes der Resonanz raten zu heilsamem und vernünftigem Handeln; und sie wurden der Menschheit vermittelt, um den Einzelnen vor Handlungen zu bewahren, die ihm selbst und anderen schaden. Sie finden sich in den heiligen Schriften aller Weltreligionen.

Da aber auch das Anhaften an verschiedenen Glaubenssystemen, Dogmen oder Konfessionen trennt und Leiden generiert und für die Schaffung von Konflikten instrumentalisiert wird, ist es heute für die Menschheit und für alle anderen Lebewesen auf diesem Planeten überlebenswichtig, die grundlegenden Werte – wie Friede, Verständigung, Mitgefühl, Wohlwollen, Nächstenliebe, Kooperation, Gewaltlosigkeit, Nachhaltigkeit und Ganzheitlichkeit – als die den Religionen gemeinsamen Elemente und Richtlinien für ein ganzheitliches und tugendhaftes Handeln herauszuarbeiten: ein ethisches Handeln, das gleichermaßen einem selbst, den anderen und der Umwelt nützt und sich nach den einfachen goldenen Regeln richtet, die Konfuzius, wie gesagt, schon vor langer Zeit formulierte: »Behandle die anderen so, wie du selbst gern behandelt werden willst.« Oder auch, im Umkehrschluss: »Was du nicht willst, dass man dir tu, das füg auch keinem anderen zu.« Diese Direktiven geben dem Menschen eine klare Richtlinie für sein eigenes Tun und Lassen und schaffen Klarheit, wenn er sein Verhalten daran misst.

Eine ergänzende Entscheidungshilfe bei ethischen Fragen ist im gleichen Sinne natürlich auch Kants Formulierung des kategorischen Imperativs: »Handle nur nach derjenigen Maxime, durch die du zugleich wollen kannst, dass sie ein allgemeines Gesetz werde.«

•–•

Eine Gesellschaft, deren Mitglieder nach der ihnen suggerierten Maxime leben, es gebe nur ein Leben und in diesem solle man sich all seine Wünsche erfüllen und möglichst viel angenehme Erfahrungen, Wunschobjekte, Geld und Besitz ansammeln, wird zwangsläufig damit eine allgemeine Unzufriedenheit und Unruhe kultivieren, an Lebensqualität verlieren und ihre eigene Umwelt schädigen.

In unserer persönlichen Selbstentwicklung können wir fortschreiten vom Zustand eines noch unvernünftigen Kindes, in dem wir unseren unbewussten Konditionierungen und Gewohnheitstendenzen und den früheren Prägungen sowie den Einflüssen und Normen unserer Umgebung und Gesellschaft noch automatisch folgen und häufig dieselben Fehler wiederholen, da uns persönlich der Zusammenhang zwischen Ursache und Wirkung unserer Handlungen eigentlich noch unklar ist. Wir können uns aus der Rolle des unmündigen Kindes und Opfers befreien, das keine Verantwortlichkeit für sein Tun übernehmen will. Wenn wir unser Verstehen vertiefen, können wir wirklich erwachsen und ein »Virtuose« werden, wahrhaft geschickt, achtsam und verantwortungsvoll in unseren Handlungen von Körper, Rede und Geist.

Und zu guter Letzt wird jeder von uns ein Meister in der »Kunst des Lebens« sein, deren Erlernen, so heißt es, viele Leben dauert, denn diese Kunst ist »lang«, das menschliche Leben aber kurz – eben »Ars longa, vita brevis«.

Wenn wir es wollen, können wir zu wirklicher Erkenntnis unserer selbst und der Welt kommen und ein wirklich vom Sinn erfülltes Leben führen. Ich glaube, je mehr wir den Sinn erkennen und ihm nachfolgen, desto glücklicher und gelungener ist auch unser Leben.

C. G. Jung bemerkte, sicher aus seiner großen Erfahrung als Therapeut heraus: »Je mehr der Mensch auf falschem Besitz insistiert und je weniger das Wesentliche für ihn spürbar ist, desto unbefriedigender ist sein Leben. Er fühlt sich beschränkt, weil er beschränkte Absichten hat, und das schafft Neid und Eifersucht. Wenn man versteht und fühlt, dass man schon in diesem Leben an das Grenzenlose angeschlossen ist, ändern sich Wünsche und Einstellung. Letzten Endes gilt man nur wegen des Wesentlichen, und wenn man das nicht hat, ist das Leben vertan.«

•◆•

Wenn wir uns bewusst und intensiv dem Sinn in uns zuwenden, der erkannt werden will, und uns wirklicher Selbsterforschung und damit Selbsterkenntnis öffnen, sind wir »Wesen auf dem Weg zum Erwachen« oder »Bodhisattvas«.

Der inhärente, natürliche Ansporn in jedem Menschen, seinen eigenen Sinn und sein wahres Wesen vollkommen zu erkennen und das optimale Empfinden seiner selbst als reines Glück zu realisieren, wird im Mahayana-Buddhismus »Bodhicitta« oder »der zur Erleuchtung drängende Geist« genannt. Es ist »das große Selbst« oder *dag-nyid chenpo* in uns, das uns als »innerer Lehrer oder Meister« zum Überschreiten des kleinen Ich und seiner selbstreferenziellen Ängste und Wünsche inspiriert und uns zu grenzenloser Ausweitung des Erkennens und des Liebens ruft. Wenn wir beginnen, seinem Ruf zu folgen, erfahren wir immer deutlicher seine Führung in unserem Leben und hören und verstehen seine Worte und Zeichen immer besser. Es ist diese »Rück-Verbindung« oder *re-ligio* mit unserem wahren, innersten Selbst, die wir in der täglichen Praxis des »Yoga der Verbindung mit dem Meister« kultivieren können. Wenn wir zum Beispiel die darin enthaltene Zeile »Bitte gewähre mir den Segen, mein wahres Wesen zu erkennen!« nicht nur häufig formulieren, sondern wirklich empfinden, so öffnen wir uns bewusst dem Licht der höheren Erkenntnis in uns, das uns damit erleuchten und Kraft schenken kann auf dem Weg.

Das Leben der »Bodhisattvas« oder all derer, die bewusst den Weg einer systematischen Geistesschulung betreten haben und deren Curriculum folgen, geht von Anfang an über die selbstauferlegten Grenzen des Egos hinaus, denn es ist motiviert und getragen vom Wunsch, sich selbst und alle Wesen schließlich vom Leid und von den Ursachen des Leids zu befreien. Dieses Streben nach Erleuchtung ist beseligt vom Wunsch, alle Wesen glücklich zu sehen, nicht nur uns selbst. Das Streben drückt sich aus in der Übung der sechs das Leiden und Handeln der Welt transzendierenden Tugenden oder Paramitas, die da lauten Freigebigkeit, Geduld, freudiges Bemühen, Selbstdisziplin, geistige Sammlung und Weisheit. Es ist ohne Zweifel heilsam und gut, diesen Parametern entsprechend zu handeln; und es wird uns helfen, über uns selbst hinauszugehen und unser Verhalten dem Wesentlichen in uns anzugleichen. Es gilt natürlich, auf diesem Weg der Sublimierung und des Freiwerdens stets tiefer zu gehen und dem Ego auf die Schliche zu kommen, wo immer es sich in unser Verhalten einzumischen versucht. Solange wir noch unter dem Einfluss des Egos und der sogenannten Geistesgifte stehen, werden wir all diese Tugenden nur unvollständig und auf unreine Weise üben können. Der Bodhisattva soll deshalb weiterschreitend lernen zu handeln, ohne zu handeln; das heißt, er soll die Paramitas auf eine reine Weise üben. Und das heißt: ohne Konzept eines Handelnden, einer Handlung oder eines Resultats. Zum Beispiel übt sich der Bodhisattva im Geben ohne das Konzept, dass er es ist, der gibt, ohne Begriff von dem, was er gibt, und ohne ein Konzept von jemandem, der das Gegebene empfängt.

Es ist ein großer Fortschritt, wenn wir uns der sogenannten »Reinheit der drei Sphären« von Subjekt, Handlung, Praxis oder Erfahrung und von Objekt oder Resultat annähern und damit fähig werden, der Selbstlosigkeit und Leerheit aller Erscheinungen entsprechend zu handeln. Im Prajnaparamita-Sutra heißt es: »Der Bodhisattva übt sich in allen Tugenden, doch er hat keine Vorstellung wie ›Ich übe mich in der Tugend‹. Der Bodhisattva tut immer Gutes, aber er hat keine Vorstellung wie ›Ich tue Gutes‹.«

Es ist klar, dass wir uns dieser Reinheit nur durch die Übung des Ruhens in nichtkonzeptuellem Gewahrsein annähern können. »Lass deine linke Hand nicht wissen, was deine rechte tut«, sagt Jesus in Bezug auf das Geben und Schenken, und er meint damit dasselbe – ein selbstloses Tun im Zustand der wahren Armut oder Leerheit des Geistes.

Die unkörperliche Klarheit des Geistes

Es ist ein gut bekanntes Faktum, dass Menschen mit einem religiösen oder spirituellen Hintergrund und Ausblick ein leichteres Sterben haben als solche ohne eine derart tröstliche Perspektive. Vor dem Tod tritt aber für die meisten Menschen auch eine Art von terminaler Luzidität ein, und das erstaunlicherweise sogar bei Alzheimer im letzten Stadium, also mit einem stark aufgelösten Gehirn. Die Betroffenen können dann ihre Angehörigen wieder erkennen und klar mit ihnen sprechen. Auch übersinnliches Vorauswissen und Telepathie sind hier möglich.

Es ist offensichtlich die ursprüngliche, unkörperliche Klarheit des Geistes, jenes klare Licht der Weisheit, von dem die Reanimierten erzählen, das auch hier an der Schwelle schon herüberleuchtet, wobei es natürlich auch am Einzelnen liegt, wie er darauf reagiert. Man kann sich dem öffnen oder bis zuletzt versuchen, jede Einsicht zu verdrängen.

Mit diesem Licht kommt auch eine spontane Einsicht, dass es keinen Tod gibt. So ergeht es auch Menschen, die sich selbst töten, im Augenblick des irreversiblen Sterbens, und sie erkennen schmerzlich die Absurdität und Falschheit ihrer Handlung. Für Menschen, die, von der Annahme ausgehend, dass mit dem Tod alles aus ist oder dass dieser Eingriff sie dann nicht mehr negativ affizieren kann, einer Organentnahme zugestimmt haben, mag dies ähnlich sein. *Vitale* Organe können nur dann verpflanzt werden, wenn der schwerverletzte »Spender« noch lebend auf dem Operationstisch liegt. Der tibetische Buddhismus rät, den Körper eines Verstorbenen für drei Tage nicht einmal zu berühren. Er sollte in der beim Sterben eingenommenen Position belassen werden, um den Todesprozess nicht zu stören und um eine möglich tiefe geistige Ruhe im Sterben und damit seine Erlösung oder eine positive Wiedergeburt nicht zu vereiteln.

Jemand, der eine materialistische Sichtweise verinnerlicht hat, seinen Lebenssinn ganz in dieser Welt sieht und sich völlig mit dem Körper identifiziert, stirbt im Glauben, dass der Tod das Ende von allem sei. Aber dem ist natürlich nicht so. Diese Seelen sind nach dem Exitus selbstverständlich überzeugt davon, noch zu leben. Sie verstehen lange nicht, dass sie gestorben sind, und bleiben deshalb länger erdgebunden und versuchen, sich bemerkbar zu machen. Es gibt immer mehr Fälle dieser Art – besonders wenn die Menschen durch einen Unfall, also plötzlich, aus dem Leben gerissen wurden.

Die spirituelle Praxis des Chöd Praktizierende haben sich darin geübt, ihren Körper zu verlassen, von oben herab der Zerstückelung ihres Körpers durch imaginierte Opferungsgöttinnen zuzuschauen und wie diese ihr Fleisch und Blut dann allen Wesen zu opfern. Sie mögen deshalb zu einem solchen Opfer ihrer Organe, von großem Mitgefühl motiviert, fähig sein.

Für andere aber kann die Szene der chirurgischen Organentnahme aus ihrem noch lebendigen und fühlenden Körper, der sie im Operationssaal beiwohnen, zu starken Gefühlen der Irritation, der Abwehr und des Ärgers führen. Negative Gefühle jedoch können leider im entscheidenden

Augenblick des Todes und des Übergangs eine schlechte Wiedergeburt bewirken, so lehrt es das Totenbuch.

Die wenigsten Menschen wissen, dass Organspender mit den stärksten Schmerzmitteln betäubt und auf dem OP-Tisch festgebunden werden müssen, weil sich ihr Körper immer wieder aufbäumt und gegen den Eingriff wehrt. Der Patient, dessen Hirntod festgestellt wurde, ist nicht tot, sondern stirbt erst durch die Organentnahme. Organe werden sehr teuer gehandelt, die Transplantationschirurgie ist äußerst lukrativ, und die Medikamente, die die immunologische Abstoßung der Spenderorgane unterdrücken sollen, kosten jährlich pro Patient ein Vermögen.

Es gab auch immer wieder Patienten, bei denen »der Hirntod« festgestellt, aber keine Organe entnommen wurden, die nach adäquater Behandlung des verletzten Gehirns und Wochen oder Monaten der richtigen Pflege wieder aufwachten und völlig gesund wurden.

Der Tod wird dem materialistischen Glaubenssystem entsprechend entweder positiv als Erlösung von allem Leid oder negativ als endgültige Auslöschung der eigenen Existenz gesehen, und beides ist falsch. Der Geist stirbt nicht, sondern nur der menschliche Körper, eine seiner vielen möglichen Formen. Er wird mit seinen Gedanken, Emotionen und Wünschen wieder Form annehmen, und deshalb wird sein Zustand beim Sterben als bestimmend für seine künftige Existenz gesehen.

•–•

Wird Sterben als Katastrophe und der Tod als Feind des Lebens gesehen, der einem alles entreißt, was einem lieb und wert ist, so muss er unbedingt und um jeden Preis verhindert und hinausgeschoben werden. Das gebräuchliche Vokabular im Umgang mit Krankheit und Tod ist deshalb martialisch. Man muss gegen sie *kämpfen* und sie endgültig *besiegen*. Krankheit ist ein Fehler im System, den man beheben muss, der aber keinen Sinn hat, der einen etwas lehren könnte. Die Medizin suggeriert zunehmend, dass man schließlich alle Krankheiten heilen können wird, wenn nur die Freiheit der Forschung nicht mehr durch »ethische Grenzen« behindert wäre. Aber solange die Ursachen von Leid nicht durch innere Arbeit im Geist gereinigt sind, werden lediglich neue Krankheiten anstelle der alten erscheinen.

Wir alle sind natürlich dankbar für eine gut funktionierende moderne Medizin, und wo sie noch dem ärztlichen Eid des Hippokrates folgt, wird sie auch die zu beachtenden heilsamen Grenzen, wie zum Beispiel das Tötungsverbot, achten. Es ist aber zu beobachten, dass in Folge der die akademische Ausbildung und die Wissenschaft seit Längerem dominierenden positivistischen und materialistischen Sichtweise die Neigung besteht, sich über ethische Bedenken hinwegzusetzen und alles zu machen, was man inzwischen machen kann. Hier sind bereits gravierende Fehlentwicklungen eingeleitet worden, und wir sollten deren Natur und die dahinterstehende Mentalität verstehen und ihnen rechtzeitig Einhalt gebieten, wo wir betroffen sind oder Gelegenheit dazu haben.

Es ist erfreulich, dass nun auch vermehrt andere Stimmen in der Ärzteschaft laut werden, die die derzeit gängigen Sicht- und Verfahrensweisen im Medizinbetrieb offen infrage stellen und, etwa wie Dr. Giovanni Maio, die Grenzen der Machbarkeit und des Wachstums aufzeigend, für eine humane Medizin im Sinne des Hippokrates eintreten.

Jeder von uns kann, in seinem persönlichen Umfeld beginnend, helfen, klare ethische Richtlinien zu vertreten und zu bezeugen. Auch in unserer privaten Kommunikation im Internet, in Vorträgen auf Kongressen und in Publikationen können wir unsere Meinung äußern. Was die Ärzte »guten Willens« betrifft, so hoffe ich, dass sie sich miteinander verbinden, um einem deutlichen Trend zur Dehumanisierung entgegenzuwirken, auch wenn dies in den auf finanziellen Profit hin orientierten Kliniken und Anstalten immer schwieriger wird.

Vonseiten der Psychologie können die vitale Wichtigkeit einer ganzheitlichen, das heißt Leiden und Sterben nicht verdrängenden Einstellung und die Möglichkeiten und Vorteile von Entspannungstechniken und Mitgefühlsübungen als Maßnahmen der Psychohygiene für das überlastete

Klinikpersonal und als Unterstützung für die Patienten aufgezeigt und von den positiven Erfahrungen her, die bereits damit gemacht wurden, begründet werden. Es wäre wünschenswert, dass diese psychisch entlastenden und eine von Empathie getragene Motivation stärkenden Methoden häufiger in Kursen für das Pflegepersonal eingeführt und vermehrt in einer Gruppenarbeit mit Patienten angewendet würden, um dehumanisierenden Tendenzen entgegenzuwirken, die durch Überlastung gefördert werden.

Mitgefühlsübungen und Meditation sind eine Quelle der Kraft, weil sie uns öffnen und uns unsere erdachten persönlichen Grenzen vergessen lassen. Einschränkende persönliche Glaubenssätze und Auffassungen, die die Empathiefähigkeit verringern, können durch die bewusste Ausrichtung der Aufmerksamkeit auf heilsame, holistische Sätze wie »Mögen alle Wesen gesegnet sein, denen ich heute begegne« oder »Mögen alle Wesen glücklich sein« ersetzt und erfolgreich transzendiert werden. All das sind Ansätze, die weiter ausgebaut werden können.

Viel Erfreuliches ist ja bereits auf diesem Gebiet geschehen, die Hospizbewegung verbreitet sich, und vielerorts werden jetzt Kurse für Sterbebegleitung angeboten. Ich wünsche mir, dass auch die Übungen in diesem Buch dabei eine immer breitere Verwendung finden werden und noch vielen Menschen helfen können.

Wenn man mehr mit gemeinsamen Entspannungs- und Ruheübungen wie dem »alles befreienden Atem des A« und mit Mitgefühlsmeditationen, wie zum Beispiel dem »unzerstörbaren Atem von Segen und Mitgefühl«, arbeitete, die im dritten Teil dieses Buchs beschrieben sind, so könnte man sich viele andere medizinische Maßnahmen sparen. Kombiniert mit einer guten palliativen Versorgung, wäre eine größere Lebensqualität und Sinnhaftigkeit in der letzten Lebensphase und eine hilfreiche Vorbereitung auf das Sterben möglich, sodass wohl die wenigsten auf die Idee kämen, sich umbringen zu lassen oder ihren Tod vorzeitig selbst herbeizuführen.

• ◂ •

Wo die Wissenschaft und Medizin subliminal und offen die bevorstehende Befreiung von allem Leid verspricht, aber gleichzeitig von unternehmerischen, finanziellen Interessen und von Gewinnmaximierung motiviert erfindet und handelt, ist große Vorsicht und auch ein Hinterfragen der angebotenen und häufig als »alternativlos« ausgegebenen Leistungen und »Machbarkeiten« geboten, denn bereits die von gewinnorientierten, finanziellen Interessen verunreinigte Motivation weicht ja vom Hippokratischen Eid ab und führt in eine andere Richtung. Rein marktwirtschaftlich gesehen, gilt es, möglichst gewinnbringende Leistungen zu generieren und solche, die weniger lohnen, zu reduzieren. Betrachten wir es genau, so steht hinter ethisch bedenklichen Eingriffen der Medizin heute oft in Wahrheit diese Logik.

Es zeigt sich folglich eine mangelnde Bereitschaft, die eigentlichen Ursachen des Leids zu erkennen, zu benennen und zu beseitigen, und bedingt durch ein mechanistisches, körperfixiertes Menschenbild und die axiomatische Negation eines Weiterlebens nach dem Tod zugleich ein falsches Verständnis davon, was wirkliche Gesundheit von Körper und Psyche und ein gutes, kostbares Menschenleben eigentlich bedeuten.

Ich denke, es wäre gut und eine wertvolle Entscheidungshilfe, wenn sich unsere heutigen Ärzte in ihrem eigenen Interesse und in dem ihrer Patienten weiterhin oder wieder nach dem klassischen Eid des Hippokrates orientierten. In diesem heißt es nämlich: »Ich schwöre Apollon den Arzt und Asklepios und Hygieia und Panakeia und alle Götter und Göttinnen zum Zeugen anrufend, dass ich nach bestem Vermögen und Urteil diesen Eid und diese Verpflichtung erfüllen werde: Meine Verordnungen werde ich treffen zum Nutzen und Frommen der Kranken nach bestem Vermögen und Urteil. Ich werde sie bewahren vor Schaden und willkürlichem Unrecht. Ich werde niemandem, auch nicht auf seine Bitte hin, ein tödliches Gift verabreichen oder auch nur dazu raten. Auch werde ich nie einer Frau ein Abtreibungsmittel geben. Heilig und rein werde ich mein Leben und meine Kunst bewahren ...«

Da, wo es früher wohl oder übel hieß: »Dein Wille geschehe«, wird heute dem Menschen nahegelegt, selbst zu entscheiden, was annehmbar ist und was nicht; und er oder sie »lässt es machen«, wenn es angeboten wird, erlaubt und möglich und finanzierbar ist.

Der Mensch glaubt, er entscheidet dabei frei, aber in Wahrheit haben ihm zumeist Werbekampagnen und Fernsehsendungen die Ideen sehr gezielt, offen und subliminal in den Kopf gesetzt und seinen Willen gelenkt. Der Wandel von ethischen Paradigmen, dessen Zeuge wir sind, geschieht nicht von ungefähr, sondern war und ist medial beeinflusst. Bei einer Vielzahl widerstreitender Meinungen und Argumente scheint es so manchem nicht mehr leicht, sich über die oben genannten, medial zumeist gepriesenen wissenschaftlichen Errungenschaften, Eingriffe und Manipulationen der Natur und ihren Sinn und Zweck ein sicheres Urteil zu bilden. Doch wenn Technologien wie zum Beispiel die Nanotechnologie und Gentechnik in den falschen Händen sind, so hat die Menschheit bereits früher leidvoll erfahren müssen, dienen sie meist leider nicht dem Wohl und der Befreiung der Menschen, sondern werden für ihre Unterdrückung, Steuerung, Manipulation und für eugenische Auswahl und Reduktion der Bevölkerung verwendet.

Was die gravierendsten Auswüchse dieser technischen »Fortschritte« — was das Töten von als »unerwünscht« oder »unwert« betrachteten Lebens betrifft, so brauchen wir uns eine richtige ethische Einschätzung dieser Handlungen sicher nicht zusammenzudenken, denn eine höhere Weisheit und Einsicht als der verwirrte menschliche Verstand hat gesprochen, als sie eine der Hauptregeln für ein nachhaltiges, heilsames Verhalten, und das in unserem eigenen Interesse, lehrte: »Du sollst nicht töten.« Und in der fünften Grundregel für ein ethisches Verhalten im Buddhismus heißt es dementsprechend: »Ich gelobe, kein Lebewesen zu verletzen oder zu töten.« Dilgo Khyentze Rinpoche erklärte hierzu, dass dies nicht nur bedeute, selbst vom Töten abzusehen, sondern auch die Verpflichtung impliziere, das Leben zu schützen und zu retten, wenn es uns möglich ist.

Es gibt also eine ganz klare ethische Richtlinie und Grenze, und wir sollten uns immer wieder darauf besinnen und berufen. Es ist wichtig, sie zu würdigen und in unserem Umfeld und in der Gesellschaft auch zu bezeugen.

· ✦ ·

Generell ist die Identifizierung mit und die Fixierung auf den Körper einfach zu groß geworden in diesem Zeitalter, aber nicht im Körper liegt unser Leben und unser künftiges Schicksal, und dieses ist nicht zufällig, sondern es wird durch unser Denken, Fühlen, Wollen und Handeln in diesem Leben und genau jetzt vorbereitet und wirkt sich in allen unseren weiteren Leben aus.

Dazu fällt mir an dieser Stelle ein weiteres Jesus-Wort ein, das auch für die anderen fragwürdigen Manifestationen des Zeitgeistes zutrifft, über die wir hier nur deshalb sprechen, weil sie inzwischen jeden Menschen affizieren und zu seinen psychischen und physischen Leiden beitragen: »Was nützt es dem Menschen, wenn er die ganze Welt gewänne, dabei aber seine Seele Schaden leidet?«

· ✦ ·

Leider wird der kontextuelle Zusammenhang von Ursache und Wirkung in Bezug auf das eigene Handeln und die Vorteile eines altruistischen, ethischen Handelns selbst unverständlich und inkohärent, wo der Mensch in der Überzeugung lebt, dass mit dem Tod alles aus ist und es folglich keine Nachwirkungen seiner Handlungen für ihn selbst geben kann. Dass aber unter den Folgen des unvernünftigen Wirtschaftens und Verhaltens der heutigen Elterngeneration deren Kinder und noch viele Generationen nach diesen und alle anderen Lebewesen auf diesem Planeten leiden werden, wenn sie nicht ohnehin schon ausgerottet sind, ist nun eigentlich unübersehbar geworden.

Die meisten Menschen verdrängen das Unangenehme einfach, und so wollen sie die Brisanz dieser nachhaltig die Lebensqualität einschränkenden umweltlichen und gesellschaftlichen Veränderungen nicht wahrhaben und schauen lieber gebannt auf ihre Bildschirme, wo eine virtuelle Pseudorealität ihre Aufmerksamkeit auf sich lenkt, sie bindet und durch oberflächlich angenehme und faszinierende Unterhaltung von der unmittelbaren Wahrnehmung der eigenen, tatsächlichen Umwelt und Lebensumstände ablenkt.

Medial wird langsam ein postfaktisches, ein hochgradig fiktionales Sehen und Verhalten – also ohne »Realitätsbezug« in bisher noch gültiger psychologischer Diktion – eingeführt und kultiviert, in denen Lüge mit Wahrheit und Wahrheit mit Lüge gleichgesetzt und als gleich geachtet wird. Damit wird es immer schwerer für den heutigen Menschen, Heilsames von Unheilsamem zu unterscheiden.

Die Vergeblichkeit allen weltlichen Strebens

In der letzten Phase des Lebens wird die Vanitas oder Vergeblichkeit allen weltlichen Strebens für jeden Menschen offenbar, und das persönliche Weltende kommt in Sicht. Doch Leiden und Tod, die beiden großen Lehrmeister sind dem, der ihre Botschaft nicht hören will lediglich sinnlos, absurd und unerwünscht.

Man will ihre Lektion nicht mehr lernen, stellen sie doch das vertraute Leben und das Streben nach weltlichen Zielen infrage. Es nimmt also nicht wunder, dass viele von dieser Leistungsgesellschaft geprägten Menschen, die sich mit deren Werten identifiziert und keine andere Perspektive kennengelernt haben, nun sogar die letzte Phase ihres Lebens, in der die wohlvertraute Identifikation mit dem Körper und mit den angestrebten Zielen fragwürdig und brüchig wird und in der man Vergänglichkeit, den Verfall der Kräfte und den immanenten Tod nicht mehr verdrängen kann, als ihrer unwürdig und mit ihrem Stolz nicht vereinbar finden. Viele fordern nun ein Recht darauf, sich selbst vergiften zu dürfen. Warum gerade heute, so könnte man fragen, wo die Medizin so weit fortgeschritten ist, dass sie viele Leben künstlich verlängern kann, die eigentlich bald enden würden? Die Realität ist, dass sie in der »Konsumgesellschaft« zumeist niemand mehr haben, der sie wertschätzt und der sagt, dass er sie noch braucht.

Eine Gesellschaft, in der niemand mehr Zeit hat, deren falsches »Ideal« in höchster körperlicher und geistiger Fitness und im Ertrag und der Wirtschaftsleistung jedes Einzelnen besteht, isoliert und verdrängt die Alten. Wird in besagter Gesellschaft der assistierte Suizid gesetzlich erlaubt, so wächst in der letzten Lebensphase, in der wir der Hilfe anderer bedürfen, auch der soziale Druck, sich das Leben zu nehmen.

Alte Menschen halten es für eine selbstbestimmte Handlung, sich selbst zu töten, und sagen oft, sie wollen den anderen nicht zur Last fallen. Doch leider werden auch ihre Helfer in eine negativ belastete Tat involviert, wenn sie den Menschen auf seinen Wunsch hin töten. Es ist nicht angebracht, dies einen »guten Tod« oder einen »Freitod« zu nennen; denn diese Handlung ist ein Ausdruck von Verdrängung, Not oder Verzweiflung, und sie geht von der falschen Annahme aus, dass mit dem Tod des Körpers auch alles Leiden endet.

Wenn es im Christentum und im Buddhismus Gebote gibt, die den Selbstmord untersagen, dann nicht aus mangelndem Mitgefühl für den leidenden Menschen, der keinen anderen Ausweg mehr sieht, sondern aus dem sicheren Wissen heraus, dass dieser seinem Leiden durch das Töten des Körpers nicht entfliehen kann und stattdessen dadurch nur neue Ursachen des Leidens für sich schafft.

Es gibt aber immer auch eine andere Möglichkeit, einen anderen, einen guten Weg. Die Folge einer absichtlichen Tötungshandlung wie Mord, Abtreibung oder auch Selbstmord sind nach der buddhistischen und hinduistischen Karmalehre eine verkürzte Lebensspanne und gesundheitliche Probleme im nächsten Leben. Auch sinken die Chancen, wieder ein menschliches Leben zu erlangen, wenn man es jemandem oder sich selbst genommen hat. Einmal mehr: *Actio est Reactio.*

In christlicher Sicht sind die Folgen ebenfalls sehr negativ und von langer Dauer. Wer sein menschliches Leben selbst beendet, ist wie jemand, der einen großen Schatz wegwirft, denn als Mensch geboren zu werden ist, auch wenn es oberflächlich betrachtet kontraintuitiv klingt, in Wirklichkeit etwas extrem Seltenes. Und nur in einem menschlichen Leben kann man Erleuchtung und damit Befreiung vom Daseinskreislauf erlangen.

Wie selten eine menschliche Geburt ist, so lehren die buddhistischen Meister, könne man daran sehen, wie wenig Menschen es auf der Welt gebe im Vergleich zu den unzähligen anderen Lebewesen, wie zum Beispiel die Zahl der Tiere, der Insekten in einem einzigen Wald oder den Abermillionen von Kleinlebewesen in einer einzigen Meereswoge mit Plankton. Außerdem gibt es unzählige Wesen in anderen, für uns unsichtbaren Bereichen und Ebenen, aber keiner von diesen Bereichen ist der Erleuchtung so förderlich wie der menschliche.

•━•

Jeder Tag eines menschlichen Leben ist trotz aller Leiden, ja oft wegen der Leiden, von denen es auch in Kindheit, Jugend und Erwachsenenalter genügend gibt, kostbar, denn Leiden kann für einen Menschen immer auch Ansporn zu tieferem Erkennen sein. Wir können aus unseren Fehlern lernen und aus Schaden klug werden.

Viktor E. Frankl sagte, es gebe bis zum letzten Augenblick unseres Lebens die Möglichkeit, eine scheinbare Tragödie und auch unsere größte Not in eine sinnvolle Leistung zu verwandeln, und das sei sogar die größte Leistung, deren der Mensch fähig sei.

Es ist ein bekanntes Faktum menschlicher Erfahrung, dass besonders in Krisensituationen, in unserem Scheitern, *in extremis,* in tiefer Not, in Todesnähe – in Bedrängnis und Hilflosigkeit, wenn das Ego nicht mehr weiterkann und seinen Halt aufgibt – die Seele nach Hilfe ruft und dass sich überpersönliche Erkenntnis, Glück und Erleuchtung dann ungehindert und plötzlich offenbaren können. Die Wirklichkeit kann sich da zeigen und bewahrheiten, wo unsere Konstrukte und unser Eigenwille scheitern.

»Die Not des Menschen ist die Gelegenheit Gottes«, so heißt ein altes Sprichwort, und ein anderer, unerwarteter, in seiner Bedeutung nicht hoch genug zu schätzender Effekt der Gerätemedizin bestätigt dies und kontrastiert das materialistische Denken und seine Glaubenssätze seit einiger Zeit auf unerwartet effektive Weise. Durch die Fortschritte in der Reanimationstechnik haben viele Menschen an der Schwelle des Todes und im Koma liegend Einblicke und tiefe Einsichten gewonnen, welche in den meisten Fällen ihren Blick auf das Leben verwandelten und zu einem achtsameren und liebevolleren Verhalten, gepaart mit einer großen Wertschätzung für das Geschenk des Lebens, führte, und das unabhängig davon, ob sie vorher religiös waren oder nicht. Diese Menschen haben den Körper zeitweise verlassen und damit eine zweifelsfreie Gewissheit gewonnen, dass der Tod des Körpers nicht das Ende des Lebens, sondern nur ein »Exitus«, das Hinaustreten in eine andere Dimension und Seinsform ist.

Das Zurückkommen eines Menschen aus dem »Jenseits« war in früheren Zeiten ein recht seltenes Ereignis, aber es gewann doch, wie wir zum Beispiel an der langen und bedeutenden Nachwirkung der von Platon in der *Politeia* erzählten »Geschichte des Kriegers Er« sehen können, eine große Bedeutung für die Gesellschaft und inspirierte das einfache Volk ebenso wie Dichter und Philosophen. In Tibet genossen solche Menschen große Verehrung, und ihre Erzählungen bilden eine eigene Literaturgattung.

Heute erleben täglich viele Menschen diese Zustände, und ihre Berichte bereichern eine wiedererstehende Ars Moriendi mit der Frische des unmittelbar selbst Erlebten. Sie sind Zeugnisse direkter, persönlicher Erfahrung, von jeder Ideologie freie Offenbarungen von dem, »was wirklich wichtig ist im Leben«, und ich lese sie deshalb immer gern.

Ihre große Übereinstimmung erweist das Erleben des »Exitus« als eine Urerfahrung des Menschen, die ihre Entsprechung im »Introitus« der Geburt hat. Und dass wir bei beiden durch einen Tunnel gehen, ist nicht die einzige Ähnlichkeit.

Mögen manche Mediziner ihrem Glaubenssystem entsprechend auch versuchen, diese außergewöhnlichen und übersinnlichen Erfahrungen auf körperchemische Prozesse zu reduzieren, dass solch tiefgreifende Metanoia in einer Nahtoderfahrung möglich ist und geschieht, dass eine kurze Begegnung mit dem, was in den Tibetischen Totenbüchern »das klare Licht der Wirklichkeit« genannt wird, ein unvergessliches, intuitives Erkennen des Sinns des Lebens ermöglichen kann, das so tief ist, dass der Mensch gleichsam wie aus einem Erleuchtungserlebnis als ein Verwandelter und ganz auf das Heilsame hin orientiert hervorgeht, ist eigentlich das Erstaunlichste und Überzeugendste daran.

Der Körper liegt in Narkose und schwer verletzt im Bett, doch der Erlebende erfährt außerhalb des Körpers einen Frieden, ein Wohlbefinden, eine höhere Luzidität und mitfühlende Weisheit, die ihm in seinem Körper und Gehirn im normalen Wachzustand nicht zugänglich waren. Er verfügt in seinem feinstofflichen Körper außerdem über übersinnliche Fähigkeiten wie Gedankenlesen und ein panoramisches Gewahrsein, das Situationen wie den Operationssaal oder den Unfallort sehr genau wahrnimmt und sich detailliert an sie erinnert.

Dies entspricht also der Aussage des *Tibetischen Totenbuchs,* dass der Verstorbene im Jenseits über eine neunmal stärkere Luzidität verfügt als im physischen Körper.

Menschsein als einmalige Chance, völlige Erleuchtung zu erlangen

In dieser Welt als Mensch geboren zu werden ist der Lehre des Buddha nach eine einmalige Chance, denn nur als Mensch hat man genügend Intelligenz, um die befreienden Lehren zu verstehen, und gleichzeitig das richtige Maß an Leidensdruck, um sie in die Tat umzusetzen.

Nur jetzt in dieser menschlichen Existenz besitzen wir eine gewisse Entscheidungsfreiheit in Bezug auf unsere Taten und ein Maß an Vernunft und Erinnerung, welche uns den Zusammenhang von Ursache und Wirkung erkennen lassen. Wir besitzen im Grunde eine Geistesklarheit oder Luzidität, welche, wenn es gelingt, sie zu fördern und von den Schleiern des konzeptuellen Denkens und der Störgefühle zu befreien, die wahre Natur der Erscheinungen und die des erkennenden Geistes intuitiv verstehen kann; und es ist allein das Erkennen der Wahrheit, das uns von Täuschung und damit von Leid befreien kann.

Durch unmittelbare Wahrheitsschau und Selbsterkenntnis, luzide geworden im höchsten Sinn, erkennen wir uns schließlich als immer schon frei von jeder eingebildeten Begrenzung und werden frei von Fehlwahrnehmungen und Traumbefangenheit. Dann sind wir Buddha.

Als Mensch können wir in diesem Leben Buddha werden – aber das Leben ist kurz, und keiner von uns weiß, ob er am morgigen Tag noch lebt, denn gestorben wird in jedem Alter und aus vielen Ursachen. Sicher ist nur, dass wir sterben werden, so wie alle Menschen vor uns und so wie die vielen unserer Bekannten und Verwandten, welche uns in diesem Leben bereits vorausgegangen sind.

»Mache ein stetes Gedenken des Todes zur Richtschnur für all dein Handeln«, so ermahnte der Stoiker Marc Aurel sich selbst. Wenn ein Mensch in der Perspektive seines nahen Todes lebt, dann wird er Wesentliches von Unwesentlichem und Wichtiges von Unwichtigem klarer trennen können.

Wenn wir uns von unnötigen, zerstreuenden Interessen und selbstauferlegten Ansprüchen, Wichtigkeiten, Aufgaben und Beschäftigungen befreien können, kann jeder weitere Tag, der uns noch bleibt, eine kostbare Gelegenheit für die bewusste Erzeugung von positiven Impulsen in unserem Geistesstrom und die Übung des Ruhens in nichtkonzeptuellem Gewahrsein sein. Durch diese zwei Aspekte der Geistesschulung – also die heilsame, konzentrierte Anwendung des Denkens und das achtsame Ruhen in der Natur des Geistes – können wir unser künftiges Schicksal bleibend zum Positiven hin verändern. Und ist uns ihre Übung so vertraut geworden, dass sie auch im Schlaf weiterwirkt, so wird sie uns sicher auch im Sterben tragen.

Aus der Realisation der Vergänglichkeit unsrer momentan privilegierten Situation kann spontan eine große Wertschätzung für die Kostbarkeit der menschlichen Verkörperung und für die Lebenszeit entstehen, die uns noch vergönnt ist. Besonders das vierte Lebensalter, bei uns mit dem schönen Wort »Ruhestand« umschrieben, ist bei den Indern traditionell der spirituellen Praxis und der Loslösung von allem Weltlichen gewidmet. Die Pflichten und Gedanken eines Haushaltsvorstands werden dann bewusst losgelassen, der Besitz vorab verteilt; und sich von allem Angenommenen und Unnötigen entledigend, kann man in aller Ruhe und Beschaulichkeit die geistige Armut verwirklichen, welche Jesus als selig gepriesen hat und die darin besteht, dass man nichts mehr hat, nichts mehr will und nichts mehr weiß. Der Ruhestand ist für diese Loslösung, für dieses »Sterben vor dem Sterben«, wirklich ideal, wenn man den tiefen Sinn der Geistesschulung verstanden hat.

Könnte es eine bessere Einstimmung auf den Tod als die endgültige Erlösung vom Körper und vom Ich in der Verschmelzung mit dem klaren Licht am Ende des Sterbeprozesses geben, als sich schon vorher darin zu üben, alle Anhaftung aufzugeben und in tiefer Entspannung jede Vorstellung von Körper und Geist abfallen zu lassen? Wie sonst könnte Erlösung geschehen?

Alles loslassen zu können ist immer die Vorbedingung möglicher Befreiung. Niemand anders kann das für uns übernehmen. Wer jetzt nicht Ruhe geben will, der gibt natürlich auch im Postmortem nicht Ruhe und wird sich deshalb wiederverkörpern, auch wenn wir uns wünschen: »Der Herr gebe ihm die ewige Ruhe!«

Auch »Phowa« kann nicht gelingen, »die Übertragung des Bewusstseins in einen Buddha-Bereich«, wenn wir noch an irgendetwas haften, so sagen die Meister.

•◆•

Stellen wir uns also die Frage, was wirklich wichtig ist angesichts des Todes, der uns jederzeit ereilen kann. Wir werden alles zurücklassen müssen; und nur das Gute, das wir in diesem Leben getan haben, und nur die sichere Ausrichtung und die Gelassenheit, Ruhe und Klarheit unseres Geistes, die wir kultiviert haben, können uns dann noch helfen und von größtem Nutzen sein.

In seiner Schrift *Von der Kürze des Lebens* betonte Seneca, dass man immer eingedenk der Unausweichlichkeit und Nichtvoraussagbarkeit des Todes jeden Tag weise nutzen und in Vorbereitung auf das Sterben leben sollte. Er sah, wie Marc Aurel, Leben und Tod im Licht der Lehren der griechischen Stoa, und deren gesunde und entspannte Haltung gegenüber dem Tod war begründet in ihrer Doktrin der ewigen Wiederkehr, welche lehrte, dass das Universum, aber auch der Mensch ständig geboren, aufgelöst und wiedergeboren wird. Im erleuchten Verständnis dieser Lehre, welche wir in ähnlicher Form auch im Hinduismus und Buddhismus finden, ist der Tod nur Übergang in ein anderes Leben; und das Einzige, was wirklich zu fürchten ist, sind die Folgen eines unheilsamen Denkens und Wollens in uns und alle Handlungen, welche wir von den Geistesgiften motiviert ausführen, die, zu schlechten Gewohnheiten werdend, die Macht haben, uns weiter an den Daseinskreislauf zu binden. Sie werden uns weiter Leiden verursachen, wenn wir uns nicht davon befreien und diesen Circulus vitiosus in diesem Leben und Körper noch zu unterbrechen lernen.

•◆•

Wenn wir die uns gegebene Freizeit und Ruhezeit ab jetzt weniger für unnötige Unterhaltungen, Gedanken und Tätigkeiten verschwenden, sondern für die Geistesschulung nutzen, so können wir unserem Geist eine entschieden heilsame Richtung geben und uns in der Dzogchen-Meditation des von allen Konzepten freien, gelassenen Ruhens in der Natur des Geistes üben. Diese Übung ist völlig unkompliziert, weil es eigentlich dabei nichts zu tun gibt, aber den meisten Menschen, die an ständiges Tätigsein gewöhnt sind, fällt genau das heutzutage am schwersten. Aus diesem Grund ist es vorteilhaft, sich zuerst in der Sammlung des Geistes auf ein einziges Objekt, zum Beispiel auf das A, zu üben. Ruhen wir unabgelenkt im A, so fällt auch dieser Gedanke weg, und wir ruhen im ungeborenen Zustand des Geistes. Wir können am Anfang unserer Meditationssitzungen für einige lange Ausatmungen den Ton A singen. Alle Konzepte lösen sich dabei auf und Körper und Geist entspannen sich. Dann ruhen wir einfach, den Blick vor uns auf den leeren Raum gerichtet im natürlichen Zustand – ohne etwas von dem, was spontan aufsteigt oder erscheint, festzuhalten oder abzuweisen. Das ist alles. Das ist die grundlegende Einübung völliger Gelassenheit und damit völliger geistiger Freiheit.

Wenn wir bemerken, dass wir abgelenkt sind, also beginnen, Gedanken oder Erscheinungen zu folgen, tönen wir wieder das A und kehren direkt wieder zum ursprünglichen Zustand offenen, formlosen Erkennens zurück. Wenn wir frei von allen anderen Gedanken, nur auf das A gesammelt am Abend einschlafen, so werden wir immer mehr im Traumzustand luzide Phasen, also Klarträume erleben. So wird es im Dzogchen gelehrt.

Wenn es uns gelingt, vollkommene geistige Stabilität im natürlichen Zustand und damit nach und nach eine alle Bewusstseinsschichten durchdringende Luzidität zu erlangen, so werden wir im Tod zur Buddhaschaft erwachen können. Von den Menschen, die wirklich praktiziert haben, von den Seligen, Heiligen und Verwirklichten aller spirituellen Traditionen wird berichtet, dass sie in der Todesstunde voll Freude, Frieden und Zuversicht sind. Sie sind ihrer selbst sicher, haben nichts zu bedauern und nichts mehr zu beichten. Sie wissen, wohin sie gehen – zieht es doch den Menschen ganz natürlich dorthin, wo sein Herz ist und wohin sein Sinnen geht.

»Mensch, in das, was du liebst, wirst du verwandelt werden, Gott wirst du, liebst du Gott, und Erde, liebst du Erden«, heißt es im *Cherubinischen Wandersmann* des Angelus Silesius. Unser künftiges Schicksal wird ganz natürlich den Neigungen entsprechen, die wir am meisten kultiviert haben. Sogenannte Wunderkinder wie Mozart sind der Beweis dafür.

Ihre besondere Fähigkeit ist kein Zufall, sondern die Frucht ihrer früheren Übung und Meisterschaft im Feld der Musik, der Mathematik, der Meditation und so weiter.

•◆•

Die meisten von uns finden es selbstverständlich, als Mensch geboren zu sein; und selbst wenn wir an Wiedergeburt glauben, nehmen wir automatisch an, als Mensch reinkarniert zu werden. Doch tatsächlich ist beides nicht selbstverständlich, und wir wissen normalerweise nicht, wohin wir nach dem Tod als Nächstes gehen werden.

In unserem Unterbewusstsein schlummern die Spuren zahlloser früherer Erfahrungen, Handlungen, Wünsche und Gewohnheitsmuster, die in vielen Leben angesammelt wurden – Kraut und Unkraut, Heilsames und Unheilsames, Heilendes und Giftiges, Tierisches, Menschliches, Göttliches und Teuflisches schlummern in uns, und diese Spuren unzähliger Existenzen warten wie Samen in der Erde darauf, sich auszuwirken, wenn geeignete sekundäre Ursachen wie Sonne und Wasser oder äußere Ereignisse im Wachen oder auch nur Visionen wie im Traum oder im Postmortem hinzukommen.

Erfahrung kommt uns von außen entgegen, und wir reagieren darauf spontan mit all dem, was bereits in uns ist. Wir nehmen es unserem Charakter und unseren Konditionierungen entsprechend wahr, und wir reagieren demgemäß. Wir sehen etwas, was uns gefällt, und wir wollen es haben. Wir besitzen etwas und wollen es behalten. Wir hängen eifersüchtig daran; und will es uns jemand nehmen, so entsteht Hass, und im schlimmsten Fall schlagen oder töten wir den Rivalen und die geliebte Frau, welche uns betrogen hat oder verlassen will. Oder wir sehen etwas Furchterregendes, haben Angst und fliehen. Unsere Reaktionen kommen spontan und instinktiv aus dem Unterbewusstsein; und wenn wir fast in einen Abgrund stürzen, so fühlen wir auch im Traum die Todesangst im Bauch. Im Wachen und im Träumen reagieren wir unserem persönlichen Charakter entsprechend auf Erfahrung oder Vision, und normalerweise, also ohne vorherige Übung der Meditation, haben wir über unsere Gedanken ebenso wenig Kontrolle wie über unseren Traum.

Deswegen ist es mit dem Sterben ähnlich wie mit dem Schlaf – dem kleinen Bruder des Todes –: Wir legen uns hin, aber wir wissen nicht, was wir im Traum erleben und denken werden; und die Chance, dass wir das, was wir träumen, als unsere eigene Vision, als unsere eigenen Gedanken erkennen, ist äußerst gering, es sei denn, wir haben die Fähigkeit der Luzidität im Traum entwickelt. Einer kürzlich durchgeführten Befragung zufolge erinnern sich die meisten Menschen einmal pro Woche an einen Traum, und luzide Träume sind ein äußerst seltenes Erlebnis.

Nun ist aus der Traumforschung gut bekannt, dass jeder, der sich darum bemüht und es sich fest vornimmt, sich immer häufiger und lückenloser an seine Träume erinnern und im luziden Bewusstsein, dass er gerade träumt, erfahren kann. Wenn Luzidität den Traumzustand durchdringt, weiß man, dass das Erlebte keine eigenständige Wirklichkeit hat und dass es eigentlich ganz von uns abhängt, was wir erleben. Mit dieser Erkenntnis erlangen wir potenziell die Freiheit, den Trauminhalt spielerisch zu verändern; und mit präziser und konsequent fortgeführter Übung kann man im Traumzustand dieselbe Luzidität und Willensfreiheit erlangen wie im Wachzustand.

Wenn uns dies gelingt, haben wir viel erreicht und können unsere spirituelle Praxis dann auch im Schlaf fortsetzen.

Wir können uns zum Beispiel bewusst dafür entscheiden, in einen höheren Seinsbereich, in ein sogenanntes Buddha-Land, zu gehen und dort Belehrungen zu hören – wir können mit unserem Traumkörper auch andere Orte auf dieser »materiellen« Welt besuchen und wahrnehmen, was dort geschieht. Oder wir können stabil in klarem und leerem Gewahrsein ruhen und einfach erscheinen lassen, was erscheint, und all das im wortlosen Verstehen, dass es der eigene Traum, dass es Selbsterfahrung ist. Wir können damit also auch unsere Dzogchen-Praxis von Trekchö und Thögäl im Schlaf fortsetzen und entwickeln.

Am Beispiel der Luzidität im Traum können wir Wesentliches über unser Menschsein lernen, nämlich erstens, dass wir zwar mit luzidem Gewahrsein begabt sind, dieses momentan aber sehr beschränkt ist. Zweitens, dass Luzidität kultiviert werden und auch die unbewussten Schichten unseres Erlebens durchdringen kann. Drittens, dass dadurch das imaginäre, durch Unbewusstheit erzeugte und fortbestehende Leiden und die Störgefühle im Traum aufgelöst werden können. Und viertens, dass wir durch das Erkennen der wahren Natur unserer Erfahrungen als Traum oder Selbsterscheinung schließlich vollkommen frei werden können. Frei von Unwissenheit, frei von Gedanken, frei vom Haften an etwas und frei von Aversion gegen etwas und damit frei von Geburt und Tod.

Fünftens – so können wir ebenfalls aus dem Obigen verstehen – kommt diese erhöhte gesteigerte Luzidität nicht von selbst, sondern muss kultiviert werden. Bemühen wir uns nicht darum, so werden die in unserem Unterbewusstsein eingelagerten Spuren, werden Unwissenheit, Gewohnheitsmuster, dualistische Gedanken und Störgefühle weiterhin sowohl unsere Träume wie auch unsere emotionale Reaktion auf sie bestimmen.

—◆—

Falls jemand noch nach dem tieferen Sinn seines Lebens, seine wahre Lebensaufgabe, den direkten Weg zur Erleuchtung oder eine sinnvolle Beschäftigung für die Jahre seines Ruhestands sucht – er findet all das in der Kultivierung der Luzidität, in der Entfaltung des Erleuchtungsgeistes.

Padmasambhava, der Autor des *Tibetischen Totenbuchs*, lehrt den Kernpunkt der Praxis des tibetischen Traum-Yoga, wenn er sagt: »Befreie dich davon, das, was dir begegnet, durch den Schleier deiner karmischen Konditionierungen zu sehen. Sieh es stattdessen als rein, vollkommen und von der Natur des Lichts. Übe dich darin, all deine Erfahrungen tagsüber als einen Traum, als illusionär zu sehen. Komm zu einer durchdringenden Luzidität, indem du dich immer wieder daran erinnerst, dass deine ganze Umgebung, die Stadt, in der du lebst, deine Wohnung, deine Mitmenschen und all deine Unterhaltungen mit ihnen Traum sind. Alles, was du tust, all deine Handlungen von Körper, Rede und Geist sind Traumhandlungen. Sag deshalb oft zu dir selbst: ›Das ist ein Traum.‹ Und manchmal sag es auch laut, oder schrei dich selbst an. Am Abend, wenn du dich schlafen legst, nimm dir fest vor: ›Zum Wohl aller Wesen will ich Erleuchtung erlangen und mich heute Nacht darin üben, den Traum als Traum zu erkennen und zu meistern.‹ Wenn du dich so darin übst, all deine Erfahrungen als illusionär und als Traum zu sehen, wird diese Luzidität auch im Nachtodzustand weiterwirken, denn auch dieser ist von traumgleicher Natur. Wenn es dir gelingt, siebenmal in einer Nacht im Traum luzide zu werden, so wirst du ohne Zweifel auch die Visionen des Postmortem als illusionär erkennen und damit Befreiung finden.«

Vom Status quo unserer normal eingeschränkten Luzidität und geistigen Unruhe ausgehend, besteht also der Weg zur Erleuchtung oder vollen Luzidität darin, uns in der reinen Sichtweise zu üben, die ohne Konzepte die Reinheit schaut und gleichzeitig die illusionäre Natur und Leerheit der Wesen und der Dinge klar erkennt. Hierzu ist es zuerst nötig, den eigenen Geist zu zähmen und zur Ruhe kommen zu lassen und verstärkt darauf zu achten, möglichst nur heilsam zu denken, zu reden und zu handeln.

Alle relativen, das heißt mit Konzepten verbundenen Übungen wie der Saatgedanke »Wer ist es, der das alles träumt?« und häufig wiederholte Affirmationen oder Wunschgebete wie »Mögen alle Wesen glücklich sein« haben den Zweck, so starke heilsame Tendenzen und Gewohnheitsmuster im Geist zu erzeugen, dass diese schließlich sogar im Traum weiterwirken und dessen Wahrnehmung, Inhalt und Richtung bestimmen.

Wenn wir nur noch positive Träume haben, die häufig luzide sind und im Wachzustand kaum mehr Störgefühle erfahren, so ist dies das einzig sichere Zeichen, dass unser Üben wirklich in die Tiefe gedrungen ist und dass die positiven Tendenzen in uns oder das »Bodhicitta«, der luzide Geist von Weisheit, Achtsamkeit und Mitgefühl, nun in unserem Erleben im Wachen und Schlafen vorherrschend geworden sind. Damit ist schon viel vom großen Werk erreicht, und wir haben, was die relative Wirklichkeit betrifft, viel positives, verdienstvolles Karma angesammelt, das uns nun trägt.

Der andere Aspekt des Wegs, die Ansammlung von Weisheit, wird durch die häufige Übung des völlig gelassenen Ruhens im Zustand reinen Gewahrseins, frei von allen Gedanken und in der inneren, wortlosen Gewissheit »Alle Erfahrung ist Traum« vollendet.

Gelingt es uns, im Urzustand des Geistes, in der Untrennbarkeit von luzider Klarheit und völliger Offenheit unabgelenkt zu ruhen, so erfahren wir alle Gedanken, Erscheinungen und Visionen immer mehr als die spontanen Manifestationen des klaren Lichts unseres eigenen Geistes.

Wenn wir gelernt haben, alle dualisierenden Gedanken der Selbstbefreiung zu überlassen, erleben wir die Vielfalt der Erscheinungen als eins mit uns selbst, frei von einem Gefühl von Subjekt oder Objekt. Und wenn diese alldurchdringende Luzidität andauert und kontinuierlich wird, haben wir vollkommene Erleuchtung erlangt.

Wenn wir ab jetzt jeden Tag so leben, als ob es unser letzter wäre, werden wir keine Zeit mehr verlieren und uns, ohne zu zögern, der Übung der Selbstbefreiung aller Gedanken widmen. Wie jemand, der plötzlich entdeckt, dass sein Haus in Flammen steht, werden wir alles zurücklassen und versuchen, ins Freie zu entkommen. Ins Freie zu entkommen bedeutet im Dzogchen, in die Freiheit von allen Gedanken zu kommen, in den weit offenen Raum des Gewahrseins, frei von jedem Bezugspunkt.

Im Wachzustand haben wir die Freiheit, Körper, Atem und Geist zur Ruhe kommen zu lassen und den Antrieben der aufsteigenden Gefühle und Gedanken nicht zu folgen. Im Traum und im Postmortem haben wir diese Freiheit jetzt noch nicht und sind, wie das Totenbuch sagt, gleich einem trockenen Blatt im Wind, den Antrieben unserer alten Gewohnheitsmuster ausgeliefert. Nur jetzt, im Bardo dieses Lebens und hier vor allem im Wachzustand, besitzen wir genügend Stabilität, Luzidität und freien Willen, um uns einsgerichtet der geistigen Übung des

Wegs widmen zu können; und so heißt es im Evangelium: »Wachet und betet, denn der Teufel geht umher und sucht jene, die er schlafend findet zu verschlingen.«

Die »Übung der Wachsamkeit«, die darin besteht, weder schlechte noch gute Gedanken in die Burg des Herzens, wo unser wahres Selbst, wo der Meister als unser eigenes Gewahrsein und Gewissen immer gegenwärtig ist, eindringen zu lassen, ist in allen Systemen kontemplativer Geistesschulung das innerste, formlose Exerzitium.

»Freiheit von allen Gedanken ist der höchste Gottesdienst und das höchste Opfer«, lehrte Nisargadatta Maharaj. Geistige Freiheit besteht nicht nur darin, sich dieses und jenes vorstellen zu können – erst wenn der Geist beliebig lang ohne jede Vorstellung in tiefem Frieden in sich selbst ruhen kann, hat er die Freiheit, zu denken und zu glauben, was er will.

Es ist die Fähigkeit, den Geist auf eines allein zu sammeln und ihn, in diesem Einen, zu unzerstreuter Ruhe und Stabilität kommen zu lassen, welche dann als ein zweifelsfreier Glaube, wenn er sich auf etwas richtet, Wunder und Zeichen vollbringt und die imaginierten Naturgesetze eines kleineren Glaubens überschreiten kann. »Gehe hin in Frieden, du bist gesund!«, sagt der vollendete Meister der Kunst, der sich selbst und damit die Welt überwunden hat, und es verwirklicht sich im selben Augenblick.

»Wenn man keine Gedanken mehr hat, kommen die besten Gedanken«, so lautet ein tibetisches Sprichwort. Es weist darauf hin, dass Intuition an die Stelle des Verstandes tritt, wenn wir dem Denken nicht mehr folgen. Und diese zeigt sich in uns, wenn wir regelmäßig meditieren, immer verlässlicher.

Wächst unsere Vertrautheit mit dem Zustand nichtkonzeptueller Wachheit, und können wir Geistesruhe und Luzidität auch im Bardo-Zustand des Schlafs bewahren, so können dadurch allmählich die Ursachen aller Fehlwahrnehmung und allen Leids gründlich gereinigt werden. Diese sind die zwei Arten der Ignoranz, das heißt erstens jene, die im »Verlust der Luzidität in der Begegnung mit der eigenen Vision« besteht, und zweitens »die Ignoranz, welche alles begrifflich erfassen will«. Die karmischen Spuren von Verdrängung, Aversion und Anhaftung im Speicherbewusstsein lösen sich nach und nach von selbst in das klare Licht des Geistes auf. Dadurch, dass wir unseres Gewahrseins wieder gewahr werden und es nicht mehr vergessen, und dadurch, dass wir lernen, gelassen zu bleiben und alle Gedanken direkt ihrer natürlichen Auflösung zu überlassen, werden diese zwei grundlegenden Arten der Nichtluzidität aufgehoben, und wir sind wieder erleuchtet und erlöst.

Gelungene Individuation im Sinne des Dzogchen bedeutet, zu unserer wahren Individualität als der Untrennbarkeit von Leerheit und Gewahrsein zu erwachen. In der Erleuchtung aber gewinnen wir nichts Neues, sondern sind lediglich nach langem Schlaf und vielen unbewussten Träumen zu unserem Urzustand, zum völlig luziden Wahrnehmungsmodus eines »Buddha«, das heißt eines »völlig erwachten Wesens«, zurückgekehrt.

Wer nach dem Sinn seines Lebens fragt, der nähert sich dem Sinn; und verläuft seine Suche glücklich, so führt sie ihn von außen nach innen – schließlich sein eigenes Sinnen und sein Sein als eins erkennend, kommt dieses Wesen wieder in sich selbst zur Ruhe, wenn es dereinst den, der sucht, also sich selbst, gefunden und erkannt hat.

Es ist diese Kreisbewegung im Grunde die Bewegung des Geistes in sich selbst, im allumfassenden Kreis des Lebens, welcher im Dzogchen »der Pfad« genannt wird. Zu ihm gehören alle Erfahrungen des In-die-Irre-Gehens und alle Erfahrungen auf dem Weg zurück zur Erleuchtung, die wir im Daseinskreislauf in vielen Leben und Existenzformen gemacht haben und noch machen werden. Sie alle sind im großen Raum des Gewahrseins erschienen und erscheinen darin, sie erscheinen in ihm und aus ihm als der Basis und Quelle alles Erfahrbaren, und sie lösen sich in ihm wieder auf.

Wenn wir uns selbst wieder als leeres, unwandelbares Gewahrsein erkennen, sind wir angekommen – sind frei vom Kreislauf zwanghaften Denkens und Strebens und damit frei von Geburt und Tod.

Den verborgenen Schatz entdecken

Ich hoffe, so einen kleinen Überblick über die Themen des Buchs gegeben zu haben, und bitte meine geneigten Leser hier auch um Geduld, wenn bestimmte Begriffe wie »Natur des Geistes«, »Gewahrsein«, »Luzidität«, »Weisheit«, »Liebe«, »Störgefühle« oder »Vergänglichkeit« in den folgenden Kapiteln immer wieder auftauchen. Es lässt sich leider nicht vermeiden und ist auch in den tibetischen Texten zum Thema nicht anders, denn wir sprechen hier immer über dasselbe, nämlich über unseren eigenen Geist und seine Wahrnehmungen. Und worüber könnte man sonst auch sprechen? *We talk about the furniture of our own house.*

Gewiss hat der Buddhismus im Laufe seiner Geschichte und Selbsterforschung das reichste Vokabular in Bezug auf Geist, Bewusstsein, Sinneserfahrung, Wahrnehmungsmodi in Verbindung mit seinen stofflichen oder energetischen Körpern hervorgebracht, und so werden im *Abhidharma,* als ein Beispiel unter vielen, achtzig gedanklich-emotionale Geisteszustände oder sechzehn Arten der Erfahrung von Leerheit mit spezifischen Namen genannt, aber es ist nicht möglich, sie alle zu »übersetzen«; und es ist zum Verständnis des Wesentlichen auch nicht nötig, sie alle zu kennen. Denn sie kommen auch in den mündlichen Belehrungen der tibetischen Meister selten vor. Hier ist es mir ein Anliegen, die wesentlichen Dinge so einfach und verständlich wie möglich darzustellen.

Es geht hier darum, den Diamanten des Geistes von immer neuen Seiten her zu beleuchten, um die unzähligen Facetten und wunderbaren Funktionen dieses wunscherfüllenden Juwels aufleuchten zu lassen. Wenn wir dann das Licht der Aufmerksamkeit zurückwenden, so werden wir den verborgenen Schatz entdecken, der in unserem Herzen und im Herzen eines jeden fühlenden Wesens als Quelle des Lichts und der Erscheinung und als unser wahres Selbst und ewiges Leben wohnt.

Mögen alle Wesen – in welchem Körper, in welchem Bereich, in welchem Lebenstraum sie sich gerade auch befinden mögen – in diesem Augenblick innehalten und, zurückschauend auf ihr eigenes Sehen, sich selbst als leeres Gewahrsein erkennen: frei von Geburt und Tod.

2

Vanitas oder
Der Traum des Sisyphos

Verlieren und wieder verlieren ist der Weg des Tao.
LAOTSE

*Der Weise ist frei von Geschäftigkeit,
der Tor ist gebunden durch sich selbst.*
SZOSZAN

*Weise erblicken nichts, was zu tun wäre,
wie Schlummernde ruhen sie in sich selbst.*
ASHTAVAKRAGITA

*Halte an nichts fest, und du wirst frei sein,
wo immer du auch bist.*
RINZAI

Was ein gutes und sinnerfülltes Leben ist und wie es verwirklicht werden kann, war seit der griechischen Antike bis in die frühe Neuzeit hinein auch im Westen das eigentliche Thema der Philosophie, und in den meisten Überlegungen hierzu zeigt sich, dass die Suche nach dem Sinn unseres Lebens von der Suche nach einem Zustand bleibenden Glücks und innerer Zufriedenheit nicht zu trennen ist.

Für Aristoteles führte ein gutes Leben zum Zustand der »Eudaimonie«, zu einem »glücklichen Geist«, in dem unser Wesen schließlich alle in ihm angelegten Qualitäten des höchsten Guten in sich selbst erkennt und so Ganzheit erlangt. Auch für ihn, den Schüler des Platon, ist tugendhaftes Handeln und Selbsterkenntnis noch der Weg zu wahrer Glückseligkeit, und der Erwerb vortrefflicher Tugenden, Fähigkeiten und Charaktereigenschaften auf dem Weg ist ihm das Zeichen eines geglückten Lebens.

Den Lehren Platons habe ich in diesem Buch viel Raum gewidmet, da sie das wichtigste Bindeglied zwischen der wahren, einer zeitlosen Lebensweisheit verpflichteten Philosophie des Westens und den philosophischen Lehren des Buddhismus und des Hinduismus darstellen.

Der Sisyphos-Mythos ist eine immer wieder berührende lehrhafte Darstellung der Conditio humana, und als solche wurde sie in der Antike auch gern erzählt. In der existenzialistischen und marxistischen Auffassung des Mythos wird Sisyphos als ein treffendes Bild für den modernen Menschen in seiner »Geworfenheit« betrachtet, ein Held des Absurden und der Arbeit, welcher den alten Göttern widersteht und mutig ihrem Gebot entgegenhandelt. Weil er so schlau ist, gelingt es ihm mehrmals, Thanatos, den Tod, zu überlisten. Durch einen Trick entflieht er diesem sogar einmal aus dem Hades, und zur Strafe wird er zwar von den Göttern zu einer sinnlosen, sich immer wiederholenden Tätigkeit verdammt, aber er ist stolz auf seine Kraft und seinen Widerstand und lässt sich nicht entmutigen.

Trotz der »vollkommenen Sinnlosigkeit« seines Tuns führt er seine monotone Arbeit mit munterem Sinn aus, und: »Wir müssen uns Sisyphos als einen glücklichen Menschen vorstellen«, so heißt es am Ende des bekannten existenzialistischen Essays von Camus über den *Mythos des Sisyphos.*

Es ist interessant zu beobachten, wie in dieser gewagten Umdeutung aus dem, was den Griechen der Antike noch eine Strafe und Verdammung war – weil Sisyphos ähnlich dem Prometheus, der das Feuer stahl, in seiner Hybris gegen göttliches Gesetz verstoßen hatte –, für moderne Denker nun ein Gleichnis für den Normalzustand des heutigen Menschen und seines angeblich sinnlosen Lebens geworden ist.

Ich erwähne dies hier nur deswegen, weil auch heute noch viele, vor allem junge Menschen, vom deprimierend nihilistischen Denken des Existenzialismus und Absurdismus geprägt und beeinflusst werden, denn im schulischen und im universitären Rahmen sind diese Denkrichtungen immer noch en vogue.

In der zeitgenössischen akademischen Philosophie gelten die Themen »Sinnsuche« und »Lebenskunst« schon seit Längerem als überholt, als veraltet und kindisch, um nicht zu sagen: als Fauxpas – von Gedanken über die Natur des Geistes vor jedem Gedanken gar nicht zu reden. Sieht man doch in der Nachfolge Descartes' stehend das eigene Sein als mit dem gehirnlichen Denkprozess identisch und von diesem abhängig an.

Man möchte sich als professioneller Denker, als originell und auf der Höhe der heutigen Zeit und Wissenschaft zeigen und sicher nicht als Idealist – als rückwärtsgewandt, unwissenschaftlich oder gar religiös auffallen.

Man kann über vieles nachdenken und immer neue Auffassungen formulieren, doch im Grunde sind in der westlichen Philosophiegeschichte, was das Verständnis der ganzheitlichen Natur des Menschen und seiner Erfahrungen und Welt betrifft, Platon und sein später Schüler Plotin unübertroffen und oft von zeitloser Aktualität.

·•◆•·

Die Natur muss nicht korrigiert und verbessert, die Wirklichkeit kann und braucht nicht erfunden und erdacht werden, sie ist immer schon da. Sie ist das, was ist, oder »Thatata« – die »Soheit« des Seins. Wir lernen gut, und auch große Erfindungen sind möglich, wenn wir durch direkte Beobachtung von der Natur lernen.

Die Suche nach gewollter Originalität ist eine Sache des Verstandes und führt nur in immer neues verwirrtes Denken, in immer neue persönliche Ansichten.

Das Erkennen der Wahrheit aber ist völlig unpersönlich, denn je weniger man das Geschaute interpretiert, umso unmittelbarer schaut man die Wahrheit.

·•·

Es gibt natürlich im Grunde nichts Neues im Wesen und Funktionieren unseres Geistes und auch nichts Neues in der Beschaffenheit eines menschlichen Körpers und der sechs Sinne. Sie waren beide zur Zeit des Buddha und lange davor schon dieselben wie heute.

Als der Buddha am Anfang seines öffentlichen Wirkens einmal gefragt wurde, warum er lehre, antwortete er: »Ich lehre, weil alle Wesen glücklich sein wollen und niemand leiden will.« Als er dann des Weiteren gefragt wurde, was er denn lehre, antwortete er: »Ich lehre, wie die Dinge sind.«

Direkt an die unmittelbare Erfahrung jedes Menschen anknüpfend, lehrte der Buddha zuerst, der »Vergänglichkeit aller Erscheinungen« gewahr zu werden und sich durch direkte, nichturteilende und ruhige Beobachtung von dieser Wahrheit selbst zu überzeugen. Auch lehrte er, sich mit offenem Geist und Herzen des Leidens und der Unzufriedenheit als allgegenwärtig in der täglichen Erfahrung aller Wesen und im eigenen Geist gewahr zu werden und Geburt, Krankheit, Alter und Tod als die natürliche Folge unseres Geborenseins in einem Körper zu erkennen. Unser Geborenwerden in einem materiellen Körper erklärte er als eine natürliche Folge unseres Lebensdurstes und unseres Festhaltens an flüchtiger Erscheinung. So legte er die Hand auf den Puls eines jeden Wesens wie ein guter Arzt, und nach der Diagnose des Leidens lehrte er »die Ursachen des Leidens«. Nämlich dass zwar alle Wesen glücklich und gesund sein wollen, aber wegen ihrer offensichtlichen Unvernunft oder Unwissenheit die allesamt vergänglichen Phänomene ihrer Erfahrungswelt festhalten, so als ob sie bleibend wären. Durch diese falsche Annahme und Prämisse geht der Einklang mit der Natur der Dinge verloren, und eine Kette von Fehlwahrnehmungen und falschen Interpretationen entsteht daraus, die unweigerlich zu Leiden und Enttäuschung führen.

Der eigene Geist, eigentlich völlig offen, wird für ein Selbst »gehalten«, und die eigenen Erfahrungen, ihrer Natur nach frei und fließend, werden für dies und jenes und für etwas anderes als man selbst »gehalten«. Dieses »Halten« aufgrund von Unwissenheit ist die Ursache all unserer vielfältigen Störungen, Irrtümer und Leiden. Aus diesem grundlegenden Irrtum entstehen die 84 000 neurotischen Störungen, welche eingeteilt werden können in jene des Spektrums der Dummheit oder Uneinsichtigkeit, in die des Anhaftens und Verlangens und die der Aversions- und Angststörungen.

Als Nächstes lehrte der Buddha die heilende Therapie oder den »Weg zur Aufhebung der Ursachen des Leidens«. Er lehrte, dass auch diese Störungen vergänglich sind und nur eingebildet und dass sie deswegen aufgelöst werden können. Wir sind im Grunde völlig gesund und heil und ganz, und das ist unsre wahre Natur. Der Weg besteht darin, die Vergänglichkeit zur Kenntnis zu nehmen und zu würdigen. Wenn wir an nichts mehr gedanklich festhalten oder anhaften, wird uns die Vergänglichkeit aller Phänomene zu einer unerschöpflichen Quelle des Trostes und der Freude.

Durch die meditative Übung der Geistesruhe, frei von Konzeptualisierung und durch achtsame Beobachtung der eigenen Erfahrungen, ohne darauf mit Anhaften oder Aversion zu reagieren, reinigt sich der Geist von der Dunkelheit der Unachtsamkeit und von der tief eingefahrenen Gewohnheit des Festhaltens und Konzeptualisierens seiner Erfahrungen. Auf diese Weise können die Ursachen des Leidens in uns aufgelöst werden.

Das sogenannte »Nirvana« am Ende des Wegs ist der Zustand des höchsten Friedens und nichts anderes als der uranfängliche Zustand der Gesundheit und Ganzheit unseres Geistes. Dieser ist frei von Unwissenheit, frei von Durst, frei von Fieber, frei von Anhaftung, frei von Fehlwahrnehmungen, wie der Buddha sagt. Er ist höchstes Glück – deswegen heißen die Buddhas auch »Sugatas« oder »die, welche in das Glück gegangen sind«. Und er ist höchste Luzidität, deshalb eben heißen sie »Buddhas« oder »die, welche erwacht sind«.

Nun sind wir alle zu unserem Leidwesen noch nicht völlig aus dem Traum erwacht. Insoweit mag die Parabel von dem Widerstand des Menschen gegen das, was ist, und von seinem selbstgeschaffenen Fatum eines vergeblichen und andauernden Mühens, welches der Mythos des Sisyphos uns erzählt, auch für uns zutreffen. Sodass es hier für uns durchaus noch etwas zu lernen gibt – sind wir ja den früheren Generationen in unserem Fühlen, Denken und Verhalten nicht so unähnlich, wie wir meinen.

•◆•

König Sisyphos, so geht die Erzählung, war so stark wie zwei Männer, und er war sehr schlau. Sein Name selbst bedeutet »der Schlaue«, und es gelang ihm dank seiner Intelligenz wie gesagt mehrmals, den Gott Thanatos zu überlisten und so sein Sterben hinauszuzögern. Und selbst aus dem Hades entfloh er durch einen Trick. Thanatos klagte ihn daraufhin bei den Göttern an; und weil er sich mit seinem Handeln dem göttlichen Gesetz (der Vergänglichkeit) widersetzt hatte, wurde er dazu verdammt, im Schattenreich, im Hades, eine sinnlose Handlung immer wieder aufs Neue zu wiederholen.

Homer erzählt im elften Gesang der *Odyssee,* wie Odysseus ihn und viele andere Verstorbene sah, nachdem er den Schatten des Jenseits ein großes Totenopfer dargebracht hatte und ihm Einblick gewährt wurde in das unterirdische Reich der Toten: »Auch den Sisyphos sah ich, von schrecklicher Mühe gefoltert einen schweren Felsen mit großer Kraft bewegen. Er stemmt sich dagegen und müht sich mit Händen und Füßen, ihn vom Talgrund den Berg hinauf zu wälzen. Doch hat er ihn auf dem Gipfel, da entfällt ihm die Last, und hurtig, mit Donnergepolter, entrollt ihm der tückische Stein. Und von vorne arbeitet er, stemmt sich dagegen, dass der Angstschweiß seinen Gliedern entströmt und Staub sein Antlitz umwölkt.«

Hier ist für eine dem Geist der griechischen Antike angemessene Deutung anzumerken, dass für das philosophische und aristokratische Denken dieser Zeit arbeiten müssen und Handel treiben kein Privileg oder der »Edelheit« des Menschen angemessener Zustand, sondern eher die Folge eines Verlusts unserer ursprünglichen Unschuld, Bedürfnislosigkeit und Freiheit war. Die unsterblichen Götter selbst genießen, von allem Irdischen, von aller Tätigkeit, Notwendigkeit und Zeit entbunden, ein erhabenes Glück und ewige Ruhe. So hatten die Griechen auch zwei Worte für Zeit. »Kairos« bezeichnete die »göttliche Zeit oder den ewigen Augenblick«, das Gegenwartsbewusstsein – und »Kronos« die profane, säkulare, sequenzielle Zeit des menschlichen Denkens und Ermessens.

Die Moral der Sisyphos-Erzählung impliziert ein Verständnis von Arbeit, das mit dem in der biblischen Erzählung von der Vertreibung aus dem Paradies vergleichbar ist. Dort heißt es nach der Übertretung des göttlichen Gebots, »nicht vom Baum der Erkenntnis des Guten und Bösen zu essen«: »… und im Schweiße eures Angesichts sollt ihr ab jetzt euer Brot verdienen!« Und damit sind wir beim Fall in den Modus eines dualistischen Erkennens und der daraus folgenden Exilierung aus dem Paradies, aus einer reinen, unschuldigen und leidlosen Schau.

Die Paradieserzählung entspricht dem Mythos von einem goldenen Zeitalter, der sich zum Beispiel auch im Taoismus, Hinduismus und Buddhismus findet. Im Mahabarata wird vom »Satya-Yuga«, vom »Äon der Wahrheit« erzählt – Hesiod sprach vom *chrýseon génos* oder dem »Goldenen Geschlecht« und die römischen Dichter Vergil und Ovid vom *aurea aetas*.

Nach diesem ersten Äon der Unschuld folgen drei weitere, die nach Metallen von geringerem Wert benannt sind, weil in ihrem Verlauf gleichzeitig mit einer Zunahme weltlicher Wünsche und Arbeiten eine Abnahme der Tugenden und des Friedens und ein zunehmender moralischer Verfall einhergeht, bis schließlich im eisernen Zeitalter ein eigensüchtiges, diskursives Denken und destruktive Emotionen wie unstillbares Verlangen und viele Ängste die Menschen beherrschen, welche folglich ständige Unruhezustände, Kriege, Unzufriedenheit und vielerlei Leiden erzeugen und erdulden müssen. Tröstlich zu wissen, dass, auf dem großen Rad der Zeit, nach den Zerstörungen und Kataklysmen am Ende eines ehernen Äons immer wieder ein neuer Anfang, ein neues goldenes Zeitalter kommt.

Ein Neubeginn ist dann wieder für die Menschheit möglich. So wie der Einzelne als neugeborener Säugling die Spuren seiner früheren Erfahrungen zwar in sich trägt, doch sich an diese weder erinnert noch seine früheren »Besitztümer, Errungenschaften, Erfindungen und Geräte« im Außen seines neuen Lebens wiederfindet, kann auch die Menschheit, auf der durch ein Diluvium gereinigten Erde, von dieser Position einer anfänglichen, unbewussten Unschuld aus einen neuen Anfang machen.

Es ist der Sage nach nicht das erste Mal, dass sich eine Menschheit durch ihre eigenen hochentwickelten »technischen Errungenschaften« und wegen ihrer unterentwickelten Vernunft, Weisheit und Empathie, schließlich selbst zugrunde gerichtet hat.

•◆•

Am goldenen Beginn der vier Zeitalter, so heißt es, hatten die Menschen noch keine überflüssigen Gedanken, und sie mussten keinerlei Nahrung zu sich nehmen. Ihre Körper waren Körper aus Licht, es gab keine Leiden, und ihre Lebensdauer betrug über zehntausend Jahre. Ein Äon später dann begannen sie, eine von selbst erscheinende, nährende Substanz zu sich zu nehmen, ähnlich dem göttlichen Nektar, Amrita oder Manna; und da sie eine Anhaftung an diese Speise entwickelten, vergröberten sich ihre Körper und ihre geistigen Sinne mit der Zeit. Langsam entstand ein diskursives Denkbewusstsein in ihnen, und sie verloren dadurch ihre intuitiven Fähigkeiten. Im nächsten Äon entwickelten sich Geschlechtsorgane und ein Verdauungssystem, und die Lebenszeit verkürzte sich weiter.

Schließlich mussten sie selbst grobstoffliche Nahrung, wie Getreide anbauen und zu sich nehmen, um leben zu können, und ihre Wünsche wurden mehr. Die Lebenszeit sinkt im eisernen Zeitalter auf hundert Jahre. Die Menschen erfinden Waffen, töten sich damit gegenseitig, und sie töten Tiere, um von ihrem Fleisch zu leben. Selbstsucht und gehirnliche Denkfähigkeit entwickeln sich, und der Anspruch, etwas allein zu besitzen, wird mit der Waffe und als das »Recht des Stärkeren« verteidigt.

Akzelerierend dominiert schließlich ein ständiges Denken, Wünschen und Handeln, ein fortwährendes Erfinden, Erwerben und Wegwerfen, Bauen und Wiederzerstören im »Menschheitstraum« dieser ehernen Zeit; und immer unruhig, strebend und arbeitend, müht sich der listenreiche Mensch, sich die Welt untertan zu machen und die äußere Natur zu unterwerfen und zu »verbessern«.

Die Lehre von den vier Zeitaltern erzählt vom Urzustand des Menschen als Zustand der Vollendung und Zufriedenheit und von seiner »Evolution« als Degeneration, als stufenweiser Verfall und Verlust seiner höheren Fähigkeiten und Tugenden. Das heißt, sie stellt dar, wie der Mensch im Außen suchend und immer weiter fortschreitend zwar vieles findet und sich aneignet, sich selbst und seine Einheit mit der Natur dabei aber immer mehr vergisst und, von selbstgeschaffenen Ketten und Zwängen gebunden, in heilloser, destruktiver Tätigkeit am Ende sogar die Welt und damit die Grundlage seiner physischen Existenz und die seiner Kinder zerstört.

• ◆ •

Die Hybris des menschlichen Strebens, angetrieben von Begehrlichkeit und gestützt von einem listigen, aber kurzsichtigen Verstand, war den lebensweisen Menschen der Antike so sehr bewusst, dass sie deren unheilsame Folgen in Parabeln wie in der des Ikaros, des Prometheus, des Sisyphos und des Tantalos darstellten und als ein Caveat in ihre volkstümlichen Erzählungen flochten. So konnte man sich ihrer, als eines abschreckenden Beispiels, immer wieder erinnern und eine gute Lehre daraus ziehen. Über die Dummheit des Königs Midas machte man sich gern lustig, welcher einen Wunsch frei hatte und sich in seiner Besitzgier wünschte, dass alles, was er berühre, zu Gold werden möge – und dann erst erkannte, dass man Gold nicht essen kann.

•◆•

Vergeblich und eitel, Vanitas ist das Sichmühen des Menschen, der Glück und Erfüllung in vergänglichen Dingen sucht und der wie Sisyphos, gleichzeitig die Vergänglichkeit, das göttliche Gesetz der Natur nicht wahrhaben will, dagegen ankämpft und ihm zuwiderhandelt. Er kämpft mit seiner Schläue gegen die Natur und gegen den Tod, doch erkennt er nicht, dass gerade, weil er sein Leben festhält, er dieses immer wieder schmerzlich verlieren muss. Obwohl er sich so sehr müht, etwas zu erwerben, und das Erworbene festhält mit aller Kraft, wird ihm das so schwer Erreichte und Erworbene doch immer wieder entgleiten wie dem Sisyphos sein Fels.

Er leidet daran, und doch kann er seine Last und unruhig gespannte Tätigkeit von Körper, Rede und Geist nicht lassen. Alles ist Mühe an ihm, aber sein Mühen ist vergeblich und endet seine Schmerzen nicht, denn an etwas anhaften, das seiner Natur nach vergänglich ist, erzeugt notwendigerweise Angst vor Verlust und viele andere Leiden.

Sisyphos ist nicht durch die Götter verdammt, sondern durch sich selbst. Er selbst kann nicht loslassen, will noch nicht loslassen und leidet an seinem Widerstand gegen die Natur und an seiner selbstauferlegten Last. Niemand wird sie ihm nehmen, wenn er sie selbst noch behalten will – so ist es eingerichtet, dass ein jeder für sich selbst erkennen soll, was sein Tun für Folgen hat, und selbst spüren, ob er genug getan und nun bereit zur Ruhe ist.

Wenn der Mensch aber bereit ist, lässt er los; und wenn er sich nicht mehr selbst bindet, ist er frei. Frei und unsterblich sind wir dann, denn nur wegen unseres Festhaltens ist es, dass wir einen materiellen Körper haben, der dem Tod unterworfen ist.

Sei es durch Enttäuschungen oder eine direkte Begegnung mit dem Tod in der Verwandtschaft oder im Kreis der Freunde und Bekannten oder ohne ersichtlichen Anlass von innen her, von der Stimme im eigenen Herzen erweckt – ich glaube, jeder Mensch beginnt sich irgendwann im Laufe seiner persönlichen Entwicklung zu fragen, ob seine Bemühungen um vergängliche Objekte und weltliche Ziele über das nötige Maß hinaus überhaupt sinnvoll sind. Er beginnt mit Recht zu zweifeln, ob sie das Glück, die Erfüllung und Zufriedenheit, die er in ihnen sucht und sich wünscht, wirklich geben können; und vom ständigen Wiederholen derselben Erwartungen und Handlungen frustriert, versucht er, deren Sinn und Wirkung zu verstehen. Vielleicht wird auch er dann ein Suchender nach Wahrheit, einer, der sein Leben und Tun infrage stellt und beginnt, das Treiben und Denken, das Wünschen und Fürchten in sich selbst zu beobachten.

Im Menschen denkt ja der Geist über sich selbst nach und versucht, sich selbst zu verstehen und zu erkennen. Das ist das eine, und wir suchen mit unserem Denken im Außen und in vielerlei Schriften nach Antwort.

Das andere ist, dass wir um der Wahrheit willen schließlich über Denken und Philosophie hinausgehen und in unseren stillen Meditationssitzungen lernen, das Kommen und Gehen unserer Gedanken zu beobachten, ohne auf diese zu reagieren. Dadurch erkennen wir nach und nach deren Qualität und Natur und entdecken den Zustand reiner Präsenz, frei von allen Gedanken. In der Stille reinen Erkennens ruhend, erfahren wir Sinn und Sein als eins. Wir ruhen dann im unaussprechlichen Sinn, wie es im Dzogchen genannt wird.

Es ist nicht einfach, sich aus der Bezauberung durch die Vielfalt der eigenen Wahrnehmungen und die sie begleitende Trance des begrifflichen Denkens zu befreien. Es ist, wie der erste Patriarch des Zen in China Bodhidharma sagte, das schwerste und gleichzeitig sinnvollste Werk, das ein Mensch vollbringen kann.

Die Träume des Mikrokosmos Mensch steigen aus den Tiefen seines Unterbewussten auf, in dem die Spuren all seiner früheren Erfahrungen und Handlungen mit ihrem Wohl und Wehe gespeichert sind; und er hat schöpferisch und leidend Anteil am Traum des Makrokosmos, am Traum der gesamten sichtbaren und unsichtbaren Universen, die ihrerseits aus dem kollektiven Speicherbewusstsein aller Wesen entstehen und von ihrem Denken aufrechterhalten werden.

Dem Buddhismus nach erscheint ein jeder Traum, der ja nur aus dem Lebenslicht des eigenen Geistes gebildet ist, als Ausdruck eines bestimmten Denkens und Wollens und einer Sehweise, welche normalerweise selektiv und völlig von früheren Gewohnheiten konditioniert ist. Einstein formulierte eine Erkenntnis aus seinen Forschungen mit den Worten: »Die sogenannte Realität ist eine Illusion, wenn auch eine hartnäckige.«

•◆•

Wir sind in der Begegnung mit unserer eigenen Vision genauso eingeschränkt und verblendet wie in unserer Begegnung mit der Welt da draußen, die wir fälschlich für wirklicher halten als unsere Vision im Traum.

Zum besseren Verständnis will ich einen Traum erzählen, den ich vor vielen Jahren hatte und der mir manchmal einfällt, weil er sehr signifikant war. Ich träumte, in einem weiten, leeren Raum zu schweben, als plötzlich eine große Kugel neben mir auftauchte. Sie war etwas kleiner als einer dieser Heißluftballons, aber offensichtlich aus Eisen oder Stahl und sehr massiv.

Ich schwebte direkt neben ihr und konnte sie mit Händen berühren und an ihr kratzen. Ich klopfte darauf, um das Material zu erkunden, und hörte, dass sie hohl war. In diesem Augenblick wurde mir bewusst, dass ich gerade träume, und mir kam die Idee, einfach in das Innere der Kugel hineinzugehen. Ich versuchte es, aber es gelang nicht. Ich versuchte es einige Male, doch vergeblich. Es gelang mir nicht, obwohl ich wusste, dass es ein Traum ist.

Warum gelang es nicht? Wir berühren hier einen ganz wichtigen, signifikanten und entscheidenden Punkt der Bardo-Lehren, auch für den Zustand des Postmortem. Es gab offensichtlich etwas in meinem Unterbewusstsein, eine sehr tiefsitzende Überzeugung, dass eine so hart und realistisch aussehende Materie einfach undurchdringlich ist. Da es ja nur ein Traum war, ist klar, dass nur etwas in mir selbst mich daran hinderte, meinen Willen zu erfüllen – und genau so ist es.

Nur unsere tiefsitzenden Überzeugungen und fixen Vorstellungen, wie die Dinge sind und was wir sind, hindern uns daran, uns frei zu bewegen, zu fliegen und durch Wände zu gehen, alles das ist möglich für den, der sich von diesen Konzepten und unbewussten Glaubenssätzen wirklich gereinigt hat. Viele Yogis der Mahamudra- und Dzogchen-Linien haben in den letzten Jahrhunderten durch die Methode der kontinuierlichen Selbstbefreiung aller Konzepte diese Reinigung karmischer Spuren erreicht und diese freie Beweglichkeit durch vollkommene Luzidität verwirklicht. Sie sind geflogen, konnten ihre Gestalt verändern, konnten durch Wände gehen, haben ihre Hände in Felsen gedrückt, als ob es Butter wäre, sind über das Wasser gegangen und vieles mehr.

Der Tertön Pema Lingpa lebte im 15. Jahrhundert in Bhutan, und eines Tages verkündete er, einen Terma-Schatz des Guru Padmasambhava heben zu wollen. Über hundert Menschen kamen in seinem Geleit und wurden Zeugen eines wunderbaren Schauspiels. Am Ort des ihm geweissagten Schatzes angelangt, einem tiefen Fluss im Gebirge, stieg er mit einer brennenden Kerze in der Hand und voll angekleidet in das reißende Wasser und verschwand in den Fluten. Nach einiger Zeit stieg er zum Erstaunen aller aus dem Fluss wieder herauf und hielt unter seinem Arm eine kleine Truhe mit dem Schatz und in der anderen Hand die noch immer brennende Kerze. Seine kostbaren Kleider aus Seide und Brokat waren vollkommen trocken.

Dieses sublime Wesen, Inkarnationen vorher schon einer der engen Schüler des Meisters Padmasambhava, war ein Siddha, ein Verwirklichter, der schon lange vor diesem Ereignis vollkommene Luzidität erlangt hatte. Er hat die Leerheit aller Erscheinungen realisiert und war selbst völlig leer von jeder Vorstellung.

Den von Padmasambhava sechs Jahrhunderte vor dieser Entdeckung verborgenen Terma-Zyklus von Sadhanas und Dzogchen-Texten haben wir heute noch, und ich habe einige Übertragungen aus diesem Zyklus von S. E. Gangteng Tulku Rinpoche erhalten, einem meiner Lehrer.

Viele Yogis haben durch die systematische Praxis des Dzogchen am Ende ihres Lebens ihren physischen Körper der fünf Elemente aufgelöst in die fünf Farben des klaren Lichts und haben so ein wunderbares Zeichen ihrer völligen Befreiung vom Samsara gegeben.

Der Yogi ruht hierbei in tiefem Samadhi noch im Körper, und dieser wird in einem Zeitraum von bis zu sieben Tagen nach dem Tod immer kleiner, bis er verschwindet, und nur die unbeseelten Teile des Körpers, also Haare und die Nägel von Fingern und Zehen, bleiben zurück. Gleichzeitig erscheinen Regenbogenlichter am Himmel und um das Haus, die auch für normale Sterbliche sichtbar sind. Es sind dies die untrüglichen Zeichen, dass ein Individuum vollkommene Buddhaschaft erlangt hat.

Fälle von dieser Art von Verwirklichung, die durch die Methoden des Dzogchen auch heute noch erreichbar ist, waren in Tibet häufig; und auch bis in unsere Zeit sind noch einige Fälle gut bezeugt. 1998 zum Beispiel erreichte in Azi Rong in Osttibet ein alter Mönch der Nyingma-Linie, Khenpo Chöying Rangdröl, achtzig Jahre alt, den *jah-lüh* oder »Regenbogenkörper«. Er ließ nicht einmal Haare und Nägel zurück.

Der Buddha lehrte, dass alles, dem wir ein Sein und Wirklichkeit zuschreiben, uns nur als solches und als dauerhaft und fest erscheint, weil wir uns an diese Sichtweise und Zuschreibung seit Langem gewöhnt haben und diese selektive Sichtweise mit Gedanken und Worten immer wieder festhalten. So ist es auch mit unserem Körper. Dauerhaftes Festhalten an Körper, Ich und Welt erzeugt die Illusion einer scheinbar dauerhaften Existenz, die vollkommen illusionär ist. So heißt es in einem Sutra: »Mit dem Denken erscheinen die Myriaden von Welten, wenn das Denken aufhört, so verschwinden diese.«

So erscheinen alle Welten für einen Buddha als sein eigener Geist und als sein eigenes Licht und reine Energie, für jene aber, die noch im Denken und Wünschen befangen sind, erscheinen sie als eine eigenständige Wirklichkeit, als Körper, Ich und Welt, als Gott und Teufel, als Leben und Tod, als ein Etwas oder als drohende Vernichtung, als zu Begehrendes oder zu Fürchtendes, als Fremdes, Gewaltiges und Übermächtiges. Bis endlich ein jedes Wesen Buddha wird, indem es wieder zu sich kommt und erwacht, werden leider noch viel nichtluzide, von Ignoranz und den Störgefühlen bestimmte Träume erlebt werden, doch sie alle sind vergänglich und ohne wirkliche Substanz.

Das aber, was wirklich ist, ist von selbst wirklich und damit beständig, und was nur zugeschriebene Wirklichkeit besitzt, muss immer neu gedacht, behauptet und geglaubt werden; und es verschwindet augenblicklich, wenn man nicht daran denkt. So ist es zum Beispiel mit allen Gedanken und Vorstellungen von uns selbst. Wir denken etwas, und im selben Augenblick löst es sich auf, denn es hat keine Wirklichkeit.

Vergänglich sind alle Träume von Welt und Mensch, von Dämonen und von Gott – Träume, in denen der Sinnende den Sinn sucht, Geist den Geist begehrt und hasst und verblendetes Denken, immer zwischen eingebildeten Gegensätzen kreisend, seine eigenen Schöpfungen für wirklich haltend, das Rad des Lebens antreibt und sich in immer neuen Gestalten verkörpert.

·◆·

Alle Dinge, Gefühle und Gedanken sind ohne Zweifel vergänglich, nicht verlässlich, und so erweisen sich all unsre Bemühungen im Lebenstraum, diese zu erwerben und festzuhalten, als vergeblich und werden von der Gewissheit unseres Todes als dem sicheren Ende dieses Traums immer kontrastiert und infrage gestellt.

Vergeblich sind unsere Bemühungen um Ansehen und Anerkennung, mühsam ist es, Besitz zu erwerben, eine Stellung zu erreichen und zu halten – mühsam wie das Mühen des Sisyphos, der dazu verdammt ist, immer wieder einen Felsen den Berg hinaufzuwälzen. Oben angelangt, versucht er, diesen festzuhalten, um gleich darauf mit ansehen zu müssen, wie er ihm entgleitet und wieder den Berg hinabrollt.

Das Hinaufwälzen und Festhalten ist voller Mühen, das Hinabrollen und Im-Talgrund-zur-Ruhe-Kommen aber völlig mühelos, denn es folgt der Natur der Dinge. Das gibt uns also zu denken über Vanitas und Wahn, über Schein und Sein und über das Vergebliche und Verblendete oder Sinnvolle in unserem Tun und Streben. Alles, was angehäuft wurde, wird wieder zerstreut. Was sich getroffen hat und eine Zeit lang unzertrennlich schien, geht wieder auseinander.

Wir treffen uns hier, um gemeinsam zu praktizieren; und ein paar Stunden später ist der Raum, wo wir zusammen waren, wieder leer. Und so ist es mit allen Dingen und Situationen. Nichts davon bleibt – alles ist vergänglich.

Die Ursachen von Leid und Glück im eigenen Geist erkennend, stellt sich Sisyphos nicht mehr gegen die Vergänglichkeit und den Tod und damit gegen das göttliche Gesetz. Er lässt alles los, an dem er mühevoll festgehalten hat, und läuft irgendwann nicht mehr flüchtigen Erscheinungen hinterher wie ein Narr.

Hermann Hesse schreibt in einer seiner Erzählungen, es sei alles so einfach. Die ganze Kunst sei, sich fallen zu lassen! Habe man das einmal getan, habe man einmal sich dahingegeben, sich anheimgestellt, sich ergeben, einmal auf alle Stützen und jeden festen Boden unter sich verzichtet, höre man ganz und gar nur noch auf den Führer im eigenen Herzen, dann sei alles gewonnen, dann sei alles gut, man habe keine Angst mehr, es bestehe keine Gefahr mehr.

Eine wunderbare Stelle, die genau den Kernpunkt beschreibt: Wenn wir selbst nichts mehr festhalten, dann ist alles befreit.

Dann ist der Fluch und auch das schwere Schicksal des Menschen »Sisyphos« aufgehoben, die nur in der eigenen Anhaftung bestanden.

Das Leben erscheint ihm nun auch öfter wie ein Traum und leicht – er träumt, dass er träumt; und sich beim Träumen beobachtend, erkennt er, dass alles, was ihn scheinbar hemmte, band und zwang, immer nur sein eigenes Denken, sein Widerstand und Begehren oder dessen Folge war. Er kommt zur Ruhe und irrt nicht mehr dahin in den Gängen des Labyrinths des Denkens, in seinem unbewussten Lebenstraum Vergnügen suchend und dem Leid entfliehend. Er tritt hinaus in die frische Luft der offenen Weite, und gleichsam über sich schwebend schaut er den Spielplan des Lebens. Das Labyrinth in seiner Gesamtheit schaut er dann in sich selbst, und schauend versteht er, wie eines aus dem anderen folgte und wo der Anfang und der Ausgang aus dem Labyrinth des eigenen Denkens sind und dass das torlose Tor zur Freiheit immer offen steht.

Alle Gedanken kommen aus dem Zustand des Nicht-Denkens, dem Ungeborenen, so erkennt er; und zu guter Letzt über alles Denken und Glauben, über jede Vorstellung hinausgehend, erfährt er alle scheinbaren Gegensatzpaare des Spiels, wie Leben und Tod, Ordnung und Chaos, Selbst und Welt, Schein und Sein und alle anderen dualistischen Konzepte und Wahrnehmungen als immer schon aufgehoben, immer schon vereint und erlöst in der alles umfassenden Weite des eigenen ungeborenen, unsterblichen Gewahrseins.

Wenn uns durch exzellente Belehrungen über das Wesen der absoluten Wirklichkeit des Geistes und der relativen Wirklichkeit seiner Wahrnehmungen, wie zum Beispiel die des Buddha Padmasambhava im *Tibetischen Totenbuch* oder die in buddhistischen Schriften wie dem *Lankavatara-Sutra* oder dem *Diamant-Sutra* und in Dzogchen-Texten wie dem *Drönma Drug,* den »Sechs Leuchten«, immer klarer wird, dass alles Erfahrbare, die Projektion, die Vorstellung des eigenen Geistes, ist, so lösen sich all unsere Erwartungen, Erkenntnis, Liebe, Glück, Beständigkeit und Sicherheit im Außen auf, und wir erfahren den unaussprechlichen Sinn dieser Lehren in der Stille der Meditation.

Durch häufige Übung erlangen wir Vertrautheit mit unserem ursprünglichen Zustand; und heimgekehrt in uns selbst, wieder zur

Ruhe gekommen im leeren Gewahrsein aller Buddhas, genießen wir die Fülle der Qualitäten des erleuchteten Geistes, und nichts und niemand kann sie uns mehr nehmen. Erst wenn wir völlige Luzidität erlangen, können wir inmitten der Fülle unserer Visionen frei von Selbstverblendung leben. Frei von Störgefühlen, frei von unnötigen Anstrengungen und frei von Leiden. Frei von dualistischen Gedanken sind wir glücklich, denn wir erfahren uns als eins mit allem und alles als eins mit uns.

Das ist der Erfahrungsmodus eines Buddha, eines völlig erwachten Wesens. Das ist der höchste Level von Lebenskunst und Sterbekunst, und alle Kunst und jede Methode können dann vergessen werden.

·•·

Ein altes chinesisches Zen-Gedicht sagt: »Das Wort des Buddha hilft uns, des Denkens Raum zu überqueren. Ist still geworden der Gedanken Spiel, was braucht es dann noch des Buddha Lehren?«

Wenn wir glücklich sind, ohne glücklich sein zu wollen, wenn wir nichts anderes mehr wollen als das, was wir bereits haben. Nichts anderes mehr werden wollen als das, was wir bereits sind.

Zurückgekehrt zum Urzustand des Geistes, luzide, wie vor dem Fall in die projektive Fehlwahrnehmung, sind wir eins mit der Wahrheit, eins mit Gott. Und alles Gute in uns selbst besitzend, verstehen wir nicht mehr, wie wir auf das Zukunftsversprechen der Schlange im Paradies, »Ihr werdet sein wie Gott und Gutes und Böses erkennen«, dieses falsche Versprechen, das uns ins Werden und damit in die Illusion einer linearen Zeit und in den zwanghaften Prozess dualistischen Denkens und Werdens geführt hat, jemals hören konnten. Auch dies ist eine gleichnishafte Szene und ein starkes Bild dafür, wie wir in den nichtluziden Modus der Fehlwahrnehmungen geraten sind.

Die Dzogchen-Lehren zu diesem Thema sind außerordentlich detailliert, und wir werden hier immer wieder davon sprechen, denn nicht nur am Anfang unseres persönlichen »Geistesstroms« vor vielen, vielen Leben, sondern am Ende jeder Verkörperung geschieht dieser »Fall«, dieser Verlust der Luzidität erneut, und er geschieht nicht nur dann, sondern in jedem Augenblick, wenn wir auf die uns spontan begegnenden Erscheinungen mit dualistischer Konzeptualisierung und mit widerstreitenden, neurotischen Gefühlen reagieren.

Deshalb: »Lasst uns über alle Vorstellungen hinausgehen, darüber hinaus und noch jenseits des Darüberhinaus und völlig erwachen. So sei es!«

Gate Gate Parasamgate Bodhi Svaha!

·◆·

Mit diesen Worten am Ende des Herz-Sutras, welches viele Male am Tag in jedem Zen-Kloster rezitiert wird, bekräftigen wir unsere Motivation zum Wohl aller Wesen, die vollkommene Erleuchtung zu realisieren, um so fähig zu werden, allen Wesen zu ihrer ursprünglichen Freiheit zu verhelfen, wissend, dass sie im Grunde bereits frei und erleuchtet sind!

Abbildung 1: Im Strom des Lebens ruhen (altchinesische Tuschmalerei)

— 3 —

Der Vergänglichkeit aller Erscheinungen gewahr werden

Der Gedanke an die Vergänglichkeit aller irdischen Dinge ist ein Quell unendlichen Leids – und ein Quell unendlichen Trostes.

MARIE VON EBNER-ESCHENBACH

The golden leafs, that jewell the ground,
they know the art of dying,
they leave with joy their glad gold hearts,
in the silent shadow lying.

THE INCREDIBLE STRING BAND

Wer sich der Vergänglichkeit gewahr wird,
dem schwindet aller Lebensdurst dahin.

TANTRA DER VEREINIGUNG VON SONNE UND MOND

Von allen Spuren ist die des Elefanten die größte.
Von allen Achtsamkeitsmeditationen ist die,
der Vergänglichkeit gewahr zu sein, die höchste.

BUDDHA SHAKYAMUNI

Woran der eine leidet, weil es seiner Anhaftung und seinem Streben zuwiderläuft, das ist dem anderen Anlass zur Freude und ein ständiger Garant der sicheren Erlösung alles Seienden.

Möchten wir nicht alle, dass etwas für uns Schmerzliches möglichst schnell vorübergeht, und sind wir dann nicht froh über Vergänglichkeit; und wer wünschte sich nicht, dass ein glückliches Erleben länger dauern möge und dass uns Abschied, Verlust und Tod noch lange nicht ereilen?

•–•

Alle Wesen fliehen das Unangenehme und wollen es nach Möglichkeit nicht mehr erleben, und sie suchen das Angenehme und wollen es immer wieder erleben und wiederholen.

Das ist auch aus der Verhaltensforschung gut bekannt, und der Mensch reagiert hier nicht anders als alle anderen fühlenden Wesen. Genau das verbindet uns, und dieses Fühlen und Sich-Hinfühlen an das Glück als optimaler Erlebensmodus ist die Basis für alles Mitgefühl und für alles aus der Empathie wachsende Verstehen des Sinns.

Die Verdrängung der Vergänglichkeit kontrastierend, ja, die Vergänglichkeit als Lehrer in der Lebenskunst des Nicht-Verweilens und als sublime, von allem Angenommenen befreiende Tröstung erkennend, nimmt der Mensch, der sich geistiger Einsicht und Selbsterkenntnis öffnet, den »Bruder Tod« als ständigen Wegbegleiter an. Ohne einen vorzeitigen Tod zu suchen, stellt er sich der Herausforderung, der Entmachtung des Egos in der Krankheit und akzeptiert das Altern und die Schwächung des Körpers in der letzten Lebensphase, und er reift durch sie.

Der Vergänglichkeit und der Vanitas aller Erscheinungen gewahr, können wir uns gewiss sein, dass es, wie in den Worten des Ave Maria so wunderbar ausgedrückt, in dieser Welt nur zwei Momente gibt, die uns sicher sind: »das Jetzt« und »die Stunde unseres Todes« – *nunc et hora mortis nostrae.* Genau jetzt, in diesem präzisen, ewigen Augenblick reinen Gewahrseins, sind Leben und Tod eins, sind Form und Formlosigkeit eins, wenn wir in nichts verweilen.

In etwas zu verweilen ist Evasion, ist Erinnerung oder Erwartung und Festhalten an der fixen Idee von etwas Bleibendem in einer fließenden Welt, die uns in jedem Augenblick entschwindet und ihre Vergänglichkeit beweist. Als menschliche Wesen fühlen wir eine ungreifbare Unzufriedenheit und Unsicherheit in uns, die daher rührt, dass wir nicht wirklich wissen, was und wer wir sind.

Natürlich zeigen wir unsere Unsicherheit nicht gern, lassen es nicht gern an die Oberfläche kommen oder sich äußern, aber es nagt an uns, denn wir fühlen, dass wir unserem Selbstbild nicht trauen können, ist es doch recht zerbrechlich und muss mühsam gegen Selbstzweifel und Kritik von außen geschützt werden. Wir spüren, dass diese Vorstellung von uns selbst etwas sehr Ephemeres ist – etwas Konstruiertes, das immer bedroht ist von Auflösung. Wir erzählen uns ständig selbst, was wir sind, und unsere inneren Dialoge basieren alle auf der Annahme, dass wir etwas Besonderes sind – verschieden von der Welt und anders als die »anderen«, besser als die anderen oder auch schlechter. So oder so – es ändert nichts an unserer Grundauffassung; denn diese Vorstellung, getrennt und anders zu sein, ist die Basis unseres Selbstbewusstseins, und sie ist der Grund für unser Ichgefühl und seine inhärente Unruhe.

Die Überzeugung, ein abgetrenntes Ich zu sein, wird ausgeschmückt, gestärkt und genährt von falschen Identitäten oder Selbstvorstellungen wie »Ich bin … so und so« oder »Nein … so und so bin ich nicht«. Was immer wir von uns glauben, die Meinung, die wir von uns selbst und unserer Geschichte haben und bewahren, sehen wir in wunderbarer Weise auch von unserer Umgebung bestätigt. Unsere Ausstrahlung oder

Projektion strahlt zurück auf uns selbst. Auch ist unsere Konstruktion verknüpft mit der Vorstellung, die sich unsere Eltern und andere uns prägende Personen über uns gebildet, geäußert oder nicht, und bewusst oder unbewusst, in grober oder subliminaler Form auf uns übertragen haben. Es ist deshalb ein schwieriges Unterfangen und eine große Herausforderung, die Illusion des eigenen Ichs und seiner Überzeugungen und Glaubenssätze zu dekonstruieren. Immer wenn wir »über uns selbst« nachdenken, wird unser Ich aufgeladen; und jeder dieser selbstbezogenen Gedanken ist wie ein neuer Stein, der, ob wir es bewusst tun oder unbewusst, unser illusorisches Selbstbild untermauert.

Aber gleichzeitig ist in uns der berechtigte Verdacht, dass diese Konstruktion sehr zerbrechlich ist. Wir identifizieren uns gewohnheitsmäßig und ganz selbstverständlich mit den fünf Komponenten oder »Skhandas« unseres Erlebens, das heißt also mit unserem Körper, unseren Empfindungen, unseren Gedanken, mit dem, was wir mögen und nicht mögen oder wollen, und mit dem Bewusstsein, das diese Erlebnisse verarbeitet. Hierbei ergreifen wir vor allem unser Denkbewusstsein, obwohl es selbst ja nur eine Wahrnehmung ist, fälschlicherweise als den Wahrnehmenden. Dieser Wahrnehmende sagt: »Ich habe das so oder so empfunden.« Dieses Ich sagt: »Ich finde das gut.« Oder: »Ich finde das nicht gut, weil …« Und so weiter.

Nun wird die Identifikation mit dem Körper belastend und erzeugt Leid, wenn wir eine schiefe Nase haben oder wenn wir altern und unser Bild im Spiegel immer mehr Falten bekommt, während unsere Identifikation mit Vorstellungen belastend und anstrengend, ja beängstigend und leidvoll wird, wenn diese infrage gestellt oder kritisiert werden. Das Leben arbeitet mit seiner Vergänglichkeit immer daran, uns zu enttäuschen und uns jeden falschen Halt zu nehmen. Und unsere innere Weisheit, die nicht zulässt, dass wir uns selbst betrügen, und die uns nicht erlaubt, in Lüge und Unwahrheit oder falschem Handeln Ruhe zu finden, zeigt uns mit Unzufriedenheit und seelischer Unruhe, dass etwas in uns nicht stimmt und nicht mit dem »Sinn«, dem »Tao« in Einklang ist.

Auf diese Unzufriedenheit über das eigene Leben oder »Dukkha« können wir reagieren. Wir können sie verdrängen und versuchen, sie mit mehr Aktivitäten und Zerstreuungen zu überdecken, und damit vor uns selbst fliehen. Doch dadurch wird die Spannung der Grundangst eher verstärkt. Je mehr man verdrängt und sich verteidigt, umso dicker ist der Panzer, in dem man sich eingeschlossen wähnt, und umso größer die Verletzlichkeit und Angreifbarkeit.

»Fliehe den furchtbaren Herrn des Todes nicht, sondern erkenne, dass er deine eigene Vorstellung ist – er ist nur deine eigene Projektion. Niemand kann dir schaden, denn Leerheit und Offenheit ist deine wirkliche Natur, und diese Leerheit und Offenheit ist dein bester Schutz.« So lehrt Padmasambhava im sogenannten *Tibetischen Totenbuch,* das recht eigentlich ein Buch der höchsten Lebensweisheit ist. Seine Instruktionen sind in allen Erlebnisformen des Geistes gleichermaßen gültig und befreiend, denn alles, was erfahrbar ist, das ist wandelbar, ist leere Vision. Und ob sie uns bindet oder nicht, liegt im Grunde ganz bei uns. Wenn wir glauben, dass etwas existiert, dann ist es für uns wirklich und wirksam.

Wenn wir an etwas festhalten und darauf bestehen, kann niemand es uns nehmen. Wenn wir es loslassen, kann niemand es mehr halten und darauf bestehen.

Nun ist eine andere, durchaus förderliche Art mit dieser Unzufriedenheit, mit diesem nagenden Zweifel, mit dieser Fragwürdigkeit von allem umzugehen, sie nicht zu fliehen, sondern sie anzunehmen und eins zu werden mit der Sinnfrage. Damit fliehen wir nicht mehr vor unserem höheren Selbst und kreisen an der Peripherie gedanklich um uns selbst, mit einem oberflächlichen, unbewussten Spiel von Frage und Antwort beschäftigt. Sondern uns selbst und alles bereitwillig infrage stellend, können wir uns dem zentrifugalen Sog einer objekt- und antwortlosen Kognitivität hingeben, einem Feuer reinen Erkennens, das alle Gegenstände zerstört und alle Projektionen in seine Quelle, in das gestaltlose Licht des Geistes zurückführt.

Uns selbst infrage zu stellen mit den Worten »Wer bin ich?« lockert den Knoten des »Selbstbilds«, befreit uns von einschränkenden Konstrukten und falschen Sicherheiten und führt uns direkt zurück zum reinen Gewahrsein, zu unserem wahren, selbstlosen Selbst zurück. Dieser Weg zur Verwirklichung und Luzidität ist nichts Neues und auch keine Theorie unter vielen. Es ist der Weg, der aus der unbewussten, instinktiven Projektion direkt zurück zum Projektor führt.

Bleibt unser Blick nach außen gerichtet, so hat unser Suchen und Forschen kein Ende, denn das Licht erschafft immer neue Träume, beleuchtet immer neue Gegenstände. Nur wenn wir das Licht der Aufmerksamkeit zurückwenden auf uns selbst, entdecken wir den Schöpfer aller Dinge, und all unser Suchen ist zu Ende.

Der Ursprung des Universums ist nicht außen, die Welt entsteht hier in diesem Augenblick im eigenen Geist, und wie es in der *Tabula Smaragdina* heißt, ist alles eins, und durch das Denken des einen ist alles entstanden.

Buddha hat diesen Weg der Selbsterkenntnis durch Selbsterforschung selbst beschritten und nach seiner Erleuchtung gelehrt, welcher uns das eigene Selbst als leer, als ichlos und frei von jeder Form erkennen lässt. Zahllose Wesen haben auf ihm bereits völlige Erleuchtung und Befreiung vom Leid verwirklicht.

Im Anenjasappāya-Sutta heißt es: »Die edle Befreiung ist das Aufhören von Verlangen und Anhaftung. Diese ist frei vom Tod – sie ist die Befreiung des Geistes durch Nicht-Anhaften.« Wenn man die unterbewussten Tendenzen, die zur falschen Annahme eines Ichs verleiten, völlig auflöst – also alle und jegliche Konzepte des »Ich bin« –, dann gibt es auch »niemanden« mehr, der sterben könnte. Dieses Aufhören der »Ströme des begrifflichen Nachdenkens« über das eigene, vorgestellte Ich und der daraus resultierende Friede, der leer ist von Geburt, von Alter und Tod, wird vom Buddha im Dhatuvibhanga-Sutta erklärt:

»Zur Ruhe ist einer gekommen, wenn die Wellen konzeptuellen Denkens sich gelegt haben; und wenn dieses begriffliche Denken in ihm aufgehört hat, wird einer ein Weiser genannt, der Frieden gefunden hat. Warum hat dieser Frieden gefunden, und von was ist er frei? Ihr Mönche – ein solcher ist frei von der Vorstellung ›Ich bin‹, er ist frei von der Vorstellung ›Ich werde sein‹, er ist frei von der Vorstellung ›Ich werde nicht sein‹. Er ist frei von der Vorstellung ›Ich werde eine Form haben‹, ›Ich werde formlos sein‹, ›Ich werde wahrnehmen‹, ›Ich werde nichts mehr wahrnehmen‹, ›Ich werde weder etwas wahrnehmen noch nichts wahrnehmen‹ – denn auch das ist eine Vorstellung. Vorstellung ist eine Krankheit, Vorstellung ist wie ein Cancer, Vorstellung ist wie ein Pfeil, der verwundet. Wenn ein Mensch jenseits allen Vorstellens und begrifflichen Erfassens geht, so wird er zu einem Weisen, der Frieden erlangt hat. Ein solcher Weiser im Frieden wird weder geboren, noch altert er, noch stirbt er.

Er wird von nichts beunruhigt und er ist frei von Verlangen. Deshalb hat er keine Ursache, keinen Beweggrund, geboren zu werden.

Weil er nicht geboren wird, wie könnte er altern? Weil er nicht altert, wie könnte er sterben?

Nicht sterbend, unsterblich, was könnte ihn beunruhigen? Von nichts beunruhigt – wie könnte Verlangen in ihm entstehen?«

Hier zeigt der Buddha auf den Geisteszustand eines Menschen, der endgültigen Frieden erlangt hat. Und wir können daran ablesen, ob wir selbst für solchen Frieden schon bereit wären oder wo und wie wir noch an Vorstellungen und Dingen festhalten und unsere Unruhe damit selbst bewirken.

Hinter der Maske unserer sterblichen »Persona« steht der, der durch sie hindurchschaut, durch sie hindurchspricht, der, der sie tragen oder fallen lassen kann. Denn das kleine Selbst ist nichts als die Gestalt und Vorstellung, die wir von uns selbst haben, und es definiert sich durch die verschiedenen Rollen, die wir im Leben spielen. Wenn wir an diesen festhalten, erleben wir uns als sterblich und als beunruhigt – wenn wir sie loslassen, als unsterblich und in Frieden.

Nun wird diese falsche Identifikation mit unserer Person oder den fünf Skhandas vor allem durch ihre Vergänglichkeit und durch den Tod immer wieder heilsam infrage gestellt. Der große Zen-Meister Hakuin

Zenji empfahl seinen Schülern deshalb: »Heftet dieses eine Wort ›Tod‹ zwischen eure Augenbrauen, und behaltet es Tag und Nacht im Sinn. Egal, ob ihr steht, sitzt oder liegt, fragt euch ständig: ›Was bin ich, wenn mein Körper tot und verbrannt ist?‹«

»Was bleibt von mir, was bleibt von diesem Leben?«, so fragt sich wohl jeder, der mit seinem baldigen Tod konfrontiert ist und damit, Abschied nehmen zu müssen. Hakuin empfiehlt uns, auch diese Frage nicht zu verdrängen, sondern direkt in sie hineinzugehen und völlig eins mit ihr zu werden. Er schreibt weiter: »Diese Frage wird euch als Schlüssel zu jener Dimension dienen, wo ihr frei von Geburt und Tod seid und wo ihr, wie der unzerstörbare Diamant, nicht alternd und niemals sterbend euer ungeborenes, unsterbliches Vajra-Wesen erkennt.«

Damit wirklich ein tiefer Wunsch in uns entsteht zu praktizieren, um den instinktiven Kreislauf des Denkens und damit den zwanghaften Kreislauf vom Geborenwerden und vom Sterbenmüssen zu überschreiten, müssen wir die vergängliche Natur des Lebens wirklich an uns heranlassen und realisieren, dass der Freund, dem wir gestern noch die Hand geschüttelt haben, vielleicht morgen schon tot ist – wie viele andere unserer Bekannten auch – und dass es für uns selbst natürlich nicht anders ist, insofern es keinerlei echte Garantie gibt, nur eine eingebildete und erhoffte, dass wir selbst noch lange leben werden.

Die Augenblicke, in denen wir angerührt sind vom Tod und uns die eigene Sterblichkeit bewusst wird, sind ein kostbarer Stimulus, um das Ausmaß unserer Anhaftung an banale Zerstreuungen und Zeitvertreibe zu erkennen und infrage zu stellen. Die Geistesschulung, egal, ob christlich, hinduistisch oder buddhistisch, verlangt von den Übenden, aller verdrängten Ängste und Anhaftungen, aller Gedanken und Gefühle durch die fortgesetzte Pflege von Geistesruhe, Wachheit und Selbstbeobachtung gewahr zu werden. Wenn wir sie direkt anschauen, können wir sie als das erkennen, was sie sind, und uns von unheilsamen karmischen Spuren und Gewohnheitstendenzen reinigen.

Alles Unbewusste kann, wie sonst nur post mortem möglich, bereits jetzt hervorkommen und jede Erfahrung, ob als Freude oder als Leid empfunden, wird uns zum Brennstoff, um das heilige Feuer des reinen Gewahrseins zu nähren.

Wenn wir lernen, allen Erfahrungen mit Gleichmut zu begegnen, ohne das eine festzuhalten und das andere zu verdrängen, erkennen wir deutlicher die wahre Natur aller Erscheinungen als die Untrennbarkeit von Form und Leere. Alle Phänomene sind gleichermaßen reine Energie – der Stoff, aus dem alle Träume sind, und schön und hässlich, angenehm und unangenehm sind nur Zuschreibungen gewesen, die der unterscheidende Verstand sich selbst gemacht hat.

Betrachten wir sie frei vom begrifflichen Denken, haben alle Dinge, scheinbar so verschieden, denselben Sinn und denselben Geschmack von Klarheit, Seligkeit und Leerheit. Es ist der Geschmack der unbegrenzten, undefinierbaren Freiheit aller Dinge und des Geistes.

•◆•

Der Mensch, der den Tod verdrängt und dem die Kostbarkeit und Begrenztheit seiner Lebenszeit deshalb nicht bewusst sind, hat meistens die Neigung dahinzuleben, als würde er ewig leben. Der Buddha hat deshalb empfohlen, sich der eigenen Sterblichkeit täglich mehrmals zu erinnern, um den daraus entstehenden Impetus für die Praxis zu nutzen.

Die ruhige, nichturteilende Achtsamkeit auf die »vergänglichen Natur« all unserer Erfahrungen, *anicca,* in jedem Augenblick neu und frisch, ist die grundlegende Praxis des Vipassana, die uns durch direkte Wahrnehmung aus der konzeptuellen Fantasiewelt eigener Erwartungen und Befürchtungen zurückführt in die Wirklichkeit des ewigen Jetzt. Deshalb sagte der Buddha: »Von allen Spuren ist die des Elefanten die größte. Von allen Achtsamkeitsmeditationen ist die, der Vergänglichkeit gewahr zu sein, die höchste.«

Nach Buddhagosha, dem Verfasser des *Vishuddhimagga,* des »Pfads der Reinheit«, gibt es nur zwei meditative Praktiken, die jederzeit, überall und in den verschiedensten Situationen der inneren Entfaltung förderlich sind. Diese sind erstens die Kultivierung des unendlichen Wohlwollens für alle Wesen durch den Gedanken »Mögen alle Wesen glücklich sein« und zweitens das Gewahrsein der Vergänglichkeit und die Erinnerung des Todes. Auch wenn dies dem normal weltlichen Empfinden zuwiderläuft, oder besser gerade deswegen, verhilft uns die wache Achtsamkeit auf das, was gerade ist, dazu, in jedem Augenblick präsent und lebendig zu sein und nicht in einer eingebildeten, konzeptuellen Vergangenheit oder Zukunft zu leben.

Wenn wir uns betrachtend und kontemplativ mit Vergänglichkeit sowie mit dem Prozess des Sterbens und dem Postmortem vertraut machen, so tun wir dies mit einer Achtsamkeit, die aller dabei aufsteigenden Emotionen, auch der Angst zu sterben, gewahr ist und können dadurch immer tiefere Schichten des Unbewussten erkunden und belichten. Wir verstehen daraus, dass das Beängstigende eigentlich nicht das Sterben und der Tod ist, sondern die falsche Vorstellung, die wir davon haben. Indem wir uns bewusst in das Szenario des Sterbens versetzen, können wir experimentell die Angst vor Kontrollverlust und vor dem Unbekannten kontaktieren und zulassen und gleichzeitig erfahren, dass der Spiegel unseres Gewahrseins von jeder Erfahrung unverändert bleibt. Wir entdecken unsere Unsterblichkeit, wenn wir unser Sterben und Geborenwerden beobachten. Der tibetische Buddhismus hat die therapeutische Technik der Exposition im Rahmen von Fantasiereisen und kreativer Visualisationen bereits mehr als tausend Jahre vor deren Wiederentdeckung in der modernen Psychotherapie angewandt.

Ein anderes Beispiel hierfür ist die selten geübte, vorbereitende Dzogchen-Übung des »äußeren Ru-shän«, bei der wir uns in einer längeren Klausur imaginativ nacheinander in die Lebens- und Leidenssituationen der Wesen in der Menschenwelt, Götterwelt, Tierwelt, in die der hungrigen Geister und der Wesen in der paranoiden Erlebniswelt der Hölle hineinversetzen. Wir können dabei die karmischen Spuren dieser

Erlebnisse aus vielen Reinkarnationen aus unserem Unterbewusstsein nach oben bringen und spontan ausagieren. Diese Erfahrungsspuren sind in feinstofflicher, energetischer Form in unseren Chakras gespeichert.

Indem wir gleichzeitig luzide bleibend erkennen, dass wir wie ein Spiegel von seinen Reflexionen von all diesen Erfahrungen immer frei sind und waren, reinigen wir uns von diesen Spuren durch authentische Selbsterkenntnis, und wir vertiefen gleichzeitig unser Mitgefühl mit allen Wesen der sechs Bereiche.

Es ist der Gedanke an den Tod, der uns an die Kostbarkeit dieses Lebens erinnert und mit Dringlichkeit ermahnt, im gegenwärtigen Augenblick voll bewusst zu leben und zu handeln. Es ist der Gedanke, dass wir morgen bereits tot sein können, der die nach außen gerichteten Triebkräfte des Egos kontrastiert und die Rückwendung auf unser unvergängliches, betrachtendes Gewahrsein inspiriert. Longchenpa rät uns deshalb: »Selbst wenn du nun das, was so schwer zu erlangen ist, nämlich diese menschliche Geburt, endlich gefunden hast – auch dieses Leben wird nicht lange dauern und kann jederzeit plötzlich zu Ende sein. Und weil du dem, was wie eine Luftblase ist, nicht vertrauen kannst – erinnere dich Tag und Nacht an die Gewissheit deines Todes!«

•◆•

Da wir geneigt sind, den Tod zu verdrängen und die Praxis gern auf morgen verschieben, empfiehlt uns die buddhistische Geistesschulung, jeden Tag mit einem kurzen Resümee der folgenden Punkte zu beginnen. Wenn wir sie präzise drücken, schmerzt es etwas, aber sie versetzen uns in eine realistische Perspektive und frische Geistesgegenwart, die eine gute Grundlage für einen neuen Tag in intensiver, heilsamer Praxis der Achtsamkeit und Luzidität bildet:

- Es ist unvermeidlich, dass dieser Körper sterben wird und ich ihn verlassen muss.

- Die mir gegebene Lebenszeit wird täglich
  und stündlich geringer.

- Die Zeit, die mir noch zur Selbstentwicklung
  zur Verfügung steht, ist begrenzt.

- Wann meine Todesstunde kommt, ist ungewiss,
  wo es sein wird und wie und durch was der Tod verursacht
  wird, ist unsicher. Aber *dass* er kommt, ist sicher.

- Es gibt viele Ursachen, die zum Tod führen können, denn
  der menschliche Körper ist sehr anfällig und verletzlich.

- Nur das, was ich durch die Schulung und Reinigung
  meines Geistes realisiert habe, kann mir im Tod
  und im Postmortem helfen.

- All mein Geld und Besitz und alle äußeren Mittel und
  Objekte können mir dann nicht helfen. Im Gegenteil,
  ich will mich frühzeitig von ihnen lösen, um nicht
  von meinem Haften daran im Sterben irritiert und
  herabgezogen zu werden.

- Nur unsere Taten folgen uns nach. Deshalb will ich mich
  heute in der Ansammlung von Weisheit durch Studium
  und Meditation und in der Ansammlung von Verdiensten
  durch heilsame Gedanken, Worte und altruistische
  Handlungen üben.

- Freunde und Angehörige können mir in der Todesstunde
  nicht helfen. In der Gegenwart meines wahren Selbst will
  ich heute leben und mich unzerstreut und liebevoll auf die
  unvergängliche Zuflucht, die Quelle des Segens und der
  Erleuchtung, den »Herrn des großen Mitgefühls« ausrichten.

- »In deine Hände lege ich meinen Geist« – das sei
  mein letzter, liebevoller Gedanke im Augenblick des Todes;

und mit der letzten Ausatmung will ich in seiner Gegenwart
sein und aus dem Traum dieses und aller anderen Leben
endgültig erwachen!

So oder ähnlich sind die heilsamen, ernüchternden Betrachtungen, die
uns von der prekären Anhaftung an vergängliche Erfahrung heilen und
unserem Streben nach Selbsterkenntnis und bleibendem Glück die Richtung weisen können.

Eine klare, vor dem Tod schon kultivierte Richtung, wohin wir nach
diesem Leben gehen wollen, ist wichtig. Anderenfalls sind wir wie Reisende auf einem Bahnhof, die vergessen haben, wohin sie fahren wollten.
Sie werden folglich einem spontanen Einfall oder der Anregung eines
Mitreisenden, sprich, sie werden ihren früheren Prägungen folgen, genau
wie in einem nichtluziden Traum.

Longchen Rabjam lädt uns ein, nachdem er die idealen Umstände
einer Eremitage inmitten der Natur beschrieben hat, wo unser Geist zur
Ruhe kommen kann, zunächst die Wandlungen in unserer Umgebung
zu beobachten und Anlass für weitere Realisationen der Vergänglichkeit
werden zu lassen. Er schreibt: »Nachdem du dir deinen Sitz bereitet, ihn
eingenommen hast und zur Ruhe gekommen bist, beobachte das Knospen,
Blühen, Reifen, Welken, das Herabfallen und die Auflösung der Blätter
der Bäume um dich herum, und realisiere, dass auch dein Körper, deine
Jugend, die Sinne und alles Erworbene sich ständig ändern und hinfällig sind. Wie die Blätter sich trennen vom Baum, so werden auch deine
Freunde, Feinde und dein Körper und alles, woran du hängst, unaufhaltsam
von dir abfallen und verloren gehen. Siehst du ausgetrocknete Lotosteiche,
so realisiere, dass alle Objekte des Begehrens, dass Reichtum und Wohl-
stand sich wandeln und alles, was angesammelt wurde, wieder zerstreut
wird. Die Stunden, Tage, Monate und Jahreszeiten vergehen ohne Halt,
und wie diese Frühlingsblumen, so vergeht auch dein blühender Körper.
Ihre jugendliche Erscheinung verwelkt, und der Herr des Todes kommt

bestimmt. Und so, wie reife Früchte herabfallen, so sterben Junge und Alte, wenn ihre Zeit gekommen ist. Der Zeitpunkt des Todes ist nicht sicher, doch sicher ist es, dass alles, was geboren wurde, sterben muss. Siehst du die Spiegelungen der Dinge auf einer ruhigen Wasserfläche, so realisiere, dass alle Phänomene zwar erscheinen und doch, wie diese Spiegelungen, keine greifbare Existenz, keine eigene Wirklichkeit besitzen.«

•–•

Wenn wir die Vorgänge und Wandlungen in den Erscheinungen der Natur beobachten, so wird uns dieses ständige Werden und Vergehen immer deutlicher erlebbar. Und wenn wir uns Zeit nehmen und ruhig und entspannt sitzend, achtsam, der Bewegungen unseres Atems, der Körperempfindungen, der Gefühle und des Fließens unserer Gedanken gewahr werden, erlangen wir eine unmittelbare Erkenntnis der Natur all dieser Phänomene. Durch reine, unvoreingenommene Beobachtung erkennen wir: Alles ist vergänglich. Das *Panta rhei* des Heraklit, das »Alles fließt«, ist ein einfaches Resümee dieser empirischen Beobachtung. Werden und Vergehen sind die Wellenbewegung dieses Stroms des Lebens. Eine Welle oder Erscheinung formt sich und sinkt wieder ins Formlose zurück. Das, was Form annimmt, ist Energie, der Atem des Lebens; und wenn sie sich auflöst, kehrt diese geformte Energie wieder zurück in das formlose Meer der Lebensenergie, in das, was die Alten mit »Chaos« meinten. Heutige Physiker nennen es das »Quantenfeld« oder die »Matrix«, und auch sie sagen, dass von dieser gesamten Energie des Universums nie etwas verloren geht. Jede Erscheinung ist ihnen eine Welle dieser Energie, die nur dann scheinbar Form annimmt, wenn sie in einem Bewusstsein erscheint. Unbeobachtet aber bleibt sie in ihrem formlosen, nicht wahrnehmbaren Zustand. Max Planck zog daraus den Schluss: »Es gibt keine Fakten, nur Interpretationen.« Mit anderen Worten: Alles erscheint so, wie es von einem spezifischen Bewusstsein und Sensorium aus wahrgenommen wird.

•–•

Diese neuesten Erkenntnisse der Quantenphysik stimmen in auffallender Weise mit dem überein, was buddhistische Texte bereits vor etwa zweitausend Jahren über das Wesen der Wirklichkeit aussagten. Im Herz-Sutra heißt es: »Form ist Leere, und Leere ist Form, mit Gefühl, Wahrnehmung, Willensregungen und Bewusstsein verhält es sich ebenso.« Es wird hier auch gelehrt, dass das eigentliche Wesen des Geistes und eines jeden Phänomens unerkennbar ist, nur die Wahrnehmung desselben ist erkennbar.

Zusammenfassend können wir sagen, dass ein Mensch, der jede Welle und Erfahrung gleichzeitig als reine, formlose Energie erkennt, ein ganzheitliches, der nichtdualen Wirklichkeit entsprechendes Verständnis besitzt. Und wer weder an Form und Idee noch an Formlosigkeit oder Leerheit haftet, der ist dieser Lehre nach wahrhaft frei.

Laotse formulierte dies im *Taoteking* wunderbar mit den Worten: »Verlieren und wieder verlieren – das ist der Weg des Tao.«

Niemand wird ernsthaft bezweifeln, dass alle Dinge und Bewusstseinszustände vergänglich und fließend sind, das ist die offensichtliche, für jeden nachprüfbare Natur aller Phänomene. Folglich befinde ich mich in Übereinstimmung mit der Natur, wenn ich an diesen nicht anhafte und sie nicht festzuhalten versuche. Wenn ich aber an ihnen zwanghaft anhafte, so wie wir es normalerweise gewohnt sind, so handle ich in unvernünftiger Weise gegen die Natur, und Disharmonie und Leiden sind die natürliche Folge. Wenn ich diesen Fehler in meinem Verhalten erkannt habe und mich von der Gewohnheitstendenz befreit habe, ihn zu wiederholen, ja, mich stattdessen daran gewöhnt habe, an nichts zu haften, so kann auch das damit verbundene Leiden enden.

•—•

Ein Zen-Schüler fragte: »Wie kann ich Buddhaschaft erlangen?«

Der Meister antwortete: »Folge dem Strom.«

Wenn wir also an Leben und Erlebtem nicht haftend, losgelöst von allen Formen und Gedanken, die hohe Kunst verstehen, dem Leben gleich, ständig fließend in nichts zu verweilen, erreichen wir frei von Fixierung höchste Lebendigkeit, Unsterblichkeit; und selbst formlos, sind wir dann frei, alle Formen spielend anzunehmen.

Das japanische Wort für einen Zen-Mönch ist *Unsui* – das heißt »Wolken und Wasser«. Wer es versteht, sich ganz zu lassen, dahinströmend wie Wasser und Wolken, der bleibt in der Wahrheit und im Fluss, und Glück und Heiterkeit strömen immer neu aus dem harmonischen Einklang mit dem ewig vergänglichen Wesen der Natur, und die fließende Welt des Samsara ist für diesen wahrhaft armen Menschen, für diesen ewigen Verlierer, so, wie sie ist, das zeitlose Nirvana des In-nichts-Verweilens.

Ein jeder Tag ist neu, ein jeder Augenblick ist neu und unter jedem Schritt weht eine frische Brise. *Emaho!* Wunderbar!

Buddha zu sein heißt, völlig vergänglich zu sein! Der Geist, der in nichts verweilt, weder in Leerheit noch in Form, weder im Leben noch im Tod, weder im Glück noch im Unglück, weder im Samsara noch im Nirvana – das ist der erlöste Buddha-Geist.

— 4 —

Wenn wir träumen,
dass wir träumen,
sind wir dem Erwachen nah

Wir sind aus solchem Stoff, wie Träume sind,
und unser kleines Leben ist von einem Schlaf umringt.
WILLIAM SHAKESPEARE

Verehrung sei dir, der im Erwachen zur Wahrheit
alle Erscheinungen als die eigene Maya erkennt.
ASHTAVAKRAGITA

Die Umgebungen und ihre Bewohner, Buddhas und fühlende
Wesen, die gesamte Welt der Erscheinungen sind vom Geist
geschaffen, und sie sind eins mit dem Geist.
KUNGYED GYALPO TANTRA

Gott ist alles, was wirklich ist, denn er selbst
schafft alle Dinge und wird in ihnen allen erschaffen.
SCOTUS ERIUGENA

Nach der Lehre des *Tibetischen Totenbuchs* oder *Bardo Thödröl Chenmo,* »der Befreiung durch Hören im Bardo«, die ein integraler Teil der Lehren des *Dzogpachenpo* oder »der großen Vollendung« ist, sind alle fühlenden, mit Geist begabten Wesen im Universum seit dem Anfang ihrer Kette von Reinkarnationen an verblendet durch ihre eigene Vision, die nichts anderes ist als der spontane, ununterbrochene kreative Ausdruck ihrer eigenen Lebensenergie, welche die unzerstörbare Lichtessenz der fünf Elemente ist.

»Alle Wesen sind ihrer Natur nach frei und erleuchtet«, so rezitieren wir in der Bodhicitta-Praxis, in der wir täglich mit wenigen Worten unsere Motivation bekräftigen, zum Wohle aller Wesen Erleuchtung zu erlangen, »aber betäubt von Unwissenheit und geblendet von der überwältigenden Vielfalt ihrer eigenen Erfahrungen, halten sie ihren eigenen Traum für Wirklichkeit. Und alter Gewohnheit folgend, reagieren sie auf das Erlebte mit Verlangen, Aversion und Furcht. Umhergestoßen von den acht weltlichen Winden, dem Anhaften an angenehmer Erfahrung, an Besitz, Lob und Beachtetwerden und der Aversion gegen unangenehme Erfahrung, Verlust, Kritik und Nicht-beachtet-Werden, irren sie hilflos im Kreislauf der Wiedergeburten umher; und jede Erfahrung bringt weitere Verblendung und erneutes Leid mit sich, solange unser karmisch konditionierter Geist noch daran haftet.«

Tief eingefahren sind unsere Konditionierungen und Gewohnheitsmuster, und die Geschichte unserer Verblendung und unserer Fehlwahrnehmungen im nichtluziden Modus der Wahrnehmung ist offensichtlich lang. Die Spuren all dieser Erfahrungen sind tief in unser Unterbewusstsein abgesunken und werden, dem Oberbewusstsein normalerweise unerreichbar, dort bewahrt.

•→•

Wir brauchen die instinktiven, neurotischen und selbstreferenziellen Reaktionen auf unsere Wahrnehmungen nicht zu kultivieren, denn diese sind bereits automatisch und selbstaffirmierend geworden. Von selbst steigen dualistische, selbstische Gedanken in unserem Geistesstrom Tag und Nacht ständig und normalerweise unaufhaltsam auf.

Schwierig ist es also, sehr schwierig – und der Patriarch des Zen Bodhidharma sagte, es ist die schwierigste und höchste Aufgabe eines Menschen Erleuchtung –, völlige Luzidität zu erlangen und sich von der vertrauten, aber verkehrten Sichtweise des Egos und seinen unheilsamen, eingefahrenen Reaktionsmustern zu befreien.

Die heilsamen Eigenschaften des selbstlosen, großen Selbst – wie intuitive Weisheit, Offenheit, Mitgefühl, Gleichmut, Nichtanhaften und Friede des Geistes – können dann mehr und mehr hervorkommen; und sind die zwei Schleier, nämlich des konzeptuellen Denkens und der neurotischen Störgefühle, beseitigt, so kann sich unsere Buddha-Natur, das »höchste Gute«, das »Summum Bonum« oder »Samanta-Bhadra«, wie die Sonne, wenn sie hinter dichten Wolken hervorkommt, wieder in absichtslosen und selbstlosen Handlungen zum Wohl aller Wesen manifestieren.

In der luziden Wahrnehmung gibt es keinen Stand, kein Subjekt, und es gibt keinen Gegenstand, das heißt kein Objekt. Im Zustand höchster Luzidität sind wir alles selbst und haben keinerlei Zweifel daran – wir wissen, dass alles unser eigener Traum ist.

Der Verlust der Luzidität ist der eigentliche »Sündenfall«, der Fall in ein sonderndes, in ein aussonderndes, trennendes und dualistisches Erkennen, das in den Begriffen von »ich und das andere« empfindet und denkt. Ausgelöst wird der Verlust der Luzidität immer neu in der Begegnung mit der faszinierenden und überzeugend realistischen Vielfalt unserer »Erfahrungen« oder »Visionen«. In Dzogchen-Texten wird für diese beiden Begriffe das Wort »Nangba« verwendet, da alles, was der Geist erfährt, sein Traum oder seine Vision ist.

Wir fallen in einen nichtluziden Modus der Wahrnehmung in der Begegnung mit dem drachenhaft lebendigen Licht unseres eigenen Geistes, das sich spontan in unaufhaltsamen Visionen manifestiert, und wir sind verblendet, sind vollkommen fasziniert vom Anblick dieses Basilisken, wir erstarren beim Anblick dieser Medusa, und das sowohl im Traum wie auch im Wachzustand und im Postmortem. In der aus der Verblendung resultierenden Kontraktion vergessen wir uns selbst, sind irritiert und ruhen dann nicht mehr in leerem Gewahrsein. Simultan mit dem verlangenden oder aversiven Haften an unserer Erscheinung halten wir uns selbst für die Empfindung, wir identifizieren uns mit dem Gedanken, der in uns aufgrund der Verblendung als Reaktion entstanden ist. Wir vergessen den Gewahrseinsaspekt unseres Geistes und verlieren uns an den Aspekt seiner Erscheinung.

Aus subtilem und noch sporadischem Haften entstand grobes Haften und schließlich ein kontinuierliches Ergreifen und »Verbegrifflichen« des eigenen, leeren Gewahrseins und seiner ebenso leeren, spontanen Erscheinungen. Mit gravierenden Folgen für uns, denn schon das Gefühl, getrennt zu sein, ist Unsicherheit, Selbstentfremdung und ist Leid; und mit jedem weiteren dualistischen Gedanken wird diese Psychopathie weiter fortgesetzt und untermauert.

Das ist eine kurze Darstellung der Genese des nichtluziden Wahrnehmungsmodus und der damit verbundenen Fehlwahrnehmungen und Leiden in unserem Geist, wie sie das Dzogchen lehrt.

Nun sind wir unserer Art nach, die Dinge zu begreifen, versucht, die Erscheinungen unserer Krankheit, die Symptome unserer Störung festmachen und bekämpfen zu wollen und Unheilsames durch Heilsames zu ersetzen. Und das ist gut und förderlich. Leider aber beseitigt solche Tugend und Therapie allein noch nicht die zwei Hauptursachen unseres Verrücktseins, das ständige Nach-außen-Schauen und Projizieren und das andauernde Festhalten und »Verbegrifflichen« der eigenen Erfahrung.

Halten wir an einem Krankheitsbild oder Symptom und an seinem Gegenmittel wie gewohnt fest, so hat sich noch nichts Wesentliches an unserer Sichtweise geändert. Der Buddha rät uns stattdessen, alle Erscheinungen und Gedanken, auch die von Krankheit, nicht gedanklich zu verfestigen, sondern sie der natürlichen Selbstbefreiung zu überlassen. Besser ist es, die Grundursache selbst zu beseitigen, die am Anfang der Kette von Fehlwahrnehmungen steht, die der Buddha als die zwölf Glieder der Kette des abhängigen Entstehens beschrieben hat.

Das erste Glied der Verkettung ist der Verlust der Luzidität, das Einschlafen, die Trübung der »leeren Klarheit des eigenen Gewahrseins« oder *sältong-rigpa* und das gleichzeitig damit entstandene Ergreifen der eigenen Erfahrung. Dzogchen zeigt den unmittelbaren Weg zurück zum Urzustand vor dem Fall, indem es uns dazu auffordert, nicht mehr selbstverloren ständig auf unsere inneren und äußeren Erfahrungen zu schauen, sondern den Blick umzuwenden auf uns selbst und so den wirklichen Erkenner von allem, die Quelle aller Erscheinungen selbst zu erkennen, unser eigenes leeres Gewahrsein. Dieses Gewahrsein, frei von aller Form und Stofflichkeit, ist wie ein leerer Spiegel. Offen für alle Spiegelungen, ist er die Basis für alles Erkennen; und weder verweigert er sich einer Erfahrung, noch folgt er ihr und hält sie fest. Unzerstörbar leer und wach ist diese Natur unseres Geistes, frei von Geburt und Tod. Sie ist frei von allen Erscheinungen. Denn nichts, keine einzige der unzähligen Reflexionen bleibt in diesem Spiegel haften, und immer offen und klar ist sie, immer frei für alle Erscheinungen, immer offen für das absichtslose Spiel des Geistes, für die Wunder der Wahrnehmung und Erkenntnis, die unaufhörlich in ihr entstehen und in ihr, in ihrer Leerheit und Einheit mit sich selbst aufgehoben sind.

Der Weg zur Erleuchtung beginnt also mit dieser wesentlichen Umkehr der Aufmerksamkeit. Bleiben aber unsere Aufmerksamkeit und unser Forschen nach außen gerichtet, so mögen sie zwar unendliche, faszinierende Phänomene finden und entdecken, und diesem Spiel der Imagination sind wie im Traum keine Grenzen gesetzt, aber den Schöpfer von allem, die Basis all unseres Erkennens, in der alles lebt und webt, wird dabei weiter übersehen. Er ist der Eckstein, die Basis vom Gebäude der Welt, der von den Bauleuten verworfen und vergessen wurde.

Wer den Blick nach innen wendet auf den eigenen Geist, der kann den Anfang und das Ende der Welt erkennen, ohne das eigene Haus zu verlassen, und er wird »den schauen, den noch kein Auge geschaut hat« – den »König des Gewahrseins«, *rigpai gyalpo,* in seinem eigenen Herzen thronend in einer Aureole von fünffarbigem Licht.

In den Dzogchen-Texten finden sich detaillierte Belehrungen dazu, wie der Ur-Buddha Samantabhadra und die »friedvollen und zornvollen Gottheiten« bereits jetzt in den feinstofflichen Kanälen und Chakras unseres Energiekörpers oder unserer Aura gegenwärtig sind. Der Weg zum völligen Erwachen beginnt also im Buddhismus generell gesprochen damit, auf den erkennenden Geist selbst zurückzublicken und sein Wesen unmittelbar zu erkennen.

Durch die Kultivierung von Geistesruhe und Achtsamkeit in unseren Meditationssitzungen gewöhnen wir uns daran, im Augenblick zu leben und die eigenen geistigen Prozesse, Gedanken, Gefühle, instinktiven Reaktionen und Gewohnheitsmuster zu beobachten, ohne zu urteilen und ohne sie konzeptuell zu analysieren. Was auch in unserem Gewahrsein erscheint – es ist weder nötig, ihm zu folgen und sich damit zu identifizieren; noch ist es erforderlich, es zu kontrollieren oder zu verdrängen. Es genügt völlig, einfach präsent zu bleiben, und das von selbst Erschienene wird sich auch von selbst wieder auflösen, seien es nun Gedanken oder Emotionen. Auf die Selbstbefreiung aller Gedanken ist Verlass. Wir können wirklich darauf vertrauen, denn es gibt nichts Verlässlicheres als die Vergänglichkeit dieser Erscheinungen des Geistes. Sie kann in jedem Augenblick beobachtet und verifiziert werden.

In diesem Sinne sagte der Zen-Meister Dogen: »Die Lehre des Buddha zu studieren bedeutet, sich selbst zu studieren.«

Im Samyuttanikaya lehrte der Buddha: »Was ist denn, ihr Mönche, das All? Es ist das Auge und die Formen, es ist die Nase und die Gerüche, ist die Zunge und die Geschmäcker, ist der Körper und die Empfindungen und ist das Denkbewusstsein und seine Objekte, die Gedanken.«

Erst im Spiegel eines Gewahrseins wird die Welt erlebbar; und weil dies so ist, liegt es an uns, ob wir das Erlebte ergreifen oder seiner selbstbefreiten Natur überlassen.

Im Angutaranikaya sagte er: »Ich verkünde, dass in diesem ein paar Ellen großen Körper mit seinen Wahrnehmungen und seinem Denken das Universum gegenwärtig ist, die Entstehung des Universums, das Vergehen des Universums und der Weg zur Aufhebung und Erlösung des Universums.«

Wer all seine Erfahrungen mit ruhigem und klarem Gewahrsein beobachtet, erfährt immer deutlicher deren vergängliche und traumhafte Natur, und diese Erkenntnis macht uns schließlich frei und ledig von uns selbst und frei vom Glauben an die eigenständige Wirklichkeit der Dinge.

•-•-•

Im Diamantsutra lehrt der Buddha, dass wir uns, um zu erwachen, in der Prajna-Paramita, der übersinnlichen Weisheit, üben sollten, die alle Erscheinungen als Illusion erkennt, und er erklärt deren Wesen anhand von Gleichnissen: »Der illusionäre Charakter aller Wahrnehmungen gleicht einem Traum, er gleicht einer Luftspiegelung in der Wüste, einer Halluzination, einem Echo, er gleicht der Spiegelung des Mondes im Wasser, gleicht einem Trugbild, erzeugt von der hypnotischen Suggestion eines Magiers, und er gleicht einem Regenbogen.«

Alle Erscheinungen sind, wie an jedem einzelnen Gleichnis verständlich wird, zwar ohne Zweifel erfahrbar, aber gleichzeitig haben sie keinen Bestand, und man kann sie nicht festhalten, denn sie sind alle ihrer Natur nach vergänglich, fließend, ungreifbar und leer.

Durch die direkte, nichturteilende Beobachtung der uns umgebenden Natur und unseres Körpers, unseres Atems und der ständigen Veränderungen in unserem Geist werden wir der vergänglichen Natur all dieser Phänomene gewahr, und nach und nach verstehen wir, was damit gemeint ist, dass sie alle wie die Erfahrungen in einem Traum sind – nämlich erfahrbar, faszinierend und doch unfassbar, unbeständig, leer und in Wahrheit nicht von uns getrennt. Wir kommen durch dieses Exerzitium zu einer Gewissheit, dass sie zwar erscheinen, aber doch leer sind, und dass sie, obwohl leer und nichtig, doch erscheinen.

Wenn wir realisiert haben, dass alle Erfahrungen der Traum unseres Geistes sind, gewinnen wir damit eine Luzidität, die uns, wenn wir uns weiter im »Erkennen des Wesens der Illusion« üben, schließlich zu völliger Erleuchtung führen wird.

.–•–.

Im *Lankavatara-Sutra* heißt es: »Wenn wir verstanden haben, was mit der Anhaftung an der vorgestellten Existenz aller Dinge und was mit der Losgelöstheit davon gemeint ist, so werden wir all unsere durch Worte geschaffenen Unterscheidungen von Sein und Nichtsein überschreiten. Im Erwachen zur Wahrheit alle Dinge als Traum erkennend, sind wir ein Buddha, umgeben von seinem reinen Land.«

Nun wird niemand bezweifeln, was den Traumzustand betrifft, dass der Träumende und sein Traum ganz innig verbunden, ja eins und untrennbar sind, und so stellte auch der Dichter und Philosoph Novalis (1772 bis 1801) in einem seiner wunderbaren Aphorismen lakonisch fest: »Im Traume sind wir alles selbst.«

Alles, was wir im Traum denken und empfinden – das Gefühl, ein wahrnehmendes Subjekt oder Ich zu sein, das ein bestimmtes Etwas oder ein Objekt erfährt –, die Bilder, die wir im Traum sehen, schön und hässlich, Begehren oder furchterregend: Sie alle entstehen in uns selbst, und auch unsere Reaktionen auf das imaginär Erlebte, Anhaftung oder Aversion existieren nur in unsrem eigenen Geist.

Leben und Tod, Selbst und Welt und ihr Zunichtewerden klaffen nur in Worten scheinbar auseinander – denn alles, was der Geist erfahren kann, hat der Lehre des Buddha nach keine andere Wirklichkeit als die eines Traums; und wie dieser ist auch alles andere Wahrnehmbare Selbsterfahrung, Selbsterscheinung des Geistes.

Geboren werden und aufwachsen, alt werden und schließlich sterben und der Zustand frei vom physischen Körper nach dem Tod, all diese Erfahrungen werden nur vom Geist wahrgenommen und sind nur der eigene Geist, und dieser selbst, die wahre Natur unseres Geistes, wurde nie geboren und wird nie sterben. Er ist seiner Natur nach leer, ist reine, formlose Energie und die unzerstörbare, immaterielle Basis allen Erkennens. Alle Erfahrungen des Geistes wie alle Erscheinungen der Natur sind vergänglich, sind ebenfalls leer, sind selbst befreit.

Wenn es uns gelingt, den Traum des Lebens und Sterbens als Traum zu erkennen und zu meistern, werden wir frei von unangemessenen, emotionalen Reaktionen auf das Geträumte wie Begehren, Aversion und Furcht, die nur entstehen konnten, weil uns nicht mehr bewusst war, dass wir träumen.

· ◆ ·

Ein Zen-Meister des 12. Jahrhunderts wurde gefragt: »Was ist Erleuchtung?«

Er antwortete: »Erleuchtung ist das klare Erkennen der Täuschung.«

Ein Buddha, das heißt ein völlig erwachtes Wesen, erkennt in jedem Augenblick das Wesen und die Beschaffenheit aller ihm spontan erscheinenden Erfahrungen oder Visionen und erkennt sie als untrennbar von sich selbst und damit als eigentlich, das heißt in sich selbst, unerkennbar, leer und ohne eigene Wirklichkeit.

Für all jene Wesen jedoch, die unbewusst unterscheidend oder bewusst in dualistischen Begriffen denkend an ihrer eigenen Vision noch haften oder diese fliehen oder verabscheuen, ist der Traum, den sie gerade in dieser Welt und anderen Bereichen träumen, echte, spürbare, erlittene und genossene, ersehnte Wirklichkeit, und der Schmerz ist für den Träumenden leider so wahr wie die erlebte Freude.

All unsere Gedanken, Handlungen und Erfahrungen, insofern sie sich einprägen und im Unterbewusstsein gespeichert werden, beeinflussen in der relativen Wirklichkeit des Traums wiederum die zukünftige Art unserer Erfahrung und Lebensumstände und unsere emotionale und gedankliche Reaktion auf diese. Unsere Träume entstehen aus den Spuren unserer früheren Erlebnisse und daraus, wie wir auf sie reagieren – das, was wir jetzt tun und denken, prägt ebenso unser zukünftiges Traumerleben. Unheilsame, trennende Gedanken erzeugen, obwohl völlig imaginär und nur eingebildet, leidvolle Erfahrungen und Visionen. Heilsame, liebevolle Gedanken, ebenso imaginär, führen zu glücklichen Erfahrungen und Lebensumständen in unserem weiteren Erleben. Wer dies weiß, wird achtsam in seinem Traum; und darauf achtend, was er denkt und wie er handelt, wird er zum Lehrling und irgendwann zum Meister in der Kunst des Lebens, oder sollten wir besser sagen des Träumens? Denn Leben, Sterben und das Postmortem sind trotz ihrer scheinbaren Verschiedenheiten alle gleichermaßen ihrer Natur nach Traum und Illusion.

Der Wachzustand, der Traumzustand und die Jenseitserfahrung sind die visionäre Selbsterfahrung des Geistes, und in allen unterscheidet der verblendete Geist instinktiv zwischen Subjekt und Objekt; und die im nichtluziden Zustand erfahrenen Bewusstseinszustände und Visionen sind in allen gleichermaßen von Unwissenheit und folglich von dualistischen Gedanken und widerstreitenden Emotionen geprägt.

·◆·

Ein anderer Aphorismus Novalis', der auch als Vorlage für die Überschrift dieses Kapitels dient, lautet: »Wir sind dem Aufwachen nah, wenn wir träumen, dass wir träumen.« Er stellt diese einfache Beobachtung, dieses Faktum menschlicher Traumerfahrung, einfach so hin, und doch klingt auch die Verheißung eines großen, völligen Erwachens deutlich in diesen wenigen, einfachen Worten an. Wenn uns im Traum bewusst wird, dass wir träumen – zum Beispiel anlässlich eines Falltraums –, erwachen wir meist kurz danach, oder wir erfahren eine Phase luziden Träumens. Das hat jeder schon einmal erlebt, doch für die meisten von uns, die sich nicht in Traum-Yoga geübt haben, ist es ein ganz besonderer Zustand und ein seltenes Ereignis. Viele Menschen sagen auch, sie haben noch nie einen Klartraum gehabt, einige wenige berichten bei Befragungen, dass sie ihn des Öfteren erfahren. Glücklicherweise lässt sich Luzidität im Traum durch systematische Übung kultivieren. Die ausführlichen Instruktionen hierzu werden im tibetischen Traumyoga gelehrt, und ihre Umsetzung in der »Praxis der Nacht« bildet die wesentliche Vorbereitung und Grundlage für ein Erlangen der Luzidität im Bardo der Nachtodvisionen. Um nach und nach im Wachen und Schlafen zu einer kontinuierlicheren Luzidität zu kommen und auch in Bewegung und Tätigkeit immer wieder luzide zu werden, empfiehlt es sich, über längere Zeit »die Übung der Selbsterinnerung« zu kultivieren, indem wir uns immer wieder während des Wachzustands und während des Traumerlebens in der Nacht fragen: »Wer ist es, der das alles träumt?« Wenn wir uns mithilfe dieser Frage immer wieder selbst erwecken, werden wir sowohl die selbstlose Leerheit der Erscheinungen als auch die selbstlose Leerheit unseres Geistes erkennen. Beide sind, wie wir schon vernommen haben, untrennbar.

Es versteht sich von selbst, dass jede konzeptuelle Antwort auf diese Frage verkehrt ist, da alle Konzepte ja nur Teil des Traums sind. Wir sollten deshalb für ihre Beantwortung nicht den Verstand verwenden. Unser innerstes Wesen wird darauf antworten und sich offenbaren.

Der »Sündenfall« als der Lapsus in den Modus dualistischer Wahrnehmung ist nicht nur am »Anfang der Zeiten« geschehen, er geschieht in jedem Augenblick, wenn wir das unmittelbar Erlebte wieder konzeptualisieren und verfestigen. Immer wenn wir bemerken, dass wir die Luzidität eingebüßt und uns wieder in Gedanken verloren haben, bringt uns diese Fragestellung direkt in unsere Mitte und in das Hier und Jetzt zurück und erinnert uns, dass alles Erleben des Geistes Traum ist. Das in der Frage implizierte wortlos ahnende Erinnern der absoluten, unbegreiflichen Natur unseres Gewahrseins befreit uns im selben Augenblick von der Bezauberung durch die eigenen Wahrnehmungen und Visionen und kann, wenn diese Rückbesinnung nicht mehr vergessen wird, seine Reife in völliger Gewissheit und kontinuierlicher Luzidität erlangen.

Wenn es uns schließlich gelungen ist, vollkommene Erleuchtung und damit kontinuierliche Luzidität zu erlangen, ist alle Ignoranz in uns gereinigt; und von allen Störgefühlen befreit, endet das traumhafte Karma unbewusst-instinktiven Reagierens und Handelns und damit jegliches Leid. Und die göttlichen Qualitäten von Friede, Liebe, Weisheit, Mitgefühl und Gleichmut können sich ungehindert und spontan offenbaren.

5

Der Traum des Denkens und Sprechens und das Vorbild der Meister

Es ist der Geist, der diese Welt erschafft.
DER BUDDHA

Im Anfang war das Wort,
und das Wort war bei Gott, und Gott war das Wort.
EVANGELIUM DES JOHANNES

Wir sehen die Dinge nicht, wie sie sind, sondern wie wir sind.
HENRY M. TOMLINSON

Meine Form manifestierte sich wie ein Traum für die träumenden
Wesen in ihrem Traum. Im Traum gab ich ihnen meine traum-
gleiche Lehre, wie man im Traum Erleuchtung erlangen kann.
RATNAKUTA SUTRA

Glaub nicht, dass du, weil du die Dinge benennst,
diese auch verstehst.
RINZAI

Das, was ein Mensch denkt, entscheidet letztlich darüber, wie er die Erfahrungen, Bedingungen und Situationen seines Lebens deutet, versteht und erlebt. Wir sehen die Dinge nicht so, wie sie sind, sondern so, wie sie uns entsprechend unserer Konditionierung, Erziehung, Auffassung und Einstellung erscheinen. Diese beiden grundlegenden Sachverhalte sind inzwischen auch als ein Resümee der neueren Gehirnforschung und Wahrnehmungspsychologie konstatiert worden.

Wahrnehmung ist immer eine Interpretationsleistung und ihrer Natur nach relativ und reduktionistisch. Wir erleben die Welt meistens so, wie wir gelernt haben, sie zu erleben. Unser Gehirn und unsere Sinne können normalerweise nur einen äußerst geringen Bruchteil der unzähligen verfügbaren Informationen und Schwingungen eines einzigen Wahrnehmungsmoments zulassen und verarbeiten. Was wir aber denken, glauben und in Worten formulieren, hat direkten Einfluss darauf, was wir wahrnehmen, fühlen und tun können und wie wir das Wahrgenommene interpretieren und erleben.

Aus diesen Erkenntnissen ergibt sich ganz natürlich die dringende Notwendigkeit und der tiefe Sinn einer systematischen »Geistesschulung«. Eine solche besteht zu Beginn in der Bemühung, unseren Geist und unser Denken von alten Gewohnheitsmustern zu befreien und ihn auf heilsame Inhalte zu sammeln, denn der ungezähmte, dualistisch denkende und von Störgefühlen motivierte Geist erzeugt ständig neue Negativität und Leidensursachen und schränkt seine eigene Kreativität und Bewegungsfreiheit damit ein. In diesem Sinne formulierte Marie von Ebner-Eschenbach (1830–1916) sehr treffend: »So weit deine Selbstbeherrschung geht, so weit geht deine Freiheit.«

Eigenart des begrifflichen Denkens und der Sprache als sein Ausdruck ist es, das Erlebte fassbar machen zu wollen. Die wenigsten aber sind sich bewusst, dass diese scheinbare Fassbarkeit, diese Begriffe, diese Worte einfach Abstraktionen und Fiktionen sind, die mit der lebendigen, unfassbaren Wirklichkeit unserer Wahrnehmungen nicht identisch sein können.

Als Menschen sind wir ausgestattet mit den »drei Toren« von Geist, Rede und Körper; und in diesen und durch diese offenbart sich die an sich unerkennbare Natur des Geistes als Gedanken und Emotionen, als Worte, Formen und Handlungen aller Art. All diese sind, wie unsere Visionen, Halluzinationen oder Träume, Manifestationen und Erscheinungen unseres eigenen Geistes; und in der Tat drücken sie, ob weise und erleuchtet oder verblendet und verdunkelt, immer das inhärente, unbegrenzt kreative Potenzial des Geistes aus und informieren ihn über seine Möglichkeiten. In Wort und Schrift nehmen unsichtbare Gedanken Gestalt an, und wenn sie von einem Bewusstsein verstanden, dechiffriert und gelesen werden können, werden sie in diesem als Idee wieder lebendig. Doch worüber diese Worte auch sprechen – sei es nun die Natur oder die Gottheit und die höchste Wirklichkeit –: Sie sind nur ein Finger, der auf den Mond zeigt, und sind nicht selbst der Mond. Worte haben lediglich hinweisende Funktion.

Wir fallen unseren eigenen Projektionen zum Opfer, wenn wir eine der oben genannten Manifestationen unseres Geistes, vor allem aber unsere eigenen Gedanken und Worte, als eigenständige Wirklichkeit betrachten; und wir tun das, wenn wir uns von ihnen hinwegtragen lassen und uns mit ihnen identifizieren. So ist also jedes denkende Wesen von seinem eigenen Denken betrogen, wenn es dessen Schilderungen für Wirklichkeit hält – und tun wir das nicht fortwährend und ganz automatisch mit einer instinktiven Selbstverständlichkeit – mit einer schlafwandlerischen Sicherheit, ohne es jemals zu hinterfragen?

Der Psychiater Paul Watzlawick schrieb im Vorwort zu seinem Buch *Wie wirklich ist die Wirklichkeit?:* »Es soll gezeigt werden ... daß das

wackelige Gerüst unserer Alltagsauffassungen der Wirklichkeit im eigentlichen Sinne wahnhaft ist, und daß wir fortwährend mit seinem Flicken
und Abstützen beschäftigt sind – selbst auf die erhebliche Gefahr hin,
Tatsachen verdrehen zu müssen, damit sie unserer Wirklichkeitsauffas-
sung nicht widersprechen, statt umgekehrt unsere Weltschau den unleug-
baren Gegebenheiten anzupassen.«

Jede Aussage, die gemacht wird, und sei es im Privaten oder in Wissenschaft, Philosophie, Psychologie und Theologie, erweckt den Anschein,
als wäre die Welt mit ihrer Beschreibung identisch. Das ist natürlich
absurd, denn es handelt sich nur um begrenzte Glaubensvorstellungen
über die Natur der Wirklichkeit, es handelt sich nur um leere Namen,
wie der Buddha sagt.

Auch für Immanuel Kant war das offensichtlich klar, als er formulierte: »Aller Irrtum besteht darin, dass wir unsere Art, Begriffe zu bestimmen oder abzuleiten oder einzuteilen, für Bedingungen der Sachen an
sich selbst halten.«

Wo Anschauungen, Überzeugungen und Glaubensinhalte als alternativlos dargestellt oder mit Pathos und vielleicht sogar mit dem über-
heblichen Anspruch auf Unfehlbarkeit vertreten werden, welche jedes
Infragestellen derselben unter Strafe stellt, ist besondere Vorsicht geboten. Dann ist Dummheit Gebot geworden, und die relative, reine Hin-
weisfunktion jeder Aussage wird gar nicht mehr gesehen. Die nötige
Bescheidenheit, die uns davor schützt, uns zu überheben und einen relativen, sprachlichen Begriff für Wirklichkeit oder gar für das Absolute zu
halten, fehlt dann leider.

Sokrates zeigte sie bekanntlich in den Worten »Ich weiß, dass ich
nicht[s] weiß«. Ohne diese Bescheidenheit und Achtsamkeit im Gebrauch
wird der Denker von seinen eigenen Gedanken, der Sprechende von seinen eigenen Worten leicht hinweggetragen und betrogen, und der, der
diese Gedanken und diese Worte formt, wird gar nicht mehr gesehen.

Es ist leicht, sich eine bestimmte Sichtweise zu eigen zu machen, sei es
nun die von Darwin, Freud, Marx, Nietzsche oder die einer bestimmten

Religion, aber kann man sie auch infrage stellen, und, noch wichtiger, kennt man eigentlich sich selbst? Kennt man den, der auf diese Weise sieht und denkt?

Der eigene Gott und die eigene Weltanschauung sind für die meisten Menschen nur im Außen und werden, wie auch das eigene Selbstbild, dort festgehalten. In diesem nichtluziden Modus der Wahrnehmung wird ein nichtluzider Gebrauch von Denken und Reden gemacht. Das dualistische, unbewusste Denken ist zwar eine nichtige und flüchtige Illusion, aber für den, der daran glaubt, ist es die Quelle aller Leiden. Zuvorderst sind hier natürlich die Ideen zu nennen, die sich jemand über sich selbst und seine Umwelt macht. Die ständige Wiederholung bestimmter gedanklicher Strukturen erweckt den täuschenden Eindruck einer gewissen Beständigkeit. Die Vorstellung »ich und die anderen« oder »ich und das andere« spaltet das Wahrnehmungsfeld und erzeugt Unbehagen und ein sublimes Gefühl der Unsicherheit. Es ist, wie der Patriarch des Zen Huangpo sagte: »Aus der Unterscheidung von diesem und jenem steigt ein Heer von Dämonen auf.« Wir könnten auch sagen: »ein Heer von unheilsamen Gedanken und Leiden«. Jede Art von fixierter Idee, von Anhaftung an einem Selbst- oder Weltbild, jede Art von Verdrängung und Einseitigkeit, jede Art des Nicht-wahrhaben-Wollens und der Ausgrenzung, wie die Ausgrenzung der Rolle des Betrachters im Falle einer falsch verstandenen Empirie in der Wissenschaft oder aber die Verdrängung von Vergänglichkeit und Tod aus dem gesellschaftlichen Leben, behindert natürlich ein umfassendes, ganzheitliches Verständnis.

Die gefährlichste Weltanschauung sei die Weltanschauung derer, die die Welt nie angeschaut hätten, sagte Alexander von Humboldt. Aus einer eingeschränkten, einseitigen Sicht und damit falschen Voraussetzung heraus urteilend, planend und handelnd, verbauen wir uns selbst, solange wir daran festhalten, den Weg zu einer befreienden, ganzheitlichen Erkenntnis der Wirklichkeit. Um zu dieser Erkenntnis zu kommen, ist es schlussendlich nötig, alle Vorstellungen zu überschreiten. Die Worte des Buddha sind wie ein Boot, das uns zum anderen Ufer, in den Zustand reinen Gewahrseins trägt – sind wir angelangt, wird es zurückgelassen. So heißt es in einem Gedicht des Zen-Meisters Chi-fei aus dem 17. Jahrhundert: »Ich fege hinweg die Leerheit, den Buddha und den Dämon Mara, und auch von mir selbst lasse ich keine Spur mehr übrig. Ich umarme die ganze Schönheit der Welt, aber ich verzichte darauf, sie in Worte zu fassen.«

•–•

In der Lebensgeschichte des Buddha wird erzählt, dass sein Vater Angst hatte, ihn, als den einzigen Nachfolger seiner Dynastie, an ein Leben der Entsagung und des Geistes zu verlieren. Er umgab ihn deshalb mit allem Luxus und mit allen Genüssen dieser Welt, schloss ihn aber in diesem herrlichen Palast der Schönheit, Jugend und Gesundheit ein, um jede Begegnung mit Geburt, Krankheit, Alter, Sterben und Tod, den für das irdische Leben charakteristischen Leiden, zu verhindern. Und tatsächlich – als der Prinz gegen den Willen seines Vaters die schöne und komfortable Scheinwelt des Palastes zum ersten Mal verließ, begegnete er in den Straßen seiner Geburtsstadt Lumbini dem Leiden. Er sah einen Leprakranken, er sah alte, hinfällige, schwache Menschen, er sah jemanden, der am Ende seiner Kräfte in einem Winkel im Sterben lag, und er sah, wie ein Toter am Ufer des Flusses verbrannt wurde. Er sah, dass auch die Tiere diesen Leiden unterworfen waren; und davon berührt, entstand der tiefe Wunsch in ihm, das offenbare Geheimnis der Seinserfahrung, ohne etwas davon auszulassen, zu verdrängen oder nicht sehen zu wollen, in seinen Funktionen zu verstehen und möglichst in seiner Ganzheit zu erkennen. Er verzichtete daraufhin auf die nur vermeintliche Sicherheit und Leidensfreiheit seiner Scheinwelt, verließ die Annehmlichkeiten des Palastes und öffnete sich bewusst der direkten, unvoreingenommenen Betrachtung aller Aspekte der Erfahrung.

Er wollte nicht mehr nur einfach dahinleben, den Sinneserfahrungen und körperlichen Bedürfnissen folgend und auf sie instinktiv reagierend, wie es auch Tiere tun. Er wollte verstehen, wie Wahrnehmung überhaupt geschieht und wie Leiden darin entsteht und Glück. Ruhig, achtsam und mit großer Geduld widmete er sich fortan der Beobachtung des eigenen Körpers und des eigenen Geistes, getragen von der Sehnsucht, die wahre Natur des Seins, das sich offenbart in allem Leben und in allem Tod, in Glück und Leid, so zu erkennen, wie sie wirklich ist. Nach sechs Jahren der meditativen Selbsterforschung erlangte er vollkommene Erleuchtung.

Im *Lankavatara-Sutra* heißt es: »Der Vater unserer bedingten Existenz ist Unwissenheit, seine Mutter ist Begehren.« Der »Vater« des Ich-Bewusstseins wünscht natürlich nichts anderes als die Fortsetzung seiner »Dynastie« der Ignoranz, unterstützt von der »Mutter«, die als unser Begehren nach angenehmer, sinnlicher Erfahrung immer neue Körper uns gebiert.

Wiedergeburt ist die Folge unserer Unwissenheit über die Natur unseres Geistes und unserer Erfahrungen. Aufgrund dieser Unwissenheit entstehen die daraus folgenden Emotionen von Begehren, Furcht und Aversion gegenüber unseren eigenen Erfahrungen. Begehren und Haften an Form und Erfahrung erzeugt, wie jeder in seinem eigenen Geist beobachten kann, simultan Aversion gegen den Verlust desselben, und es erzeugt die Angst, das Objekt der Anhaftung zu verlieren. »Ich liebe dich« und »Ich will dich nicht verlieren« kommen ja in einem Atemzug. Da alle Erfahrungen und Objekte aber zweifellos vergänglich sind, entsteht aus dem Verlangen nach diesen und der Anhaftung an ihnen notwendigerweise immer neues Leiden. Wir wollen die Natur der Dinge einfach nicht zur Kenntnis nehmen und verhalten uns deshalb unvernünftig, nicht dem Wesen der Natur entsprechend.

Nun sind wir, da wir normalerweise nichts anderes kennen, geneigt, diese Mischung von Freud und Leid für die Natur des Lebens selbst zu halten. Das Ego erzeugt gern ein immer neues Drama, um sich wieder lebendig zu fühlen. Der Buddha hat aber gelehrt, dass das Leiden aller Wesen nicht selbstverständlich ist, sondern seine Ursachen in deren eigenem Geist hat und deshalb auch nur durch die Beseitigung dieser Ursachen zum Aufhören kommt – so wie ein Feuer erlischt, wenn ihm der Brennstoff entzogen wird. Das sogenannte Nirvana bedeutet nicht, wie oft fälschlich angenommen, das Erlöschen unseres unsterblichen Wesens, eine völlige Auslöschung, sondern das Erlöschen von Unwissenheit, Anhaften und Aversion in uns, die die völlige Erkenntnis unserer selbst behindern und, solange sie in uns wirken, zu Fehleinschätzungen, Fehlwahrnehmungen und Leid führen. Der Tod mahnt uns, dass dieses unsichere Leben bald ein sicheres Ende hat und dass wir unsere kostbare Zeit hier gut nützen sollten, um zur befreienden Erkenntnis zu kommen, die uns keiner, auch der Tod nicht, nehmen kann.

Es sind also Tod und Vergänglichkeit, die uns lehren, dass das Streben nach Vergänglichem und die Anhaftung daran dem eigentlich gesuchten Glück nicht dienlich, sondern eher abträglich sind. Bereits der Erwerb von zeitlichen Gütern und Freuden bereitet ja viele Mühen, der Genuss derselben erzeugt wiederum Anhaftung und diese wiederum Angst vor Verlust und schließlich die leidvolle Erfahrung beim unausbleiblichen Verlust oder der Entbehrung des unverzichtbar Gewordenen. Weise, Philosophen und Heilige haben auf diesen anstrengenden Traum gern verzichtet und sich lieber dem Studium der Quelle von alldem, dem Studium des Geistes, gewidmet. Buddha, Dschuang Dsi, Jesus, Maria, Padmasambhava, Yeshe Tsogyal, Milarepa, Tapiritsa, Rinzai, Longchenpa, Franz von Assisi, Meister Eckhart und Hildegard von Bingen, um nur einige der verwirklichten und heiligen Meister und Meisterinnen dieser Welt zu nennen, die als unsterbliche Vorbilder für das Höchste, was ein Mensch auf dieser Welt erreichen kann, immer noch unter uns lebendig und präsent sind: Sie alle haben sich im Sterben vor dem Sterben, im Verzicht auf das Unnötige, in der Unabhängigkeit von körperlichen Bedürfnissen und überflüssigen Gedanken und, immer wachsam auf ihr eigenes Denken und Fühlen achtend, in ständigem Loslassen und in der natürlichen Freiheit des Geistes von seinen Inhalten geübt. Sie alle haben in der Gewissheit eines ewigen Lebens nach dieser kurzen Zeit in der Menschenwelt gelebt und im Vertrauen auf ihre Unsterblichkeit das ganze Leben mit all seinen Schwierigkeiten, Entbehrungen und Leiden als Prüfung ihrer geistigen Tugenden und der Treue ihrem ewigen Wesen gegenüber angenommen. Sie haben ihr Leben als Vorbereitung auf den Tod gesehen. Vorbereitung auf den Moment der Apotheose, der Rückkehr in das wahre Sein, der Rückkehr zum »Vater aller Dinge«, befreit von den Einschränkungen und Zwängen, die das Leben in dieser Welt und in diesem Körper dem darin wohnenden Geist auferlegt. Sie sahen sich als Wanderer, die, für kurze Zeit nur in dieser Herberge ihren Aufenthalt nehmend, bald weiterziehen würden. Sie reisten mit leichtem Gepäck, und sie wussten, dass das Wasser des Geistes, wenn es zu lange in etwas verweilt, faulig wird und stinkt und eine Menge Plagegeister daraus entstehen. Sie haben den Tod als Ratgeber für ihr Handeln und als den besten Lehrmeister in der »Kunst eines nicht anhaftenden Lebens« geschätzt, der, wenn man sich seiner häufig erinnert, dem Menschen zu einer klaren Unterscheidung des Wesentlichen vom Unwesentlichen verhilft und zu sinnvollem und nachhaltigem Handeln, zu wirklicher Freiheit und bleibendem Glück die Richtung weist.

Ein stetes Eingedenksein des Todes, das »Memento mori«, macht auch uns immer wieder wach, wenn wir erneut eingeschlafen sind, es führt über instinktives Handeln hinaus und lässt uns die Art unserer Wünsche, Beweggründe und Handlungen im Licht unseres eigenen besseren Wissens und Gewissens prüfen. Noch bevor sie Wort und Tat werden, spüren wir dann ihre Qualität, spüren Ursache und Wirkung, Hall und Nachhall als eins. Die kontinuierliche Übung der Selbstbeobachtung, der geistigen Wachheit, hilft uns, den aufsteigenden Gedanken und Gefühlen nicht mehr einfach zu folgen, sondern, ruhig in ihre Quelle blickend, auch der tiefsten Schichten des Unterbewusstseins gewahr zu werden und schließlich, so zur Wurzel aller Selbsttäuschung vordringend, die grundlegende Ignoranz in uns beseitigen zu können.

Mein Lehrer Yongdzin Tenzin Namdak Rinpoche sagte einmal in unserem Kloster am Stadtrand von Kathmandu: »Nachdem wir das große Glück erlangt haben, als Mensch geboren zu sein, ausgestattet mit allen Freiheiten und Vorteilen einer solchen Geburt, ist es wenig sinnvoll, sich vorwiegend darum zu bemühen, die äußeren Umstände dieses kurzen

Lebens zu verbessern. Wir wollen die uns gegebene, kostbare Zeit lieber verwenden, um unseren eigenen Geist von den Ursachen künftigen Leids zu reinigen, heilsame Impulse als die Ursachen künftigen Glücks kultivieren und die wahre Natur des Geistes erkennen und vollkommene Erleuchtung erlangen, um so möglichst bald wirklich fähig zu werden, allen Wesen in ihrem Leid helfen und beistehen zu können.«

— 6 —

Das Leben und Sterben
von einem, der die Weisheit liebt

Alles, was geboren wurde, muss sterben;
und alles, was stirbt, muss wiedergeboren werden.
BHAGAVADGITA

Was sind Alexander und Caius und Pompeius gegen einen
Diogenes, Heraklitos und Sokrates! Denn diese haben
die Dinge wirklich erkannt, ihre Ursachen und ihre stofflichen
Grundlagen, und ihr Geist war unbesiegbar. Jene aber – welch
endlose Sorgen quälten sie! Welch tausendfache Sklaverei!
MARC AUREL

Die wahren Philosophen üben sich täglich darin zu sterben.
PLATON

Solange wir im Reich des Geistes waren, hatten wir volles
Genügen, und wir schauten mit dem Geiste, und alles,
was wir sahen, führte uns in die Einheit zurück.
PLOTIN

Die Aussagen und Lehren zu einer »Ars Moriendi«, zu einer »Kunst des Sterbens«, die sich in den philosophischen und religiösen Überlieferungen von Orient und Okzident finden, sind ganz der unsterblichen Natur des Lebens oder des Geistes gemäß ein integraler Bestandteil der Belehrungen zu einer »Kunst des Lebens«, zu einer weisen Lebensführung, wie sie in den jeweiligen Kulturen gelehrt wurde.

Da Platons Schriften als die eines in die Mysterien Eingeweihten an manchen Stellen eine schöne Beschreibung einiger zu seiner Zeit verbreiteten und vorher in Indien, Persien, Babylon und Ägypten herrschenden Anschauungen bieten und andererseits als wichtigste Grundlage des westlichen philosophischen Denkens und der Ausformung der Grundgedanken christlicher Theologie, ja über seinen Schüler Aristoteles und später Avicenna auch der Theologie des Islam gelten darf, möchte ich hier, gleichsam eine Brücke schlagend zwischen Ost und West, einige seiner grundlegenden Lehren zum Wesen des Seins, zur Unsterblichkeit der Seele und deren Weg in Täuschung und Bindung, aber auch schließlich hin zu ihrer Befreiung und Vollendung zusammenfassen.

Für Platon und seinen Meister Sokrates ist »das Gute« – *agathós* – das höchste Prinzip, die Ursache allen Seins. Es übersteigt alles Wahrnehmbare und ist folglich unerkennbar. Dieser letzte Grund aller Dinge ist *arche,* der auf nichts anderes mehr zurückführbare, ungeschaffene »Ursprung« aller Erkenntnis. Als solches ist »das Gute« Ziel allen Strebens und Erkennens. Das Gute ist »Einheit« (das Eine) oder *hén,* deshalb ist es Güte. Es ist *kat' autó,* »an sich und in sich seiend« und unabhängig. Es ist verschieden von der *aoristós dýas* oder der »ungewissen Dualität«. Das Gute ist *achronós,* also »zeitlos«, und es ist *apatheia,* das heißt »frei von Leidenschaften«.

Das für alle Wesen Erstrebenswerte ist das Gute, und wenn sie sich ihm annähern können, führt es sie zu einem »glücklichen Geisteszustand«, zur Eudämonie. Für Platon war es selbstverständlich, dass jede Seele eigentlich die Einheit und das Gute sucht und anstrebt, ob bewusst oder unbewusst. Sie tut dies aber, so sagt er, aus Unwissenheit leider oft auf verfehlte Weise. Nur das vollkommen Gute, das der Ursprung aller Erkenntnis ist, kann die Seele befriedigen; und bis sie es gefunden hat, sucht und strebt sie danach. Im nur scheinbar Guten kann die Seele keinen Frieden finden. Alles, was wir in dieser Welt als Gutes, als Schönes, als Güte, Ausgeglichenheit und Gerechtigkeit sehen und erfahren, ist nur ein Abglanz, ein Hindurchscheinen der »Archetypen«, der Ur-Ideale, der »anfangslosen geistigen Qualitäten und Eigenschaften« des höchsten Guten.

In der platonischen und in der um einige Jahrhunderte späteren neuplatonischen Philosophie des Plotin finden wir interessante Korrespondenzen zum Dzogchen, wo *kuntu-sangpo,* übersetzt »der oder das All-Gute«, den unerkennbaren Urzustand des Seins an sich, die Ur-Erkenntnis und Quelle aller Erkenntnis bezeichnet, die wahre Natur unseres Geistes. Von Anfang an ist diese erleuchtet und rein – *ka-dak* –, und sie ist *lhun-drup,* das heißt vollkommen ausgestattet mit den göttlichen Qualitäten von Weisheit, Liebe, Güte, Gerechtigkeit, Erkenntnis und alles vermögender, alles erschaffender Energie.

Die Dzogchen-Praxis beginnt damit, den »Urzustand des All-Guten« als in uns gegenwärtig zu erkennen und durch *imitatio,* durch die »Nachahmung« der göttlichen Seinsweise und ihrer Qualitäten, zuerst Angleichung und schließlich völlige Einigung mit dem zeitlosen All-Guten zu verwirklichen – im Zustand der Ur-Einheit, der uns nur durch unser dualistisches Denken und die Leidenschaften vorübergehend verborgen war.

Platon berichtet im *Phaidon* über den Todestag seines Lehrers Sokrates, der, von den Athenern dazu verurteilt, den tödlichen Schierlingsbecher zu trinken, im Kerker mit einigen seiner Schüler in Gesprächen über das Wesen und die Unsterblichkeit der Seele den Sonnenuntergang und seinen Tod erwartete. Auch wir sind ja wie er zum Tod verurteilt, und in einem Leben, in dem sonst alles recht ungewiss ist, steht unser Ende unverrückbar und sicher fest.

Auf die Frage eines Schülers, ob es nicht ehrenhafter sei, nun, da er zum Tode verurteilt wäre, sich selbst zu töten, antwortete Sokrates, dass Selbstmord für ihn keine Option, sondern ein Unrecht sei, da es uns nicht zusteht, das Leben, welches ein Geschenk der Götter ist, seinen Wert verachtend, undankbar und absichtlich zu zerstören. Ein wahrer »Philosoph«, so sagte er, der als »einer, der die Weisheit liebt«, gelebt hat, kann getrost sein im Sterben und gewiss, dass er im Jenseits das volle Maß des Guten und Schönen erlangen und sich in der Gesellschaft von Gleichgesinnten finden wird. Wie sollte er nun, da sich das verwirklicht, was er sich immer gewünscht hatte, nämlich völlige Freiheit vom Körper, nicht freudig sein angesichts des Todes? Wenn jemand unwillig ist zu sterben, dann deswegen, weil er den Körper liebt und nicht die Weisheit.

»Philosophisch leben« bedeutet für Sokrates, sich das ganze Leben lang im Sterben zu üben. Immer des Todes eingedenk bleibend, erlischt unser nach außen gewandtes Interesse an leiblichen Genüssen, an Sinneserfahrung und an allem Materiellen, und das Sinnen und Streben der Seele wendet sich mehr und mehr zurück auf sich selbst. Wieder zu sich selbst gekommen, lernt sie mit der Zeit, zufrieden bei sich selbst zu verweilen, *abitans secum.* »Allein in sich selbst«, in sich selbst ruhend, *abitans in se,* kann sie dann, durch sich selbst und in sich selbst, das Wesentliche erkennen. Ihrer Unsterblichkeit gewiss geworden, kann sie wahre »Autarkie« als die Unabhängigkeit vom Körper und von den mit diesem verbundenen Zwängen und Beschränkungen der materiellen Existenz erlangen.

In den *Phaidon*-Gesprächen begründet Sokrates auch seinen Glauben an die Wiedergeburt der unzerstörbaren Seelen. Für ihn ist die Seele präexistent. Sie selbst ist das Leben im Körper, und wenn dieser Körper, diese Form vergeht, so lebt sie weiter als Geist und wird dann wieder einen ihrer Neigung entsprechenden neuen Körper annehmen. Würde nicht, so führt er aus, wenn wirklich alles Lebendige im Tode stürbe, wie es manche behaupten, nach einiger Zeit alles tot sein? Da alles in der Natur aber zyklisch ist und aus Gegensätzen seine Dynamik erhält, ist es nur natürlich, dass die Seelen derer, die im Tode den Körper verlassen haben, aus dem Hades auch wieder zurückkehren und neue Körper annehmen. Die Lebenden werden zu Geistern, und die Geister der Verstorbenen kommen erneut ins Leben. Die Lebenden werden zu Toten und die Toten wieder zu Lebenden. So wie aus dem Wachen das Schlafen kommt und aus dem Schlafen das Wachen, so kommt aus dem Werden Sterben und aus dem Sterben neues Werden. Die Seelen der Gestorbenen sind vor ihrer erneuten Geburt in einem Zwischenbereich, wo es den guten Seelen besser geht als den schlechten.

Sokrates regt seine Schüler dann an, das Vergängliche, Unbeständige vom Unvergänglichen, Beständigen zu unterscheiden. Wenn die Seele sich des Körpers bedient und mit den Sinnen wahrnimmt, wird sie, sich mit unbeständiger Erfahrung identifizierend, selbst schwankend und wie trunken. Wenn die Seele aber ohne die Sinne, nämlich aus sich selbst heraus, wahrnimmt, gelangt sie zum Unvergänglichen. Wenn es ihr vergönnt ist, zu sich selbst zu kommen, so ruht sie frei von Irrtum im Nous, der reinen und höchsten Vernunft.

Im Tode begibt sich die Seele in die geistige Welt und schaut die Güte und Weisheit Gottes. Wenn sie sich gereinigt und von allem Irrtum, Unwissenheit, Begehren, Hass und allen anderen Übeln befreit hat, lebt sie mit den ihr ähnlichen Geistern, den Göttlichen, den Weisen und Vernünftigen zusammen. Andere Geister, so lehrt er, die noch stark am Irdischen haften und beschwert sind von Leidenschaften und schlechten Taten, scheuen das Licht der reinen Geisterwelt und sind gezwungen, ruhelos an Gräbern und Orten ihrer Erinnerung umherzuirren. Sie leiden unter den Folgen ihrer schlechten Lebensweise und irren umher, bis die Begierde der sie begleitenden Körperlichkeit sie wieder einbindet in einen neuen Körper. Alle Seelen aber werden, egal, wo sie im Jenseits waren, in einem ihren Neigungen und Taten entsprechenden Körper und Bereich wiederverkörpert.

Sokrates nennt hier, ergänzend zu den bereits genannten erdgebundenen und hungrigen Geistern, noch alle Arten von Tieren und den Menschen als mögliche Daseinsformen der Seele. Nur ein Mensch, so sagt er, der die Weisheit wahrhaft über alles liebt und dessen Seele vollkommen, rein und von allem irdischen Denken und Wollen abgeschieden ist, kann in der Gemeinschaft der Götter, in den Gefilden der Seligen bleiben. Ebendeshalb enthalten sich die wahren Philosophen aller leiblichen Begierden und sie verhalten sich nicht mehr wie Dienstboten ihrer eigenen Bedürfnisse. Sie verzichten auf alle untugendhaften Handlungen und auf jede der Tugend und Philosophie nicht förderliche Gesellschaft und Unterhaltung. Nur dem Rat der Eingeweihten und dem inneren Gesetz ihrer Seele folgend, verzichten sie auf alle Handlungen, die ihrer Liebe zur Weisheit sowie der Reinheit und Erlösung nicht entsprechen.

Dies waren einige der Lehren, die Sokrates in den Stunden vor seinem Tod seinen Schülern gab. Platon schildert später im Text auch detailliert das heiter-gelassene Sichverabschieden und das vorbildliche Sterben seines Mentors, der alle Phasen seines Sterbens und Hinübergehens bis zuletzt bewusst erlebte und den Anwesenden beschrieb.

Auch im *Phaidros* berichtet Platon einiges, was Sokrates über die Natur der Seele, ihren Ursprung, ihren Fall und ihre Befreiung lehrte: Alle Seelen sind Teil der Weltseele, aus ihr entstanden, und werden zu ihr einst zurückkehren. Sokrates sagt: »Wir können die Wahrheit über die Natur der Seele erkennen, wenn wir betrachten, was sie tut, was sie erleidet, was in ihr vorgeht. Alle Seelen sind unsterblich, weil alles, was sich von selbst bewegt, unsterblich ist. Das sich von selbst Bewegende ist unsterblich. Es ist das Leben selbst. Das aber, was nur durch etwas anderes bewegt wird, hört auf, sich zu bewegen, wenn das Lebendige, das Bewegende nicht mehr darauf wirkt. So ist das Ende der Bewegung das Ende des Lebens.«

Mein Kommentar hierzu: Wenn ihr dieses Zitat für schwierig zu verstehen haltet, lasst mich euch hier an eines der für mich wichtigsten und effektivsten Koans erinnern, das ich manchmal in meinen Seminaren für die Praxis der »Selbsterinnerung der Natur des Geistes« empfohlen habe. Eine geniale Fragestellung, welche direkt zurück auf das eigene Herz und Wesen weist:

Ein Zen-Meister pflegte seine Schüler aufzurütteln mit den Worten: »Schrei dich selbst an, du Strohpuppe, und frag dich Tag und Nacht! Wer ist es denn, der diese Hände und diese Füße bewegt? Wer oder was ist es! Solange du das nicht klar erkannt hast, ist alles noch völlig durcheinander bei dir!«

Was ist das Bewegende, also Wirklichkeit, und was ist das Bewegte, also nur Wirkung? Das gilt es klar voneinander zu unterscheiden.

Die Stelle im *Phaidros* geht recht interessant weiter: Allein das sich selbst Bewegende, das Wirkliche selbst, höre niemals auf, sich zu bewegen, und bleibe für alles andere, was bewegt und bewirkt wird, Quell und Urgrund jeder Bewegung, jeder Wirkung. Dieser Urgrund sei »ungeworden«. Aus dem Urgrund entstehe alles, er selbst aber sei aus nichts anderem entstanden. Weil er »ungeworden« sei, so sei er notwendigerweise auch unvergänglich. Es sei immer die Seele, die das Unbeseelte belebe und bewege, welche den ganzen Weltraum durchwandele und überall in den verschiedensten Gestalten und Körpern erscheine.

Wenn sie als Einzelseele wieder vollkommen in sich und vollständig beflügelt sei, so schwebe sie im Äther und könne die ganze Welt durchdringen. Wenn ihre Schwingen noch verletzt seien, so treibe sie nach dem Tod ziellos dahin, bis sie sich an irgendetwas Festes anklammere, in dem sie dann Wohnung nimmt. So entstehe ihr wieder ein irdischer Körper, der, belebt durch ihre Kraft, sich selbst zu bewegen scheine und leuchte. Leib und Seele seien dann vorübergehend zusammengefügt, bis sie sich im Tode wieder trennen.

Sokrates spricht dann über den Fall der befiederten Seele, aus der lichten Höhe, wo sie zu Anfang das höchste Gute, Wahre und Schöne, die idealen Eigenschaften der Gottheit schaute, welche wegen der unergründbaren Tiefe und Einheit ihrer Natur selbst unerkennbar bleibt.

Diese höchste Schau der Gottheit lebe in jeder Seele als Erinnerung an ihre ursprüngliche Heimat und Bestimmung weiter. Das Gute als der letzte Grund aller Dinge und als das Optimum aller Erkenntnis und Erfahrung bleibe unbewusst oder bewusst immer das höchste Ziel all ihren Strebens. Jede Seele suche bleibendes Glück und Freiheit vom Leiden. Warum aber verlor die Seele ihre leuchtenden Schwungfedern und fiel in tiefere Bereiche und in materielle Körper?

Das Göttliche sei schön, weise, gut und alles, was dem verwandt ist. Von dieser göttlichen Schönheit und Weisheit nähre sich die Seele, und es mache sie licht und leicht, wenn sie sich mit diesem ihrem Urbild verbinde und ihm angleiche. Das Üble, das Schlechte aber und all das, was der Weisheit nicht entspreche, und das Tun und Denken desselben machten sie dunkel und schwer, und das vermehre ihre Schwächen.

Zahllos seien, so Sokrates weiter, die Landschaften und Wege, die die glückseligen Götter durchreisen, und es könne sich zu ihnen gesellen, wer ihres Wesens sei. Wenn eine Seele dort dem Göttlichen folgte und etwas vom Wahren erschaute, so werde sie bis zur nächsten Wiederkehr in unteren Bereichen kein Leid erfahren, und wenn ihr diese Schau immer wieder gelinge, werde sie für immer unversehrt dort bleiben können.

Wenn sie aber zu schwach würden, um sich in der Höhe zu halten, und nicht mehr in der Schau des Göttlichen bleiben könnten, komme es zu einem »Fall«, denn durch das Vergessen des Göttlichen seien sie schwer geworden, und durch die Last der Schlechtigkeit, die daraus entstand, könnten ihre Flügel sie nicht mehr tragen, und so stürzten sie auf die Erde.

Sokrates sagt, dass die Seelen nach ihrem Leben in der Götterwelt zuerst noch keine Geburt als Tier nähmen. Die Seelen, die am meisten geschaut hätten, würden das Leben eines Freundes der Weisheit, der Liebe und der Schönheit führen. Andere würden geboren, um als gesetzestreuer König, als Staatsmann, Verwalter oder Geschäftsmann zu leben. Wieder andere würden als Lehrer, Heiler, als Wahrsager oder Priester, als Dichter, Künstler, Handwerker, Landmann, als Sophist, als Volksschmeichler oder Tyrann durchs Leben gehen. Je nach ihrem Verhalten sei in der Folge auch ein Leben als Tier möglich.

Welche von diesen Seelen das ihr beschiedene Leben recht und gut geführt habe, die erbe ein besseres Schicksal in der Zukunft, welche aber Unrecht getan habe, diese erwarte ein schlimmeres Los. Zum Ort ihres Ursprungs gelange die Seele vor zehntausend Jahren nicht wieder zurück – außer sie strebe wirklich nach Weisheit.

Die Übrigen aber, wenn sie das vorhergegangene Leben geendet hätten, träfe das Gericht. Gerichtet, gelangten die einen von ihnen in die Verließe unter der Erde und leisteten dort Buße für ihre Verfehlungen, die andern würden auf Dikes Spruch hin in irgendeinen anderen Bereich des Weltraumes erhoben und führten dort ein Leben, wie es den Verdiensten ihres Lebens als Mensch entspreche. Dann komme es nach tausend Jahren zur Auslosung und zur Wahl eines weiteren Lebens, und jede Seele wähle sich eines, das ihrer Neigung entspreche. Nun sei es auch möglich, dass eine menschliche Seele in ein tierisches Leben übergehe, und wer Tier war, könne wieder ein Mensch werden. Zum Menschen gehöre es, dass er Idee und Wort verstehe. Dieses Verstehen des Nous aber, das die Vielheit als eins erfassen kann, sei Erinnerung an das Urbild – Erinnerung an das, was einst unsere Seele erblickte, als sie der Anziehung der Gottheit noch folgte und hinwegschauend über das, was wir jetzt unser Dasein nennen, das Haupt erhob in das wirklich Seiende. Darum werde, der Gerechtigkeit folgend, nur der Geist wieder beflügelt, der die Weisheit liebe, denn dieser weile, soweit er es vermag, immerfort im Gedenken bei jenen Dingen, bei denen Gott verweile, um göttlich zu sein.

Der Mensch allein, der solche Erinnerung der göttlichen Natur richtig anwendet und in vollkommenen Einweihungen eingeweiht es verstehe, in der Schau der göttlichen Dinge zu bleiben, der werde endlich der wahrhaft Vollkommene. Verlässt er aber die Bahn normaler, menschlicher Bestrebungen und hört er auf das Göttliche, so werde er von der Menge als wahnsinnig gescholten, denn dass er von Gott erfüllt sei, bleibe ihr verborgen.

Es wurde schon gesagt, dass jede menschliche Seele zwar ihrer Natur nach das Seiende geschaut hat, doch fällt es nicht allen leicht, sich inmitten der irdischen Erscheinungen an das Seiende zu erinnern. Sei es, weil sie es damals nur kurz gesehen hat, sei es, dass sie beim Sturz in diese Welt das Missgeschick hatte, in eine schlechte Gesellschaft zu geraten, sodass sie das Heilige vergaß, das Gute, das sie einst geschaut hat. Wenn wir jetzt mit unseren schwachen, verunreinigten Sinnen auf die Erscheinungen schauen, so erblicken nur wenige, und diese mit Mühe, die göttlichen Urbilder, die idealen Qualitäten des Geistes darin.

Ich erinnere hier an das Jesuswort »Selig, die reinen Herzens sind, denn sie werden Gott schauen!«. Und an den wunderbaren visionären Künstler William Blake und sein berühmtes Dictum: »Wenn die Tore der Wahrnehmung rein sind, so erscheint uns alles so, wie es ist – unendlich!« Wie wahr ist das – und was die göttlichen Urbilder betrifft, wie auffallend ist hier die Parallele zur Praxis der reinen Vision oder *daknang* im tantrischen Buddhismus, deren Grundinstruktion und verpflichtendes Gelübde für den Übenden lautet, alle Gedanken als den Geist der Gottheit, alle Töne als ihr heiliges Wort und alle Formen als ihren Körper zu erfahren, als eine vollkommen reine Erscheinung des göttlichen Lichts und als nichts anderes.

Und Sokrates fährt fort: »Die Schönheit war damals am Anfang ja noch leuchtend für uns sichtbar, als wir im Chor der Glücklichen in seliger Schau lebten, das Schauspiel des Göttlichen sahen, dem Zeus folgend und begnadet in der Gnade, geheiligt waren im Heiligen, das nach ewigem Gesetz das höchste Glück genannt wird, in dem wir lebten, in Reinheit und frei von Makeln, noch unversehrt von all den Übeln, die uns in der künftigen Zeit erwarteten.

Befähigt und geweiht waren wir, für makellose, klare, beharrende und selige Gesichte in reinem Lichte, wir selbst rein und noch nicht behaftet mit dem, was wir jetzt unseren Körper nennen, an dem wir festgeheftet sind und den wir mit uns herumtragen wie die Purpurschnecke ihr Haus.« So weit die Stelle in Platons *Phaidros*.

•–•–•

Zusammenfassend begegnen wir in diesen Worten des Sokrates essenziellen Lehren über den Fall der unsterblichen Seelen, über ihre Wanderung durch viele Leben in verschiedenen Körpern, über das Wirken der göttlichen Gerechtigkeit, die gewährleistet, dass ein jeder, Leben auf Leben, das erntet, was er selbst gesät hat, und die Möglichkeiten einer solchen Geburt, die aufgrund der eigenen Neigungen unter Göttern, Titanen, Menschen, Tieren, hungrigen Geistern, im Tartarus oder im Höllenbereich erfolgt, werden von ihm erwähnt. Sokrates gibt eine Darstellung des möglichen Weges zurück und seiner Voraussetzungen, der mit Metanoia, als einer Rückbesinnung auf das Göttliche beginnend, über Katharsis oder Reinigung der eigenen Makel und Anhaftungen zur Leidenschaftslosigkeit führt.

Zu einem bedürfnislosen, philosophischen Leben gelangt, kann die Seele eingeweiht werden in die Schau der göttlichen Eigenschaften; und die hohe Kunst erlernend, sich diesen Eigenschaften anzugleichen, wird sie beharrlich und stabil in dieser Schau und erlangt so schließlich die Theose, fortan wieder in göttlicher Schau und in sich selbst ruhend.

Die Grundauffassungen dieses Wegs der Seele waren seit Langem schon in Indien, Persien, Kleinasien, Babylon, Mesopotamien, Ägypten und Judäa verbreitet. Man erzählt von einer Begegnung Platons mit babylonischen Meistern, und wir wissen, dass er selbst eingeweiht war in die damals im ganzen griechisch-persischen Kulturraum verbreiteten Mysterien. Er erhielt also sicher einige der hinter den eleusinischen, orphischen und dionysischen Mysterien stehenden esoterischen und exoterischen Lehren, von denen uns einiges in den Schriften der Platon vorausgehenden Orphiker und der etwas späteren Pythagoreer überliefert wurde. Diese stimmten mit dem von ihm oben Gelehrten weitgehend überein.

Auf diese alten weitverbreiteten Überlieferungen und die Lehren Platons konnten die Apostel und Kirchenväter vierhundert Jahre später aufbauen, und sie übernahmen vieles davon in der einen oder anderen Form in ihre Lehre. Die Auswahl, Formulierung und Übersetzung der Evangelien, auch die der Thora und anderer Texte der Hebräer, in die griechische, die Sprache der Philosophen, wurde vorangetrieben, und die ersten Väter der Kirche arbeiteten an der Formulierung einer christlichen Theologie und Ontologie auf der Basis des platonischen Denkens, der jüdisch-mosaischen Lehren und der überlieferten Worte Jesu. Das theologische Lehrgebäude, die Symbolik, Liturgie und die Feste im Jahresablauf der Frühkirche sind eine Transmutation und ein Amalgam der vorher rund um das Mittelmeer existierenden religiösen Kulte und Glaubensvorstellungen. Als Beispiel sei hier nur die Darstellung der Madonna mit dem göttlichen Kind genannt, die ihr Vorbild in den weitverbreiteten Skulpturen der ägyptischen Göttin Isis mit dem Horusknaben hat.

•◆•

Als herausragender Gelehrter und Heiliger unter den Vätern des Urchristentums gilt Origenes, der vor seiner Bekehrung in Alexandria beim selben Lehrer studierte wie Plotin – bei Ammonius Saccus. In der westlichen Philosophie sind es vor allem Plotins *Enneaden,* in denen sich philosophische Anschauungen finden, die manchen Lehren des Dzogchen am ehesten entsprechen. Der Kirchenvater Augustinus sagte über Plotins Lehre, dass sie mit der christlichen völlig übereinstimme, wenn man nur wenige Worte ändere.

Origenes lehrte die zeitlose Existenz der Seele und ihren Läuterungsweg durch mehrere Erdenleben. Er lehrte, dass die Seelen der Menschen schon vor ihrer Geburt bestanden haben und dass sie geistige Lichtwesen sind, die früher in Gott lebten und durch ihr eigenes Verhalten das Paradies verloren und in menschlichen Körpern geboren wurden. Er lehrte auch, dass Christus für die ganze Schöpfung, also sowohl für die Menschen als auch für die Teufel, am Kreuz gestorben sei und dass die Bestrafung der Teufel und der Menschen nur zeitlich sei, folglich auch einmal ein Ende findet und alle Seelen dann zu Gott zurückkehren.

Origenes, für viele der genialste Denker in der Anfangszeit des Christentums, lehrte also die Präexistenz aller unsichtbaren und unwägbaren

»Seelen«, und wie Platon lehrte er ihre Unsterblichkeit und Wiederverkörperung. Erst im 6. Jahrhundert wurde es den frühen Christen, und nicht von einem Weisen, sondern von einem römischen Kaiser und wegen seines Strebens nach Totalherrschaft, der sich die Gläubigen der arianischen Richtung nicht unterwerfen wollten, unter Androhung der Todesstrafe verboten, solches zu glauben oder zu denken.

Im starken Kontrast dazu wurde in der unseligen Synode von 543 n. Chr. der Glaube an die Erschaffung der Seele bei der Empfängnis und ein einziges Leben, an dessen Ende ein »Partikulargericht« steht, gelehrt. Darauf folgt diesem seitdem gültigen Dogma nach eine Wartezeit bis zum Jüngsten Tag, dann die Auferstehung der Reste des einzigen Körpers, den man jemals gehabt hat, aus dem Grab und schließlich, nach einem allgemeinen Gericht am Ende der Zeiten, zu dem alle Menschen, die jemals gelebt haben, aus ihren Gräbern steigen werden, um vor Gottes Richterstuhl zu treten – so die Vorstellung –, eine Verurteilung zu ewiger Verdammnis oder ewiger Seligkeit.

Hundert Jahre später fügte der Kirchenvater Augustinus noch das Dogma der Erbsünde und der Prädetermination dazu. Jede Seele sei durch den Körper ihrer Eltern bereits mit der Erbsünde belastet und ihr Schicksal vorherbestimmt, denn die eine sei eben so geschaffen und die andere so. Sie ist aber trotzdem persönlich verantwortlich für ihre Taten. Erlösung ist nur durch Taufe, Glaubensbekenntnis und Gnade möglich, nicht durch gute Werke oder eigenes Bemühen.

Luther rückte davon nicht ab. Der Mensch sei von Grund auf böse, und nur der rechte Glaube könne ihn retten, nicht seine guten Werke. Evangelische Theologen lehren heute in Bezug auf das Postmortem die sogenannte »Ganztodtheorie«, die besagt, dass die Seele mit dem Körper stirbt, so wie sie mit diesem entstanden ist. Das ist eine Vorstellung, die bereits Aristoteles formuliert hat. Er entfernte sich damit weit von der Seelenlehre seines Lehrers Platon und begründete in seinen Schriften das heute dominierende wissenschaftliche Denken mit seiner selbstgewählten Beschränkung auf das Sichtbare, Wägbare und Messbare. In seiner

Nikomachischen Ethik heißt es: »Das Schrecklichste aber ist der Tod. Er ist nämlich das Ende, und es scheint, daß es nach diesem für die Toten nichts Gutes und nichts Schlechtes mehr gibt.«

Will man die Lehre Christi verkünden und sich gleichzeitig dem modernen Wissenschaftsdenken angleichen, so steht man natürlich vor einem Dilemma. Theologisch erdachte man die Ganztodtheorie vermutlich als einen denkerischen Kompromiss zwischen den Jenseitsvorstellungen der judeo-christlichen Religion und der materialistischen Sichtweise einer Medizin, welche die Auffassung propagiert, dass der Mensch mit seiner Gehirntätigkeit identisch ist und endet. Es folgt aber, dieser Theorie nach, auf den Tod ein »Seelenschlaf« bis zum Jüngsten Gericht am Ende der Zeiten, wo die Seele mit dem lange verwesten Körper, dem einzigen, den sie je hatte, wiederauferstehen soll, um endgültig gerichtet zu werden und dann für ewig in die Hölle verstoßen zu werden oder für ewig in den Himmel einzugehen.

Es sind diese absurden Monstrositäten und Ungereimtheiten, die dem Menschen mit Überheblichkeit als unfehlbare Wahrheit und Dogma aufgezwungen und mit einem Denkverbot oder »Anathema« versiegelt wurden, welche viele vernünftig denkende, intelligente Leute vom Glauben an Gott und an das Weiterleben nach dem Tod abgebracht haben und abbringen. Wir können es ihnen nicht verdenken. Auch wegen dieser absurden, verzerrten Vorstellungen über das Jenseits haben viele Menschen jeden Glauben an die Existenz ihrer Seele als frei und unabhängig vom Körper verloren, und wegen des unglaublichen Reichtums der Amtskirchen halten sie deren frohe Botschaft vom »Geben ist seliger als Nehmen« angesichts des Elends und der Armut in der Welt nicht mehr für glaubwürdig.

Es ist also sicher an der Zeit, dass die Kirchen sich auf Christus besinnen und es wagen, sich von bequemen, aber ihrem Auftrag schädlichen Sicherheiten zu trennen. Staatskonkordat, ein weit über das Notwendige hinausgehender liegender Besitz, Machterhalt und Steuereintreiben sind Elemente der cäsarischen Staats- und Machtkirche und eigentlich zutiefst unchristlich, denn sie widersprechen der Botschaft des Evangeliums von Jesus Christus, und es wäre sicher besser, sich im Vertrauen auf Gottes Vorsehung von diesen zu verabschieden.

•◆•

Der Arzt, Universalgelehrte und große Seher des 18. Jahrhunderts Emanuel Swedenborg konnte seinen Körper willentlich und, wie er sagte, in einem völlig wachen Zustand, nicht in Trance, verlassen. Er besuchte häufig das Jenseits und sprach mit den Geistern dort. Für ihn war Gott ein einziger Geist – die Untrennbarkeit von Liebe und Weisheit. Er sah und erklärte in seinen Schriften, dass jeder unsterblich ist und dass das Jüngste Gericht für jede Seele direkt nach dem Tod stattfindet. Jeder erntet dann, was er gesät hat, und versteht dann sein Leben besser, aber niemand wird verdammt, denn das Lernen geht immer weiter; und Gott, der liebende Vater, duldet nicht, dass auch nur eine Seele verloren geht.

Nun ging all das gerade noch an, als er aber erklärte, er habe im Himmel auch Muslime, Juden, Hindus und andere Nichtchristen gesehen – es komme bei Gott offensichtlich nicht darauf an, welcher Religion einer zugehöre, sondern ob er der Liebe und Weisheit Gottes entsprechend lebe –, waren die Vertreter der schwedischen Amtskirche wirklich erbost. Die Zeit, da man »Häretiker« – ein Wort, das im Griechischen ursprünglich nur bedeutete »jemand, der eine andere Anschauung gewählt hat« – verfolgte und tötete, war Gott sei Dank seit einiger Zeit vorbei, und er blieb, zwar nicht unbehelligt, aber doch von Schaden frei. Seine vielen Schriften über die geistige Welt haben großen Einfluss auf die Erneuerung der Spiritualität seiner Zeit und der Romantik gehabt. Die Philosophen Kant, Schopenhauer, Schelling und Franz von Baader, aber auch Goethe, der Nestor des Zen im Westen, Teitaro Suzuki und C. G. Jung beziehen sich in ihren Werken auf ihn und auf seine undogmatische, direkte Schau auf die letzten Dinge.

Für uns besteht wie für Origenes und Swedenborg kein Zweifel. Diese unsere Seele oder besser die Geistessenz eines jeden Individuums bestand vor der Geburt und auch ihre Fähigkeit, den Körper zeitweise zu verlassen, und ihr Fortleben nach dem Verlassen des Körpers im Tode ist uns eine selbstverständliche, durch die entsprechenden Erfahrungen von jeder Generation von Menschen belegte und immer neu erlebte Tatsache. Jede Seele ist unzerstörbar und lebt ewig, egal, in welchem Bereich der Wiedergeburt oder in welchem Körper, sichtbar oder unsichtbar, sie gerade geboren ist, und jede Seele erntet das, was sie selbst gesät hat, und eine jede wird schließlich nach dem Erlangen vollkommener Selbsterkenntnis zu ihrem göttlichen Vater und Ursprung zurückkehren.

Die unzähligen Bodhisattvas aber, die erleuchteten Wesen, die bereits zu sich selbst erwacht und in das klare Licht der höchsten Wirklichkeit, in den Urzustand des Geistes zurückgekehrt sind – die Söhne und Töchter Gottes –, haben nichts anderes mehr zu tun, als alle Seelen auf dem Weg zurück zu inspirieren, zu schützen und zu leiten.

Weil sie voller Mitgefühl sind und frei von eigenen, selbstbezogenen Gedanken, können sie die Gedanken und Wünsche der Seelen klar erkennen, und weil sie frei sind von jedem Anhaften an Form, sind sie frei, jede Form anzunehmen, die im Dienst an den Wesen hilfreich sein kann.

In jedem Bereich der Erfahrung verkörpern sich solch erleuchtete Wesen, ob in dieser Welt der Menschen oder auf anderen Schwingungsebenen und in anderen Universen, ob im Tierreich, im Hades, im Tartarus oder in den Götterhimmeln – überall wirken sie, um alle Wesen zur befreienden Erkenntnis der Wahrheit, zu völliger Luzidität zu führen.

— 7 —

Erkenntnistheorie, selektive Wahrnehmung und Traumdeutung

An sich ist nichts weder gut noch böse,
das Denken macht es erst dazu.
WILLIAM SHAKESPEARE

Wenn die Tore der Wahrnehmung gereinigt wären,
erschiene uns alles, wie es ist – unendlich.
WILLIAM BLAKE

Die Wirklichkeit wird von Informationen strukturiert,
die durch die Beobachtung eines Bewusstseins geschaffen werden.
JOHN WHEELER

Sein oder Nichtsein? Bodhisattvas befreien sich vom dualistischen
Denken und wissen, dass alle Auffassungen weltlich sind.
Im absoluten Zustand enden alle Konzeptualisierungen.
AVATAMSAKA-SUTRA

Alle fühlenden Lebewesen sind nur deshalb fühlend und erkennend, weil sie lebendiger Geist sind, und die Form, die dieser formlose Geist annimmt, ist immer nur vorübergehend, wie im Traum. So beziehen sich Werden und Vergehen nur auf die Formen des Lebens, nicht auf das Leben selbst. Sie beziehen sich nur auf das Formenspiel der Wellen des Geistes, nicht auf das Meer des Geistes, aus dem diese in jedem Augenblick wie Wellen aufsteigen, um im nächsten wieder in dasselbe Meer zurückzusinken.

So wie physikalisch betrachtet von der grundlegenden Energie im Universum nichts verloren gehen kann, in welchen Formen, Aggregatzuständen und Schwingungsfrequenzen dies auch im endlosen Weltraum erscheinen mag, so geht nichts verloren von der Lebensenergie des unzerstörbaren, schöpferischen Geistes in uns und einem jeden fühlenden Wesen, wenn das Gefäß zerbricht, das ihn enthält. Der Fluss unseres eigenen Bewusstseins eint sich dann mit dem Ozean des Geistes, der selbst der mütterliche Schoß und Urgrund aller Erscheinungen ist. Das Leben und das Licht verlassen den Körper, den sie sich gestaltet, mit empfindsamen Leben erfüllt und bewegt haben. ·

Der Geist als »Vater aller Dinge«, wie Plotin ihn nannte, der nicht fern im Himmel wohnt, sondern in unserem Herzen (»Ich und der Vater sind eins«), hört nicht auf, spontan die unfassbare Vielfalt der Formen, Töne, Gefühle und Gedanken der Natur hervorzubringen, die er in sich selbst erlebt und wahrnimmt, und bleibt dabei seinem Wesen nach doch immer frei von jeder Form und Erscheinung.

Natürliches Gleichnis des Geistes war deshalb in vielen Kulturen das Wasser, das – selbst farblos und transparent, formlos und unfassbar – fähig ist, alles zu spiegeln und unendliche Formen und Gestalten anzunehmen. Auch wenn es als Wellen, Schaumkronen, Luftblasen oder als Regen, als Wolken und Eis in einer unendlichen Vielfalt von Farben und Formen als das Verschiedenste erscheint, so sind doch all diese Erscheinungsformen gleichermaßen nur Wasser.

•◆•

Dass alles, was wir wahrnehmen, eigentlich nur Energie oder Licht ist, damit stimmt nun auch die Quantenphysik überein, und aus ihren Experimenten und Messungen hat sich ergeben, dass diese Energie, an sich formlos vibrierend, nur dann als Teilchen und Partikel et cetera erscheint, wenn ein Bewusstsein sich darauf richtet. Ohne diese Aufmerksamkeit bleibt sie formlos. Weitergehend durfte man daraus schließen, dass die formlose Energie oder das Licht auf unerklärliche Weise einem bewussten, lebendigen Wesen in den vielfältigen Dingen seiner Umwelt so erscheint, wie sie von diesem gesehen, empfunden und gedacht, wie sie von ihm interpretiert und damit konstruiert werden.

Um die Natur unserer Wahrnehmungen besser zu verstehen, genügt es also nicht, nur messbare Wahrnehmungsobjekte zu erforschen. Man muss hierzu vor allem den Wahrnehmenden selbst und sein Sensorium beobachten und untersuchen.

Der Neurowissenschaftler Karl H. Pribram zog aus seinen Forschungen das Resümee, unser Gehirn konstruiere eine hart umrissene Realität aus dem Input von vielen Frequenzen und Wellen des universalen Felds; und Albert Einstein bemerkte in einem Gespräch mit dem Physiker Werner Heisenberg: »Erst die Theorie entscheidet, was man beobachten kann.«

Heisenberg selbst forderte an anderer Stelle, wir müssten uns immer daran erinnern, dass das, was wir in der Natur beobachten, nicht die Natur selbst sei. Die Wirklichkeit, von der wir sprechen können, sei nie die Wirklichkeit an sich, sondern eine »gewusste« oder eine von uns gestaltete Wirklichkeit. Nun ist diese ganzheitliche Sichtweise, die nicht nur Gegenstände der Erkenntnis, sondern auch den Erkennenden in die Forschung einbezieht, in der westlichen Wissenschaft eine recht junge Entwicklung und für die, die in der Nachfolge Descartes' immer noch glauben, »dass das Universum durch Zahlen und Masse erst begreiflich wird«, undenkbar und gar nicht diskutabel.

Wie aber Bewusstsein entsteht und sein eigenes Feld der Erfahrung durch begriffliches Denken und durch Sprache formt, ist seit über 2400 Jahren eines der Hauptthemen der buddhistischen Scholastik. Und wie das Bewusstsein und seine Wahrnehmungen, wie unsere Sinne und ihre Sinnesobjekte interagieren, abhängig voneinander entstehen, funktionieren und im Sterben kollabieren, ist Thema zahlloser buddhistischer Texte zur Kosmologie, zur Medizin und Thanatologie.

Mithilfe der Lehren des Buddha über die »drei Körper« oder die »drei Seinsdimensionen« eines jeden fühlenden Wesens können wir das Zusammenwirken unserer leeren, formlosen Geistessenz, ihrer inhärenten Erkennensklarheit und alles implizierenden Potenzialität und deren Offenbarung als Energie, Ton, Form und Gedanke sowie als alle anderen Wahrnehmungen und ihre Objekte immer besser verstehen. Diese drei Aspekte unseres Wesens werden auch die »drei Buddha-Körper« genannt.

Selbstverständlich sind unsere Gedanken, Gefühle und Visionen zu fein, um von den groben Instrumenten der Wissenschaft erfasst zu werden. Nur ihre Spiegelung in den unterschiedlichen elektrischen Spannungen des Gehirns und der Haut kann erkannt und gemessen werden.

Gleiches kann ja nur von Gleichem erkannt werden. Wie das Sensorium, so die mögliche Wahrnehmung. Kein Wesen nimmt das »Universum« oder ein »Phänomen« wahr, wie es in sich selbst ist, sondern nur das, was es eben davon erkennen kann. Rotkehlchen, so hat man vor Kurzem herausgefunden, können das Magnetfeld der Erde sehen und orientieren sich danach. Hunde riechen und hören, was für uns ohne Geruch und Ton ist. Jede Wahrnehmung ist nur ein kleiner Ausschnitt des Ganzen, ist notwendigerweise selektiv und immer eine Auswahl aus unendlichen Möglichkeiten. Das gilt für die Messungen des Wissenschaftlers ebenso wie für die Wahrnehmungen von Menschen, Ameisen, Rotkehlchen, Hunden, Fischen, Insekten und für alle Geister in einem materiellen Körper oder Verstorbene in einem subtilen Energiekörper.

Sich nur auf die eigenen physischen Sinne zu verlassen und nur das zu glauben, was man fühlen, messen und sehen kann, ist auch für den Philosophen Platon eine sehr naive Haltung, und diese beschränkte Sichtweise macht uns blind dafür, das eigentlich Wirkliche und das Feinste als den Ursprung des Gröberen zu erkennen.

Er stellt diesen Aspekt seiner Erkenntnistheorie im berühmten Höhlengleichnis in seiner Schrift *Politeia* dar. In diesem Dialog bittet Sokrates den Glaukon, sich zuerst eine Höhle vorzustellen, in der Gefangene festgehalten werden. Diese Gefangenen, die uns selbst als wahrnehmenden Wesen entsprechen, sind seit ihrer Geburt in dieser Höhle, in diesem Gefängnis des menschlichen Körpers, gewesen und aufgewachsen. Ein jeder ist mit Ketten angebunden, die seine Füße und seinen Nacken unbeweglich halten, und ist so gezwungen, immer auf eine Wand vor sich zu schauen. Hinter den Gefangenen aber ist ein Feuer, und zwischen dem Feuer und ihrem Rücken erhebt sich eine Mauer, hinter der sich Menschen bewegen. Diese sind Puppenspieler und bewegen Gestalten wie Menschen, Tiere, Pflanzen und alltägliche Objekte auf der Mauer, wie auf einer Bühne. Die Gefangenen können auf der Wand ihnen gegenüber nur deren bewegte Schatten umgeben von flackerndem Licht erkennen. Zurückzuschauen ist ihnen wegen ihrer Fesselung nicht möglich, und so haben sie sich von Anfang an daran gewöhnt, die Erscheinungen vor ihrem Auge für wirklich zu halten, und realisieren nicht, dass es nur die Schatten, die Projektionen der eigentlichen Dinge sind. Das Echo der Töne, die die Puppenspieler machen, zurückgeworfen von der Wand, ordnen sie den Schatten zu und glauben, es käme von diesen. In der Tat, so erzählt Sokrates, hielten sie diese für Wirklichkeit, und die Gefangenen würden untereinander in Wettstreit treten und hielten den von ihnen für den Größten, der die meisten Details der Gestalten und Töne erinnern, die Ordnung und Art ihres Erscheinens am besten erforschen und beschreiben könne.

Für Sokrates ist das alles ein vergebliches Sichbemühen und -erregen, weil diese Gestalten ja gar nicht wirklich sind. Er fragt dann seine Zuhörer, was denn wohl wäre, wenn nun einer der Häftlinge sich frei machen, umdrehen und die Lichtquelle, das Feuer sähe. Das helle Licht würde ihn wohl zuerst blenden, doch dann würde er erkennen, dass die flackernden Gestalten, die er für wirklich gehalten, nur von dem Licht hinter ihm geworfene Schatten waren, und hinausgetreten aus der Höhle, schaut er dann die Dinge, wie sie sind, und realisiert, dass er all die Zeit in einem Gefängnis gelebt hat. Nachdem er selbst »geschaut« hat, was Schein ist und was Wirklichkeit, wird ihm klar, wie bedauernswert seine Mitmenschen in der Höhle sind, und dass er, in die Höhle zurückgekehrt, all ihr Reden und Urteilen über Illusionen sicherlich nicht mehr wichtig und unterhaltsam finden würde. Die Gefangenen wiederum würden ihn und das, was er zu erzählen hätte, sicher für verrückt halten. Er sei jemand, der geblendet vom Licht außerhalb der Höhle nun an Sinnesstörungen leide und jeden Wirklichkeitsbezug verloren habe, so werden sie ärgerlich sagen.

Sokrates betont aber, dass es, wenn wir selbst Schein und Sein erkannt haben, unsere natürliche Aufgabe ist zurückzukehren, um die in Unwissenheit lebenden Mitmenschen »aus der Höhle« und zur Erkenntnis des Wahren zu führen. Weil diese aber nichts anderes kennen als den gebundenen Zustand in der Höhle, werden sie sich dagegen sträuben, und doch ist es die Pflicht eines Liebhabers der Wahrheit, dies immer wieder zu versuchen.

Unter anderen Elementen in der Lehre Platons, wie Wiedergeburt und Karma, lässt besonders das Höhlengleichnis eine Inspiration vonseiten des frühen Buddhismus und der diesem um Jahrhunderte vorausgegangen Sramana-Bewegung vermuten, deren Asketen in Indien umherwanderten und vereinzelt sicher auch bis Persien und Mesopotamien kamen. Das kulturübergreifende Auftreten von Weisheitslehren und Gleichnissen, wie zum Beispiel auch das vom verlorenen Sohn, waren eine natürliche Folge von Reisen, Begegnung und Gespräch – waren Philosophen und Mönche doch auch immer Wanderer und ihr Ideal die Ungebundenheit des Körpers und des Geistes.

Der wahre Philosoph ist einer, der den Blick nicht mehr wie die meisten Menschen starr und fixiert nach außen und nach vorn gerichtet hat, sondern zurückschauend auf sich selbst die Ursache seiner Wahrnehmungen als das eigene innere Licht versteht.

Alles Erfahrbare wird immer nur durch den lebendigen Geist erfahren, der eben selbst das Leben ist, das im Tod den Körper verlässt. Das auf ihn Wirkende, für ihn Wirksame und damit Wirkliche ist für den Wahrnehmenden seine ganze, ihn bestimmende und prägende Erlebniswelt, seine psychosomatische Version der Realität mit all ihren Freuden und Leiden, egal, ob es sich um unser Traumerleben, Wahnvorstellungen oder Sportberichte im Wachbewusstsein oder die Erlebnisse im Nachtodzustand handelt.

Im *Buch des südlichen Blütenlandes* des taoistischen Weisen Dschuang Dsi heißt es, die einen träumten von den Freuden eines Gastmahls, und erwachend klagten sie und litten. Die anderen träumten, dass sie litten und klagten, und freuten sich zu erwachen. Während sie träumten, wüssten beide nicht, dass sie träumten. Einige deuteten sogar den Traum, den sie gerade träumten, und nur wenn sie erwachten, würden sie erkennen: Es war ein Traum. Nach und nach komme das große Erwachen, und dann fänden wir heraus, dass das ganze Leben in Wirklichkeit ein großer Traum sei. Nur Narren glaubten, dass sie jetzt wach seien, und sie bildeten sich ein, Prinzen oder Bauern zu sein. Einst träumte ihm, Dschuang, dass er ein Schmetterling war, der hin und her flatterte, und er fühlte und wollte und suchte wie ein Schmetterling, und nur dessen war er sich bewusst. Er wusste nichts anderes. Doch plötzlich sei er erwacht, und da lag er nun und war wieder er selbst, ein Mensch. Nun wisse er nicht, ob er ein Mensch sei, der träume, ein Schmetterling zu sein, oder ob er ein Schmetterling sei, der jetzt träume, ein Mensch zu sein.

Es ist sicherlich selektiv und simplifizierend, eine Art des Erlebens wie den Traumzustand als Einbildung zu bezeichnen und die andere, zum Beispiel das Wachbewusstsein, als Realität. Um das Wunder der Wahrnehmung annähernd zu verstehen, ist es unbedingt erforderlich, alle Erfahrungsmodi und Bewusstseinszustände, wie sie in Schlafen und Wachen, in Träumen und in der Meditation, in Hypnose, Trance, in Ohnmacht, Psychose oder Schizophrenie, im Sterben und in Nahtoderlebnissen erlebt werden, als gleichwertig wirksam und wirklich für den Erlebenden zu achten.

Auch wenn es nur ein Traum war, das Leid und die Freude, die wir darin erfuhren, waren für uns sehr wirklich.

Die Seele schafft ständig selbst ihre Gedankenformen und Symbole, das Innere erscheint als äußere Gestaltung und Erscheinung, und diese Erscheinung wiederum weist sie auf sich selbst zurück als Spiegelung der Vernunft, der Schönheit und Harmonie, wie in den lebendigen Formen der Natur oder als Spiegelung unserer Gefühle und Gedanken, wie im Traum und unserem täglichen Leben. Diese Spiegelung lädt uns ein zur Deutung des Symbols und zum Erkennen des schöpferischen Geistes, der sich darin offenbart und spiegelt. Ist also nicht all unser Nachdenken über das, was wir erleben, eigentlich Traumdeutung?

Solange wir nicht wirklich luzide sind, das heißt die Untrennbarkeit von Leerheit und Erscheinung in jedem Wahrnehmungsmoment erkennen, ist dieses Deuten und Interpretieren notwendigerweise nur ein Teil des großen Traums. Dass unsere Wahrnehmungen überwiegend individuell gefärbt sind, vor allem, was ihre Deutung betrifft, versteht sich von selbst. Jeder Mensch hat seinen eigenen Strom von Gedanken und Gefühlen.

Auch wenn Mann und Frau nebeneinander im selben Bett schlafen, so leben sie doch in verschiedenen Traumwelten. Gemeinsames wird zwar innerhalb einer Spezies wegen des gleichen Körpers und Sensoriums ähnlich erfahren und kommuniziert und als wichtig empfunden; anderen Wesen bedeutet genau dasselbe Ding aber anderes oder nichts. Ein Affe wird sich über eine Banane freuen, einem Löwen bedeutet sie nichts. Er wird uns, wenn wir ihm eine Banane anbieten, höchstens die Hand abbeißen.

•◆•

Der Buddha hat, alle extremen Simplifikationen des dualistischen Geistes transzendierend, gelehrt, dass alle Wahrnehmungen des Geistes weder real noch irreal sind, sondern wie ein Traum. Ein Traum ist gleichzeitig intensiv erfahrbar und doch ohne eigene Realität, weil es ja nur der Geist selbst ist, der aus sich und in sich selbst einen Traum erlebt. So bemerkte auch Kant scharfsinnig, dass wir über »die Dinge an sich« eigentlich nichts aussagen können, sondern nur über unsere Wahrnehmungen von diesen oder von dem, was wir für diese halten.

Der Buddha lehrte, dass alle Erfahrungen keine eigene, sondern nur eine vom Geist zugeschriebene Wirklichkeit haben. Alle Erfahrungen sind leer, sind unerkennbar in sich selbst, eben weil sie eins sind mit dem Geist. Sie sind reine »Potenzialität«, reine Energie und bleiben es immer. Sie erscheinen zwar als »Aktualität«, als spezifische Erfahrung von Vibration, Farbe, Ton, Form, Wort, Gedanke, Gefühl, Geruch und so weiter., aber nur, wenn sie als solche vom Geist eines Wesens wahrgenommen werden.

So befinden sich die »Erlebniswelten« von Menschenwelt, Tierwelt, dem Jenseits, Himmel und Höllen alle genau am selben Ort, der überall und nirgends ist, und unzählige Buddhas lehren, wie es das Avatamsaka-Sutra so wunderbar schildert, im Sonnensystem eines jeden Atoms im Universum den Weg zur vollkommenen Freiheit und Luzidität.

Wem ohne Unterbrechung des Gewahrseins klar ist, dass jede mögliche Erfahrung eines wahrnehmenden Bewusstseins und seiner Wahrnehmungen der Traum des eigenen Geistes ist, der ist erleuchtet, so haben es alle »Buddhas«, alle »Erwachten« gelehrt. Ein solcher Mensch ist durch die Erkenntnis der Wahrheit völlig frei geworden im Leben und im Tod. Nicht wegen eigener Wünsche oder Pflichten, nur aus Mitgefühl, um anderen zu helfen, kommt er fortan noch in diese Welt.

8

Thanatologie als die Lehre über Sterben und Tod und ihre möglichen Quellen

Schau dir die Welt an, und sieh ihre Leerheit. Immer achtsam, befrei dich von der Ansicht, ein Selbst zu sein, und geh jenseits des Sterblichen. Einer, der die Welt so erkennt, wie sie ist, wird vom König des Totenreichs nicht gesehen.

BUDDHA

Der Weise stirbt nicht mehr, er ist zuvor schon tot. Tot aller Eitelkeit, tot allem, was nicht Gott.

ANGELUS SILESIUS

Wir sollten jeden Tag als ein ganzes Leben betrachten.

SENECA

Auch heute noch, obwohl geprägt von einer materialistischen Weltsicht, glauben die meisten Menschen, vermutlich ihrer Intuition folgend, an ein Leben nach dem Tod. Das braucht uns bei den vielen Malen, die wir schon gestorben sind, nicht zu wundern. Die Erinnerungsspur der Erfahrung von vielen Toden und Nachtoderfahrungen ist in uns, genauso wie die von vielen Geburten und von vielen Leben.

Wenn du zum Beispiel den Atem so lange ausgeatmet hältst, wie du kannst, ohne neue Luft einzuatmen, wirst du diese Erinnerungen spüren. Das Trauma, nicht mehr einatmen zu können. Oder wenn wir plötzlich einen Schmerz in der Herzgegend empfinden – dann ist es nicht dasselbe für uns wie ein Schmerz am Fuß. Wir sind irritiert und aufgeregt und nehmen instinktiv an, es könnte etwas sein, das unser Leben bedroht. Weil es eine ungewöhnliche Missempfindung am Herzen ist, ahnen wir instinktiv, dass sie den Tod durch Herzversagen für uns bedeuten könnte, auch wenn sie eine vorübergehende Verspannung und ganz harmlos ist.

Wenn wir Thanatologie weit gefasst als die Lehre über Sterben und Tod verstehen (vom griechischen *thánatos* für »Tod«), so kann diese ihr Wissen im Grunde eigentlich nur aus folgenden Quellen schöpfen:

- aus den Beobachtungen der Ärzte, des Pflegepersonals und anderer das Sterben begleitender Personen, die beobachtend assistierten und mit denen der Sterbende noch über sein Erleben sprechen konnte;

- aus den vielen Zeugnissen von Menschen, die dem Tod nah oder im Koma waren und den Körper verlassen haben;

- aus den Erfahrungen von Außerkörperlichkeit unter Drogen, wie im Fall einer partiellen oder einer Totalanästhesie;

- aus AKE (außerkörperlichen Erfahrungen) als Resultat einer bewussten Aussendung des Bewusstseinsprinzips, wobei hier besonders die bahnbrechende Arbeit des Monroe-Instituts zu nennen ist;

- aus den spontanen Erfahrungen von Angehörigen mit ihren Verstorbenen, wie in den Fällen des sogenannten »Sich-Anmeldens«, also wenn Verstorbene sich nach dem Exitus diesen bemerkbar machen, um ihre Anwesenheit zu zeigen;

- aus den Erfahrungen von hellsichtigen Personen mit den Geistern verstorbener Personen, welche ebenfalls sehr viel häufiger vorkommen, als man glaubt;

- aus den Erkenntnissen hoch entwickelter Meister und Meisterinnen des Yoga oder der Mystik aller Traditionen, die eine alle Bewusstseinsschichten und alle Bardos durchdringende Luzidität erlangt haben. Ihrer außergewöhnlich klaren Schau sind Einblicke in Vergangenheit, Gegenwart und Zukunft und in alle Bereiche und Modalitäten geistigen Erlebens möglich.

Die mittelalterliche christliche Scholastik definiert »Mystik« als die *cognitio Dei experimentalis* oder »Erkenntnis Gottes aus Erfahrung«. Sie ist in ihrer Reinform ein direktes, unmittelbares Erkennen der »göttlichen Dinge«, das nicht auf theologischer Spekulation, sondern auf persönlicher Erfahrung beruht.

Was den Buddhismus betrifft, so können zum Beispiel Übende des tibetischen Yoga einiges von den Phasen des Sterbeprozesses bis hin zum klaren Licht in Annäherung erfahren, und fortgeschrittene Praktizierende der Dzogchen-Praxis der »Kontemplation des klaren Lichts« oder *ödsäl gompa* schauen schließlich mit offenen Augen die vollständigen Mandalas der Buddha-Familien des Sambhogakaya, die den Beschreibungen im Totenbuch entsprechen, und der ganze Himmel, wo sie auch hinschauen, ist erfüllt von ihnen.

Zwei Beispiele mögen hier die Reinheit, Art und Kapazität solcher Schau verständlich machen, die einfach das unbehinderte, freie Wirken der inneren Klarheit des Geistes ist, die sich offenbaren kann, wenn die kognitiven und emotionalen Schleier in uns gereinigt sind, wenn wir die »Reinheit des Herzens« wiedererlangt haben.

In ihrer Rechtfertigungsschrift *Protestificatio* gab die heilige Hildegard von Bingen, die größte Seherin des christlichen Mittelalters, eine sehr genaue Beschreibung des Modus ihrer geistigen Schau: Die Visionen, die sie sah, habe sie nicht im Traum, nicht im Schlaf und nicht in Geistesverwirrung empfangen – weder mit den Augen des Körpers noch mit den Ohren des äußeren Menschen, auch nicht an verborgenen Orten –, sondern sie habe sie in wachem Zustand erhalten, bei klarem Verstand, mit den Augen und Ohren des inneren Menschen, an zugänglichen Orten, »wie Gott es wollte«.

In einem ihrer Briefe schrieb sie hierzu, ihre Seele steige in dieser Schau empor bis in die Höhe des Himmels. Das Licht, das sie schaue, sei nicht an den Raum gebunden. Es sei viel, viel leuchtender als eine Wolke, die die Sonne in sich trage. Weder Höhe noch Länge oder Breite vermöge sie an ihm zu erkennen. Es werde von ihr als Schatten des lebendigen Lichtes bezeichnet. Und wie Sonne, Mond und Sterne sich in Wassern spiegeln, so leuchten ihr Schriften, Reden, Kräfte und gewisse Werke der Menschen auf.

Einer der größten zeitgenössischen tibetischen Meister des 20. Jahrhunderts, der sechzehnte Karmapa, der auch der »Erkenner der drei Zeiten« genannt wird, hatte, wie seine vorhergegangenen Reinkarnationen, die Eigenheit und Fähigkeit, bereits einige Zeit vor seinem Tod den Ort, den Namen seiner Eltern und andere Umstände seiner nächsten Inkarnation in einem Brief vorauszusagen. Die Präzision seiner Voraussage hat in den letzten Jahrhunderten immer wieder das Auffinden derselben ermöglicht. In Bezug auf seine Kapazität, ohne Unterbrechung in luzidem Gewahrsein zu ruhen, sagte er einmal: »Tagsüber falle ich nie aus dem Zustand reinen Gewahrseins, und auch im Schlaf und im Traumzustand bin ich immer luzide. Nur beim Einschlafen gibt es einen kurzen Zeitpunkt, in dem es mir manchmal etwas schwerfällt.«

Eine weitere Quelle der Thanatologie sind die Weisheitsschriften der Menschheit, welche die Erinnerung an die Lehren solch erleuchteter Seher und Propheten, wenn auch zumeist fragmentarisch, bewahren. Hier natürlich spezifisch die Sterben, Tod und Nachtodzustand behandelnden Textstellen, die sich zum Beispiel im Zoroastrismus und in der griechischen Philosophie, in der christlichen Theologie und Mystik, der Ars bene Moriendi, in den Totenbüchern der Ägypter, in der Kabbala und im Koran, in den Shastras und Upanishaden des Hinduismus und in taoistischen und buddhistischen Texten finden lassen.

All diese Texte sind interessant für ein vergleichendes Studium der Grundmotive der Erfahrung des Sterbens und des Postmortem, geben aber wenig Information in Bezug auf eine generell anwendbare, thanatologische Praxis und eine effektive therapeutische Begleitung oder Assistenz für diese beiden Erlebnismodi oder Bardos.

• ◆ •

Eine bereits in Theorie und Praxis vollständige »Thanatologie« bietet der tibetische Buddhismus, und die thanatologische Literatur dieses Systems vereinigt in sich seit Langem nicht nur die wesentlichen Elemente der oben genannten Quellen, sondern bietet auch den Schlüssel zu ihrer Zusammenschau und ihrem rechten Verständnis im Licht der Todlosigkeit des Geistes. Da die Grundübung der buddhistischen Tradition in einer unvoreingenommenen Beobachtung der körperlichen und geistigen Prozesse besteht, verfügt sie außerdem über ein in weit über zweitausend Jahren Yoga- und Meditationspraxis erprobtes und bewährtes Erfahrungswissen, was die Natur des Geistes, des Atems, der Sinne, der Lebensenergien und ihr Zusammenwirken im Körper betrifft.

Diese Texte beruhen auf einer seit frühester Zeit bis heute fortgeführten Tradition der Sterbebegleitung und der Meisterschaft tibetischer Yogis, die alle Erfahrungen des Lebens, also Wachzustand, Traumzustand,

Meditation, Tiefschlaf und den Sterbeprozess, in luzides Gewahrsein integrieren konnten, ebenso wie die visionären Erfahrungen außerhalb des physischen Körpers im Jenseits.

Die Sichtweise und die Instruktionen einer »praktischen Thanatologie«, wie ich sie in späteren Kapiteln dieses Buches darstellen möchte, stehen ganz auf dem Boden dieser Überlieferung, die ich von meinen tibetischen Meistern empfangen habe und die in Theorie und Praxis bis heute lebendig ist und ausgeübt wird.

·–◆–·

Eine ihrer Natur nach eher sekundäre Quelle stellen natürlich die Jenseitsvorstellungen der verschiedensten Völker und Kulturen der antiken und heutigen Welt dar, wie sie uns aus Zeugnissen mündlicher und schriftlicher Überlieferung, in Legenden und Brauchtum, in Werken der Kunst und aus vielen archäologischen Funden verständlich werden. Hier liegt das weite Feld vergleichender Religionswissenschaft vor uns, die uns viele weitere Informationen zum Thema geben mag und aufzeigen kann, wie alles religiöse Streben um die Kernerfahrung Tod und Sterben kreist und dass auf der ganzen Welt in der einen oder anderen Form immer an ein Weiterleben der Seele nach dem Tode geglaubt wurde.

Die Bilderkunst der Ars-Moriendi-Texte des späten europäischen Mittelalters stellt visionäre Erfahrungen am Sterbebett dar, die, in ihrer Ausformung dem Glaubenssystem des Sterbenden entsprechend, den archetypischen Kampf der dämonischen Schattenseiten und der himmlischen, lichten Kräfte in der Seele zeigen und ihren möglichen Gang in Himmel oder Hölle vorwegnehmen. Diese kurzen Texte stehen unter dem Motto »Wer gut lebt, der stirbt auch gut« und waren als Mahnung zu einem guten, tugendhaften Leben gedacht. Sie waren aber auch, wie das *Tibetische Totenbuch,* Manuale für die Vorbereitung auf das Sterben und die Begleitung von Sterbenden und enthielten wesentliche Anweisungen und Gebete zu diesem Zweck.

Abbildung 2: Heilige Gestalten und Dämonen am Sterbebett (Ars Moriendi Holzschnitt)

Sie waren in einer Zeit, als Pest und Tod überall wüteten, wie die Darstellung von Totentänzen weitverbreitet. Ihre Vorläufer finden sich in den christlichen Mysterienspielen des Spätmittelalters wie Hans Sachs' *Von dem sterbenden reichen Menschen, Hekastus genannt* (1549) – das Vorbild für den *Jedermann* Hugo von Hofmannsthals –, in welchen »das Sterben eines jeden Menschen« auf die Bühne gebracht und die in jeder Seele wirkenden widerstreitenden Kräfte als Akteure aufgestellt wurden. Es wurde gezeigt, wie alle weltlichen Freuden und Werte – wie Wollust, Besitz, Schönheit, Ruhm sowie Freunde und Verwandte – den

Sterbenden trotz seines Haftens an diesen zuletzt verlassen und wie am Sterbebett sein Schutzengel, der die Tugenden des Sterbenden im Gefolge hat, und der Teufel, begleitet von seinen Lastern und der Erinnerung an seine schlechten Taten, um seine Seele kämpfen und bei diesem inneren Ringen und Gericht ein jedes gute Werk in Gedanken, Wort und Tat und jedes schlechte in die Waagschale werfen.

• ► •

Ein frühes thanatologisches Werk von enormem Einfluss ist das vierte Buch der *Dialogi de vita et miraculis patrum italicorum,* in dem Papst Gregor der Große (um 540–604) eine erste Fallsammlung von Erfahrungen und Jenseitsvisionen am Sterbebett vorgelegt hat, welche die Jenseitsliteratur des Mittelalters und die kirchliche Lehrmeinung zum Sterben und Postmortem überaus nachhaltig geprägt hat. Die ersten drei Bücher des vierbändigen Werks stellen die erste systematische Sammlung von Hagiografien italienischer Heiliger dar. Die »Dialoge« waren auch in der Ostkirche sehr bekannt.

Die muslimischen Jenseitsvorstellungen ähneln stark den christlichen. Unter dem Namen *Totenbuch des Islam* wurde in neuerer Zeit eine Sammlung von Aussprüchen oder Hadiths des Propheten Mohammed zum Thema veröffentlicht. Er empfahl allen Muslimen, »Sterbet vor dem Sterben«, und riet ihnen, das ganze Leben als Vorbereitung auf das Jenseits zu betrachten und tugendhaft zu leben. Der Mensch wird von der Geburt bis zum Tod immer begleitet von einem Engel des Lichts und einem Engel der Finsternis, so wird es im Koran gelehrt, und diese Vorstellung ist jedem Gläubigen auch heute noch geläufig. Die Darstellung des himmlischen Paradieses im Koran als ein Ort der Belohnung und der ungetrübten Genüsse und friedvollen Seligkeit ist hinreichend bekannt.

Da sie viele bis in heutige Zeit fortwirkende Jenseitsvorstellungen in Gestalt einer Seelenreise darstellt, ist hier unbedingt auch die *Göttliche Komödie* zu nennen. Es ist möglich, dass Dante zu seinem Werk auch von dem damals in Florenz aufsehenerregenden Nahtoderlebnis eines neunjährigen Mädchens angeregt wurde und viele Details daraus übernahm. Das Mädchen war vierzehn Tage scheintot, bis es wieder in seinem Körper erwachte und das im Jenseits Erlebte erzählte, so heißt es.

Ob es so war oder nicht, Dante kannte natürlich die »Erzählung des Er«, den elften Gesang der *Odyssee* und die *Dialogi* des heiligen Gregor; er war umfassend gebildet, vertraut mit den Werken Homers, Platons sowie der Neuplatoniker, und er hatte auch Zugang zu arabischen Werken in lateinischer und italienischer Übersetzung, welche die »Himmelreise des Propheten Mohammed« ausführlich schilderten. Auch Werke der Angelologie und der Dämonologie der katholischen Dogmatik, wie *Die Hierarchien der Engel und der Kirche* von Dionysos Areopagita, worin die einzelnen Himmel beschrieben werden, und vergleichbare, visionär kosmologische Werke wie Ciceros *Traum des Scipio* und der Macrobius-Kommentar zum *Somnium Scipionis* aus dem 6. Jahrhundert waren ihm sicher bekannt. Scipio verlässt im Traum seinen Körper, und sein Großvater fungiert als Seelenführer und zeigt ihm die Wunder des Alls. In der *Divina Commedia* übernimmt der altrömische Dichter Vergil diese Rolle.

Dante fasste in seinem wunderbaren Werk die zu seiner Zeit bekannten klassischen und christlichen Jenseitsvorstellungen zusammen, die einerseits aus den Visionen von Heiligen, von Sterbenden und von Menschen, die aus komatösen Zuständen ins Leben zurückgekommen waren, und andererseits aus der reichen Überlieferung der römischen, griechischen, ägyptischen, hebräischen, vorderasiatischen und arabischen Kultur stammten. Er stellte sie im dichterischen Kontext einer Seelenreise zusammen, wobei er darauf zu achten hatte, dass deren Schilderung auch mit der Dogmatik der Kirche übereinstimme.

Dies hinderte ihn nicht daran, bekannte verstorbene Persönlichkeiten der Geschichte und auch seiner eigenen Zeit an die Orte des Jenseits zu stellen, wo sie seiner Ansicht und ihren Taten nach hingehörten.

Schamanistische Quellen, die von Ethnologen wie Mircea Eliade erschlossen wurden, zeigen, dass den Schamanen vieler Völker, häufig durch Trommelmusik, Gesang und die rituelle Einnahme von psychotropen Pflanzen unterstützt, ein willentliches Verlassen des Körpers und damit außerkörperliche Erfahrungen möglich waren. Diese Exkursionen in das Jenseits führen sie durch viele Zwischenwelten, durch höllische und himmlische Bereiche.

In der schamanistischen Weltsicht, die erfahrungsbetont und nicht intellektuell gefiltert ist, sind die Welt des Traums, die Welt des Wachzustands, die Welt des Jenseits und die Welt, wie sie unter dem Einfluss psychotroper Pflanzen erfahren wird, alle gleichberechtigt und gleich wirklich oder unwirklich. Der Schamane als Mittler versucht, sich zwischen ihnen möglichst bewusst und makellos frei hin und her zu bewegen und in allen Bereichen wertvolle Informationen zu sammeln. Er kann Botschaften der Toten zu den Lebenden bringen und Verstorbene im Jenseits aufsuchen und ihnen eine Nachricht ihrer Verwandten bringen. Er kennt die Gefahren der Reise, kann sich schützen und weiß aus Erfahrung, dass die sichtbaren und unsichtbaren Welten und die Wesen in ihnen unendlich vielfältig sind.

•◆•

In Kunstwerken auf der ganzen Welt finden sich Schilderungen über Himmel und Höllen und über das Totengericht, und in den verschiedensten Kulturen werden sie mit einer großen Übereinstimmung der Motive und Formen dargestellt: ein klarer Beleg dafür, dass sie aus den Erinnerungen an visionär Erlebtes gewachsen sind, die im kollektiven Unbewussten einer jeden Seele abgespeichert sind. Als Ur- oder archetypische Erfahrungen des Menschen leben sie wie gute und schlechte Gedanken und die innere Instanz des Gewissens zweifellos in jeder Seele.

In der therapeutischen Dzogchen-Praxis des »äußeren Ru-shän Yeba« oder der »äußeren Unterscheidung von Samsara und Nirvana« lockern wir die Spuren der Erfahrungen von zahllosen Leben in den sechs Bereichen der Wiedergeburt, die in den Chakras unseres Feinkörpers gespeichert sind, indem wir uns vorstellen, ein Gott, ein Halbgott, ein Mensch, Tier, Hungergeist oder Höllenwesen zu sein.

Wir fühlen uns in das spezifische Denken, Fühlen und Erleben dieser Wesen ein, lassen es Gestalt annehmen, agieren es mit dem Körper, der Stimme und dem Geist aus, und die Spuren im Unterbewusstsein können dadurch aufsteigen. Wir erkennen diese Spuren in uns und reinigen sie, belichten sie durch Achtsamkeit. Im leeren Gewahrsein ruhend, erkennen wir alles Erfahrbare und Vorstellbare als vergänglichen Traum, und im Licht des Gewahrseins verlieren die verdrängt und vergessen im Unterbewusstsein abgelagerten karmischen Spuren ihre weitere Wirksamkeit.

Ergänzend werden dann in der meditativen Praxis des »inneren Rushän« die sieben Chakras in einem zweiten Durchgang mithilfe von je 100 000 Rezitationen des Mantra OM A HUM und durch gleichzeitig imaginierte Lichtstrahlen, die in aufsteigender Folge nacheinander auf jedes der Chakras gerichtet werden, von allen noch verbliebenen karmischen Spuren gereinigt.

Im *Tibetischen Totenbuch* oder *Bardo Thödröl,* »der Befreiung durch Hören der Instruktionen im Nachtodzustand«, werden fast alle vertrauten Motive der Jenseitsreise der Seele genannt und beschrieben, aber jedes von diesen wird der buddhistischen Sichtweise entsprechend als Projektion des erfahrenden Bewusstseins verstanden. Demgemäß wird der zu begleitende Verstorbene im Text immer wieder ermahnt, all diese Erlebnisse als die Archetypen und Visionen seines eigenen Geistes zu erkennen und so im Nachtodzustand befreiende Luzidität zu erlangen.

Das Totenbuch weist direkt darauf hin, dass unser wahres Wesen leeres, unzerstörbares, todloses Gewahrsein ist und seiner Natur nach frei von Erscheinungen, frei von Körper, Psyche und Bewusstsein. Es ist ein buddhistisches Werk und unterscheidet sich in seiner Sicht auf die »Dinge« der äußeren und der inneren Welt vollkommen von allen Texten und Beschreibungen des Jenseits, die den Nachtoderfahrungen und damit Gott und Teufel eine eigene, vom eigenen Geist unabhängige Wirklichkeit beimessen.

So ist zum Beispiel das *Ägyptische Totenbuch,* zu dem C. G. Jung meinte, man könne darüber »nur allzu wenig oder allzu viel sagen«, ein Reiseführer durch das »wirkliche« Jenseits; und wer die Namen der erscheinenden Gottheiten kannte und in der Einweihung all seine Inhalte bereits erlebt hatte, konnte als gut vorbereitet gelten.

Zur Erinnerung für den Verstorbenen malte man das Totengericht und andere Szenen aus dem Jenseits, das in Himmel und Unterwelt geteilt gedacht wurde, an die Wände des Grabes und beschrieb das Innere des Sarkophags mit dem, was man dann zu erinnern und zu sagen hatte, also mit dem »alle persönliche Schuld verneinenden Sündenbekenntnis«, mit Worten der Macht und mit den geheimen Namen der Gottheiten, die vor jedem Tor, das im Jenseits zu durchschreiten ist, zu nennen waren.

Um im Jenseits weiter eine menschliche Form zu behalten, wurde es als notwendig erachtet, den Leichnam möglichst lange zu erhalten und zu mumifizieren. Man wollte der Seele eine gewisse Verankerung erhalten und sie so vor Auflösung, Identitätsverlust und Vergessen bewahren. Eine wichtige Rolle spielten deshalb auch regelmäßige Opfergaben für die Verstorbenen. Die vom Körper unabhängig agierende Seele, das Ba, wurde als Vogel mit Menschenkopf dargestellt. Als Bindeglied zum physischen Körper fungierte das Ka, die Lebenskraft oder der Vitalkörper. Er umhüllt auch im Jenseits die Seele. Die Seelen mussten aber ihren alten Körper wiedererkennen können, nur so konnte der Verstorbene auferstehen und sein Leben im Jenseits fortsetzen. Alles, was man an der Leiche und an dem Körper im Grab tut, hat Auswirkung auf seinen Zustand in der Unterwelt.

Die eschatologische Vorstellung, dass an einem kollektiv erlebten Jüngsten Tag alle Menschen, die jemals auf der Erde gelebt haben und gestorben sind, aus ihren Gräbern körperlich »wiederauferstehen« und gerichtet werden, ist im Zoroastrismus bereits präfiguriert und war Teil der Heilserwartung des jüdischen Volkes. Sie wurde vom paulinischen Christentum und vom Islam übernommen und spiegelt diese etwas erdgebundene persisch-ägyptische Auffassung auch noch heute wider. Um zwei relevante Bibelstellen zu nennen: Im Buch Daniel 12, 2 heißt es: »Und die vielen, die unter der Erde schlafen, werden aufwachen, die einen zum ewigen Leben, die andern zu ewiger Schmach und Schande.« Und in Jesaja 26, 19: »Aber deine Toten werden leben, deine Leichname werden auferstehen. Wachet auf und rühmet, die ihr liegt unter der Erde! Denn ein Tau der Lichter ist dein Tau, und die Erde wird die Toten herausgeben.«

Als oft wiederholte »Glaubenswahrheiten« sind diese Auffassungen allgemein und scheinbar unerlässlich geworden. »Ich glaube an die Auferstehung der Toten« ist Teil des offiziellen »Credos« beider christlichen Kirchen. Sie sind Teil der Heilserwartung und haben in der Folge, kombiniert mit dem Glauben, dass wir nur einmal leben, kuriose Erklärungsversuche und Deutungen wie die eines »Seelenschlafs« im Jenseits bis hin zur körperlichen Auferstehung aus den Gräbern am Ende der Zeiten oder auch den »Mortalismus« und die »Ganztod-Theorie« in der evangelisch-protestantischen Theologie hervorgebracht. Davon abweichend unterscheiden die römisch-katholische und die orthodoxe Theologie ein kollektives, endzeitliches Gericht von einem »Partikulargericht«. Dieses gehört in katholischer Sicht zu den sogenannten vier letzten Dingen, nämlich Tod, Gericht, Himmel und Hölle.

Der offizielle Katechismus der katholischen Kirche lehrt hierzu: »Jeder Mensch empfängt im Moment des Todes in seiner Seele die ewige Vergeltung. Dies geschieht in einem besonderen Gericht, das sein Leben auf Christus bezieht – entweder durch eine Läuterung hindurch oder indem er unmittelbar in die himmlische Seligkeit eintritt oder indem er sich selbst sogleich für immer verdammt.«

Lasst uns zu dieser Lehrmeinung hier nur anmerken, dass es, zu unserem Glück, nichts Erfahrbares gibt, das für immer und ewig bestehen bleibt.

•◆•

Über Platon und seine Lehren zu unserem Thema haben wir bereits in einem eigenen Kapitel gesprochen. Er war, wie sein Mentor Sokrates, in die Mysterien eingeweiht und hat uns Wesentliches über deren Hintergründe und Lehren berichtet. Diese Kulte waren im gräkoägyptischen und später im römischen Kulturraum weitverbreitet und boten eine ritualisierte Einführung in die Erfahrung des Sterbens und in jene des Jenseits. Als solche waren sie das Herz der damaligen Religion, denn sie ermöglichten eine direkte Erfahrung der Glaubensinhalte, und es ist bezeugt, dass fast jeder Initiierter daraus verwandelt und mit einer positiven Gewissheit über sein Weiterleben nach dem Tode des Körpers hervorging.

So lesen wir bei Cicero: »Unter den vielen exzellenten und göttlichen Einrichtungen, die Athen hervorgebracht habe, ist keine besser als die Mysterien, denn durch sie wurde unser grobes, ungezügeltes Leben erst verfeinert, und in sie ›initiiert‹, erkannten wir den Anfang des Lebens und erwarben die Fähigkeit, nicht nur glücklich zu leben, sondern auch mit froher Zuversicht einst zu sterben.«

Das altgriechische Wort für »Initiation« ist *mýesis,* und es wird abgeleitet vom Verbum *myeîn,* was »schließen« bedeutet. Es bezieht sich einerseits auf ein Sich-Isolieren, ein In-«Klausur«-Gehen und andererseits auf das Schließen der Augen für die äußere Welt, um in der Dunkelheit dann fähig zu werden, die Visionen des inneren Lichts zu schauen. *Myeîn* bezieht sich auch darauf, die Lippen geschlossen zu halten, denn ein Schweigegelübde war während der Klausur zu befolgen. Außerdem hatten sich alle Eingeweihten zu verpflichten, mit Außenstehenden niemals über das Erfahrene zu sprechen.

Der Platoniker und Universalgelehrte Plutarch schrieb: »Die Seele geht im Sterben durch dieselben Erfahrungen, wie sie die Initiierten während der Mysterien erlebten. Eingeweiht werden bedeutet ›telentai‹, also ›sterben‹, und ›telestai‹ bedeutet ›eingeweiht sein‹.« Er bekannte sich zur platonischen Lehre der Seelenwanderung und damit zur Auffassung, dass die Seele sowohl in menschlichen als auch in tierischen Körpern Wohnung nehmen kann, und hatte die Vorstellung, dass die Seelen nach dem Tod zum Mond aufsteigen und in dessen Umkreis verbleiben, bis sie sich wiederverkörpern – die vom Physischen und Psychischen geläuterten, trockenen Seelen aber können zur Sonne als ihrer geistigen Heimat zurückkehren – eine Anschauung, die viel früher in den indischen *Vedas* formuliert wurde.

Die orphischen, eleusinischen, dionysischen, mithraeischen und phythagoreischen Mysterien waren wie ihre ägyptischen Vorbilder höchst ritualisierte Einweihungen, in denen im exoterischen Teil der Mythos der spezifischen Gottheit des Kults in Szene gesetzt wurde und eine Erneuerung und Katharsis der Teilnehmenden, ähnlich wie bei einem Gottesdienst, im Zentrum stand. Im geheimen Teil aber sollte das Sterben, der Abstieg in die Unterwelt, das Totengericht als Resümee der eigenen heilsamen und unheilsamen Handlungen, die Begegnung mit dem eigenen göttlichen Dämon und seinem dämonischen Widersacher und die Begegnung mit den archetypischen Gottheiten, von weisen Seelenführern geleitet, als Psychodrama und persönliches visionäres Erleben im Voraus erlebbar gemacht werden.

•–••

Zu einer intensiven, der Katharsis, der Reinigung von Körper und Geist gewidmeten Vorbereitungsphase der Initianden gehörten ein Lebensrückblick, Fasten, Beten und Wachen. Es folgten ein Sündenbekenntnis und eine rituelle Reinigung oder Taufe durch Wasser. Als Nächstes wurde der Proband mit Beleidigungen, Spott und Schlägen überschüttet, um seine Geduld im Ertragen aller Unbill zu prüfen. Dann wurde er mit jeder Art von furchterregenden Erscheinungen und Tönen, wie sie im Schlangenhaupt der Medusa angedeutet sind und lebendig durch Musiker und Maskenträger et cetera aufgeführt wurden, konfrontiert, wiederum um seine geistige Stabilität und seinen Mut zu prüfen. Wenn er diese Prüfungen des »Hüters der Schwelle« nicht bestand, wurde ihm eine tiefere Einweihung versagt. Wenn ja, konnte er über die Schwelle treten. Nach einem Totengericht und einem symbolischen Tod, einer Zerstückelung des alten Menschen und einer Zeit der Deprivation in der dunklen Kammer des Grabes war der Weg in die höheren Sphären frei, und als in die geistige Welt Neugeborene war die

Seele dann, wie es im *Phaidros* heißt, »befähigt und geweiht für makellose, klare, beharrende und selige Gesichte in reinem Lichte«.

Die Begegnung mit dem eigenen inneren Licht in der völligen Dunkelheit und Stille im Inneren der Erde, in der innersten Kammer der Pyramide oder später des Mithraeums, konnten dem für diese Einweihung als reif und würdig befundenen Neophyten zu einer unerschütterlichen Gewissheit über das Sterben und das Wesen der Erlebnisse im Hades des Postmortem verhelfen, wie sie nur unmittelbare Erfahrung geben kann. Aus dem Schoß der Erde ging er dann als in der geistigen Welt Wiedergeborener und als in die göttlichen Geheimnisse Eingeweihter in die Welt zurück. Den Teilnehmern war völlige Geheimhaltung des Ritus und der dort erhaltenen Belehrungen auferlegt, sodass nur Andeutungen des Procedere des Rituals auf uns gekommen sind. Ein Erleben der wesentlichen Aspekte der antiken Mysterien ist aber auch heute wieder möglich, weil diese im tibetischen Buddhismus bewahrt wurden.

Wenn jemand in die geheimen Praktiken des Dzogchen wie die Bardo-Klausur in völliger Dunkelheit eingeweiht ist und Gelegenheit hatte, einige Tage oder Wochen in einer solchen Klausur zu verbringen, so weiß er oder sie, wie sehr die Begegnung mit dem eigenen inneren Licht die Entwicklung von Luzidität im Träumen und Wachen fördern kann. Die Bardo-Klausur ist deshalb für uns die wichtigste und effektivste Vorbereitung auf das Sterben, und wenn möglich, versuchen wir jedes Jahr, ein paar Wochen dieser Praxis zu widmen.

9

Erlebnisberichte von Todesnähe und außerkörperlicher Erfahrung

*Das ist die beste und trockene Seele, die wie
ein Blitz aus der Wolke dem Körper enteilt.*
HERAKLIT

*Die Seelen wechseln ihre Körper und verkörpern sich
bald in dieser, bald in jener Form, und wenn sie können,
treten sie aus dem Bereich des Werdens heraus und
bleiben vereint mit der Weltseele.*
PLOTIN

*Der Tod ist nur eine Erfahrung, durch die du eine
große Lektion lernen sollst: Du kannst nicht sterben.*
PARAMAHAMSA YOGANANDA

*Befrei dich von der Anhaftung an den Körper und
überwinde den Dämon der Ichsucht. Aus dem Tor
der Fontanelle tretend, wird dein Geist eins
mit dem Raum, und der Dämon des Todes ist besiegt.*
JIGMED LINGPA

Wir stellten schon mit Freude fest, dass Berichte über »Nahtod-« und »außerkörperliche Erfahrung« (NTE und AKE) offensichtlich so häufig sind oder so häufig besprochen werden, dass inzwischen Abkürzungen dafür verwendet werden, und tatsächlich ist die Anzahl übereinstimmender Erfahrungen beeindruckend.

Nach einem Umriss der verschiedenen Quellen der Thanatologie wollen wir uns nun der wichtigsten, primären und stetig fließenden Quelle dieses Erfahrungsschatzes zuwenden, also den vielen Zeugnissen von Menschen, die dem Tod nahe waren, die im Koma lagen und den physischen Körper zeitweise verlassen haben.

Es gab zu jeder Zeit in der Geschichte Fälle, in denen Menschen krank oder verletzt waren, im Fieber lagen oder für mehrere Tage oder Wochen scheintot, also ganz, als ob sie tot wären, auf ihrem Bett lagen und dann doch genesen und wieder ins Leben zurückgekehrt sind. Am berühmtesten ist wohl »Die Erzählung des Er«, die in der *Politeia* wiedergegeben wird. An der Bedeutung, die Platon dieser Erzählung und ihrem visionären und moralischen Gehalt beimisst, können wir verstehen, wie diese unmittelbaren, spontanen Erfahrungen in jeder Kultur und zu jeder Zeit ihr geistiges Umfeld mit frischen Einsichten in die geistige Welt und ihre Gesetze bereicherten.

In Tibet wurden solche, aus dem Jenseits zurückgekehrte Männer und Frauen »Delog« genannt, und viele von ihnen wurden nach ihrem Schlüsselerlebnis zu hochgeachteten Lehrern.

Von der tiefgehenden Metanoia, von der heilsamen Verwandlung und den ganzen Menschen ergreifenden Selbsterkenntnis, die eine nahe Erfahrung des Todes, ein zeitweises Hinübergehen über die Schwelle und Verlassen des physischen Körpers in der menschlichen Psyche bewirken kann, wird uns heutzutage bekanntlich von immer mehr mit den Mitteln der modernen Medizin reanimierten oder aus einem Koma zurückgeholten Patienten berichtet. Wir dürfen uns glücklich schätzen, dass uns hier durch den Fortschritt in der Medizin so viele Menschen geschenkt werden, die, selbst durch ihr Erlebnis verwandelt, zu einer Wandlung im öffentlichen Bewusstsein beitragen können, einfach indem sie furchtlos Zeugnis ablegen von dem, was sie erfahren haben, was sie erlebt haben bei der Loslösung vom Körper und welcher Art ihre Erfahrungen und Wahrnehmungen außerhalb des Körpers waren. Die bahnbrechenden Arbeiten von Moody, Sabom und Osis seien hier genannt und empfohlen, weil sie als Bücher verfügbar und aus vielen Interviews mit reanimierten Patienten und aus systematischen Befragungen von Schwestern und Pflegern, die Sterbende bis zuletzt begleiteten, hervorgegangen sind. Durch die weltweit stark angewachsene Zahl von Reanimationen kommen fast täglich neue Berichte hinzu, und inzwischen gibt es sogar Internet-Foren, in denen Reanimierte ihre Nahtoderfahrung veröffentlichen und sich darüber austauschen können.

Dank zahlloser Zeugnisse persönlicher Erfahrung ist mittlerweile belegt, dass unser Bewusstsein seiner Natur nach unabhängig vom Körper ist und, während dieser in tiefer Betäubung oder im Koma liegt, nicht nur diesen verletzten, geschundenen Körper sehen, sondern auch alle Personen und Einzelheiten im Raum hören, sehen und mit einer gesteigerten Präzision und erweiterter Bewusstheit wahrnehmen, verstehen und sich später auch daran erinnern kann. Die Gedanken und Gespräche der Ärzte und des Pflegepersonals konnten trotz körperlicher Bewusstlosigkeit und Totalanästhesie, wobei manchmal keine Gehirnstromkurven mehr messbar waren, wahrgenommen und nach der Wiederbelebung sehr genau erinnert und verifiziert werden.

•◆•

Viele Berichte sprechen davon, dass sich das Bewusstsein des Verunglückten oder des Patienten plötzlich außerhalb, meist oberhalb des Körpers befand und auf diesen und die Szene des Unfalls oder der Operation herabblickte. Gehörlose oder blinde Menschen erzählten, dass sie dann wieder hören und sehen konnten. Es gibt Patienten, die berichten, dass ihr Bewusstsein wie ein Punkt oder ein kleiner Ball aus Licht war, von dem aus sie gleichzeitig in alle Richtungen schauen konnten. Beim Verlassen des Körpers war es den Betroffenen oft, als würden sie in rasend schnellem Flug durch eine enge, dunkle Tunnelröhre aufsteigen oder hinaufgezogen werden, an deren Ende und Ausgang sie ein immer größer werdendes Licht erwartete, in das sie dann hinaustraten.

Außerhalb des Körpers haben manche Betroffene das Gefühl, nur Bewusstsein oder etwas ganz Kleines zu sein – wie ein Punkt, der aber mit allen Sinnen ausgestattet ist. Andere meinen, einen Körper zu haben, der aber anders als der physische Körper ist. Er gleicht eher unserem Körper im Traum. Körperlos oder mit Körper erfährt der Betroffene, dass er mit seinem Bewusstsein in einem Augenblick an dem Ort ist, an den er denkt. Unser feinstofflicher Körper, der sogenannte Traum- oder Illusionskörper, ist keineswegs festgelegt, sondern erscheint so, wie er vorgestellt wird. Ist der Geist von allen Gedanken, Gewohnheiten und Erinnerungen gereinigt, so ist auch sein Körper gestaltlos und von allen Formen frei.

Der Verstorbene oder der Mensch, der den physischen Körper temporär verlassen hat, macht die Erfahrung, dass er durch Gegenstände hindurchgreift und sie nicht fassen kann. Durch massive Wände und geschlossene Türen kann er einfach hindurchgehen. Dem Betroffenen ist bewusst, dass er nun außerhalb des Körpers, also eigentlich tot ist, und er stellt mit Verwunderung fest, trotzdem am Leben zu sein.

Während er außerhalb des Körpers ist, gelingt es dem Patienten nicht, mit seinem feinstofflichen, imaginierten Körper die anwesenden lebenden Personen zu berühren und so auf sich aufmerksam zu machen. Er greift einfach durch deren Körper hindurch. Auch seine Worte werden von diesen nicht gehört. Verstorbene können aber auf elektrische Geräte und Lampen oder auf Uhren telekinetisch Einfluss nehmen und machen sich post mortem sehr häufig so bemerkbar. Ich habe dies selbst erlebt, denn mein kurz vorher verstorbener Vater meldete sich, indem er zweimal die Stereoanlage und das Licht aus- und einschaltete, und auch meine Mutter machte auf sich aufmerksam. Unvergesslich ist mir eine Szene, die sich vier Tage nach ihrem Tod ereignete. Ich saß gemeinsam mit meinem Bruder und drei seiner damals noch kleinen Kinder am Tisch im Speisezimmer meiner Mutter beim Kaffee, und zwar auf dem Stuhl, auf dem sie sonst immer zu sitzen pflegte. Ich erzählte den Enkeln gerade, ihre Großmutter habe zwar im Tod ihren Körper verlassen, sei aber wohl sogar gerade jetzt mit uns, als die brennende Glühbirne aus der mittig über dem Tisch hängenden Lampe herausgerissen wurde und in schrägem Winkel, wie ein Geschoss, direkt in meine gefüllte Kaffeetasse flog. Es stellte sich bei näherem Hinsehen heraus, dass es nur der noch intakte Glaskörper der Glühbirne war, während sich das metallene Schraubgewinde mit dem Leuchtfaden noch in der Lampenfassung befand. Ein eigentlich unmöglicher Vorgang.

Die Leiden und Schmerzen des Körpers und die Angst vor dem Tod sind vergangen und existieren nicht mehr. Ex corpore fühlt sich der Geist erleichtert und entspannt. Alle Schwere des Körpers ist abgefallen, und die vom Körper befreite Seele erlebt den Berichten nach ein Gefühl von Glück und Harmonie, von Frieden und völliger Gelassenheit, wie sie es noch nie erlebt hat. Nur in sehr wenigen Fällen wird von furchterregenden Erfahrungen berichtet.

Viele Nahtoderfahrene, auch Menschen, die fast ertrunken wären, und abgestürzte Bergsteiger erzählen von einer in Augenblicken ablaufenden Lebensrückschau, in der vom Jetzt bis zurück in die Kindheit alle Szenen von Wichtigkeit wieder erlebt werden, als ob ein Film ganz schnell rückwärts abliefe. Die Worte versagen hier und können dieses Sehen und Verstehen aller Details des gelebten Lebens im ewigen Augenblick, im Licht unserer eigenen Buddha-Natur, im Licht allumfassender Liebe, Einheit und Weisheit, nicht ausdrücken.

»Blick in den Spiegel deines Karma«, so heißt es im *Tibetischen Totenbuch*. Kein strafender Richter ist für dieses Totengericht oder unerbittlich klare Resümee des eigenen Lebens nötig – auch wenn es der Seele szenisch so erscheinen mag. Man kann andere belügen, aber nicht sich selbst; denn alle Handlungen sind ja abgespeichert worden in der eigenen Erinnerung, und unser höheres Selbst ist der Standard, an dem sie nun gemessen werden. Was davon hat unserer göttlichen Natur entsprochen und was nicht? Im Licht ihres wahren Wesens sieht nun die Seele all ihre Handlungen und spürt, plötzlich mit erweitertem Bewusstsein, mit Weisheit und Mitgefühl begabt, nun auch alle Wirkungen, die diese auf alle daran Beteiligten hatten. Zu dieser Zeit erfährt die Seele in sich selbst, am eigenen Leibe – denn der Gefühlskörper stirbt nicht –, was von diesen Taten heilsam war und was nicht.

Hier nun wird der Seele oder dem Geist deutlich, was eigentlich wichtig ist im Leben. Dass es auf die Motivation ankommt, mit der man etwas getan oder unterlassen hat, und ob diese eigennützig oder altruistisch, ob sie selbstsüchtig oder selbstlos war. Nun ist klar, dass alle irdischen Ziele und der Besitz von Ruhm, Macht oder Geld nichts bedeuten, ja dass sie die Seele eher vom Weg abgebracht und zu eigennützigen Handlungen und zum Anhaften geführt haben. Nur was wir an Verständnis und Weisheit erworben und von Liebe motiviert getan haben, zählt.

In dieser erweiterten Bewusstheit können auch mehrere frühere Leben und ihre Charakteristika gesehen werden, und die Seele versteht daraus innerste Zusammenhänge. Sie bewundert die völlige Präzision des Wirkens von Karma, und sie preist spontan die unfehlbare, göttliche Gerechtigkeit. Manchmal wird auch ein Blick in das weitere Leben und seine Entwicklungsmöglichkeiten oder in zukünftige Leben gestattet.

Je nachdem, woran sie denkt, erfährt die Seele schauend, was bei ihrem bewusstlos liegenden Körper geschieht, oder ihre Aufmerksamkeit wendet sich mehr der jenseitigen Welt zu.

Sehr häufig wird berichtet, dass ihr nach dem Verlassen des Körpers »auf der anderen Seite« unbekannte, leuchtende Wesen entgegenkommen, mit denen eine völlig angstfreie telepathische Unterhaltung möglich ist und die äußerst liebevoll den Neuankömmling willkommen heißen und ihn über seine veränderte Situation instruieren. Diese Wesen, die oft zu zweit auftreten, entsprechen dem klassischen Topos von Seelenführern. Sie erscheinen am Sterbebett, um den Sterbenden »abzuholen«. Nach der kulturübergreifenden Feldstudie von Karlis Osis und Erlendur Haraldsson ist dies in West und Ost eine äußerst häufige Vision kurz vor dem sicheren Tod.

Oft kommt es hier zu einem als freudig beschriebenen Wiedersehen mit bereits verstorbenen Angehörigen oder Freunden, wobei diese dann die liebevolle Begrüßung und die Einführung in die neue Erfahrungswelt übernehmen. Interessanterweise sind die hierbei erscheinenden Personen immer bereits verstorben. Bei einem Autounfall, bei dem die ganze Familie verunglückte und das bewusstlose Kind im Koma gar nicht wissen konnte, dass die Eltern noch leben, würde man, wenn es eine Wunschvorstellung wäre, am ehesten erwarten, dass das Kind seine Eltern sähe. Doch das ist nicht so, wenn die Eltern noch nicht verstorben sind. Das bestätigte sich in vielen Fällen von reanimierten Kindern, und auch Erwachsene sehen im Koma nur bereits verstorbene Personen.

Die interviewten Kinder berichteten oft, dass sie auf wunderbaren, von innen leuchtenden Blumenwiesen eine liebevolle Wesenheit oder die Großmutter getroffen haben, die mit ihnen spielte und ihnen erklärte, wo sie sind und warum sie besser wieder zu ihrem Körper und ins Leben zurückkehren sollten. Viele »Zurückgekehrte« berichten von wunderschönen Landschaften und Gebäuden und Städten aus Licht und dass sie überaus schöne Musik wie Glocken- oder Sphärenklänge gehört haben.

Sehr häufig wird übereinstimmend von der Begegnung mit einem strahlend hellen Licht erzählt, einem Licht, das nicht blendet, einem geistigen Licht, das lebendig und wesentlich eine unbeschreibliche, übermenschliche Liebe und eine alles verstehende Weisheit ausstrahlt. Ein Lichtwesen, das auf die eigenen innersten Gedanken reagiert und antwortet, das tröstet und erleuchtende Klarheit schenkt, in dessen Gegenwart alle Angst und Sorge vergessen sind und ein so tiefer Friede und ein solches Gefühl von Geborgenheit entsteht, dass man sich ihm völlig überlassen und öffnen möchte, da man in seiner Aura spürt, so vollkommen geliebt und angenommen zu sein, wie man es noch nie erlebt hat. Man fühlt sich angenommen, genau so, wie man ist. Dieses Wesen kennt keinen Akt des Verzeihens, denn es ist Licht, bedingungslose Liebe und alles verstehende Weisheit. Es wird je nach Glaubenssystem offensichtlich verschieden interpretiert. Für die einen ist es eine hoch entwickelte geistige Wesenheit, für die anderen war es der Gott oder Heiland und Avatar ihrer Religion. Bemerkenswert ist, dass sich das Wesen selbst in den meisten Fällen nicht als Jesus, Buddha, Krishna oder Gott bezeichnet hat. In buddhistischer Sicht ist es unsere eigene Buddha-Natur, unser eigener Dharmakaya, dem wir hier begegnen.

In der geistigen, wortlosen Kommunikation mit dem Licht oder dem Lichtwesen werden die tiefsten Fragen der Seele wach und gleichzeitig vom Innersten her spontan beantwortet. Eingetaucht in das klare Licht der Wirklichkeit, werden Zusammenhänge des Wirkens von Karma und Wiedergeburt klar. Tiefe Intuitionen von einer vollkommenen Ordnung im Universum, von ausgleichender Gerechtigkeit und von der Einheit aller Dinge und der geistigen Verbundenheit aller Wesen werden erfahren. Leider wird vieles von dieser Fülle der Wahrheitsschau, so bedauerten viele der Zurückgekehrten, mit dem Eintauchen in den Körper vergessen.

Als Resümee nehmen die meisten mit, dass der Sinn des Lebens darin besteht, sich von früherem Karma zu reinigen, möglichst kein unheilsames Karma mehr zu erzeugen und stattdessen möglichst viel gutes Karma anzuhäufen. Sie erkennen, dass das Wichtigste im Leben bedingungslose Liebe, Dienst am Nächsten, Selbstlosigkeit und das Gewinnen von Weisheit durch bereitwilliges Lernen aller Lektionen des Lebens und durch Meditation und Schulung des eigenen Geistes ist.

•–•–•

Abbildung 3: Der Tunnel und das klare Licht (Hieronymus Bosch)

Die Betroffenen berichten auch oft davon, dass sie an eine symbolische Grenze – wie einen Zaun, eine Mauer, eine Brücke oder einen Fluss – gekommen sind und von den liebevollen Wesen oder Verwandten darauf aufmerksam gemacht wurden, dass deren Überschreitung den endgültigen Tod ihres physischen Körpers bedeuten würde und eine Rückkehr damit ausgeschlossen sei.

·—·

Interessanterweise wollen die meisten Seelen, weil sie sich niemals wohler gefühlt haben als im Jenseits, gar nicht mehr in den materiellen Körper zurückkehren. Oft berichten sie darüber, dass ihnen von den oder dem liebevollen Wesen klar gesagt wurde, ihre Zeit sei noch nicht gekommen und sie hätten noch eine Aufgabe auf der Erde zu erfüllen. Diese Aufgabe wird ihnen manchmal in kurzen, bedeutsamen Szenen vor Augen geführt, um sie zu überzeugen. Es gibt auch Fälle, in denen es freigestellt wurde, zurückzukehren oder nicht, und sich die Befragten selbst dazu entschlossen haben. Manche Seelen erhalten den Auftrag, ihren Mitmenschen über das frei vom materiellen Körper Erlebte zu berichten, um ihren Glauben zu stärken und ihnen die Angst vor dem Tod zu nehmen.

Bei der Rückkehr in den Körper ist es, als ob die Seele in einen schnell wirbelnden Strudel hinabgezogen würde, und Missempfindungen von Kälte, Enge und Schwere werden beschrieben. Im Fall einer Verletzung sind nun die körperlichen Schmerzen wieder da, und wegen des starken Kontrastes zum vorher Erlebten bleibt oft ein Gefühl des Hinausgestoßenseins, ein Gefühl von Enttäuschung und Nostalgie zurück.

Viele sind erst durch eine Nahtoderfahrung zu Spiritualität und spiritueller Praxis gekommen, und die gewonnenen Einsichten haben ihr ganzes Leben positiv verändert. Sie haben keine Zweifel mehr daran, dass sie nach dem Tod weiterleben werden, und auch ihr Glaube an Gott oder eine höchste geistige Wirklichkeit ist nachhaltig gestärkt. Karma und Wiedergeburt verstehen sie nun aus eigener Erfahrung, auch wenn sie vorher nicht daran geglaubt haben, und die meisten verlieren jede Angst vor dem Tod. In einigen Fällen waren nach der NTE übersinnliche Fähigkeiten wie Gedankenlesen oder Klarträume, auch spontane AKEs zu beobachten.

Die hier zusammengestellten Elemente von Nahtoderfahrung werden natürlich nicht alle von jeder Person erfahren, und auch die Reihenfolge, in der sie erlebt werden, ist nicht festgelegt. Es sind aber Grundelemente der außerkörperlichen Erfahrung, die in großer Übereinstimmung von sehr vielen reanimierten Menschen so erlebt wurden und werden.

·•·

Ich möchte hier noch drei beispielhafte Berichte von Nahtoderfahrungen wiedergeben. Der erste stammt aus der Antike und der zweite und der dritte aus neuerer Zeit.

Wir beginnen mit dem außerkörperlichen Erlebnis des »Er«, das Sokrates am Ende von Platons *Politeia* erzählt. Die Erzählung gibt eine ausführliche Schilderung der Geschehnisse im Jenseits und des feinstofflichen Kosmos, die das religiöse, philosophische und wissenschaftliche Denken für viele Jahrhunderte stark beeinflusst hat. Nur weil der Krieger Er, den Sokrates zu Beginn einen wahren Heroen nennt, nicht von den Wassern des Flusses Lethe getrunken hat, konnte er uns diesen Bericht seiner Jenseitserfahrungen mitteilen, so heißt es.

Ich gebe hier meine Zusammenfassung der Textstelle, die ich, wie auch das Höhlengleichnis, aus der englischen Fassung der *Politeia* von Benjamin Jowett übernommen habe.

Sokrates sprach: »Der Er, Sohn des Armenius aus dem Geschlecht der Pamphylier, wurde in einer Schlacht erschlagen, in der viele Krieger starben. Zwölf Tage später wurde sein scheintoter Körper auf den Scheiterhaufen gelegt, um verbrannt zu werden, aber da erwachte er aus dem Koma und berichtete, was er im Jenseits erlebt hatte.

Er erzählte davon, dass er seinen Körper verlassen hatte und mit einer großen Gesellschaft von Menschen auf eine Reise ging. Sie kamen bald zu einem ungewöhnlichen Ort, wo sie vier offene Tore sahen, zwei davon führten in die Erde und die anderen zwei darüber in den Himmel. Zwischen diesen saßen mehrere Richter, welche den Gerechten, nachdem sie diesen ihr Urteil verkündet hatten, den Weg zu ihrer Rechten zum Himmel wiesen. Die Ungerechten aber hatten zu ihrer Linken nach Erhalt des Urteils in die Tiefe zu steigen. Auf ihrem Rücken waren Darstellungen ihrer Taten befestigt.

Als Er selbst an die Reihe kam, wurde er zur Seite genommen, und es wurde ihm gesagt, er solle sich alles Gesehene und Gehörte gut einprägen, denn ihm wäre es bestimmt, zurückzukehren und den Menschen Botschaft zu bringen vom Jenseits.

Und er sah, wie die Seelen in den Eingängen zu Himmel oder Hades verschwanden, andere aber kamen aus dem Himmelsausgang rein und leuchtend heraus, und wieder andere stiegen staubbedeckt aus dem Tor der Unterwelt herauf. Beide schienen eine lange Reise hinter sich zu haben, und sie trafen sich auf einer Ebene, wo sie sich freudig lagerten; und die, die sich von früher kannten, umarmten sich und befragten einander neugierig, was die einen im Himmel und die anderen im Hades erlebt hatten. Die der Unterwelt Entstiegenen weinten und klagten bei der Erinnerung an das Erlittene, wo sie tausend Jahre geschmachtet hatten, und die von oben kamen, beschrieben die himmlischen Freuden und Visionen. Zu lange würde es dauern, alles zu erzählen, aber sie erzählten sich ungefähr das Folgende.

Für alles Schlechte, das sie einem Menschen angetan, mussten sie das Zehnfache erleiden. Wenn jemand zum Beispiel den Tod von vielen Menschen verursacht oder ganze Städte verraten und versklavt oder sich mit anderem bösen Verhalten schuldig gemacht hatte, so wurde jedes seiner Vergehen mit zehnfachem Leid bestraft. Doch auch die Belohnungen für heilsames Handeln, für Gerechtigkeit und Heiligkeit wurden verzehnfacht.

Ein Geist fragte nach dem Schicksal von Ardiaeus, dem Großen, einem Tyrannen, der Vater und Bruder und viele andere ermordet hatte und der tausend Jahre vor Er gelebt hatte, und ein Geist sprach: Dieser kommt wohl niemals mehr heraus, wir sahen ihn und andere große Verbrecher, als sie heraufsteigen wollten, aber wilde Männer von schrecklichem Aussehen banden sie mit Stricken und zerrten sie an Hals und Füßen gebunden wieder hinab. Sie schlugen sie mit Peitschen und warfen sie in Haufen aus Dornen und verkündeten ihre Missetaten. Diese Schreie der Verdammten waren das Schrecklichste, das sie im Hades gehört hatten, so sagten sie. Das waren also die Strafen und die Belohnungen, von denen mir berichtet wurde.

Nach sieben Tagen auf dieser weiten Ebene mussten alle Geister am achten weiterziehen, und sie kamen an einen Ort, an dem sie eine Säule aus Licht sahen, die aus der Tiefe der Erde bis in die höchsten Himmel reichte; und sie hatte die Farben des Regenbogens, nur leuchtender und reiner. Nach einem weiteren Tag der Reise erreichten sie die Säule, und sie sahen, dass von dieser Lichtsäule himmlische Ketten mit Lichtern in allen Richtungen herabhingen. Diese Lichter bewegen sich wie ein Gürtel des Himmels und halten den Kreis des Universums zusammen, und die Enden der Ketten schwingen mit der Drehung der ›Spindel der Notwendigkeit‹.

Diese Spindel aus Licht ist hohl, und in ihr sind sieben weitere Sphären. Diese acht Gefäße ruhen und kreisen ineinander. Es sind dies die sieben Planetenhimmel, wo man Geburt nehmen kann, dem eigenen Horoskop und Schicksal entsprechend.

Auf jeder Sphäre sitzt eine Sirene, und ihr Gesang, zusammen tönend mit den Stimmen der anderen, formt die vollkommene Musik der Sphären. An den Seiten thronen in regelmäßigen Abständen die Moiren, die Schicksalsgöttinnen, die Töchter der Göttin der Notwendigkeit sind. Sie sind in weiße Roben gekleidet und tragen Kronen. Ihr Gesang begleitet den der Sirenen, wobei Lachesis von der Vergangenheit, Clotho von der Gegenwart und Atropos von der Zukunft einer jeden Seele singt. Es ist Clotho, die den Faden eines jeden Lebens spinnt, Lachesis bestimmt seine Länge und Atropos schneidet ihn am Ende ab. Mit ihren Händen aber treiben sie ab und zu die Kreisel der Sphären an.

Als der Krieger Er und die Geister dort ankamen, mussten sie zuerst zu Lachesis gehen. Dann kam ein weissagender Geist und brachte Ordnung in ihre Reihen. Als Nächstes nahm dieser aus dem Schoß der Lachesis Beispiele und Lose von verschiedenen Leben und verkündete dann das Folgende: ›Ihr Seelen der Sterblichen, seht nun den Kreis, den Anfang und das Ende eines Lebens. Der Genius aber, der euch zugeordnet ist, wird euch auch in diesem neuen Leben begleiten. Lasst den, der das erste Los zieht, auch das erste Leben wählen, das dann sein Schicksal werden wird. Frei kann jeder die Tugend wählen, und sie ehrend oder nicht ehrend, besitzt ein jeder sie mehr oder weniger. Die Verantwortung liegt in eurer Wahl, Gott aber ist in jedem Fall gerecht.‹ Nachdem er so gesprochen, streute er wahllos Lose unter ihnen aus, und jeder nahm das, das ihm zugefallen, und las die Nummer darauf. Alle außer dem Er, denn ihm war es nicht erlaubt.

Dann legte der Geist vor sie auf den Boden die Pläne verschiedener Leben, und sie waren von vielfältigster Art. Es waren ihrer mehr als die Zahl der Anwesenden. Es gab jede Art von Tier- und Menschenleben und von verschiedenster Qualität. Es gab Leben als Herrscher, manche in hohem Alter, andere in frühen Jahren oder in Exil, Armut und als Bettler endend. Und es gab Leben berühmter Männer und Frauen, manche für ihre Schönheit, ihre Stärke oder ihren Erfolg bekannt. Und wieder andere waren für ihre Geburt und die Qualitäten ihrer Ahnen berühmt. Dies traf auch für schlechte Eigenschaften zu. Nichts davon aber war festgelegt, weil die Seele durch neues Leben fähig werden soll, sich zu verändern. Die Leben hatten jede Art von Qualitäten und Mischungsverhältnisse von Reichtum und Armut, von Krankheit und Gesundheit, und es gab viele heilsame und unheilsame Aspekte in ihnen. Hier, mein lieber Glaukon, vor der Wahl eines Lebens, ist man in großer Gefahr und sollte folglich sehr achtsam sein. Ein jeder lasse deshalb von unnötigem Lernen ab und sammle sich einzig darauf, nur eines zu suchen und zu lernen – und glücklich jener, der jemanden findet, der ihn lehren und befähigen kann, Gutes und Böses zu unterscheiden. Dann kann er nämlich immer und überall das bessere Leben wählen.

Er sollte all die Dinge bedenken, die hier im Einzelfall und im Allgemeinen über Tugend gesagt wurde. Er sollte wissen, welchen Effekt die Schönheit hat, wenn sie mit Armut oder Reichtum in einem Leben gepaart ist, und was die guten und schlechten Konsequenzen einer adligen oder niedrigen Geburt sind. Was die Folgen einer privaten oder prominenten Lebensstellung, von Schwäche oder Stärke und von Klugheit oder Dummheit sind und von anderen Bedingungen, in denen eine Seele sich finden kann. Durch die Beobachtung all dieser Qualitäten wird die Seele zur Erkenntnis des Besseren und des Schlechteren kommen, und ein unheilsames Leben, das angenehm verläuft, wird sie als das schlechtere bezeichnen und ein heilsames Leben, das sie gut macht und gerecht, als das bessere. Und alles andere wird sie nicht beachten, denn wir haben gesehen und wissen, dass dies die beste Wahl ist im Leben und auch nach dem Tod.

Möge die Seele in die Welt herabsteigen, mit unerschütterlichem Vertrauen in die Wahrheit und Gerechtigkeit gerüstet, um von dem Begehren nach Reichtum und den Verführungen zum Schlechten nicht verblendet zu werden. Falls ihr das fehlt, kann sie durch Machtspiele, Intrige und Brutalität nicht wiedergutzumachenden Schaden für sich selbst und andere anrichten. Möge jede Seele den rechten Weg erkennen und die Extreme beider Seiten vermeiden, nicht nur in diesem Leben, sondern in allen, die noch kommen werden, denn darin besteht ja der Weg zum Glück.

Und das war die Botschaft des Er, dieses Boten aus der jenseitigen Welt, der weiter die Worte des Propheten hörte: Sogar der zuletzt Gekommene, wenn er weise wählt und achtsam lebt, wird eine glückliche Existenz erhalten. Lasst ihn, der zuerst wählt, nicht achtlos sein, und möge der Letzte nicht die Hoffnung aufgeben.

Als er dies gesprochen hatte, trat der, welcher die erste Wahl hatte, vor und griff sofort nach der größten Macht, sein Geist von Verrücktheit und Sinnlichkeit verdunkelt. Er hatte sich das Ganze nicht gut überlegt und auf den ersten Blick übersehen, dass es ihm damit unter anderen Übeln bestimmt war, seine eigenen Kinder zu ermorden. Als er nach einiger Zeit erkannte, was sein Los sein würde, begann er, auf seine Brust zu schlagen und über seine Wahl zu klagen, und die weisen Worte des Genius vergessend, klagte er nun, statt die Schuld für sein Unglück bei sich selbst zu sehen, das Schicksal, die Götter und alles außer sich selbst an. Nun war dieser aber einer von denen, die vom Götterhimmel kamen und im vorigen Leben sich guter, geordneter Verhältnisse erfreute, doch seine Tugend beruhte nur auf Gewohnheit, nicht auf eigener Einsicht und Philosophie.

Ähnlich überstürzt wählten viele von denen, die vom Himmel kamen, denn dort hatten sie nicht gelernt, mit Schwierigkeiten umzugehen, während jene Pilger, die von der Erde kamen, selbst gelitten und andere leiden gesehen und es nicht so eilig hatten, das erste Beste zu erwählen.

Wegen ihrer Unerfahrenheit und der Zufälligkeit des Loses verwechselten viele Seelen ein gutes Schicksal mit einem schlechten und ein schlechtes mit einem guten. Wenn aber ein Mensch sich, in dieser Welt angekommen, von Anfang an der Liebe zur Weisheit widmet, dann wird er hier glücklich sein können, auch wenn er nur mit moderaten Mitteln vom Schicksal ausgestattet ist; und auch seine Reise in das Jenseits und seine Rückkehr ins Leben wird, statt holprig und schwer, fließend und leicht sein.

Sehr eigenartig war das Schauspiel, traurig, komisch und merkwürdig, denn die Wahl der Seelen beruhte meist auf der Erfahrung ihres früheren Lebens. Er konnte viele bei ihrer Wahl beobachten und wie ihr früheres Leben die Wahl des neuen beeinflusste.

Die letzte Seele, die wählen konnte, war jene von Odysseus. Die Erinnerung an seine Taten hatte ihn aber von allem Ehrgeiz enttäuscht und geheilt. Er suchte für einige Zeit nach dem Leben eines Privatmanns, frei von Sorgen. Er hatte einige Schwierigkeit, ein solches zu finden, denn das Los lag etwas abseits und war von allen übersehen worden. Als er es sah, sagte er, er hätte dies auch gewählt, wenn er der Erste und nicht der Letzte gewesen wäre, und dass er erfreut sei, dieses Los erlangt zu haben.

Bei dieser Wahl wurden nicht nur Menschen zu Tieren, sondern auch Tiere zu Menschen. Alle Seelen hatten nun ihr neues Leben gewählt, und so gingen sie eine nach der anderen zu Lachesis, die sie im Geleit des Genius, der dazu bestimmt ist, der Schützer ihres Lebens zu sein, zu ihrer Schwester Clotho sandte. Diese drehte die Spindel der Notwendigkeit mit ihrer Hand und besiegelte so ihr Schicksal, dann spann Atropos die Fäden ihres Schicksals um sie, und jede Seele musste dann unter dem Thron der Notwendigkeit hindurch, und alle fanden sich in großer Hitze auf der Ebene des Vergessens wieder, eine leere Ebene ohne Pflanzen und Bäume; und am Abend lagerten sie am Fluss Lethe, dem Fluss des Vergessens, und alle mussten etwas von dessen Wasser trinken. Die, welche nicht von Weisheit geleitet waren, tranken zu viel; und jeder, der getrunken hatte, vergaß alles, was er erlebt hatte. Nun, als sie ruhten, mitten in der Nacht, begann ein heftiger Sturm mit Getöse und vielen Erdbeben, und in einem Augenblick wurden alle wie fallende Sterne zu ihren Orten der Wiedergeburt getrieben.

Er selbst aber wurde daran gehindert, von dem Wasser zu trinken. Auf welche Art und wie er zu seinem Körper zurückgekommen sei, wisse er nicht. Nur dass er am Morgen erwachte und sich auf dem Scheiterhaufen liegend fand.

·•·

Und so, Glaukon, wurde dieser Bericht bewahrt und nicht vergessen, und seine Botschaft kann uns retten, wenn wir ihr getreu folgen. Auch wir werden den Fluss Lethe sicher überqueren und die Erinnerung und unsere Seele unbeschmutzt bewahren. Deshalb ist mein Rat, dass wir uns immer an den himmlischen Weg halten; und eingedenk, dass unsere Seele unsterblich ist, werden wir sowohl Gutes als auch Schlechtes mit Gleichmut ertragen können. Und so werden wir in Liebe zueinander und zu den Göttern leben, hier in dieser Welt, und werden wie Sieger in den Spielen einst unseren Siegespreis im Jenseits erhalten. Es wird uns gut ergehen in diesem Leben und in der Pilgerreise der Seele über Tausende von Jahren, die wir hier und anderenorts beschrieben haben.

·•·

Mit diesen abschließenden Worten des Sokrates endet seine Erzählung der Seelenreise des Kriegers Er, die uns einige der archetypischen Topoi der Nahtoderfahrung mit ungewöhnlicher Ausführlichkeit und Präzision schildert. Hier ist vor allem das Szenario der Wahl eines neuen Lebens vor der Wiedergeburt zu nennen, das übereinstimmend auch von vielen anderen Seelenreisenden geschildert wurde. So wie es nach dem Tod offenbar ein »Empfangskomitee« gibt für die, die dessen bedürfen, so gibt es scheinbar auch ein die Seelen verabschiedendes Komitee hoher Geister, um ihre Wahl eines neuen Lebens geistig zu unterstützen und zu supervisionieren. Und so, wie es im Sterben einen Lebensrückblick gibt, ist vor dem neuen Leben eine Vorausschau seiner Umrisse möglich. Die »Spindel der Notwendigkeit« wird auch geschildert als ein großer, kreisrunder, reifenartiger Raum aus Licht, in den die Seele eingezogen wird und in dessen Innerem ihr, wie in einem Panoramagemälde, Szenen des Karmas aus ihrer eigenen Vergangenheit, Gegenwart und Zukunft gezeigt werden. Unter einigen Optionen und Variationen für ein künftiges Leben kann die Seele wählen, und sie tut dies ihren eigenen Erfordernissen, Bedürfnissen und Möglichkeiten entsprechend. Bestimmte Szenen des künftigen Lebens werden dabei als Marker oder Trigger dem Gedächtnis besonders eingeprägt, um sich später an den eigenen Lebensplan, an »das Gesetz, nach dem wir angetreten sind«, wie es Goethe nennt, zu erinnern. Ich vermute, dass unsere Erfahrungen von »Déjà-vu« von dieser Lebensvorausschau kommen.

»Schlüsselerlebnisse« wie die Begegnung mit Menschen, die uns spontan verwandt und bekannt erscheinen, gehören auch hierher. Denn bestimmten Menschen begegnen wir in wechselnden Rollen in unseren verschiedenen Existenzen immer wieder.

•◆•

Als zweites Beispiel möchte ich auf das Nahtoderlebnis von C. G. Jung eingehen, dem Vater der analytischen Psychologie. Es war im Jahr 1944, als er wegen eines Herzinfarkts in der Schweiz in eine Klinik eingeliefert wurde. Er war damals also 69 Jahre alt.

Seine intensive Begegnung mit dem Licht und die äußerst tiefen Einsichten, die er dabei erhielt, ließen ihn zu dem Schluss kommen, dass er eine höhere Ebene der Wirklichkeit erfahren hatte. Jungs Erlebnis zeichnete sich durch eine ungewöhnliche außerkörperliche Erfahrung aus, bei der er die Erde von einem Punkt ungefähr 1500 Kilometer darüber schwebend sah. Die unglaublich genaue Beschreibung seiner Ansicht der Kontinente und Meere nahm jene der ersten Astronauten vorweg, die zwanzig Jahre nach ihm kamen. Er erinnerte sich auch an einen dunkelhäutigen, in Meditation sitzenden Inder, dem er in diesem NTE begegnete, und interpretierte diese Gestalt als eine Parabel seines archetypischen, höheren Selbst und als ein inneres Bild Gottes.

In seiner Autobiographie *Erinnerungen, Träume, Gedanken* beschreibt er das Nahtoderlebnis mit folgenden Worten:

»Es schien mir, als befände ich mich hoch oben im Weltraum. Weit unter mir sah ich die Erdkugel in herrlich blaues Licht getaucht. Ich sah das tiefblaue Meer und die Kontinente. Tief unter meinen Füßen lag Ceylon, und vor mir lag der Subkontinent von Indien. Mein Blickfeld umfaßte nicht die ganze Erde, aber ihre Kugelgestalt war deutlich erkennbar, und ihre Konturen schimmerten silbern durch das wunderbare blaue Licht. An manchen Stellen schien die Erdkugel farbig oder dunkelgrün gefleckt wie oxydiertes Silber. ›Links‹ lag in der Ferne eine weite Ausdehnung – die rotgelbe Wüste Arabiens. Es war, wie wenn dort das Silber der Erde eine rotgelbe Tönung angenommen hätte ... Ich wußte, daß ich im Begriff war, von der Erde wegzugehen ...

Der Anblick der Erde aus dieser Höhe war das Herrlichste und Zauberhafteste, was ich je erlebt hatte ...

Dann schien es mir, als mache ich eine Wende nach Süden ... In geringer Entfernung erblickte ich im Raume einen gewaltigen dunklen Steinklotz, wie ein Meteorit – etwa in der Größe meines Hauses, vielleicht noch größer. Im Weltall schwebte der Stein, und ich selber schwebte im Weltall ...

Ein Eingang führte in eine kleine Vorhalle. Rechts saß auf einer Stein-
bank ein schwarzer Inder im Lotussitz. Er trug ein weißes Gewand und
befand sich in vollkommen entspannter Ruhestellung. So erwartete er
mich – schweigend. Zwei Stufen führten zu dieser Vorhalle, an deren
linker Innenseite sich das Tor in den Tempel befand. Unzählige, in kleinen Nischen angebrachte Vertiefungen, gefüllt mit Kokosöl und brennenden Dochten, umgaben die Tür mit einem Kranz heller Flämmchen.
Das hatte ich auch in Wirklichkeit einmal gesehen. Als ich in Kandy auf
Ceylon den Tempel des Heiligen Zahnes besuchte, umrahmten mehrere
Reihen brennender Öllampen solcher Art das Tor.

Als ich mich den Stufen zum Eingang in den Felsen näherte, geschah
mir etwas Seltsames: ich hatte das Gefühl, als ob alles Bisherige von
mir abgestreift würde. Alles, was ich meinte, was ich wünschte oder
dachte, die ganze Phantasmagorie irdischen Daseins fiel von mir ab,
oder wurde mir geraubt – ein äußerst schmerzlicher Prozeß. Aber etwas
blieb; denn es war, als ob ich alles, was ich je getan oder erlebt hätte,
alles, was um mich geschehen war, nun bei mir hätte. Ich könnte auch
sagen: es war bei mir, und das war Ich. Ich bestand sozusagen daraus.
Ich bestand aus meiner Geschichte und hatte durchaus das Gefühl,
das sei nun Ich. ›Ich bin dieses Bündel von Vollbrachtem und Gewese-
nem.‹ – Dieses Erlebnis brachte mir das Gefühl äußerster Armut, aber
zugleich großer Befriedigung. Es gab nichts mehr, das ich verlangte
oder wünschte; sondern ich bestand sozusagen objektiv; ich war das,
was ich gelebt hatte. Zuerst herrschte zwar das Gefühl der Vernichtung,
des Beraubtseins oder Geplündertseins vor, aber plötzlich wurde auch
das hinfällig. Alles schien vergangen, es blieb ein fait accompli, ohne
irgendwelche Rückbeziehung auf das Frühere. Es gab kein Bedauern
mehr, daß etwas weggefallen oder fortgenommen war. Im Gegenteil:
ich hatte alles, was ich war, und ich hatte nur das.

Noch etwas anderes beschäftigte mich: ich hatte, während ich mich
dem Tempel näherte, die Gewißheit, daß ich in einen erhellten Raum
komme und alle diejenigen Menschen treffen würde, zu denen ich in

Wirklichkeit gehöre. Dort würde ich – auch das war Gewißheit – endlich verstehen, in was für einen geschichtlichen Zusammenhang ich oder mein Leben gehörten. Ich würde wissen, was vor mir war, warum ich geworden bin, und wohin mein Leben weiterfließen würde …

Während ich noch über diese Dinge nachdachte, geschah etwas, das meine Aufmerksamkeit in Anspruch nahm: Von unten, von Europa her, stieg ein Bild herauf. Es war mein Arzt, oder besser sein Bild, umrahmt von einer goldenen Kette oder einem goldenen Lorbeerkranz. Ich wußte sofort: Ach, das ist ja mein Arzt, der mich behandelt hat. Aber jetzt kommt er in seiner Urgestalt, ein Basileus von Kos. Im Leben war er ein Avatar dieses Basileus, die zeitliche Verkörperung der Urgestalt, die von jeher gewesen ist. Nun kommt er in seiner Urgestalt.

Vermutlich war auch ich in meiner Urgestalt. Das hatte ich zwar nicht wahrgenommen, ich stelle mir nur vor, daß es so gewesen sei. Nachdem er wie ein Bild aus der Tiefe zu mir herangeschwebt war und vor mir stand, fand eine stumme Gedankenübermittlung zwischen uns statt. Mein Arzt war nämlich von der Erde delegiert, um mir eine Botschaft zu bringen: es würde dagegen protestiert, daß ich im Begriff sei wegzugehen. Ich dürfe die Erde nicht verlassen und müsse zurückkehren. Im Augenblick, als ich das vernommen hatte, hörte die Vision auf.

Ich war zutiefst enttäuscht; denn jetzt schien alles umsonst. Der schmerzliche Prozeß der ›Entblätterung‹ war vergebens gewesen, und ich durfte nicht in den Tempel, nicht zu den Menschen, die zu mir gehörten.

In Wirklichkeit ging es noch gute drei Wochen, bis ich mich entschließen konnte, wieder zu leben. Ich konnte nicht essen, weil ich einen dégout vor allen Speisen hatte. Die Aussicht auf Stadt und Berge von meinem Krankenbett aus erschien mir wie ein gemalter Vorhang mit schwarzen Löchern, oder wie ein zerlöchertes Zeitungsblatt mit Photographien, die mir nichts sagten. Enttäuscht dachte ich: ›Jetzt muß ich mich wieder in das ›Kistchen-System‹ hineinbegeben!‹ Es schien mir nämlich, als ob hinter dem Horizont des Kosmos eine dreidimensionale Welt künstlich aufgebaut sei, in der jeder Mensch für sich allein in einem Kistchen säße.

Und nun würde ich mir wieder einbilden müssen, das sei etwas wert! Das Leben und die ganze Welt kamen mir wie ein Gefängnis vor, und ich ärgerte mich maßlos darüber, daß ich das wieder in Ordnung finden würde. Da war man froh gewesen, daß endlich alles von einem abgefallen war, und nun war es wieder so, wie wenn ich – so wie alle anderen Menschen – an Fäden aufgehängt wäre in einem Kistchen drin.«

·•·

Auch in C. G. Jungs Erfahrung finden sich wichtige Elemente der NTE und AKE. Zum Beispiel empfand er, ganz in Übereinstimmung mit vielen Reanimierten, seine Erfahrung als die Offenbarung einer höheren Wirklichkeit, als deutlich »realer« als die gewohnte »Realität« der materiellen Welt.

Im Gegensatz dazu ist es halluzinierenden Personen, wenn sie zum Normalbewusstsein zurückkehren, klar, dass ihr Erlebnis eine Halluzination war. Im Fall eines tiefen, mystischen Erlebnisses mit Gotteserfahrung oder einer wirklichen Berührung mit dem »Körper der Wahrheit«, mit dem »klaren Licht des Geistes«, ist das deutlich anders. So schrieb die heilige Teresa von Ávila im 16. Jahrhundert, Gott besuche die Seele auf eine Weise, welche jeden Zweifel daran ausschließe, wenn sie wieder zu sich komme, dass sie in Gott war und Er in ihr, und sie sei so fest von dieser Wahrheit überzeugt, dass, wenn auch Jahre vergehen, die Seele es niemals vergessen könne und niemals die Wahrheit des Erlebten bezweifle.

Auch das »Trauma der Rückkehr in den Körper« ist eine ganz natürliche Reaktion nach authentischen NTE. Viele Betroffene beschreiben, wie Jung, dass die äußere Welt ihnen nach diesem Erlebnis vergleichsweise flach, dumpf, zweidimensional und farblos, gleichsam wie ein langweiliges Abziehbild im Vergleich zur jenseitigen Welt erschien. In Befragungen hierzu antworteten 56 Prozent, dass ihnen die in der NTE erfahrene »Welt« tausendfach wirklicher schien als die Wirklichkeit ihres täglichen Lebens.

An dieser Stelle erinnern wir uns daran, dass im *Totenbuch* die erste außerkörperlich erfahrene »Ebene« der »Bardo der Dharmata« oder »Bardo der Wirklichkeit« genannt wird. Hier findet Begegnung mit der Wahrheit statt, und ohne Worte erhält die Seele tiefste Einsichten über die wahre Natur ihres Lebens und über den Zusammenhang aller »Dinge«. Der Geist verfügt jenseits des Körpers über eine neunmal größere Klarheit, so heißt es dort auch.

In Bezug auf die äußerst präzise Beobachtungfähigkeit des Geistes außerhalb des Körpers sind mehrere bekannte und belegte Fälle beispielhaft zu nennen, etwa der des Mannes, der in tiefem Koma lag und später genau wusste, in welche Schublade welche Krankenschwester sein Gebiss gelegt hatte, und jener von Pam Reynolds, die während einer stundenlangen Vollnarkose mit klinisch induziertem Gehirntod und hypothermischem Herzstillstand von außerhalb des Körpers ihre eigene Gehirnöffnung und die operative Entfernung eines Aneurysmas beobachten und später bis in die kleinsten Details die dabei verwendeten Instrumente beschreiben konnte und alles, was bei der Operation geschah und gesprochen wurde. Sie fühlte sich ihrer Aussage nach außerhalb des physischen Körpers klarer und wacher, als sie es jemals vorher in ihrem Körper erlebt hatte. Nach Befragungen haben über 50 Prozent der Menschen mit Nahtoderfahrung dabei auch den Körper verlassen. An C. G. Jungs Erfahrung ist recht ungewöhnlich, dass er dabei so weit über der Erde schwebte.

Ähnliches geschah aber dem Seelenreisenden in Ciceros *Somnium Scipionis,* der in die Milchstraße erhoben wurde und die Erde von dort aus so groß wie eine Nadelspitze sah, während er die Sphärenharmonie hörte, erzeugt von der Bewegung der Planeten.

Jungs Vision des »Tempels« wiederum ist ein bekanntes archetypisches Bild des jenseitigen Erlebens, das in den verschiedensten Mythologien der Welt als Teil der ambientalen Beschreibung der höheren, heiligeren Ebenen der Erfahrung geschildert wird

Wunderbar und ergreifend erscheint dieses Szenario ja auch in Mozarts Zauberflöte, wenn dort Sarastro seine Arie singt: »In diesen heil'gen

Hallen / Kennt man die Rache nicht, / Und ist ein Mensch gefallen, / Führt Liebe ihn zur Pflicht. / Dann wandelt er an Freundes Hand / Vergnügt und froh ins bess're Land.«

•–•

Als zweites modernes Beispiel möchte ich hier noch das Nahtoderlebnis von John Lilly wiedergeben, dem bekannten Psychoanalytiker und Bewusstseinsforscher, da es viele der vertrauten Elemente von NTE und AKE enthält, dabei aber auch erleuchtende Details zum Verständnis der Rolle der »Seelenführer« beiträgt, deren verlässliches Erscheinen bei vielen NTE, aber auch am Sterbebett schon kurz vor dem Übergang und Exitus durch die bereits genannte kulturübergreifende Hospital-Studie von Osis und Haraldsson so gut belegt wurde.

Lilly fiel in ein Koma, nachdem er eine verunreinigte Antibiotikainjektion erhalten hatte. Er beschreibt, wie er das Bewusstsein verlor und sich plötzlich außerhalb des Körpers befand. Bald darauf wurde er zweier Lichtwesen gewahr, die ihn dort erwarteten. Wie er schreibt, könne er diese Erfahrung schwer in Worte fassen, denn seine Kommunikation mit diesen zwei Wesenheiten geschah ohne Sprache, nur mit Gefühlen und Gedanken. Aber er wolle versuchen, das Erlebnis zu beschreiben:

Er befand sich also an einem weiten, leeren Ort, und in jeder Richtung gab es nichts als Licht. Ein goldenes Licht durchdrang diese Weite überall und in allen Richtungen bis in die Unendlichkeit.

Er selbst sei ein einziger Punkt von Bewusstsein gewesen, von Gefühl, von Wissen. Er wusste, wer er war. Das sei alles gewesen. Es herrschte eine äußerst friedvolle, Ehrfurcht und Anbetung inspirierende Atmosphäre. Er hatte keinen Körper, und er brauchte keinen Körper. Er war einfach er. Erfüllt mit Liebe, Wärme und Licht.

Plötzlich erschienen in einiger Entfernung zwei ähnliche Punkte von Bewusstsein, Quellen von Licht, von Liebe und Wärme. Er fühlte ihre Präsenz. Er sah ihre Präsenz, ohne Augen, ohne einen Körper sah er sie. Er wusste, sie waren da, also waren sie da. Als sie sich ihm näherten, spürte er, wie jeder von ihnen sein Wesen durchdrang. Sie strahlten tröstende, verehrende und hingebungsvolle Gedanken aus.

Lilly realisierte, dass sie Wesen waren, die viel größer, viel weiter in ihrer Entwicklung waren als er selbst. Sie begannen dann, ihn zu belehren.

Sie sagten ihm, dass er an diesem Ort bleiben könne, dass er seinen Körper verlassen habe, aber dass er zu diesem auch zurückkehren könne, wenn er das wolle. Sie zeigten ihm, was geschehen würde, wenn er seinen Körper dort zurückließe, und wohin er gehen könnte, wenn er hier bliebe. Sie sagen ihm, dass es noch nicht an der Zeit für ihn sei, den Körper für immer zu verlassen. Dass er immer noch die Wahl habe, zu ihm zurückzugehen.

Sie gaben ihm totales Vertrauen, völlige und absolute Gewissheit über die Wirklichkeit seines Seins in diesem Zustand. Lilly wusste mit völliger Sicherheit, dass sie existierten. Er hatte keine Zweifel. Es war kein Akt des Glaubens nötig. Es war einfach so, und er akzeptierte es.

Ihre überwältigend tiefe und machtvolle Liebe war ihm fast zu viel, aber er nahm sie schließlich an. Sie sagten ihm, dass sie in einer gewissen Distanz blieben, um ihn nicht zu überfordern. Wenn sie näher kämen, würde er sich selbst als erkennendes Wesen verlieren und mit ihnen verschmelzen.

Sie sagen weiter, dass er es wäre, der sie in zwei trennt und als zwei erscheinen lässt, weil dies die Art sei, wie er sie wahrnähme. In Wirklichkeit wären sie eins mit dem Raum, der ihn umgab. Sie sagten, dass er noch darauf bestehe, ein Individuum zu sein, und ihnen deshalb die Projektion aufzwinge, zu zweit zu sein.

Sie ließen ihn wissen, dass, wenn er zu seinem Körper zurückkehrte und sich weiterentwickelte, die Einheit von ihnen und sich und von vielen anderen einmal erkennen würde.

Sie sagten, dass sie seine Beschützer seien und dass sie in schwierigen Situationen immer mit ihm waren und seien, er sich aber normalerweise nicht in einem Zustand befinde, in dem er sie wahrnehmen könne. Man sei in diesem Zustand, wenn der Tod des Körpers nahe ist. In diesem Zustand gebe es keine Zeit, sondern eine direkte Wahrnehmung von Vergangenheit, Gegenwart und Zukunft im Jetzt.

Lilly war für viele Stunden irdischer Zeitrechnung in diesem Zustand. Dann kam er zu seinem Körper im Krankenhaus zurück.

Mir erscheint diese Erzählung bemerkenswert, da sie Aufschluss gibt über das eigentliche Wesen der Seelenführer, die fast immer in der einen oder anderen Gestalt am Bett von Sterbenden erscheinen.

•◆•

Das Thema der »Totenbettvisionen« wurde im säkularisierten Westen bisher verdrängt, da sie das materialistische Weltbild kontrastieren und infrage stellen. Aus den Beobachtungen des Pflegepersonals und anderer das Sterben begleitender Personen, mit denen die Sterbenden noch über ihr Erleben sprechen konnten, geht hervor, dass es sich hier offensichtlich um eine sehr häufige, also eine menschliche Grunderfahrung handelt.

Die Seelenführer, die den Sterbenden »abholen«, erscheinen als Verwandte, als Göttergestalt, als Bote oder als Heiland zumeist in einer dem Glaubenssystem des Sterbenden entsprechenden Form. Der Todesengel im Christentum und Islam und die »Boten des Herrn des Todes« oder »Yama-Dutas« im indischen Raum sind bekannte Topoi.

Interessant ist, dass sie im Westen eher als Verwandte, in Indien überwiegend als Gottheiten oder die strengen und unerbittlichen Boten des Totengottes Yama gesehen werden. Wir sollten jedoch daraus nicht voreilig schließen, dass ihr Erscheinen nur und lediglich eine subjektive Projektion ist. Es gibt viele Erfahrungsberichte, die darauf hinweisen, dass diese Wesen bereitstehen, um beim Sterben zu helfen, ähnlich wie ja auch Geburtshelfer bei unserer Geburt zugegen waren, ohne dass wir uns diese ausgesucht haben.

Dr. Bozzano hat viele Berichte gesammelt, in denen solch unangemeldete »Besucher« auch von den Menschen in der Umgebung des Sterbenden gesehen und gehört wurden, die sie als »wirkliche« Personen wahrnahmen. Manche waren den Anwesenden bekannt, andere konnten anhand von Fotografien im Nachhinein als verstorbene Freunde oder Angehörige des Kranken erkannt werden.

In Indien und Tibet ist dieses »Abgeholtwerden« als spezifisches Zeichen des Todes scheinbar gut bekannt, denn es kommt dort öfter als im Westen vor, dass Sterbende sich dagegen wehren. Was Tibet betrifft, so habe ich in der Biografie eines zeitgenössischen Dzogchen-Meisters gelesen, dass einmal, als er sehr krank war und »sein Leben nur noch an einem Faden hing«, seine Schüler Tag und Nacht für ihn beteten und sich gemeinschaftlich der »Praxis zum Erlangen eines langen Lebens« widmeten. In deren Rahmen führten sie auch mehrmals ein Ritual namens »das Zurückschicken der Himmelsgeher, welche den Sterbenden abholen«, in tibetischer Sprache »Khandro'i sun ma dogpa«, für ihn aus.

Nun darf ein geübter tantrischer Yogi der Nyingma-Linie am Ende seines Lebens ja darauf vertrauen, von »Dakinis«, von »Himmelsgeherinnen«, mit Glockenklang, Trommeln und Zimbeln empfangen zu werden, die ihn in das reine Land des Buddha Padmasambhava geleiten. Folgt man den vorbereitenden Übungen des Longchen Nyingthik, so stellen wir uns jeden Morgen gleich nach dem Aufwachen Glocke und Trommel schlagend vor, wie diese lichten Wesen uns vom Himmel her entgegenkommen und uns willkommen heißen. So beginnt für uns ein neuer Tag spiritueller Übung, den wir im Bewusstsein leben, dass wir bereits tot sind und alles, was wir erleben, auch all unser Üben, Illusion ist, seiner Natur nach leer und doch erscheinend wie ein Traum, wie die Visionen des Nachtodzustands. Ein Praktizierender sollte immer bereit sein zu gehen.

Wenn das Leben in Gefahr ist, aber noch wirklich Wichtiges auf Erden zu tun bleibt wie im Fall dieses hohen buddhistischen Meisters, kann es aber auch sehr wohl angebracht sein, »das Empfangskomitee« zurückzuschicken.

Ich weiß nicht, ob dieses Ritual auch bei Normalsterblichen angewandt wird, aber der tibetische Buddhismus hält viele Rituale und Langlebenspraktiken bereit, die wir für jeden Menschen, nah oder fern, und für uns selbst ausführen können und sollen, solange es auch nur die geringste

Hoffnung auf Heilung und ein Überleben gibt. Der vernünftigste Schluss aus den verschiedenen Informationen zu den sogenannten Seelenführern scheint mir, dass es tatsächlich hohe Wesenheiten sind, die über uns wachen und die, wie in Lillys Bericht angedeutet, uns so erscheinen, wie es unseren Seh- und Denkgewohnheiten, also unserem Karma entspricht.

»Ihr Engel, die ihr über die Völker wacht, deren Gestalt in eurem Gesicht aufleuchtet …«, heißt es in einem Hymnus der Seherin Hildegard von Bingen.

— 10 —

Warum wir der Unzerstörbarkeit unseres Gewahrseins gewiss sein können

Wenn es ans Sterben geht, so sei voller Zuversicht, denn es ist sicherlich wahr, und du kannst darauf vertrauen, dass einem guten Menschen weder im Leben noch im Tode etwas Böses geschehen kann und dass sein Geschick den Göttern nicht gleichgültig ist.
SOKRATES

Der Körper wurde geboren, und er wird sterben – für die Seele aber gibt es keinen Tod.
RAMAKRISHNA

Wie oft bin ich geboren worden und wie oft wieder gestorben. Unaufhörlich und unermesslich schien mir der Daseinskreislauf. Doch seit ich das Ungeborene plötzlich erlebte, frage ich nicht mehr nach Leben und Tod, und Glück und Unglück sind mir einerlei.
SHODOKA

Die Natur unseres Geistes ist der immer seiende Buddha Samantabhadra – ungeboren und unsterblich –, doch wie in einem Traum glauben wir, zu sterben und wieder geboren zu werden.

TULKU URGYEN

Ein vorurteilsfreies Studium der Fülle von Erlebnisberichten von NTE und AKE kann jeden von der Unabhängigkeit des bewussten, fühlenden Geistes vom physischen Körper und damit auch von dessen Weiterleben nach dem Tod des Körpers überzeugen. Wer sich damit gar nicht befassen und nichts davon wissen will, ist einfach nicht auf dem Stand der neuesten Erkenntnisse der Zeit und verschließt sich damit leider selbst einem tieferen Verstehen des Werdens und Vergehens in der Natur und in seinem eigenen Geist.

Halten wir am Konzept einer Form besonders fest, so haben wir unser Blickfeld eingeschränkt und übersehen leicht die Kontinuität des Lebendigen in all seinen wechselnden und vergänglichen Erscheinungsformen. Wir können der Unzerstörbarkeit unseres Lebens, der todlosen Natur unseres Geistes unmittelbar durch Kontemplation und Innenschau gewahr werden. Dieses todlose Gewahrsein wurde, anders als unser Körper und unser Charakter, also unsere angenommene Persona und Erscheinung, weder geboren, noch wird es sterben. Es erkennt alle ihrer Natur nach vergänglichen Erfahrungen und Phänomene, die in ihm aufsteigen und verschwinden, unterliegt selbst aber keinerlei Veränderung oder Fluktuation.

•◄•

Was ist es, das in all unseren wechselnden Erfahrungen immer gleichermaßen gegenwärtig ist? Was ist es, das all dieser Erscheinungen von morgens bis abends und auch in der Nacht im Traum gewahr ist? Wenn wir uns einsgerichtet dieser Selbsterforschung widmen, werden wir klar erkennen, dass unser Gewahrsein das einzig konstante Element in all unseren Erfahrungen ist. Ohne Gewahrsein gibt es auch kein Bewusstsein und keine Erfahrung.

Es ist wichtig, das Unvergängliche im Vergänglichen zu erkennen und sie klar zu unterscheiden. Die Tatsache der unvergänglichen Natur unseres Gewahrseins, wird auch bestätigt durch die gesammelten Lebens- und Sterbeerfahrungen der zahllosen Generationen vor uns, denn alle Religionen der Welt, die schamanistischen Naturreligionen einbegriffen, glauben in der einen oder anderen Form an ein Weiterleben unseres Geistes nach dem Tod.

Dieser Glaube an ein Leben nach dem Tod, an ein Leben außerhalb des physischen Körpers, beruht einerseits auf seiner Darstellung in den heiligen Schriften, diese aber beruhen wiederum auf der direkten Erfahrung der »Ekstase«, des »Aus-dem-Körper-entrückt-Seins«, das heilige und weise Männer und Frauen der jeweiligen spirituellen Tradition gemacht haben. Er beruht auf den Erlebnissen ihrer Seelenreisen und Himmelfahrten und auf der Erfahrung von zahllosen einfachen Menschen, denen solches Sterben vor dem Sterben spontan widerfuhr.

Außerkörperliche Erfahrungen treten nicht nur bei Erkrankungen oder in Anästhesie auf, sondern sogar bei Gesunden, und zwar mit einer erstaunlichen Häufigkeit von circa 10 Prozent der Gesamtbevölkerung. Hier zumeist im Schlaf oder in Stress- und Schocksituationen. Im Schlaf kann »das ätherische Doppel« des Körpers diesen verlassen und an andere Orte, in andere Dimensionen gehen. Der Schlafende kann sich dessen bewusst sein oder nicht. Der »Ätherleib« bleibt bei solchen Exkursionen durch die sogenannte Silberschnur mit dem physischen Körper verbunden. Nur wenn dieser »Lebensfaden« reißt, ist keine Rückkehr mehr möglich, und der Tod tritt ein. Die AKE hinterlassen oft einen so starken Eindruck, dass das Erlebte nicht mehr vergessen wird.

Auch das sogenannte »Sich-Anmelden« von verstorbenen Angehörigen oder Freunden meist gleich nach deren Tod ist eine weitverbreitete, ganz normale menschliche Grunderfahrung. Verstorbene können sich akustisch bemerkbar machen, und selbst ein kurzzeitiges Erscheinen des ganzen Körpers ist möglich.

Frau R., bei der ich in meiner Studienzeit einige Jahre auf dem Land zur Miete wohnte, war Anfang siebzig, als sie mir erzählte, wie ihr Sohn, der als Soldat in Afrika kämpfte, eines Abends, es war 1943, plötzlich in ihrem Zimmer stand. Er trug die khakifarbene Kleidung des Afrikakorps und blickte sie schweigend an. Seine Erscheinung war ganz realistisch. Als sie ihn, verwundert über seine plötzliche Rückkehr und Kleidung, ansprach, antwortete er nicht, aber sein Kopf wurde langsam zu einer Kugel aus Licht. Dann löste sich auch der Körper auf, und er verschwand. Ein paar Wochen später erhielt sie die Nachricht, dass er an diesem Tag gefallen war.

Ich bin sicher, dass zahllose Mütter in diesem Krieg, der Millionen Opfer forderte, Ähnliches erlebten, aber kaum jemand hat sich für die, damals zweifellos stark gehäuft auftretenden Fälle des sogenannten »Sich-Anmeldens« von gerade Verstorbenen interessiert, und die Betroffenen vermieden es, darüber zu sprechen, musste man doch in einer von »materialistisch-naturwissenschaftlichen« Glaubenssätzen geprägten Gesellschaft immer fürchten, als verrückt zu gelten. Diese Glaubenssätze und Denk- und Äußerungsverbote wirken auch heute noch, und so werden Grunderfahrungen der Menschheit, wie Totenbettvisionen, außerkörperliche Erfahrung und auch die nachweisbar korrekten, nachgeprüften Erinnerungen von Kindern an ihre vorhergehende Inkarnation einfach nicht zur Kenntnis genommen. Vor allem nicht von offizieller »wissenschaftlicher« Seite, stellen diese Erfahrungen doch die Richtigkeit ihrer erdachten Paradigmen infrage. Zwanghaft versucht man, all diese Erlebnisse mit gehirnlichen Vorgängen, Autosuggestion und Körperchemie zu erklären, anstatt das Natürliche und Naheliegende zu akzeptieren.

Geist und Lebensenergie sind untrennbar, und sie sind der Schöpfer und der Anfang aller Dinge – und nicht Materie, Stofflichkeit und Körper. Zu meinen, dass der Geist, das Lebendige mit dem Gehirn identisch ist, ist so absurd, wie zu glauben, dass der Radiosprecher mit dem

Radiogerät identisch ist. Aus dieser »verkehrten«, zum Paradigma und Dogma gewordenen Sichtweise ergeben sich in der Folge leider viele verkehrte Handlungen.

Wenn man einmal in die falsche Richtung geht, geht man nur immer weiter in die Irre, auch wenn man meint, dabei tüchtig »fortzuschreiten«. Diese seelenlose Sichtweise wurde vorbereitet und propagiert durch neuzeitliche »Denker« wie Friedrich Nietzsche, der sich in seinem *Ecce homo* rühmte: »›Gott‹, ›Unsterblichkeit der Seele‹, ›Erlösung‹, ›Jenseits‹, lauter Begriffe, denen ich keine Aufmerksamkeit, auch keine Zeit geschenkt habe, selbst als Kind nicht.« Was man nicht wahrhaben und nicht sehen will, das kann man auch nicht erkennen, und natürlich verdrängt man mit einer solchen »Einstellung und Haltung« den wesentlichen, lebendigen und sinngebenden Grund der menschlichen Existenz.

• ◆ •

Als sie noch jung und unverheiratet war, hatte Frau R. schon ähnlich Erstaunliches erlebt. Sie wachte mitten in der Nacht auf, weil sie jemand mehrmals deutlich beim Vornamen rief. Das Zimmer war voller Rauch. Sie sah ihre Großmutter im Zimmer stehen und wurde sich gleichzeitig gewahr, dass ihr Bettzeug wegen einer im Schlaf umgestoßenen Kerze gerade Feuer gefangen hatte. Ihre Großmutter, zu der Zeit schon zwei Jahre tot, hatte sie also erfolgreich gewarnt und vor Schaden bewahrt.

Im Ahnenkult vieler Kulturen wurde und wird die Kommunikation mit verstorbenen Verwandten systematisch kultiviert, und ihr Rat wird in entscheidenden Fragen und für Heilungszwecke gern gesucht und auch befolgt. Viele Anthropologen sehen in dieser Kommunikation mit den Verstorbenen wohl mit einiger Berechtigung die Urform jeder Religion, wenn wir diese weit gefasst als Verbindung mit der geistigen Welt verstehen.

Viele der alten Völker assoziierten das Göttliche mit dem Himmel und stellten sich die Seele als Vogel vor, die sich in freiem Flug aus dem Käfig des Körpers in die Lüfte schwingt. Wir erinnern uns an die Worte

Platons über die »Fittiche« der Seele. Der Vogelflug ist ein naturverbundenes Bild für die Ekstase, die Befreiung der Seele vom Körper.

Während die Mehrheit der Menschen diese Ekstase erst im Augenblick ihres Todes erfährt, gab es zu allen Zeiten auch dafür begabte Individuen wie Schamanen, Zauberer und Ekstatiker, die entweder zu Zeiten aus ihrem Körper verzückt wurden oder diesen verlassen konnten, wann immer sie wollten.

Der Mythos des Seelenvogels stellt sinnbildlich die mögliche Autonomie und Freiheit des Geistes von allen Begrenzungen des Körpers und der Erdenschwere dar.

Der renommierte Anthropologe Mircea Eliade schreibt in seinem Buch *Schamanismus und archaische Ekstasetechnik,* der Schamane sei ein Heiler und Führer der Seelen, weil er eine Technik der Ekstase beherrsche, die es seiner Seele möglich mache, den Körper zu verlassen und auf dieser Erde weit entfernte Orte zu erreichen, in die Unterwelt abzusteigen oder sich in höhere, himmlische Bereiche zu erheben.

An anderer Stelle schreibt er, die Vorstellung der Seele als Vogel erwachse aus der Erfahrung, dass wir eigentlich frei vom Körper seien. Dies sei in allen archaischen Religionen des Nahen und Fernen Ostens verbreitet. In den prähistorischen Monumenten Europas und Asiens werde der Weltenbaum mit zwei Vögeln in seinen Zweigen dargestellt. In den Mythologien Zentralasiens, Sibiriens und Indonesiens stellten im Weltenbaum sitzende Vögel die Seelen der Menschen dar. Weil Schamanen sich in Vögel verwandeln könnten, sei es ihnen möglich, auf den verschiedenen Ebenen des Weltenbaums Seelenvögel zu finden, mit ihnen zu sprechen und sie im Rahmen einer Heilung zurück zum Körper zu holen. Ein Vogel, der auf einem Stock sitze, sei ein häufiges Symbol bei den Schamanen der Yakuten und Turkvölker.

Die zum Abflug immer bereite Seele des Schamanen gleicht einem Vogel, und der Stock, auf dem er sitzt, stellt die Silberschnur, die energetische Verbindung der Seele zum physischen Körper dar. Der schamanistische Priester trug diesen körpergroßen Stab bei seinen Ritualen als Insignie seiner Macht, die vor allem darin bestand, seine Seele – wie ein Falkner seinen Falken – jederzeit aussenden zu können, um in der diesseitigen oder der jenseitigen Welt Aufgaben zu erfüllen.

Die Krone und der Mantel aus Federn waren weitere Zeichen seiner Wandlungsfähigkeit. Der Doppeladler war ein in Zentralasien verbreitetes Symbol für die geistige Macht des Himmels. Der blaue Himmelraum selbst war ihnen die höchste Gottheit. Der zweite Kopf neben dem ersten stellt vermutlich das Doppel oder den Ätherleib dar, wie er sich aus dem physischen Körper löst.

Allgemeiner gesprochen, war der Adler, Garuda oder Kondor seit Urzeiten Symbol für den höchsten Geist. Der Gründer der tibetischen Urreligion des Bön, Buddha Tönpa Shenrab, manifestierte sich als roter Garuda. Der indische Gott Vishnu fliegt auf einem Garuda. Die frühen Dzogchen-Meister nahmen manchmal die Gestalt eines Kuckucks an. Der erste menschliche Meister der Dzogchen-Linie der Nyingmapa, Garab Dorje, wurde gezeugt, indem der Geist Buddhas die Gestalt eines Kuckucks annahm, der sich auf die Schulter seiner jungfräulichen Mutter setzte. Jesus wurde gezeugt, indem der Heilige Geist in Gestalt einer Taube auf seine Mutter, die Jungfrau Maria, herabkam. Die Göttin Isis verwandelte sich in einen Milan, hauchte mit ihren Flügeln dem zerstückelten Körper ihres Gatten Osiris Leben ein und empfing das göttliche Kind, den Horus, in Gestalt eines Falken von ihm. Die älteste Form des »Horus«, das heißt dessen, »der in der Höhe wohnt«, war das eines Vogeltotems und Himmelsgottes.

Es lässt sich gut nachvollziehen, dass der Vogel mit seiner scharfsichtigen Wachheit und seinem schwerelosen, freien Flug in der Weite des Raums in vielen Kulturen zum archetypischen Symbol des Geistes oder der Seele wurde.

Die Parsen und die Tibeter praktizieren heute noch das sogenannte »Himmelsbegräbnis«. Der Leichnam wird dabei, als eine Opfergabe für die Geier und Rabenvögel ausgelegt, die als Boten des Göttlichen gelten, und ihnen ist es bestimmt, die Reste einer menschlichen Existenz gleichsam »in den Himmel« zu tragen.

— 11 —

Die außerkörperlichen Erfahrungen
heutiger Menschen
und die Kunst der Entdopplung

*Und ist nicht vielleicht unser Sterben in dieser
Welt unsere Geburt in einer anderen und unsere
Geburt in dieser Welt nicht unser Tod in einer anderen?*

EURIPIDES

*Die Anhaftung an meinen Körper gebe ich auf und überwinde
den Dämon des Egoismus. Meinen Geist sende ich durch das Tor
der Fontanelle in den Raum, und der Dämon des Todes ist besiegt.*

JIGMED LINGPA

*Wenn der Tod kommt, werdet ihr ihn wie einen
alten Freund begrüßen, der euch zeigt, wie
traumgleich und illusionär die Welt der Erscheinungen ist.*

DILGO KHENTZE

Heutige Menschen, darunter Kinder und Analphabeten, die »außerkörperliche Erfahrungen« oder AKEs hatten, erzählen häufig, dass sie sich währenddessen in einem nichtmateriellen Körper befanden, der ihrem physischen in allem glich. Dieser feinstoffliche Körper wird deshalb auch oft als »Doppel« bezeichnet. Dieser Körper, welcher der Träger unserer Lebensenergie und Empfindung ist, wird im *Tibetischen Totenbuch* »Illusions-« oder »Traumkörper« genannt.

Porphyrus schrieb, dass die Seele im Schlaf manchmal dem Körper entfliehen kann und dass Schlaf und Traum als Vorbereitung auf das Sterben und das Jenseits betrachtet werden können.

Seit Langem in der spezifischen Literatur gebräuchliche Begriffe für ein willentliches oder spontanes Verlassen des Körpers sind »Entdopplung« und »Exteriorisation« – heute spricht man oft von »Astralprojektion« oder »Astralreisen«.

Ich möchte hier als Beispiel den interessanten Erfahrungsbericht eines jungen Mannes zitieren, der spontan eine AKE erlebte. Er schreibt: »Nach einem Moment der Schwärze und Bewusstlosigkeit befand ich mich mit einem Mal außerhalb meines Körpers im Raum schwebend. Ich war wieder voll bewusst, schaute mich langsam um und sagte zu mir selbst: ›Unglaublich, wer hielte das für möglich, wenn ich das jemand erzählte, und es ist kein Traum!‹ Ich schwebte eigenartigerweise … schwebte stehend … und dachte: ›So ist das also‹, völlig unvorhergesehen bin ich in einem anderen Körper … Ich ging auf die Türe des Zimmers zu, fühlte die Klinke, aber konnte sie nicht drehen. Dann, als ich mich umdrehte, wurde ich eines eigenartigen Bands gewahr, das hinter mir herabhing. Es war wie ein dünnes Seil aus Licht.«

Zur Erklärung: Hier spricht der »Außerkörperlichkeit« Erfahrende von der sogenannten »Silberschnur«. Wie jeder Mensch durch die Nabelschnur mit dem Körper seiner Mutter verbunden war vor der Geburt, so ist das subtile Doppel mit dem physischen Körper durch diese Silberschnur verbunden. Der Name kommt von einer Stelle in der Bibel, denn im Buch Prediger 12:6 heißt es: »Und wenn die silberne Schnur gelöst wird, dann wird Staub wieder zu Staub werden, und der Geist wird zu Gott zurückkehren.«

Er fährt fort: »Es war wie ein leuchtender Gartenschlauch, und es ähnelte dem Lichtstrahl des Projektors in einem dunklen Kino, in dem Staubpartikel tanzen. Zu meinem völligen Erstaunen erleuchtete dieses Kabel nun auch ein Gesicht unter mir auf einem Kissen … das Kabel war irgendwie an den Brauen dieser schlafenden Gestalt befestigt.

Und ich erkannte plötzlich: Diese schlafende Gestalt war ich selbst! Wer hätte gedacht, dass ich einen weiteren Körper zu meiner Verfügung hatte? Aber ich war nicht tot. Mein physischer Körper schlief friedlich, während ich selbst auf den Beinen war, und es ging mir gut.

›Wie komme ich nun hier heraus?‹, dachte ich … Und im selben Moment wurde ich nach vorn gestoßen, und die Tür ging durch mich, oder ich war durch die geschlossene Tür hindurchgegangen. Ich ging in mein Badezimmer und wollte wie gewohnt den Lichtschalter betätigen, aber konnte ihn nicht bewegen. Da war dieses komische Lichtband zwischen uns, diese Nabelschnur, durch die der Körper auf dem Bett weiter am Atmen und am Leben blieb. ›Das ist eine große Chance‹, sagte ich zu mir, ›du musst dich jetzt selbst vergewissern, damit du später nicht meinst, es war nur ein Traum.‹ All das sagte ich zu mir selbst, während ich umherging und mir Details des Raums einprägte, die ich später verifizieren wollte. Ob die Fenster offen oder geschlossen, die Vorhänge zugezogen oder offen sind, welche Farbe die Handtücher haben, wo ein bestimmter Gegenstand liegt und Ähnliches.

Was könnte noch Evidenz sein? Nun könnte ich irgendwo hinfliegen, sicher wäre ich in einem Augenblick dort, aber ich hatte Angst, dass etwas geschehen und meine Verbindung mit dem schlafenden Körper unterbrechen könnte.

›Wen könnte ich besuchen?‹, dachte ich, und mein Freund fiel mir ein, der in einer entfernten Stadt wohnte. Im selben Moment flog Ich durch die Haustür und war draußen. Ich ging über eine Wiese, als mir die Frage einfiel: ›Wie kann ich wissen, dass dies kein Traum ist?‹ Und die Antwort kam sofort: ›Schau auf die Schnur aus Licht hinter dir!‹ Ich schaute nach hinten, und da war sie. So erkannte ich, dass es kein Traum war.

Doch plötzlich war ich mit einem Ruck wieder in meinem physischen Körper im Bett. Nach dem Erwachen war kein Detail meiner Erfahrung vergessen. Das Erlebte hatte eine deutlich andere, klarere, realistischere Qualität als eine Traumerinnerung.

Wir haben also ein subtiles Duplikat unseres physischen Körpers, so räsonierte ich, das immer gebrauchsfertig ist wie der Schutzanzug eines Raumfahrers oder eines Tauchers, ordentlich verstaut in unserem Alltagskörper und immer zur Hand, falls wir sterben oder eine Exkursion machen wollen.

Ich stand von meinem Bett auf, ging durch die Räume und prüfte die Details nach, die ich mir zur Verifikation eingeprägt hatte, und in allen Fällen fand ich sie korrekt wahrgenommen und mit der aktuellen Situation übereinstimmend. Wenn ich früher ein Weiterleben nach dem Tod für gut möglich hielt, so war ich mir nun vollkommen sicher, hatte ich die Unabhängigkeit der Seele vom Körper doch selbst erlebt.«

•◆•

Ein psychologisches Institut versandte in den Sechzigerjahren einen Fragebogen an achthundert Kirchgänger und erkundigte sich darin, ob sie je übersinnliche Erfahrungen erlebt hätten. Eine der gestellten Fragen war: »Schien es Ihnen je, als ob Sie außerhalb Ihres Körpers wären, und wenn ja, wo befanden Sie sich?« Es stellte sich heraus, dass nicht weniger als 45 Prozent der Befragten bereits eine außerkörperliche Erfahrung gehabt hatten.

Das Ergebnis dieser Befragung war, dass AKE, also die Erfahrung, den physischen Körper zu verlassen und wieder in ihn zurückzukehren, eine ganz normale, weitverbreitete und häufige menschliche Erfahrung ist. Auch spätere Befragungen hierzu kamen zu einem ähnlichen Ergebnis. Es gibt also keinen Zweifel, dass viele »ganz normale Menschen« solche Phänomene erlebt haben und erleben.

• ◆ •

Jeder Mensch besitzt ein ätherisches Doppel, das mit allen Sinnesorganen ausgestattet ist. Mit diesem subtilen energetischen Körper kann er den physischen Körper verlassen, sich bewegen und wahrnehmen. Obwohl diese Exteriorisation oder Entdopplung eine natürliche Erfahrung des menschlichen Lebens und deshalb eigentlich jedem theoretisch möglich ist, wird für die meisten von uns doch ein gewisses Training erforderlich sein, um dies willentlich tun zu können.

Im tibetischen Buddhismus finden sich Instruktionen hierzu in drei der »Sechs Yogas von Naropa« im Yoga des Traums, im Yoga des Illusionskörpers und im Yoga des Phowa oder der Übertragung des Bewusstseins in ein Buddha-Land. Die Yidam-Praxis mit einer projizierten, vor uns visualisierten Gottheit, in welche der Yogi im Augenblick des Todes sein Bewusstsein übertragen kann, gehört hierher, aber natürlich auch die Chöd-Praxis, bei der die Aussendung des Bewusstseins und die Verwandlung in eine weibliche Göttergestalt, welche auf unseren verlassenen Körper herabblickt, eingeübt wird. Das Zitat von Jigmed Lingpa am Anfang dieses Kapitels stammt aus seiner Chöd-Liturgie. All diese Übungen können für die Entwicklung der Fähigkeit der Entdopplung dienlich sein.

Sylvan J. Muldoon, Autor eines Buches zu diesem Thema, bemerkt, er fände es schwer zu glauben, dass das Phänomen der AKE nicht allgemeiner bekannt sei (siehe Literaturhinweise). Wenn man seine Methoden anwende, werde man seinen Körper bewusst verlassen und sich selbst überzeugen können. Er habe des Öfteren Leute getroffen, die AKE erlebt haben, aber wegen der herrschenden öffentlichen Meinung konnten sie ihrer Erfahrung einfach nicht trauen und scheuten sich, mit jemandem darüber zu reden.

Die Erfahrungsberichte vieler Menschen bezeugen, dass Astralreisen ein häufiges Phänomen sind, aber leider behalten nur wenige Personen eine klare Erinnerung daran. Die Problematik ist hier nicht anders als beim Träumen generell. Es ist nicht einfach, die Erinnerung des Geträumten lückenlos in unser Gehirn mitzubringen, deshalb muss das Gedächtnis geschult werden, zum Beispiel durch die Führung eines Traumtagebuchs. Es erfordert außerdem den festen Willen, den Traumzustand zu erkennen, und fortgesetzte Übung im Traum-Yoga, bis man schließlich lernt, im Traum voll bewusst und luzide wahrzunehmen und zu handeln. Tatsächlich erwirbt man damit auch die Freiheit, mit dem Traumkörper hinzugehen, wohin man will. Mehr noch, man kann sich im Klartraum dann darin üben, dem Traumkörper jede beliebige Form zu geben, denn er gleicht eigentlich nur deswegen unserem physischen Körper, weil wir uns daran gewöhnt haben, ihn so zu sehen

Milarepa, Tibets berühmtester Yogi, war in dieser Übung so sehr fortgeschritten, dass er mehrere Körper gleichzeitig aussenden konnte und an mehreren Orten gleichzeitig mit einer identischen Replik seiner selbst gegenwärtig war und dort auch ganz normal reden und handeln konnte. Es handelt sich hier um eine yogische Variation des von Heiligen aller Religionen bezeugten Phänomens der Bilokation. Er konnte dabei aber auch in der Gestalt von Tieren unterwegs sein, wenn er wollte.

Schamanistische Priester sind nach ihrer Berufung, die oft ihrem eigenen Wunsch gar nicht entspricht, durch eine Ausbildung gegangen, die Askese, Fasten und Enthaltsamkeit, Phasen von Krankheit und intensive Visionssuche in Isolation enthielt. Nach Einweihungen, die sie den rituellen Tod ihres alten Selbst und eine Wiedergeburt im Jenseits in ihrem Seelenkörper erleben ließ, übten sie ihre Ekstasetechnik systematisch aus, und ihr Amt als Seelenführer und Heiler bestand darin, die drei Welten – also die Unterwelt, die verschiedenen Bereiche, subtil und materiell, der

Abbildung 4: Im Traumkörper fliegender Yogi (Y. W. Kreuzer)

menschlichen Welt und die himmlischen oder paradiesischen Welten – zu besuchen. Oft kehrten sie von dort mit der Seele eines Kranken zurück, die sie dort gesucht und gefunden hatten, oder mit Nachrichten über Geschehnisse an fernen Orten und Botschaften von Verstorbenen an ihre Hinterbliebenen, wobei diese Informationen, wie zum Beispiel über den Verbleib versteckter, verlorener oder gestohlener Dinge, meist verifizierbar waren. Wir können uns die vitale Bedeutung solcher Priester als Ratgeber und Propheten für ihre Gemeinschaften gut vorstellen.

Mircea Eliade beschreibt den Schamanen als großen Meister in der Kunst der Ekstase, der willentlich seinen Körper zeitweise verlassen und diese drei Weltsphären bereisen kann, wobei sie oder er sich tauchend, gehend oder fliegend bewegten. Professor Eliade betrachtet diese körperlichen Bewegungen als Imitationen physischer Aktivitäten, aber sie sind etwas, worin sich der Schamane und Astralreisende üben muss. Sie sind lebendiger Ausdruck unserer Vorstellungskraft, die mit Glauben und Willen kombiniert ist.

Der Mensch in seinem Seelenkörper macht, ob er nun bloß zeitweise ex corpore oder gerade gestorben ist, die Erfahrung, dass er sich dorthin bewegt, woran er denkt; und er muss sich erst mit diesem Faktum vertraut machen. Es braucht Luzidität und Gedankenkontrolle, um mit dieser sofortigen Umsetzung des Gedachten umgehen und dies kontrollieren zu können.

Dies ist ja auch die Hauptschwierigkeit im Postmortem, weshalb die Unterweisungen des *Totenbuchs* für eine klare Ausrichtung so entscheidend sind. Der ungeübte Verstorbene wird wie ein trockenes Blatt umhergetrieben vom Wind seines Karmas, das heißt von seinen eigenen Impulsen, Gewohnheitsmustern, Gedanken und Empfindungen. Ohne Verankerung im materiellen Körper hat er kaum Stabilität.

Muldoon bemerkte, alles auf der Astralebene scheine von Gedanken beherrscht zu werden. Alles reagiere auf die Gedanken des Reisenden. Was ein Mensch denke, so sei er, und seinem früheren Denken entsprechend erscheine er dort in seinem Astralkörper. Hieraus ergebe es sich, dass es von größter Wichtigkeit für uns sei, unser Denken zu meistern und das richtige Denken zu lernen, weil sowohl gute Gedanken wie auch schlechte, unheilsame und ängstliche Gedanken sich gleich in unsrer Umgebung spiegelten.

Unsere Gedanken schaffen Erfahrungswirklichkeiten in der astralen Welt, ähnlich wie im Traum. Alles Erleben folgt gleich auf den Gedanken. Wenn wir in der physischen Welt daran denken, in die Stadt gehen zu wollen, so ist dies zuerst nur ein Gedanke, und später tun wir es vielleicht – in der astralen oder feinstofflichen Welt sind wir im selben Augenblick dort. Man muss erst lernen, damit umzugehen. In der Tat wird von Hellsichtigen berichtet, dass Verstorbene einige Zeit brauchen, bis sie diese direkte Spiegelung der eigenen Gedanken im Außen verstehen und das Erlebte als eigene Projektion erkennen.

Vorher genießen und fürchten sie ihre Visionen, als ob es sich um Wirkliches handeln würde.

Wenn wir uns mittels unserer Vorstellungskraft darin üben, zum Beispiel unseren physischen Körper in Gestalt einer Lichtsphäre durch die Fontanelle zu verlassen, so ist dies hier nur eine Visualisation. Auf der feinstofflichen Ebene jedoch entsteht sofort auch eine dementsprechende Bewegung, Richtung und Gestalt. Die häufige Visualisation einer Buddha-Gestalt oder Meditationsgottheit lässt die Energie unseres Astralkörpers mit der Zeit diese Form annehmen, sodass es für einen erfahrenen Yidam Praktizierenden sogar möglich ist, im Tod in diese Form überzuwechseln. Das wird »Sambhogakaya-Phowa« genannt. Damit ist er dem normalen Prozess der Reinkarnation entzogen. Der durchschnittliche, ungeübte Mensch dagegen findet sich zuerst in der ihm vertrauten menschlichen Gestalt wieder. Auch diese Form ist nur Frucht seiner Vorstellung, hier aber die seines gewohnheitsmäßigen Denkens. Und weil er keine Kontrolle über den Gestaltungsprozess hat, verändert sich diese Form nach einiger Zeit im Bardo, und der Körper der neuen, künftigen Geburt formt sich dem Karma und den Gestaltkräften entsprechend, die nun aus dem Speicherbewusstsein aufsteigen und zum Tragen kommen. Gedanken sind zwar in jeder Welt, in den materiellen und den feinstofflichen Ebenen, das entscheidende und kreative Moment, aber in der astralen, jenseitigen Welt beeinflussen sie unsere Umgebung, Wahrnehmung und Vision viel unmittelbarer und schneller. Was immer wir wollen, wünschen, erwarten und fürchten, kann sich schnell als Erfahrung spiegeln. Aus diesem Grund wird die Astralebene auch »Spiegelsphäre« genannt. Es versteht sich aus dem Gesagten von selbst, dass erst durch ein luzides Gewahrsein, welches eine mühelose Beherrschung der eigenen Gedanken und emotionalen Impulse bewirkt, eine willentliche Bewegung und spiegelgleiche, von eigenen Projektionen ungefärbte Wahrnehmung auf all diesen Ebenen möglich wird. Das Wissen, dass alles Erfahrbare die eigene Vision ist, hilft uns, ohne irritierende Störgefühle in der Luzidität zu bleiben, die die Untrennbarkeit der Klarheit und der Leerheit unseres Geistes ist.

Bei dem taoistischen Meister Dschuang Dsi aus dem 4. vorchristlichen Jahrhundert heißt es, der Weise sei ein geistiges Wesen. Sogar wenn die großen Ozeane verbrennten, würde es ihm nicht heiß sein. Selbst wenn die großen Flüsse völlig einfrören, wäre es ihm nicht kalt. Und sogar wenn furchtbare Donner die Berge zerbrächen und Stürme das Meer aufwühlten, kenne er keine Furcht. Weil er so sei, reite er auf den Wolken, tauche durch den Himmel, sitze auf Sonne und Mond und wandere über die vier Meere hinaus. Weder Leben noch Tod beträfen ihn. Wie sollten Banalitäten wie Gewinn und Verlust ihn berühren können?

Und Muldoon, der erfahrene Astralreisende, schrieb, es gebe mehrere Variationen des Flugtraums. Träume der Entdopplung seien meist Träume wirklicher Handlungsfähigkeit. Luzide Träume. Wenn es gelinge, Träume zu lenken, könne man auch die Bewegungen des Traumkörpers lenken. Wie sich der Körper und die Glieder dabei bewegten, entspräche nur unserer Vorstellung.

Grundsätzlich gilt für die Anwendung unserer schöpferischen Imagination, dass, wenn wir nach einer Phase geistiger Stille einen Wunsch klar formulieren und uns dann seine Erfüllung in Ruhe vorstellen, eine »Wirklichkeit« auf der feinstofflichen Ebene bereits geschaffen ist. Wird sie mit Glauben und Dankbarkeit für die Erfüllung des Gebets oder Wunsches versiegelt, so kann sie auch auf der physischen Ebene wirksam und wirklich werden.

◆

Vorstellungskraft, Imagination, Visualisation bringen Bewegung in den Astralkörper und gestalten ihn. Je weniger Anhaftung an irdische Genüsse und damit Erdenschwere jemand hat, umso leichter löst sich das Doppel vom Körper, wenn jemand die Disposition dazu besitzt. Eine englische Dame zum Beispiel erfuhr die Entdopplung zuerst spontan, und später pflegte sie sich hierzu einfach bequem auf ihre Couch zu legen und sich vorzustellen, dass ihre Seele den Körper verließ. Kurz danach fand sie sich ex corpore wieder und konnte auf ihren auf dem Sofa liegenden Körper herabblicken. Es funktionierte bei ihr so mühelos, dass sie die Projektion sehr leicht erlernte und perfektionierte.

Ihr Procedere beschreibt eigentlich sehr treffend und einfach die Grundelemente der Übung der Exteriorisation, wie wir sie in den Anleitungen zu Astralreisen, aber auch in der täglich vor dem Schlafengehen geübten tibetischen »Praxis des Chöd« finden.

Wenn wir uns hier manchmal weniger auf den Gesang und die Worte der Liturgie, sondern mehr auf die Phasen der Visualisation konzentrieren, so ist das Chöd eine essenzielle Einübung der Entdopplung. Wir stellen uns dabei vor, den Körper in Gestalt einer Lichtsphäre durch unsere geöffnete Fontanelle zu verlassen und dann im Raum vor uns eine neue, eine göttliche Gestalt anzunehmen. Von dieser aus blicken wir nun zurück auf unseren Körper von Fleisch und Blut und bringen diesen dann, von großem Mitgefühl bewegt, allen Wesen zum Opfer dar.

Eine andere Methode der Entdopplung ist folgende: Man stelle sich bei geschlossenen Augen den eigenen Zentralkanal, das Innere der Wirbelsäule, als Brunnenschacht vor. Wir sind darin und blicken nach oben auf ein kreisrundes, hell leuchtendes Licht. In diesem Licht erscheint der göttliche Meister, und wir beten um seine Hilfe bei der Entdopplung. Er lässt ein leuchtendes Seil herunter, das wir ergreifen; und mit diesem zieht er uns aus dem Körper, oder wir klettern daran hinauf und hinaus ins Offene. Wenn man ganz eins mit dieser Vorstellung wird und ohne jeden anderen Gedanken auf die Aufwärtsbewegung gesammelt bleibt, wird das Doppel sich aus dem Körper lösen.

Da der Ausstieg aus dem Körper oft in einer spiralartigen Bewegung vor sich geht, ist es auch möglich, sich vorzustellen, von der eigenen Stirn aus eine Spiraltreppe immer höher zu steigen, bis man im Himmel anlangt.

Auch wenn wir intensiv an eine entfernte Person denken und uns, frei von Zerstreuung in andere Gedanken vorstellen, diese vor uns zu haben und dort gegenwärtig zu sein, so ist unser Seelenkörper in gewissem Maß wirklich dort, und wir üben uns in der Aussendung des Doppels.

Wenn wir uns mit der Perspektive, der Sichtweise unserer unzerstörbaren Existenz, frei vom physischen Körper vertraut machen, verlieren wir jede Angst vor dem Tod, und das alles entscheidende Primat des Geistes und der Wirkkraft seines Denkens wird viel deutlicher.

Alle irdischen Ambitionen werden unwichtig, wenn uns bewusst wird, dass allein die Richtung und Verfassung unseres Geistes über das Wohl und Wehe unserer künftigen Existenzen entscheidet. Dann wird die Erkenntnis, die Schulung und Reinigung unseres Geistes zum wichtigsten Thema unseres Lebens. Das ist sicher eine sehr heilsame Wirkung der Beschäftigung mit dieser »Ars Moriendi«, hier als die konkrete »Technik der Ekstase« dargestellt.

·–·–·

Nun wollen sich zwar viele neuerdings in dieser Kunst der Entdopplung oder dem Astralreisen üben, und vielleicht gelingt es einigen auch, sich im Astralkörper außerhalb des Körpers zu finden – spätestens im Sterben wird es uns allen ja glücken –, aber was meist fehlt, ist eine klare Vorstellung, wo es dann hingehen soll. Wenn unsere Neugier keine Richtung hat, werden wir vieles lernen, doch vielleicht nicht das Richtige; und Gefahren, sich zu verlieren, und Anfechtungen gibt es auf jeder Ebene. Wenn unsere Ausrichtung das Bodhicitta ist, so sind wir geschützt, und wir können, dem Wunsch »Mögen alle Wesen glücklich sein« folgend, unsere übersinnlichen Fähigkeiten und Erkenntnisse erweitern.

Um fähig zu werden, im Körper und außerhalb des Körpers den Wesen wirklich helfen zu können, ist es immer wieder nötig, den Rat erleuchteter Meister und ihre Gesellschaft und Supervision zu suchen. Die geistige und telepathische Verbindung mit dem »Meister«, der in seiner Gestalt alle liebevollen, weisen und erleuchteten Wesen und die Quelle allen Segens verkörpert, kultivieren wir täglich im sogenannten »Guru-Yoga«, und wir leben und handeln möglichst unabgelenkt im Licht seiner Gegenwart. Wenn all unser Sinnen und Begehren auf den göttlichen Meister, auf unser wahres Selbst gerichtet ist, so ist der Meister hier, wo wir sind, und wir sind bei ihm. Wenn wir an ihn denken, so erinnert er sich an uns.

Wann immer wir uns an ihn erinnern, erinnert er sich auch an uns. Der Geist aller Buddhas ist wie ein Spiegel, der auf die Wünsche der Wesen reagiert, die in ihm erscheinen, wenn sie vertrauensvoll an ihn gerichtet sind.

In allen Bardos, die in den folgenden Kapiteln besprochen werden, leitet uns diese Liebe wie ein Magnet; und egal, ob wir uns zum Schlafen, zu einer AKE oder zum Sterben hinlegen, wir tun dies mit der festen Intention, sobald wir aus dem Körper sind, alles Erleben als Traum erkennend, in seine Gegenwart zu gehen und seinen Segen, seinen Rat, seine Belehrung zu erbitten. Ja, wir erbitten seine Belehrung und seinen Segen, wir sind uns gewiss, sie zu erhalten, und wir erfahren und verstehen die Natur unseres Geistes in seiner Gegenwart, gemeinsam mit allen Bodhisattvas und Meistern, mit allen Yogis und Yoginis, die sich in diesem höheren Bereich der Wahrnehmung immerfort schauend seiner Gegenwart erfreuen.

— 12 —

Einige in allen Kulturen wiederkehrende Grundmotive der Seelenreise

*Ich fürchte meinen Tod nicht, denn ich werde
meine Freunde in einer anderen Welt wiedertreffen.*

ARIOST

*Wir träumen von Reisen durch das Weltall: ist denn das Weltall
nicht in uns? Die Tiefen unseres Geistes kennen wir nicht.*

NOVALIS

*Der, welcher seinen Körper wie den Schaum einer Welle,
wie einen Schatten oder eine Sinnestäuschung betrachtet,
er entgeht den scharfen Pfeilen der Dämonen Maras, die in
den Blüten der Sinneslust verborgen sind, und unsichtbar
für den Totengott Yama geht er unbeirrt seinen Weg.*

DHAMMAPADA

W ollen wir mehr über ein Wissensgebiet lernen und in Erfahrung bringen, so wenden wir uns am besten an jene, die darin bereits über ausgedehntes Wissen und Erfahrung verfügen. Das gilt sowohl für weltliches wie auch spirituelles Wissen.

In Tibet wurden spontan aus einer Nahtoderfahrung zurückgekehrte Menschen wie gesagt »Delog« genannt. Bis zur chinesischen Invasion und Annexion hatten sie eine wichtige gesellschaftliche Rolle inne. Ein solcher Mensch hat die Schwelle des Todes überschritten, hat seinen Körper verlassen und im Jenseits Erfahrungen gemacht und ist ins Leben zurückgekehrt, oft mit dem expliziten Auftrag, die Lebenden an die Erfahrungswirklichkeiten jenseits des physischen Körpers sowie an die Wichtigkeit ethischen Verhaltens und spiritueller Praxis zu erinnern.

Dawa Drolma, die Mutter Chagdud Tulku Rinpoches, eines tibetischen Meisters, der erst vor wenigen Jahren in Kalifornien verstarb, war ein solcher in ganz Tibet verehrter Delog. In ihrer von ihm verfassten Biografie erzählt er, dass er sie in seiner Kindheit manchmal umgeben von einer Zuhörerschaft fand, die mit höchster Aufmerksamkeit an ihren Lippen hing, während sie von ihren Reisen in andere Bereiche erzählte. Ihr Gesicht leuchtete, wenn sie von den Gottheiten und Buddhas in den reinen Ländern sprach, und Tränen flossen, wenn sie die Qualen der Wesen in den höllischen Bereichen oder in der Welt der Pretas oder unersättlich hungrigen Geister schilderte. Sie erzählte, wie sie die verstorbenen Verwandten von bestimmten Leuten traf, deren Botschaften oder Bitten um Gebete sie den Lebenden vermittelte. Manchmal konnten die Hinterbliebenen so auch wertvolle Dinge, welche die Verstorbenen im Geheimen verborgen hatten, finden. Sie gab darüber hinaus Belehrungen und Ermahnungen von verstorbenen Lamas an deren Schüler weiter, wie es ihr im Jenseits von diesen aufgetragen worden war. Ihre Nahtoderfahrung war nicht visionär oder nur von kurzer Dauer. Für fünf Tage habe ihr Körper wie tot da gelegen, kalt, ohne Atmung und ohne Zeichen von Vitalität, während sich ihr Bewusstsein, geleitet von der Göttin Tara, frei durch die verschiedenen Bereiche des Jenseits bewegt habe. Seine Mutter habe ihre Jenseitsreisen gemäß den Instruktionen und der Einladung hierzu unternommen, die sie von der Göttin Tara vorher in Visionen erhalten hatte.

Die direkte Erfahrung verschiedener Bereiche des Jenseits gab seiner Mutter eine große spirituelle Autorität, wenn sie über korrektes Verhalten oder Ursache und Wirkung lehrte. Ihre Schilderungen waren so farbig und detailliert wie die Reisebeschreibung eines Touristen, der fremde Länder besucht hat, aber es war gleichzeitig klar, dass es sich um eine Reise des Bewusstseins, durch die reinen und unreinen Visionen des Geistes handelte.

Ihre Erzählung war sehr spezifisch in der Beschreibung der Topologie der Jenseitswelten, aber es war gleichzeitig klar, dass die von ihr gesehenen Bereiche die spontanen Visionen des Geistes waren. Aus ihren Schilderungen geht klar hervor, dass die reinen Länder eine Manifestation des Geistes sind, genauso wie das Jenseits und die sechs Bereiche der Wiedergeburt. Der Unterschied besteht nur darin, dass die »reinen Länder« ein Ausdruck des erleuchten Geistes sind, während die sechs Bereiche und die Bardo-Erfahrung eine visionäre Erfahrung des von Unwissenheit und den Geistesgiften geprägten Geistes sind.

Die Hölle ist eine Projektion von Ärger und Hass und der Untugend des Tötens. Der Preta-Bereich ist eine Projektion von Neid und Verlangen, der Tierbereich eine Projektion der Dummheit. Der Bereich der Halbgötter oder Titanen erscheint als eine Projektion von Tugend gemischt mit Eifersucht und Ehrgeiz. Die Welt der Götter ist eine Projektion der Tugend, gemischt mit Stolz und Überheblichkeit.

Der menschliche Bereich ist ein Ausdruck aller fünf Geistesgifte, kombiniert mit genug Tugend, um nicht in tiefere Bereiche zu fallen. Menschliche Geburt ist ein seltenes Glück und kann nur durch große

Verdienste geschehen. Sie ist äußerst kostbar, denn nur sie allein ermöglicht es, sich der spirituellen Praxis zu widmen.

Seine Mutter habe oft gesagt, wie schwer das Leben als Mensch auch sein möge – die Schwierigkeiten hier seien mit den Leiden in den niederen Bereichen des Samsara nicht zu vergleichen.

•–•

Die Geister der Verstorbenen müssen, so geht es übereinstimmend aus den Berichten von Dawa Drolma und anderen »Delogs« hervor, auf ihrer Reise in der jenseitigen Welt durch verschiedene Ur-Erlebnisse hindurchgehen, die durchaus ähnlich wie viele Situationen, welche das Leben in der Welt mit sich bringt, als Prüfungen für den eigenen Charakter aufgefasst werden können.

In jeder Wahrnehmungssituation, sei sie im Wachzustand, im Traum oder einer Vision des Postmortem, entscheidet ja allein das eigene Wesen, der Charakter und Geisteszustand des Wahrnehmenden über seine Reaktion auf das Wahrgenommene.

Visionen entstehen spontan und unaufhörlich aus der Energie des Geistes, egal, ob sie nun Ausdruck karmischer Spuren oder der Buddha-Weisheiten sind. Alle Visionen und Erfahrungen sind ihrer Natur nach leer und können uns folglich weder hindern noch schaden. Das, was allein über Erlösung oder Bindung entscheidet, ist, ob wir im Gewahrsein sind oder in irgendeiner Art von zwanghaftem Denken, Reaktivität oder Trance.

Sind wir gewahr und achtsam, so werden wir den aufsteigenden Erscheinungen nicht folgen und somit kein neues Karma erzeugen. Sind wir nicht im Gewahrsein, so werden wir instinktiv mit Störgefühlen, Konzepten und Urteilen auf dieselben Erscheinungen reagieren. Die Art unserer Reaktion ist immer bestimmt vom Grad unserer momentanen Luzidität oder Verblendung. Sie offenbart unseren Gleichmut und unsere Geduld oder unsere Leidenschaftlichkeit und geistige Unruhe.

Dass das Erfahrungsspektrum der Seele, von Zuständen extremen Leids, von »Ich-Enge«, also Angst, von Getrenntheit, Schwere und Hass bis zu Zuständen von ozeanischer Freude, Ichlosigkeit, Einheit, Offenheit, Leichtigkeit und Liebe reicht, wird niemand bestreiten. Dass diese Zustände über längere Zeit auch ambiental als höllischer oder himmlischer Bereich erlebt werden können, glauben heute nur wenige.

Im Traumzustand aber kann jeder von uns sich in solch visionären Szenarien wiederfinden. Wenn unser Geisteszustand von momentanen Störgefühlen beeinflusst ist, haben wir dementsprechende Träume.

Auch früher schon zweifelten Menschen an der Existenz des für physische Augen Unsichtbaren und glaubten, es besser zu wissen als der Buddha. So kam einst ein Schwertkämpfer zum Zen-Meister Hakuin und fragte ihn: »Gibt es wirklich ein Paradies und eine Hölle?«

Hakuin fragte ihn daraufhin: »Wer bist du?«

»Ich bin ein Samurai«, antwortete der Besucher.

»Du ein Samurai? Welcher Herrscher würde dich wohl anstellen?«, sagte Hakuin. »Dein Gesicht schaut aus wie das eines Bettlers!«

Daraufhin wurde der Samurai so wütend, dass er nach seinem Schwert griff.

»Du hast also ein Schwert?«, sagte Hakuin. »Aber es ist wohl zu stumpf, um mir den Kopf abzuschlagen?«, worauf der Besucher noch mehr erzürnt sein Schwert zog. »In diesem Augenblick öffnen sich die Pforten der Hölle«, sagte Hakuin ganz ruhig.

Als er diese Worte hörte, steckte der Samurai sein Schwert wieder in die Scheide und verbeugte sich tief vor dem Meister, beschämt über seine Unbeherrschtheit.

»Hier öffnen sich die Pforten des Paradieses!«, sagte Hakuin Zenji.

•◆•

Ohne Zweifel sind im Menschen und seinem Unterbewusstsein die Geistesgifte latent vorhanden; und wenn sekundäre Ursachen oder die passenden Auslöser hinzukommen, treten sie als instinktive Reaktion hervor. Ebenso ist es ein natürliches Faktum, dass alle Bewusstseinszustände des ganzen Spektrums neurotischer Störgefühle zwar bildlos erlebt werden können, aber gleichzeitig auf feinstofflicher Ebene auch immer die ihnen entsprechende visionäre Gestalt und Umwelt hervorbringen – wie es im Traum, in schizoiden Zuständen oder unter Drogen und im Nachtodzustand ersichtlich wird.

Das innere Drama der Seelenzustände und Leidenschaften, seine Akteure Stolz, Eifersucht, Verlangen nach etwas und Angst vor etwas, Misstrauen, Verdrängung, Geiz, sexuelle Gier, Unersättlichkeit und Ärger erschaffen sich ihr eigenes Theater und führen sich mit entsprechenden Szenen, Orten und passender Beleuchtung darin auf. All diese Erfahrungen haben ihre eigene Vibration und Lichtqualität, alle können auch als Umgebung und als Begegnung mit den eigenen Gefühlen entsprechenden Wesen erfahren werden. Gleiches zieht ja Gleiches an, und einander Ähnliches gesellt sich gern zueinander. So hat also in der sichtbaren und unsichtbaren Welt jedes Ideal und Interesse, jede Mentalität und Leidenschaft ihr eigenes Forum, an dem man partizipiert und von dem man affiziert wird, weil man sich auf die korrespondierende Schwingungsebene begeben hat. Von dem aber, was einem selbst nicht gleicht, fühlt man sich abgestoßen.

In den Zeugnissen von Reanimierten, von Astralreisenden und in den religiösen Überlieferungen auf der ganzen Welt wird mit großer Übereinstimmung von archetypischen Visionen oder Grundmotiven der Jenseitserfahrung berichtet, die mit verschiedenen Variationen der Aufführung, doch immer dieselben seelischen Themata darstellen. Die Namen und Formen mögen verschieden sein wie die Sprachen und Kostüme der Völker, die Erfahrungen selbst aber gehören offenbar zur geistigen Grundausstattung und Selbsterfahrung eines jeden Menschen, egal, welcher kultureller Prägung oder welchen Glaubens dieser ist. Sie gehören zum Land der Seele und seiner inneren Verortung oder Topografie, welche der lebendige, visionäre Ausdruck der verblendeten

Gedanken des Geistes und ihrer Folgen oder andererseits der Intuition seiner göttlichen Natur und Seinsweise ist.

Stellen wir uns mit dem inneren Auge also nochmals die am häufigsten beschriebenen Stationen dieser Seelenreise vor: Beim bevorstehenden Exitus erscheinen Boten am Sterbebett, oder wir begegnen ihnen außerhalb des Körpers, und sie bieten sich als Cicerones an. Die Seele sieht ihren Körper liegen und empfindet kaum Verwandtschaft zu ihrer verlassenen Hülle. Eingetaucht in lichten Nebel, beginnt sie eine Wanderung mit anderen Seelen von gleicher Art und Schwingung. So sind zum Beispiel Menschen, die sich selbst getötet haben, von den Schatten anderer umgeben, die Suizid begangen haben; aber jeder ist mit sich selbst beschäftigt. Es beginnt eine Wanderung, allein oder mit anderen, über eine endlos scheinende graue Ebene ohne jede Vegetation, ein wüstes, heißes Land, eine landschaftliche Allegorie des Übergangs muss durchquert werden. In der Ferne erscheint manchen ein Berg, ein Bergpass, der überschritten werden soll, oder eine Mauer, und darin ist ein Tor, durch das man hindurchgehen muss, um weiterzukommen. Dann versperrt der Fluss der Toten mit seinen braunen Fluten den Übergang. Stürme und Winde peitschen den Sand und die Wellen auf. Viele Seelen warten an der einzigen Brücke, die über den Strom hinwegführt.

Hier im »Grenzland« gibt es auch eine Stadt, einen Ort des Übergangs. Die Brücke verbindet den erdgebundenen mit den höheren Bereichen. Die Muslime nennen sie »Al Sirat«, die Hindus nennen sie »Vaitarani«, die Anhänger Zarathustras »Pul Chinavat«. Alle Seelen, deren Lebenszeit erschöpft ist, müssen über diese Brücke gehen, so heißt es. Für die einen ist sie breit – sie gehen einfach hinüber –, den anderen erscheint sie so eng wie ein Haar, so scharf wie eine Messerschneide; und sie haben Angst, sie zu überschreiten, im sumpfigen, trüben Wasser glauben sie bedrohliche Monster zu erkennen; es sind ihre eigenen Gedankenformen. Nicht alle können die Balance halten, aber es gibt kein Zurück, und sie werden unbarmherzig von wilden Gestalten hinübergetrieben. Wer zu beschwert ist mit Anhaftungen und Lastern, der fällt. Der Übergang ist bedrohlich für all jene, die Angst vor der Entdeckung ihrer wahren Motive haben und denen nun ihre schlechten, aversiven, gehässigen und eigennützigen Gedanken in der Spiegelsphäre als aggressive und bedrohliche Gestalten entgegenkommen. In diesem ersten erdgebundenen Zwischenbereich gibt es auch viele verblendete, anhaftende und bösartige Geister, die sich von Seelen angezogen fühlen, die ihrer Wesensart verwandt sind.

Die Parsen glauben, dass zwei Engel auf dieser Brücke stehen und jede Seele prüfen, die hinüberwill. Wenn sie eher gut war, darf sie passieren und in die Himmel aufsteigen; war sie schlecht, so wird sie von der Brücke in den Sumpf ihrer eigenen Leidenschaften hinabgestürzt.

Die Maori glauben, dass jeder Verstorbene zwischen zwei Geistern, die ganz eng nebeneinanderstehen, hindurchgehen muss. Wenn er leicht und beweglich ist und sich klein machen kann, kommt er durch. Wenn er aber schwer ist von Sinnlichkeit und aufgeblasen von Selbstsucht, bleibt er stecken. Er wird zwischen diesen Geistern erdrückt und dann verschlungen. Einige glauben, hinabzufallen und von den Ungeheuern gefressen zu werden, die sie in den Morast hinabziehen wollen. Rufe ertönen wie: »Erschlagt ihn! Tötet ihn! Ergreift ihn und fesselt ihn!« Sie sind der spontane Ausdruck der Abwehr und der paranoiden Angst des Egos vor einem egoistischen, grausamen Gegenüber.

Sie sind das Feindbild als eine Reflexion seiner eigenen Störgefühle. Die inhärente Aggressivität und Furcht des Egos lässt die Lichtstrahlen der Spiegelsphäre als einen Regen von spitzen Waffen erscheinen. Nur die, die sich in gleichmütigem und leidenschaftslosem Gewahrsein geübt haben, sind völlig frei von derartigen Anfechtungen. Sie können ihr Erleben als Traum erkennen; und weil sie sich von der instinktiven Bezauberung durch Bilder des Begehrens und der Aversion befreit haben, reagieren sie nicht darauf und folgen ihnen nicht.

Sie können die Hilfe mächtiger, geistiger Helfer annehmen und jederzeit um deren Hilfe bitten, wenn nötig. Ihr Herz ist leicht, ihr Geist ist frei beweglich und liebevoll. Leicht können sie deshalb den Körper verlassen, sei es im Leben oder im Tode, und nichts bindet oder hindert sie im Jenseits.

Der Schamane überwindet in seiner Initiation die Angst vor dem Sterben, indem er seinen Leib wie Osiris und Dionysos zerstückeln lässt; und dadurch von aller Bindung an den materiellen Körper gereinigt, kann er auferstehen und lebt fortan ein unzerstörbares Leben in seinem Seelenleib. Wer sein physisches Leben hingibt und stirbt, der wird ewig leben. Wer aber am Leben des Körpers festhält, der verliert es und muss immer wieder sterben und geboren werden.

Nach dem Überschreiten der Brücke geht es meist durch Tore oder Engpässe hindurch in einen Hof, in den Palast des Herrn des Todes, in dem die Lebensrückschau und das Totengericht für die Seele stattfinden. Ein lückenloses Resümee ihres zurückliegenden Lebens wird dabei vor den Augen aller ausgebreitet und von den Supervisoren gemeinsam mit der Seele in allen Details einer genauen Prüfung unterzogen. Eine erhabene Richtergestalt, in Asien meist Yama, der Herr der Toten, fragt genau nach, was die heilsamen und die schädlichen Handlungen eines jeden waren.

Ein weiteres archetypisches Motiv ist hierbei der Spiegel des Karmas, in welchem dem Verstorbenen das von ihm Getane und Erlebte nochmals gezeigt wird, oder das Buch des Lebens, in dem alles genau aufgezeichnet ist. Beide werden vom Gericht eingehend konsultiert. Die äußere Gestaltung oder Aufführung dieser »Gewissenserforschung« und der »Anerkenntnis der eigenen Fehler« mag wiederum dem Glaubenssystem entsprechend variieren, der Kern der Erfahrung aber besteht darin, dass frei vom Schleier des physischen Körpers und frei von der Schranke des Oberbewusstseins nun die Inhalte des sogenannten Speicherbewusstseins oder des Alaya-Vijnana erfahrbar werden. Im Alaya-Bewusstsein ist jede einzelne Erfahrung aufgezeichnet, die im Spiegel unseres Gewahrseins während des vergangenen Lebens stattgefunden hat.

•◆•

Daraufhin folgt die Szene des Wägens des Herzens. In Rogier van der Weydens Flügelaltar »Das Jüngste Gericht« ist es der Erzengel Michael, bei den Muslimen und den Juden der Erzengel Gabriel, der die Waage hält, in der ägyptischen Version ist es der schakal- oder hundeköpfige Gott Anubis, im *Tibetischen Totenbuch* der affengesichtige oder schlangenköpfige Adjutant des Yama.

Je leichter das Herz des Verstorbenen ist, je unbeschwerter von Sünden und irdischen Anhaftungen, welche die Seele herabziehen, umso besser. So liegt als Gegengewicht zum Herzen, auf der zweiten Schale der Waage, in der ägyptischen Version des Gerichts eine Vogelfeder. Dann treten die zwei Seelen, die ein jedes Wesen in seiner Brust trägt, auf, und das, was Paulus, vereinfachend, die »Stimme des Fleisches« und die »Stimme Gottes in uns« nennt, spricht sich nun aus.

Auch nach der uralten Lehre der tibetischen Bön-Religion ist jede Seele mit einem göttlichen Geist oder *lha* und einem Dämon oder *bdud* verbunden. Der Erstere inspiriert zur Achtsamkeit, zur Ruhe, zur Besonnenheit und zum Guten, und der Dämon regt zur Verdrängung, zu geistiger Unruhe und egoistischen, leidenschaftlichen Gedanken und Wünschen an.

An diesem Punkt tritt nun unser Schatten, wie auch auf den Holzstichen der Ars Moriendi dargestellt, als ein schwarzer Dämon oder Teufel auf die Bühne und öffnet einen Beutel mit schwarzen Steinen. Er zählt damit unsere egoistischen, eigennützigen Handlungen auf und klagt uns ihretwegen an. Doch unser Verteidiger – als der weiße, lichte Genius, als unser eigener Schutzengel oder unsere Schutzgottheit – stellt dem all unsere Verdienste, erworben durch selbstlose, uneigennützige, liebevolle Handlungen und religiöse Übung, entgegen und verteidigt uns.

Nach der Vision der Gerichtsszene, die noch ganz unserer verblendeten Art dualistischen Denkens und antagonistischen Fühlens entspricht – nach diesem Offenbarwerden und klaren Erkennen unserer Verfehlungen und guten Taten im Licht der Wahrheit –, sprechen wir uns selbst durch den Mund des Richters das Urteil. Gleich danach treibt es uns und zieht es uns, wobei dieses Ziehen und Drängen auch die Gestalt von

Abbildung 5: Das Wägen der Seelen. Ausschnitt aus: Jüngstes Gericht.
(Rogier van der Weyden)

Henkersknechten mit Peitschen und Haken annehmen kann, unweigerlich zu Orten und zu Wesen, die unserer inneren Qualität entsprechen;
und nur diese sind für uns sichtbar.

Durch Türen oder Tore führt der Weg in die verschiedenen Bereiche
des Samsara, und auf Pfaden von variierender Lichtqualität und Vibration geht es hinab in die Höllen oder zur Reinigung in die Bereiche der
armen Seelen und Hungergeister, in die Welt der Tiere oder die Menschenwelt – oder in niedere und höhere Götterbereiche –, und für jene
mit besonders gutem Karma und der entsprechenden Ausrichtung ist es
möglich, in die reinen Bereiche der Buddhas aufzusteigen.

Das »Rad des Karmas« dreht sich in Wahrheit im Herzen eines jeden
geistbegabten Wesens, und von dort aus strömen und schwingen »die
Lichtpfade« in die verschiedenen »Erfahrungsbereiche« aus, welche allen
möglichen verblendeten oder luziden, geläuterten Bewusstseinszuständen entsprechen. Es besteht kein Zweifel daran, dass diese archetypischen
Erfahrungsmotive und Bewusstseinsmodi in jeder menschlichen Seele
leben und Teil des kollektiven Unbewussten sind. C. G. Jung und die
transpersonale Psychologie haben dieses Faktum in vielen seiner Aspekte
erforscht und nachgewiesen.

In einer Nahtoderfahrung, aber auch im Traum oder in Trance, unter
Hypnose oder unter der Wirkung von Betäubungsmitteln und bewusst-
seinserweiternden Drogen sowie in psychotischen Zuständen kann das
innere Drama der Seele Gestalt annehmen und visionär erfahrbar werden. Das Eis des Oberbewusstseins ist nur dünn, und gleich unter ihm
wirkt die wogende, visionäre Formenwelt des Unterbewussten.

●–◆–●

Der Buddhismus und damit auch das *Tibetische Totenbuch* bestehen
darauf, dass all diese Erfahrungen der Traum des Geistes sind. All diese
Erscheinungen sind Visionen, die dem sie wahrnehmenden Bewusstsein
ebenso entsprechen, wie ein beliebiger Traum seinem Träumer entspricht.

Weil alle Dinge so sind, wie sie gesehen werden, ist es immer auch möglich, sie anders zu sehen, wenn man sein geistiges Kontinuum reinigt und seine Sichtweise und Perspektive ändert.

So zeigt sich an tibetischen Delog-Berichten, dass fortgeschrittene Übende und solche, die sich im Bardo der Instruktionen des *Totenbuchs* erinnern, den riesigen und furchtbaren Herrn des Todes plötzlich als Buddha, als Guru Padmasambhava oder den Herrn des großen Mitgefühls, Chenresig, sehen konnten. Sie erkennen sein Gefolge, die acht tierköpfigen und furchtbar strengen Helfer des Totengerichts, unter ihrer rauen Schale als die acht mitfühlenden Bodhisattvas, und die verstörend lauten Töne und Donner der Dharmata werden ihnen zum befreienden Klang des Mantras ihrer Schutzgottheit.

Der Dharmaraja, der König des Totenreichs selbst, lehrte dann einen solchen, im Bardo luzide gewordenen Delog mit den Worten: »Wunderbar! Du hast dich wirklich in der Praxis der reinen Sichtweise geübt. Übe dich weiter im Gewahrsein der Nichtexistenz aller täuschenden Erscheinungen. Übe dich weiter im tiefen Sinn der Untrennbarkeit des Geistes von all den Dingen, die in ihm erscheinen.«

Pfade in den fünf Farben gehen von hier aus, wie Lichtbänder in die sechs Bereiche, aber ein starker Praktizierender kann mit einem Sprung im reinen Land des Buddha sein. Er kann wie ein Adler fliegen, wohin er will, und in den sechs Bereichen viele Wesen befreien, wenn sie an ihn glauben. Ein solcher Yogi erkennt alles als die Selbsterscheinung seines eigenen Geistes. Er weiß, dass sogar der eigene Körper nur eingebildet ist und in Wirklichkeit nicht existiert.

Weiter sagt der Dharmaraja: »Realisiere die Offenheit aller Erscheinungen. Töne, Lichter und Strahlen, die dem eigenen Karma entsprechend gedeutet und erfahren werden. Flammen und Waffen, Fratzen und Gebrüll – wer hat es wohl hervorgebracht? Wenn eines Menschen schlechte Gedanken und Missetaten reifen, so werden ihm all seine Wahrnehmungen als Feind erscheinen. Die Flammen, die dich dann brennen, der gefährliche Abgrund, die Ungeheuer und Henkersknechte – sie alle kommen von dir selbst. Wenn du deine Wahrnehmungen zu befreien weißt, sind Yama und sein Gefolge und die Hölle für dich nur ein Traum. Selbst wenn du suchst, findest du keine Hölle; und selbst wenn du sie findest, ist sie dir ein reines Land. Ungeübte Leute fürchten sich vor den selbstgeschaffenen Bildern ihres Geistes. Sie sind entsetzt und fliehen vor ihrem eigenen Schatten. Schau dir alles ruhig an. Obwohl nichts existiert, erscheint alles in vielerlei Gestalt. Obwohl es erscheint, existiert es nicht. Das ist die untrennbare Natur von Leerheit und Erscheinung. Entschlossen sehe alles als Selbsterscheinung. Alles bist du, nichts ist getrennt von dir. Samsara und Nirvana sind dein eigener Geist und haben keine eigene, davon unabhängige Wirklichkeit.«

·◆·

Das Innere der Seele erscheint, besonders wenn sie von der groben Schale des Körpers befreit ist, als äußere Welt und Erscheinung; und diese Erscheinung beeindruckt sie wiederum, fordert sie auf, aus ihr zu lernen und das Erlebte als Spiegelung des eigenen verblendeten oder erleuchteten Geistes zu verstehen.

»Möge ich allen Erfahrungen als meinem kostbaren Lehrer begegnen können!«, so lautet ein tibetisches Wunschgebet, das uns, wenn häufig wiederholt, für alles, was uns das Leben lehren will, immer empfänglicher machen kann. Die Bereitschaft, in jedem Menschen und in jeder Erfahrung, angenehm oder leidvoll, den Lehrer zu sehen, transformiert unsere dualistische Art wahrzunehmen. Unsere zeitlose Leerheit und Offenheit kann durch nichts verletzt oder zerstört werden. Eine alles, ohne Ausnahme, umarmende Liebe bricht den bösen Zauber einer eingebildeten, bedrohlichen Fremdheit der einströmenden Visionen, und die Erkenntnis der Leerheit jeglicher Form und Erscheinung macht uns frei – frei von Raum und Zeit, frei von jeder Form und von jeder zwanghaften Interpretation.

·◆·

»Im Augenblick, da du Subjekt und Objekt als eins erkennst, bist du erleuchtet« – was diese momentane Realisation der höchsten Wirklichkeit bedeutet und welche Freiheit und Beweglichkeit sie der Seele im Traum und im außerkörperlichen Zustand auf der Astralebene verleiht, möchte ich anhand des Erlebnisberichtes eines weiteren tibetischen »Delogs«, eines vom Jenseits in das menschliche Leben Zurückgekehrten, darstellen. Es ist die Geschichte von Gyalwa Yungdrung, einem Dzogchen-Yogi der Linie des Yungdrung Bön, dessen Biografie oder *Namthar* von der Bönpo-Foundation in unserem Mutterkloster in Dolanji, Nordindien, veröffentlicht wurde. Auch sein Bericht enthält viele der oben genannten »Schlüsselszenen« der Jenseitsreise, die wie immer, dem Glaubenssystem des Erfahrenden entsprechend in individueller Abwandlung erlebt werden. Die Gottheiten und Meister, die ihm erscheinen, gehören dem Pantheon der tibetischen Urreligion des Bön und dem Vajrayana-Buddhismus an. Sein Erleben ist das eines instruierten, gut geübten Yogi und weist dabei auch uralte, typisch tibetische schamanistische Elemente wie die Selbstverwandlung in einen Vogel auf.

In seinem 49. Lebensjahr starb seine geliebte Mutter, und er lud, wie es der Brauch war, einige erfahrene Lamas ein, um für die Zeit von sieben Wochen für sie zu beten und zu praktizieren. Die ersten 49 Tage sind am wichtigsten für eine Seele, da sie in dieser Zeit ihren Weg zur Befreiung oder zu neuer Wiedergeburt finden wird, so nimmt man allgemein an.

Gyalwa Yungdrung gab sein ganzes Vermögen für diese Rituale, für ausgedehnte Opferungen an die Buddhas, für Spenden an die Gemeinschaft der Mönche und Nonnen und an Bedürftige. Den daraus erwachsenden karmischen Verdienst widmete er in seiner täglichen Praxis der Erlösung und dem Wohlergehen seiner Mutter. Die Erinnerung an ihre Liebe und Freundlichkeit begleitete ihn Tag und Nacht und inspirierte ihn, für sie zu praktizieren.

Eines Tages, als er in der Natur des Geistes ruhte, erkannte er, dass diese leer und ungeboren und gleichzeitig vollkommen, mit allen wunderbaren Möglichkeiten der Wahrnehmung begabt ist. An einem der nächsten Tage kamen ihm die Gedanken: »Mein Körper und die Welt sind beide leere Form. Mein Geist kann deshalb ohne Hindernisse reisen, wohin ich will. Nichts kann mich also hindern, die Seele meiner Mutter zu finden, wo immer sie jetzt ist, um ihr zu helfen.« Und mit einem Mal befand er sich außerhalb seines physischen Körpers. Er fühlte sich wie ein Vogel, schreibt er, und flog über viele Täler und Berge dahin. Er sah einen hohen Bergpass, der mit Tier- und Menschenskeletten überhäuft war, deren Knochen, im Winde klappernd, Töne erzeugten.

Plötzlich erschien seine weibliche Schutzgottheit Sipai Gyalmo vor ihm in einem weißen Gewand aus Baumwolle und drei Pfauenfedern in ihrem Haar. »Ha, ha, ha«, lachte sie und sagte: »Ich bin nicht sicher, ob du deine Mutter sehen wirst.« Sie gab ihm aber gute Weisung und Richtung, und er überquerte den Pass und fand sich bald an der Gabelung dreier Wege. Ein roter Weg ging nach Westen, ein blauer nach Osten, und der vielfarbige in der Mitte führte, so hatte sie ihm gesagt, direkt zum Palast des Dharmaraja – des Königs des Dharma und Herrn der Toten.

Yungdrung Gyalwa nahm den mittleren Pfad, der wie eine bunte Schlange war, und ging schnell dahin. Der Weg wurde bald so eng, dass es ihm schien, als ob die Felswände zu beiden Seiten sich berührten. Er sah nun zwei Wege, die so schmal wie ein Haar waren. Ein weißer führte rechts am Abgrund entlang und der zweite, von dunkler Farbe, am rechten Hang. Viele Menschen gingen diese Pfade entlang, und viele strauchelten und stürzten in den Abgrund. Er nahm den weißen Pfad, fand diesen aber bald völlig blockiert. Als er noch überlegte, wohin er sich wenden sollte, sah er auf der anderen Seite des Gerölls einen Bönpo Yogi mit langem Haar ihm entgegenkommen, dem eine große Gruppe von Menschen folgte.

Der Lama sagte zu ihm: »Der weiße Pfad ist für die, die für das Wohl der Wesen wirken. Der dunkle aber ist für normale Wesen und führt geradewegs zur Wohnung des Herrn der Toten.«

Kurz darauf fand sich unser Seelenreisender mit den anderen am Eingang einer Höhle. Alle Wege führten zu dieser Höhle, und der einzige

Weg, aus ihr heraus- und weiterzukommen, war eine enge Öffnung von der Größe einer Faust. Da fiel ihm ein: »Ich habe keinen materiellen Körper, und meine Seele kann alles unbehindert durchdringen.« Er wiederholte diesen Satz dreimal laut, sodass die ganze Gruppe es hören konnte, und mit einem Mal war er hindurch und befand sich auf der anderen Seite.

Er stand nun auf einer endlos weiten, grauen Ebene, und weder Berge noch Täler waren zu sehen. Er dachte: »Diese Ebene scheint endlos zu sein, aber es ist nicht unmöglich, sie zu durchqueren, bin ich doch eigentlich Leerheit.« Im selben Moment, da er dies dachte, befand er sich am Rand dieser Wüste, wo drei furchterregend aufgewühlte Flüsse zusammenströmten. Ein roter Fluss kam vom Osten, ein dunkler Fluss strömte vom Süden heran, und sie vereinigten sich im Norden zu einem großen braunen Strom. Es gab nun nur eine einzige lange und schmale Brücke über diesen breiten Fluss.

Nahe der Brücke warteten viele Männer und Frauen, und sie klagten und weinten, weil sie Angst hatten, beim Hinübergehen in die Fluten zu stürzen. Er empfand Mitgefühl mit ihnen und sagte, sie sollten alle mit ihm zusammen beten – er würde ein Wunschgebet sprechen. Sie falteten alle die Hände, und Gyalwa bat die Meister um ihre Hilfe: »Ihr göttlichen Meister, hört mich! Drenpa Namkhai, zu dir bete ich! Tsewang Rigdzin, zu dir bete ich! Padmasambhava, zu dir bete ich! Montrul Tenpa Wangyal, kostbarer Wurzel-Lama, zu dir bete ich! Bitte führt die Seelen der Toten zur Befreiung! Segnet sie, und vertreibt all ihre Ängste im Bardo! Segnet uns, damit wir unser Bewusstsein in ein Buddha-Land übertragen können! Segnet uns, damit wir die große Seligkeit, die Frucht des Pfads der Befreiung in diesem Augenblick erlangen!«

Er ruhte dann im natürlichen Zustand, frei von allen Gedanken. Alle, die gegenwärtig waren, erreichten als Resultat seiner Praxis eine Wiedergeburt in Dewachen, dem Reinen Land.

An diesem Punkt erschien erneut seine Schutzgöttin. Er sah nun auch ein riesiges, von innen leuchtendes Schloss, das ihm so hoch wie der Himmel schien. Er fragte die Göttin, was der Name dieses Schlosses sei und wer darin wohne. Sie antwortete, dass dies die Festung des Dharmaraja, des Herrn der Toten, sei – die große Untrennbarkeit von Erscheinung und Leerheit –, und es wäre besser, gleich zu ihm zu gehen, da er gerade in friedlicher Stimmung sei.

Gyalwa hörte schreckenerregende, donnernde Töne und Schreie und sah zuckende Blitze und Gestalten, die den Himmel dort erfüllten; und zuerst empfand er Furcht vor ihnen, aber er erinnerte sich an die Dzogchen-Instruktionen, die er erhalten hatte: »Alle Töne sind der natürliche Klang deines eigenen Gewahrseins! Alle Lichter sind das Licht deines eigenen Gewahrseins! Alle Lichterscheinungen und Strahlen sind die natürliche Erscheinung deines eigenen Gewahrseins! Es gibt nichts, wovor du dich fürchten müsstest!« Mit erneuerter Luzidität und Selbstvertrauen schritt er daraufhin mutig fort.

Eingetreten ins Schloss des Herrn der Toten, sah er einen riesigen Thron aus den kostbarsten Materialien. Er wurde von acht mächtigen Tieren getragen. Auf ihm saß ein furchterregender Mann von roter Hautfarbe, so groß wie ein Berg. Sein Gesicht war halb zornentbrannt, halb friedlich, und er hatte drei Augen und vier starke Reißzähne.

Sein rötliches Haar stand flammend nach oben wie eine Feuersbrunst. Er trug Roben aus Pelzhäuten und eine Krone mit fünf Totenschädeln und hatte eine Mala von Knochen um seinen Hals. In seiner Rechten hielt er ein Swastika-Szepter wie der Buddha Tönpa Shenrab, und in seiner Linken einen Spiegel, hell leuchtend wie der volle Mond, in dem er alle Karmas von Vergangenheit, Gegenwart und Zukunft sehen konnte. Er brüllte ein donnerndes »Hum!«, das so laut war, dass es die drei Welten erschüttern musste.

Yungdrung Gyalwa warf sich dreimal vor Yama nieder und sagte: »Oh, Dharmaraja, ich bin der Latri Lama Gyalwa Yungdrung aus Kham. Bitte sag mir, wo meine Mutter, sie heißt Adron, jetzt ist?«

Statt seine Frage zu beantworten, sagte der Dharmaraja zu ihm: »Ha, ha – ja, du bist hier, um deine Mütter, die Wesen der drei Welten, zu befreien, die wegen ihrer Missetaten hierherkommen. Mit deiner Segenskraft sollst du nun all jene zur Befreiung führen, die mit dir verbunden sind.«

In diesem Moment sah Yungdrung Gyalwa einen alten Bönpo in den Hof des Gerichtes treten. Er wurde begleitet von einer Person mit weißer Haut und weißer Kleidung und von einer zweiten dunkelhäutigen Person in dunklen Kleidern. Diese traten vor den Richterstuhl. Nun begann der weiße Mann, für den Alten zu sprechen, und er öffnete einen Sack mit vielen weißen Kieselsteinen, die seine guten Taten darstellten. Die dunkle Gestalt aber brachte einen Beutel mit schwarzen Kieseln zum Vorschein und klagte ihn seiner Sünden an. Die einzelnen Taten und Beweggründe des Alten wurden dann in einer Rückschau seines Lebens gemeinsam mit ihm selbst in all ihren Einzelheiten betrachtet und erwogen. Dann wurden auf Befehl des Dharmaraja von einem affenköpfigen Totenrichter und einem zweiten, der einen Löwenkopf hatte, die Verdienste und die Verfehlungen des Mannes auf einer Waage gegeneinander abgewogen.

Die heilsamen Handlungen wogen dabei etwas schwerer. Der Affenköpfige prüfte alles nochmals im Spiegel des Karmas nach. Dann sprach der Dharmaraja zu ihm: »Du hast viele Verdienste durch tugendhafte Handlungen angesammelt, aber noch wichtiger – du bist der reinen Sichtweise treu geblieben, in allem und jedem das Göttliche zu sehen. Du hast dir immer die Verehrung und Hochachtung gegenüber deinem Lehrer bewahrt. Deshalb magst du nun Wiedergeburt im reinen Bereich von Shambhala nehmen.«

Viele Menschen sah Yungdrung Gyalwa noch vor dem Totengericht erscheinen und ihr Urteil empfangen. Immer wieder erschienen auch Meister, befreiten viele von diesen Verstorbenen und gingen mit ihnen weg.

Unser Reisender besuchte noch viele Orte im Jenseits und rezitierte Mantras und Gebete für die Geister der Verstorbenen, die ihm dort begegneten. Viele Leiden der Höllenbereiche verschwanden einfach, wenn er »Phät« rief, während er im natürlichen Zustand gesammelt war, der frei von allem Anhaften ist.

Nachdem er die Höllenbereiche durchreist hatte, kehrte er zum Hof des Dharmaraja zurück. Dieser befahl dem Affenköpfigen, ihn ins Leben zurückzubringen.

Auf dem Weg zurück traf er auf zwei Lamas, die unter der Brücke der Toten festsaßen. Als sie noch auf der Erde lebten, hatten sie Opfergaben und Spenden, die für die religiöse Gemeinschaft bestimmt waren, für sich selbst genutzt. Da sie aber einen starken Glauben in die buddhistische Lehre hatten, betete Yungdrung zu den Meistern der Linie und machte die Praxis des Phowa für sie und übertrug ihr Bewusstseinsprinzip in einen Buddha-Bereich. So wurden beide von ihrer Erdgebundenheit erlöst. Dann kehrte unser Reisender über die Brücke zurück und überquerte wiederum die wüste Ebene der Toten. Er ging den schmalen Pfad zurück und überquerte den Bergpass. Er erreichte sein Zuhause und seinen Körper, als die Sonne gerade über den Bergspitzen aufging.

Gyalwa hatte später noch eine zweite Delog-Erfahrung, in der er den Bardo des Jenseits wie beim ersten Mal durch die Kraft seines Samadhi im natürlichen Zustand der Untrennbarkeit von Leerheit und Gewahrsein durchquerte. Bei dieser zweiten Reise besuchte er auch verschiedene »Orte« in der menschlichen »Welt« und in der »Welt« der Götter und Titanen. Dabei erschien ihm eine wunderschöne Dakini, ein tantrisches Geistwesen, und er bat sie, ihn zu seiner Mutter zu bringen. Die Dakini antwortete nicht, aber verwandelte sich in einen Adler und schwang sich in den Himmel. Gyalwa erinnerte sich, dass er ja keinen materiellen Körper habe, verwandelte sich ebenfalls in einen Adler, und höher und höher fliegend, folgte er der Dakini. Im Norden des Berges Kailash erst landeten sie in einem Land voller Blumen. Die Dakini sagte, er solle ihr folgen, und in einem Zelt aus Blumen traf er einen hohen Meister. Dort zeigte sie ihm einen großen Blütenkelch, der aber kleiner als die anderen war und sich gerade geöffnet hatte. In ihm lagen drei kleine Kinder.

Die Dakini deutete auf eines von ihnen und sagte: »Schau, dieses da ist deine Mutter – erkennt ihr euch wieder?«

Das Kind erkannte Yungdrung und sagte: »Warum bist du hierhergekommen?« Für ihre neue Geburt hatte sie einen männlichen Körper angenommen. Auf Rat der Dakini gingen beide zum Meister, und die Dakini bat ihn, der Mutter in ihrem neuen Leben Belehrungen zu geben; und der Meister stimmte zu. Dann nahm die Dakini ihn mit sich, um ihm die Bereiche der Götter zu zeigen. Nachdem sie ihm noch viele Prophezeiungen für die Zukunft gegeben hatte, verließ sie ihn und flog nach Uddiyana. Gyalwa aber kam in seinen Körper zurück und erwachte in seiner Eremitage. In den Tagen darauf schrieb er das Erlebte für künftige Generationen nieder.

•◆•

Um es noch einmal zu wiederholen. Es hat zu allen Zeiten und in allen Kulturen Menschen gegeben, die den Körper eine Weile verlassen haben und doch wieder zurückgekehrt sind. Früher eher eine Seltenheit, wurden diese Menschen für ihre Gemeinschaften wie gesagt oft zu wichtigen und hochverehrten Zeugen für das Leben nach dem Tod. Sie brachten Kunde über das Jenseits, über das Gericht und Wägen der Seelen, über die Früchte selbstlosen oder selbstsüchtigen Handelns, die der Mensch dort unweigerlich erntet, und über die Natur des Göttlichen mit zurück in die Welt und inspirierten als Lehrer und Botschafter den Glauben ihres Volkes. In Tibet gibt es bekanntlich eine eigene Literaturgattung, die aus den Niederschriften der Erfahrungen und Erkenntnisse der »Delogs« besteht, und diese Texte werden als erfrischende Ergänzung zum *Totenbuch* auch heute noch mit großer Wertschätzung gelesen und bewahrt, brachten sie von ihren »Seelenreisen« doch zeitlose Inspirationen und Informationen über das Postmortem und für die Kunst eines heilsamen, erleuchteten Lebens mit. Diese Berichte wurden auch sehr kritisch auf ihre Authentizität geprüft und dazu meist einem erfahrenen Lama vorgelegt.

Noch tiefergehende Instruktionen als die aus spontanen Nahtoderfahrungen resultierenden offenbaren natürlich seit der Zeit des Buddha

die indischen und tibetischen Meister, welche, geübt in tiefsten Zuständen meditativen Gewahrseins und Meister in der Kunst des luziden Träumens, während der Körper in Meditation sitzt oder schlafend liegt, diesen
verlassen und mit ihrem Geistkörper das Jenseits oder höhere Ebenen
der Erfahrung besuchen können. Von dort brachten sie die Belehrungen
hoher Buddhas und Bodhisattvas mit, und sie tun das auch noch heute.
Viele der großen Dzogchen-Meister der Vergangenheit, wie Longchenpa
oder Jigmed Lingpa, hatten solche Erlebnisse und Offenbarungen.

Sehr bekannt ist die visionäre Reise des Tertön Chogyur Lingpa, der
die verschiedensten Ebenen des Jenseits und das Paradies des Buddha
Padma-Sambhava, Zangro Pälri, den kupferfarbigen Berg besuchte und
seine Erlebnisse dort später mit vielen Details beschrieb. Die tiefen Belehrungen, die er bei dieser Gelegenheit von Buddha Padma-Sambhava
erhielt, bilden einen eigenen Dzogchen-Zyklus namens »Ati Zabdön«.

Auch zwei meiner eigenen verehrten und geliebten Lehrer, Dilgo
Khyentse Rinpoche und Namkhai Norbu Rinpoche, besitzen diese Fähigkeit und haben in den letzten sechs Jahrzehnten Weisheitslehren offenbart, die sie auf höheren geistigen Ebenen von völlig erleuchteten Wesen,
vor allem vom Mahaguru Padmasambhava, dem Verfasser der Instruktionen des *Tibetischen Totenbuchs* und zahlloser anderer Texte zur Praxis von
Sutra, Tantra und Dzogchen, erhalten und dann niedergeschrieben haben.

Namkhai Norbu Rinpoche hat alle Lehrtexte seines eigenen
Longsal-Terma, also »die Schatztexte des weiten Raumes der Klarheit«,
bei seinen Exkursionen im Traumkörper erhalten. Solche »Gong-ter«
oder »Schätze des Geistes« genannten Lehren bilden seit über tausend
Jahren ebenfalls eine eigene Literaturgattung innerhalb des tibetischen
Buddhismus.

Ihre Offenbarung oder ihr Auffinden in der geistigen Welt geschah
manchmal mit solcher Präzision der intuitiven, übersinnlichen Wahrnehmung, dass zwei Meister, weit entfernt voneinander lebend und zu verschiedenen Zeiten, entweder in tiefer Meditation oder im luziden Traum
exakt denselben Text wahrnehmen oder schauen konnten. Als sie spä-

ter Gelegenheit hatten, ihre Aufzeichnungen des Textes zu vergleichen, stellte sich heraus, dass diese fast vollkommen übereinstimmten – nur einzelne, wenige Wörter waren anders. Eine solche Übereinstimmung ist ein weiterer Beleg dafür, dass die anerkannten Schatztexte von Padmasambhava stammen und von der Persönlichkeit des Schatzfinders nicht beeinflusst sind.

•◆•

Angesichts der hier geschilderten, erstaunlichen und wunderbarer Erfahrungen von hochentwickelten Meistern, von Schamanen und Astralreisenden und von den vielen einfachen und normalen Menschen, die während einer Operation oder Krankheit oder im Traum ihr außerkörperliches Sein und das Jenseits erfuhren, mag mancher sich erstaunt fragen, ob diese nun als Wirklichkeit oder als Täuschung zu betrachten sind.

Doch nicht anders als bei all den anderen Bewusstseins- und Unbewusstseinszuständen, die dem Menschen erfahrbar sind, verhindert der Versuch einer solchen einseitigen Zuordnung nur das Verstehen der ganzheitlichen, übergegensätzlichen Natur des Geistes und seiner Wahrnehmungen. In Wirklichkeit ist all unser Erleben von fiktiver, illusionärer Natur. Die leere Natur unseres Geistes ist begabt mit unendlichen schöpferischen Möglichkeiten, wie jeder es ja in seinem eigenen Traum erleben kann, und die scheinbar fassbare Wirklichkeit des Wachbewusstseins ist nur ein weiterer Offenbarungsmodus des Geistes. Alle »Dinge« sind in Wahrheit leer – sind reine Energie. Dass jedes Wesen das Seine darin sehen kann, wird keineswegs abwertend »Illusion« genannt. Der Begriff beschreibt lediglich die einzige Art, wie das, was immer eins ist, sich selbst scheinbar als zwei und vieles erscheinen kann. Leerheit und Erscheinung des Geistes sind immer untrennbar. Der Zen-Meister Huangpo lehrte: »Wenn du blitzartig erkennst, dass Subjekt und Objekt immer schon eins sind, bist du erleuchtet.«

Alles Erfahren ist der Traum des Geistes, denn alles ist der eigene Geist. Wer dies klar erkannt hat, der erfährt sich als eins mit allem und ist frei von Unwissenheit und Störgefühlen. Diese selbstexistierende Einheit ist das höchste Glück. Wer dies nicht erkennt und weiß, der erfährt sich als Ego und als getrennt von allem; und weil er unwissend ist, reagiert er mit Störgefühlen auf seine eigenen Visionen.

Diese durch Denken selbstgeschaffene Trennung ist das Leid. Alles Erleben ist die Selbstwahrnehmung, die Selbsterscheinung des Geistes – so haben es alle völlig erwachten, verwirklichten Meister gleich dem Buddha gelehrt. Wer in der Erkenntnis lebt, dass alles sein eigener Traum ist, leer, doch erscheinend, der ist erleuchtet; und immer und überall im grenzenlosen Universum des Geistes ist er frei, sich zum Schein zu bewegen, frei, scheinbar Gestalt anzunehmen, während er doch immer gestaltlos und einfach in sich selbst ruht.

— 13 —

Zufriedenheit ist der größte Schatz und Selbstvertrauen der beste Freund

Wenn Bodhisattvas attraktiven Objekten begegnen,
sehen sie solche als unwirklich – wie einen wunderschönen
Regenbogen im Sommer –, sie bleiben ungebunden,
von Begehren und Anhaftung frei. Mit dem zufrieden zu sein,
was man hat, ist der größte Reichtum. Frei von Wünschen und
Anhaftung zu sein ist das höchste Glück.

THOGMED SANGPO

So wie ein Mann, der lange verreist war,
bei seiner Rückkehr freudig empfangen und begrüßt wird
von seinen Verwandten und Freunden, so werden
die guten Taten, die ein Mensch in seinem Leben getan hat,
ihn in seinem nächsten Leben entgegenkommen und begrüßen.

DHAMMAPADA

Ruht in dem Licht, das ihr selbst seid. Sucht nicht im Außen
nach Sicherheit. Bleibt fest gegründet in der Wahrheit,
und verlasst euch auf nichts Äußeres.

MAHAPARINIRVANASUTRA

Wenn wir vom Leiden frei und einen dauerhaften Zustand des Glücks verwirklichen wollen, ist es unumgänglich, zuerst Weisheit zu erlangen. Weisheit ist ein klares Verständnis, das uns befähigt, intuitiv zu unterscheiden, welches Verhalten wir kultivieren und welches wir besser aufgeben sollten. Wenn wir unvernünftig und negativ handeln, so tun wir es meist aus Unachtsamkeit und schaffen uns selbst und anderen damit Probleme und Schwierigkeiten. Die unabdingbare Grundlage eines geschickten Handelns ist deshalb immer die Pflege von Achtsamkeit im gegenwärtigen Augenblick. Durch die Kultivierung eines ruhigen, nichturteilenden Beobachtens des gesamten Felds unserer Wahrnehmungen werden wir frei von konditionierten, emotionalen Reaktionen und voreiligen, impulsiven Handlungsmustern. Das Potenzial des intuitiven, klar unterscheidenden Weisheitsgeistes in uns kann sich dann immer weniger behindert entfalten und auswirken.

Glücklich der, welcher schon in jungen Jahren sich nach Selbsterkenntnis und nach Weisheit sehnt und die Lehre und die Lehrer findet, die ihn auf dem Weg anleiten und unterstützen können. Jeder Tag und jede Stunde, die wir der Praxis des Dharma widmen, ist kostbar; und das gilt für jedes Lebensalter. Nichts davon wird verloren gehen.

Ein gutes, seliges und gelassenes Sterben kann der krönende Abschluss unseres Lebens sein, wenn es uns gelungen ist, unseren Geist vom Einfluss der sechs Geistesgifte zu reinigen, und wir heilsame Handlungen, Weisheit, Liebe und Mitgefühl, Achtsamkeit, Nichtanhaftung und Gelassenheit während unseres Lebens kultiviert haben. Dann kann der Prozess der Loslösung vom Körper und von allem Angenommenen für uns sogar in völliger Erlösung und Erleuchtung kulminieren, fallen doch im Sterben Name und Form, also Bewusstsein und Körper, und damit alles, was das Erkennen der Wirklichkeit verhindert und verhüllt, ganz von selbst von uns ab. Frei von der Hülle des Körpers können wir, vorausgesetzt, unsere Ausrichtung und Motivation ist klar und gefestigt, im Augenblick des Todes mit dem klaren Licht verschmelzen oder mit einem Sprung in der Gegenwart des Buddha sein. Dort angelangt, können wir uns, ohne eine neue Wiedergeburt nehmen zu müssen und ungestört von weltlichen Abhängigkeiten und existenziellen Zwängen, bis zur völligen Erleuchtung ganz der Meditation widmen. Beide Möglichkeiten der Erlösung im Tode werden im *Bardo Thödröl* oder der »Befreiung durch Hören der Instruktionen im Bardo« beschrieben.

·•·

Wer, wie viele der Reanimierten, die Kostbarkeit seines menschlichen Lebens zu schätzen gelernt hat und jeden Tag als Geschenk und Chance für neue, befreiende Erkenntnisse und heilsames Wirken in seiner inneren und äußeren Welt erlebt, der ist dankbar für die Zeit, die ihm noch beschieden ist.

Der Buddha sagt im *Dhammapada:* »Besser als hundert Jahre eines Lebens, das in Achtlosigkeit und schlechten Gewohnheiten verbracht wurde, ist ein einziger Tag, den wir in reinem Gewahrsein, in Geistesruhe und Luzidität verbracht haben.«

Unsere letzte Zeit kann ein spätes Blühen ins Geistige hinein sein, und von der Warte gelassenen Gewahrseins aus wird uns eine detaillierte Rückschau und ein versöhnendes, verzeihendes Verstehen des im Leben Getanen und Erlittenen möglich. Das betrifft sowohl unsere Mitmenschen als auch uns selbst.

Eine erheiternde Loslösung von allen Rollen, von eingebildeten Wichtigkeiten und Bedürfnissen wird erfahrbar, und wir können, von früheren Pflichten befreit, endlich zur Ruhe kommen. Irgendwann mag man der meisten überflüssigen Beschäftigungen und Spiele müde werden, und der stets tätige Sisyphos in uns hat, wenn der hormonelle Druck nachlässt, immer weniger Lust, den Stein wieder und wieder hinaufzurollen. Angenehm müde geworden, kommt der Mensch und damit auch »sein Stein« schließlich zur Ruhe.

Glücklich der, welcher die natürliche Reduzierung von nach außen gerichteten Aktivitäten im Alter nun für die Entfaltung eines Lebens der entspannten Betrachtung nutzen kann. Die meisten von uns hatten ja früher keine Zeit dafür.

Die im letzten Lebensalter zunehmende Neigung des Menschen zu Ruhe und wohlwollend losgelöster Betrachtung ist etwas sehr Positives und der Entwicklung der Meditation förderlich. Je mehr wir sie als etwas Kostbares sehen und annehmen können, umso mehr Gewinn werden wir noch davon haben. Nun hat man viel Zeit, und die früher auf die Arbeit und auf das Äußere gerichtete Aufmerksamkeit wendet sich mehr nach innen. Es wäre schade, diese natürliche Neigung durch eine unnötige, forcierte Geschäftigkeit zu übertönen.

•-•

Wenn wir uns Zeit nehmen wollen für die Geistesschulung, können wir unsere ersten Sitzungen zum Beispiel folgendermaßen gestalten: Am Anfang unserer Meditationssitzungen erneuern wir zuerst die Bodhicitta-Motivation in uns, nämlich Erleuchtung erlangen zu wollen, um in Zukunft allen Wesen wirklich helfen zu können. Anschließend widmen wir uns zuerst der Praxis einer systematischen Lebensrückschau. Beginnend bei den ersten Kindheitserlebnissen, erforschen wir unsere Erinnerung mithilfe der zwei Fragen »Was haben mir die anderen Gutes getan und gegeben?« und »Was habe ich selbst den anderen Gutes getan und gegeben?«. In jeder Sitzung, die zweimal 45 Minuten dauert, nutzen wir die erste Hälfte für diese Erforschung.

Wir sollten dies in jeder unserer Sitzungen von Erinnerung zu Erinnerung bis in unser gegenwärtiges Alter fortsetzen. Es ist gut, die Erinnerungen dabei aufzuschreiben. Es kann ruhig vierzehn Tage dauern, bis wir in der Gegenwart anlangen. Es ist wunderbar erleuchtend, das eigene Leben nochmals dabei Revue passieren zu lassen.

Nach einer Pause verbinden wir uns in den zweiten 45 Minuten der Sitzung zuerst mit der »Segensquelle«. Wir beten zum Beispiel das Vaterunser. An dieser Stelle können wir auch eine Zeit lang zur Reinigung des Karmas und zur Aktivierung des Segens ein Mantra oder ein kurzes Gebet wiederholen.

Anschließend ruhen wir völlig entspannt und mit offenen Augen in der Stille, im natürlichen Zustand reiner Präsenz, frei von allen Gedanken. Wir blicken dabei auf den Himmel oder auf eine leere Wand vor uns. Hierbei gibt es nichts zu tun, nichts zu denken oder zu visualisieren. Die Klarheit und Leerheit unseres Geistes tritt dadurch deutlicher hervor. Wir ruhen entspannt und wach, mit offenen Augen im natürlichen Zustand eines reinen, formlosen Erkennens. Das ist der Hauptpunkt der Praxis.

Am Ende unserer Sitzung widmen wir immer die Verdienste unserer Praxis mit dem Gedanken: »Ich widme alles Positive und Heilsame, das durch meine Praxis entstanden ist, dem Wohl und der Erleuchtung aller Wesen, insbesondere widme ich es den Menschen in meinem Leben, wo sie jetzt auch sein mögen, von denen ich so viel Gutes erfahren und erhalten habe!«

Jeder Tag ist ein guter Tag für die Praxis; und wenn wir deren heilsame Früchte in Liebe und Dankbarkeit allen Wesen widmen, so können wir ihnen in aller Stille täglich etwas wahrhaft Gutes tun und etwas von dem zurückgeben, was sie in vielen Leben, in denen sie uns Vater oder Mutter waren, so aufopferungsvoll für uns getan haben.

Es mag gut sein, dass wir ihre Mühen für uns, damals und bisher, weder gesehen noch besonders geschätzt haben, doch nun, da wir uns dessen bewusst erinnern, was sie für uns getan haben, ist es anders.

Dasselbe gilt natürlich für alle Menschen, denen wir auf unseren Lebenswegen als Verwandte, Freunde und Helfer in verschiedensten Situationen begegnet sind oder die immer noch mit uns wandern und mit denen wir uns verbunden fühlen.

•◆•

Wenn wir uns also in den Stunden dieser Betrachtungen und Meditationen ganz auf Selbsterkenntnis, Versöhnung und das Göttliche sammeln, so kann uns dieser Prozess in eine Tiefe und Innigkeit bringen, die sonst nur in Nahtoderfahrungen erlebbar wird.

Wenn wir uns dem völlig hingeben und uns nicht mit anderem ablenken, können wir uns, wie bei einem Naikan-Retreat, an das Erlebte und Getane unseres Erdenlebens in seinen vielen Details erinnern. Wir erleben nochmals, was wir Gutes empfangen haben und was wir selbst anderen Gutes getan und gegeben haben.

Wir erkennen, was heilsam war von unserem Denken, Reden und Tun und was unheilsam – und was welche Handlung bewirkte, wird jetzt, da wir Abstand gewonnen haben und uns von alledem lösen, erst richtig beobachtbar; und das mitfühlend erweiterte Gewahrsein kann das Geschehene nun vom Standpunkt aller Beteiligten aus empfinden.

Wir fühlen nicht allein, wie damals, nur von unserem hastigen Ich aus – überwiegend selbstbezogen –, sondern eingetaucht in das Licht der Wahrheit, wird es nun in der Stille ganzheitlich gefühlt. Jetzt können wir die Wirkung und Bedeutung unseres damaligen Handelns und Erlebens im größeren Zusammenhang erkennen, und Versöhnung und tiefe Dankbarkeit entstehen spontan.

Im Tode, wenn wir über die Schwelle getreten sind, sehen ja fast alle Menschen, so scheint es, eine Rückschau ihres ganzen Lebens, und das Erleben vieler Jahre sehen sie nochmals, zusammengedrängt in einem einzigen Augenblick.

Ist es nicht interessant und inspirierend, dass die meisten Nahtod-Erfahrenen ihren Aussagen nach so glücklich im Jenseits waren, dass sie gar nicht zurück in ihren irdischen Körper wollten? C. G. Jung nahm es dem Arzt lange übel, der ihn gerettet und in den Körper zurückgeholt hatte.

Eingetreten in die Stille und frei von allen überflüssigen Gedanken, leuchtete ihnen die intuitive Weisheit und alles verstehende Liebe dort so unbehindert klar und überwältigend freundlich entgegen, dass es ihnen war, als wären sie aus einem langen, trüben Traum erwacht. So beschrieben es viele. Für sie waren diese Erfahrungen offensichtlich so schön und positiv, dass sie nicht mehr in dieses Leben mit seinen Leiden und Zwängen zurückkehren wollten. Sie fühlten sich so angenommen und behütet, so bis auf den Grund verstanden und bedingungslos geliebt wie niemals zuvor in ihrem Leben. Wie gesagt: Beschenkt mit der Gewissheit, dass der Tod nur der Übergang in eine neue Sphäre des Erlebens ist, geleitet von der unvergesslichen Erinnerung an eine tiefe Erfahrung des Wesentlichen und mit einem sicheren Wissen um das, was wirklich zählt im Leben und im Tod, kehrten und kehren sie zurück als wirklich Verwandelte, Inspirierte.

Die tibetische Geistesschulung hat all diese geistigen Erfahrungen der Metanoia, der Loslösung, der Begegnung mit unserem höheren Selbst und der Einheitserfahrung in ihre Übungen integriert und macht sie für die Anwender so im Voraus erlebbar und vertraut.

Die hier beschriebenen Übungen und die in diesem Buch gegebenen Instruktionen zur Praxis von geistiger Ruhe und leerem und luzidem Erkennen sind alle Vorbereitungen auf das Sterben und auf unser unzerstörbares, ewiges Leben in der geistigen Welt.

Die letzte Zeit unseres Lebens, egal, ob sie ein Jahr oder noch Jahrzehnte dauert, kann eine intensive Zeit der Selbsterkenntnis und des Vertrautwerdens mit unserem von allen Gedanken freien, reinen Gewahrsein sein.

Gerade Menschen im »Ruhestand« sind hier besonders privilegiert und genießen eine in jedem Lebenslauf unglaublich seltene Freiheit von existenziellen Sorgen und Verpflichtungen. Sie könnten wirklich aus dem Denken völlig aussteigen und sich einschwingen auf die Ebene reinen Gewahrseins. Das Gleiche gilt für »Arbeitslose«. Es liegt nur an uns, wie wir diese Freiheit nutzen und was wir mit so viel freier Zeit machen.

Eine der grundlegenden und einfachen Instruktionen für die Dzogchen-Meditation lautet: »Betrachte alle Gedanken und Erscheinungen wie ein alter Mensch, der Kindern beim Spielen zuschaut. Entspannt und wach, wohlwollend, heiter und losgelöst.«

Wir waren gewohnt, zu kontrollieren und einzugreifen, nun gewöhnen wir uns daran, nicht einzugreifen und alles so zu lassen, wie es ist.

Das ist der Kern der Praxis.

Unser Leben lang haben wir dieses und jenes gedacht, und das Ego glaubt mit Recht, ohne das Denken nicht leben zu können – ist es ja selbst nichts anderes als die ständige Wiederholung bestimmter Gedanken über sich selbst. Haben wir das Wesentliche jedoch einmal verstanden, so ist es an der Zeit, über alle belletristischen Tagträume, über alles zweifelnde Denken und über alle Philosophie hinauszugehen und in unseren stillen Meditationssitzungen, in völliger Gelassenheit, einfach das Kommen und Gehen unserer Gedanken zu beobachten, ohne zu reagieren. Dadurch erkennen wir nach und nach deren selbstbefreite, illusionäre Qualität und Natur, und wir werden vertraut mit unserem wahren Wesen, dem ungeborenen, todlosen Zustand reiner Präsenz, frei von allen Gedanken. In der Stille reinen Erkennens ruhend, erfahren wir Sinn und Sein als eins und brauchen nichts mehr im Außen zu suchen.

Wer den Zustand eines bleibenden Glücks, das wohl alle Wesen ersehnen, in der völlig gleichmütigen, wunschlosen Natur seines Geistes gefunden hat, in der Einheit mit sich selbst, der sehnt sich nicht nach Erlebnissen und nach einem neuen, jugendlichen Leben. Ebenso wenig sehnt er sich nach einem vorzeitigen Tod und völligem Aufhören.

Eros und Thanatos, der Wunsch nach fühlender Erfahrung und der Wunsch, dass alle Empfindung und Erfahrung enden möge – auch diese Gegensätze bedingen einander; und sich gegenseitig hervorbringend und anstoßend, gehören sie zur Pendelbewegung des dualistischen, samsarischen Denkens in Extremen, das selbst die Quelle aller Unzufriedenheit und allen Leidens ist.

Das Ego mit seiner angeborenen Überheblichkeit, seiner Angst vor Kontrollverlust, seiner Überspanntheit und Verschlossenheit, die als Isolation, als Selbstzweifel und als Leistungsdruck, Trübsinn und paranoide

Gefühle erfahren werden – es sucht immer auch Befreiung von sich selbst, sucht Betäubung und Vergessen seiner selbst, doch es gelingt nur vorübergehend und meist auf Kosten der eigenen Klarheit und Gesundheit. Nur wenn wir gelernt haben, uns durch Meditation oder Gebet von allem gegensätzlichen und überflüssigen Wünschen, Denken und Sorgen zu befreien, kommen wir zu innerer Ruhe und Gelassenheit, und sich selbst lassen ist Genuss. Dann verstehen wir wahrhaft gut zu leben und gut zu sterben.

Im klaren Licht leeren Gewahrseins ruhend, der höchsten und unverlierbaren Zuflucht, gibt es kein wirkliches Problem, und es gibt nichts, was wir bestätigen oder schützen müssten. Weil wir Erscheinungen und Gedanken weder festhalten noch sie verdrängen, erkennen wir ihre leere Natur, und wir erfahren sie urteilsfrei als den spielerischen, selbstbefreiten Ausdruck unseres Geistes. Wir erleben den Tanz der bewegten Erscheinungen des Universums als »Kosmos«, als die ornamentalen Ausschmückungen und Sinnbilder oder Mudras der großen, mütterlichen Leerheit, und wir erfahren sie als eins mit uns.

Im *Dhammapada* sagt der Buddha:

»Zufriedenheit ist der größte Schatz. Selbstvertrauen ist der beste Freund, und Nirvana ist das höchste Glück.

Oh Mensch, leere das Boot deines Lebens, denn wenn es leer ist, wird es unbeschwert vom Strom getragen.

Bist du leer von Leidenschaften und von Wünschen, erreichst du mühelos das rettende Ufer des Nirvana.

Wirf von dir das Begehren nach einem Körper und nach der Befreiung vom Körper – wirf von dir Eigenwille, Rastlosigkeit und Dumpfheit.

Aber diese fünf Qualitäten kultiviere: Glaube, Achtsamkeit, Energie, Geistesruhe und Luzidität.

Wer sich von den fünf Fesseln befreien konnte – von Lüsten, Unlust, Verblendung, Überheblichkeit und falschen Ansichten, die der Realität nicht entsprechen –, der hat den Ozean des Samsara überquert und ist angekommen am Ufer des Nirvana.«

— 14 —

Die Schwächung des Egos in Krankheit und im Sterben als Chance für Metanoia, Katharsis und Selbsterkenntnis

Der wahre Endzweck unseres Lebens ist der Tod. Und deshalb habe ich mich seit ein paar Jahren mit diesem wahren, besten Freund des Menschen bekannt gemacht.

WOLFGANG AMADEUS MOZART

Der beste Lebensstil ist der, der nicht zu weltlichem Leben passt.
Die beste Errungenschaft ist ein ständiges Schwächerwerden der negativen Emotionen.
Das beste Zeichen der Praxis ist ein ständiges Schwächerwerden der Begierden.

PALTRUL RINPOCHE

Es ist kein Maßstab für Gesundheit, sich in einer zutiefst krank-
haften Gesellschaft angepasst zu verhalten.

KRISHNAMURTI

Obwohl in der irdischen Welt alles Wahrnehmbare verbrennen
mag, der Himmelsraum wird dadurch nicht vergehen und ebenso
wenig das selbstexistierende Gewahrsein.

GANDAVYUHA-SUTRA

Wenn wir mit offenem Herzen, einfühlsam und ohne Beschönigung auf das Leben von Menschen und Tieren in ihren vielfältigen Umgebungen schauen, so sehen wir, dass es von zahllosen Schwierigkeiten, Problemen und Leiden durchsetzt und geprägt ist. Was die Menschen betrifft, so leiden die Armen an ihrem Mangel und die Reichen an ihrem Überfluss; und wirkliche Zufriedenheit findet niemand, solange sein Geist nicht wieder in sich selbst zur Ruhe kommt.

Die Welt ist durchdrungen mit Leiden, und es ist nur zu verständlich, wenn dem immer denkenden und vielen Zwängen, Pflichten und Nöten unterworfenen Menschen manchmal alles zu viel ist und er sich selbst und die Welt nicht mehr aushalten kann. Wie groß ist das Leiden des einen, weil er etwas erleben muss, was er nicht erleben will; und wie groß ist das Leiden eines anderen, weil er etwas erleben oder erlangen will und es ihm nicht gelingt!

Der Mensch liebt wie jedes fühlende Wesen das Leben, aber wenn er eine große Enttäuschung erfährt oder sein Leid oder seine Lage als ausweglos empfindet, denkt er vielleicht daran, sich selbst zu töten. Doch sagen wir es ganz klar: Suizid ist keine Option, die das Leiden beendet, denn unser Leiden wie unsere Leidensfähigkeit sind nichtstofflicher Natur, und es ist unmöglich, vor sich selbst und den eigenen psychischen Problemen zu fliehen. Die Lage eines unglücklich Verliebten oder eines terminal Kranken scheint diesem nur deshalb so aussichtslos, weil er sich in etwas verrannt hat und an einer bestimmten Vorstellung, einem bestimmten Selbstbild und an einer Opferrolle festhält und diese nicht loslassen kann.

Wenn man sich auf ein bestimmtes Konstrukt, eine bestimmte Situation fixiert, sieht man keinen anderen Ausweg mehr. Man hat seine Wahl getroffen und verschließt sich damit allen möglichen Optionen; und doch wäre alles besser, als sich selbst zu quälen oder sich das Leben zu nehmen.

Das Lösen und Loslassen eines im Grunde »nur aus Gedanken und Emotionen geflochtenen seelischen Problems« ist nicht einfach, insofern der Betroffene sich damit identifiziert – und doch braucht es nichts anderes, als die zur Faust verkrampften Hände zu öffnen und sich zu entspannen, um Erleichterung zu erfahren und zu erkennen, wie sehr unser Leiden eben von diesem unserem eigenen, verbohrten und stolzen Festhalten aufrechterhalten wird. Solange uns das nicht klar ist, werden wir vergeblich versuchen, uns vom Leiden zu befreien.

Die bedeutende Meisterin Macig Labdrön lebte im 11. Jahrhundert in Tibet. Von ihr stammt die Praxismethode des Chöd, »das Abschneiden der Dämonen«. Sie lehrte: »Die Toxine des Geistes, die Leidenschaften, die Angst vor etwas und das Anhaften an etwas, sie alle entstehen aus dem eigenen Stolz, und sie sind die Dämonen des Stolzes.« Für Macig kommt in der Genese der »Leidenschaften« oder »Störgefühle« der Stolz sogar noch vor Ignoranz. Beide zusammen verhindern, dass man bereit ist, auf eine wohlwollende Beratung zu hören, und noch anderes erkennt als das eigene Konstrukt. Auch in ihrer Sicht kommt also Hochmut vor dem Fall. Wegen unseres Stolzes möchten wir selbst bestimmen, wie die Dinge sein sollen, und wegen unseres Stolzes können wir die Dinge nicht so lassen, wie sie sind.

Es ist dieser Stolz in uns, den die Befürworter und Protagonisten eines »selbstbestimmten Sterbens« ansprechen.

Im Buddhismus beginnen der Egoismus und die Überheblichkeit bereits damit, dass wir an einer bestimmten Idee festhalten. Egal, ob Täter oder Opfer, wenn wir an einer bestimmten Vorstellung von uns selbst festhalten, sind wir stolz und hochmütig. Der Stolz verhindert, dass wir uns öffnen, Rat suchen und unsere eigene Sichtweise infrage stellen. Wenn jemand Schwierigkeiten hat und in seinem Leiden nicht um Hilfe ruft und sich anderen nicht öffnet, so ist immer auch Stolz daran beteiligt. Der Stolz behauptet, niemanden zu brauchen. Der Stolz behauptet, alles schon zu wissen und keiner Belehrung zu bedürfen. Der Stolz behauptet, völlig gesund und ohne Fehler zu sein. Der Stolz behauptet, ein Opfer zu sein und ungerecht behandelt zu werden. Der Stolz behauptet, nicht geliebt zu werden und dass nie jemand etwas für uns getan hat. Der Stolz behauptet, demütig und brav zu sein. Der Stolz rühmt sich, nie auf jemanden gehört zu haben. Der Stolz behauptet, gut, großzügig und gerecht zu sein; und er behauptet aber auch, unwürdig, wertlos und schlecht zu sein.

Welches limitierend-limitierte Selbstbild auch vorliegt, die komplexe Verknotung des Egos, die Panzerung des Ichs, schützt seine illusionäre Kohärenz durch Stolz und erzeugt und konfirmiert sie ständig neu, durch verwirrtes, selbstreferenzielles Denken und die damit einhergehenden Störgefühle und negativen Stimmungen, die im Gefühlskörper festgehalten werden.

Erst wenn man sich selbst oder besser seinen Stolz überwindet und um Hilfe bittet, kann einem geholfen werden und eine Therapie beginnen.

Den Menschen also in Bezug auf seine Schwierigkeiten in der letzten Lebensphase bei seinem Wunsch nach »Selbstbestimmtheit« anzusprechen zeigt, dass man andere Optionen, ihm therapeutisch, pflegerisch oder menschlich zu helfen, nicht in Erwägung zieht. Stattdessen wird bei der Angst des Egos vor Kontrollverlust eingehakt, denn man bestärkt ihn ja in seinem Stolz, keine Schwäche zeigen und keine Hilfe annehmen zu wollen. Das kommt natürlich dem entgegen, dass in der heutigen Gesellschaft, in der sich der Familienverband mehr und mehr auflöst, die Bereitschaft nachlässt, kranken und alten Menschen zu helfen. So wurde jemand in einer Veranstaltung zu diesem Thema gefragt: »Würden Sie auch dann Ihr Leben durch Gift beenden, wenn jemand Sie bäte, es nicht zu tun?« Und er antwortete: »Natürlich nicht«, worauf es in der Diskussionsrunde zum Thema »Assistiertem Freitod« sehr ruhig wurde.

Es wurde ruhig, weil der wirkliche Zusammenhang, die eigentlichen Gründe für diese Art von Werbung und Einladung zum »assistierten Freitod«, plötzlich erschreckend und beschämend deutlich wurden. Lassen wir uns also von schönen Worten wie »Freiheit« und »Selbstbestimmung« nicht täuschen, denn es stehen andere Beweggründe dahinter.

Was aber die generelle psychische Situation eines Selbstmörders betrifft, so ist seine tatsächliche existenzielle Not meistens nicht wirklich aussichtslos, sondern er empfindet und konzeptualisiert sie als solche.

Stellen wir uns kurz vor, der von Suizidgedanken betroffene Mensch hätte eine kurze Amnesie und vergäße seine Problemvorstellung völlig. Wäre er nicht frei davon, und würde er nicht einfach weiterleben, bis er aus einem anderen Grund stirbt? Natürlich. Die Erfahrungswirklichkeit unseres Leids und unserer Probleme und Spannungen ist immer an unser Bewusstsein gebunden. Im Tiefschlaf ist alles vergessen, und für kurze Zeit ist auch der depressive und lebensmüde Mensch glücklich.

Was die Empfindung von Freude und Leid betrifft, so ist diese nur möglich, solange die Seele im Körper ist. Ein entseelter, toter Körper reagiert nicht mehr auf Impulse und fühlt keinen Schmerz und keine Freude mehr. Das, was empfinden kann, hat mit der Seele den Körper verlassen. Wie absurd ist es also zu glauben, durch das Töten des Körpers dem Leiden zu entfliehen? In den letzten Jahren haben sich auf dieser Welt über 800 000 Menschen jährlich das Leben genommen, und sicher taten sie das nur, weil sie annahmen, dass sie damit ihre Probleme beseitigen und Frieden finden könnten.

Der Buddha lehrte, dass das leider nicht so ist. Der Körper ist nur das Haus, in dem wir, behaftet mit Ignoranz und Leidenschaften, immer denkend und Stimmungsschwankungen unterworfen wohnen. In diesem Haus haben wir eine Menge Probleme, aber wenn wir das Haus verlassen, nehmen wir unsere Probleme mit, denn es sind unsere Probleme und nicht die Probleme des Hauses. Unser denkender Geist hat das Haus geschaffen, und er hat unsere Probleme geschaffen, ja – er erschafft sie gerade jetzt aufs Neue, da sie uns wieder einfallen.

●◆●

Im Augenblick seiner Erleuchtung sagte der Buddha: »Wie viele Leben schon bin ich umsonst im Kreis gewandert und habe den nicht gefunden, der mir das Haus des Körpers hat erbaut. Wie groß ist das Leiden, wenn man immer wieder sterben und immer wieder leben muss. Doch nun habe ich dich erkannt, den Erbauer des Hauses, und niemals mehr wirst du mir eins erbauen. Die Querbalken der widerstreitenden Emotionen sind zerbrochen, der Firstbalken der Unwissenheit ist zerstört. Das Fieber des Verlangens ist vergangen, und mein sterblicher Verstand hat sich in der Seligkeit reinen Gewahrseins, in Nirvana aufgelöst.«

In dieser Gatha beschreibt der Buddha die Voraussetzungen für einen wirklich »erfolgreichen Selbstmord«. Wer dem Leiden des Lebens und des Sterbens ein Ende machen will, der muss zuerst seine Ursachen erkennen und diese dann beseitigen, ansonsten werden sie weiter wirksam bleiben. Man muss Ursache und Wirkung dazu klar unterscheiden. Zuerst hat der Baumeister eine Idee, und dann baut er das Haus.

Nachdem wir das Ego als den Baumeister und sein selbstbezogenes Denken, sein Verlangen nach diesem und seine Aversion gegen jenes als die Ursachen des Leids erkannt haben, sollten wir es töten, wo immer es seinen hyperaktiven, stolzen Kopf erhebt …

--*--

Alle Heiligen übten sich in dieser »Abtötung«, in dieser Überwindung des eigensüchtigen, leidenschaftlichen Ichs, das sich ganz mit dem Körper identifiziert. Meister Eckhart, ein Experte in Sachen Selbstüberwindung und wirklicher Freiheit vom Ich, rät uns: »Wo immer du dich findest, da lasse dich!«

»Kenosis« bedeutet im orthodoxen Christentum, sich ganz leer zu machen von aller »Ichheit« und Selbstsucht, von aller Selbstbezogenheit und von allem eigenen Willen. Es bedeutet, sich selbst zu verleugnen, uneigennützig zu denken und zu handeln, auf Angenehmes zu verzichten und das Leiden, wenn es kommt, nicht abzulehnen, sondern als willkommene Prüfung anzunehmen. Im mystischen Sinne können wir der Gnade unmittelbarer Gotteserkenntnis erst dann teilhaftig werden, wenn wir bereit sind, alle Bilder und Vorstellungen zurückzulassen.

Das Ego aber ist eingebildet und widersteht seiner Auflösung. Es hält sich durch sein selbstreferenzielles Denken und Urteilen, seine rastlose Suche nach Genuss und seine Flucht vor allem Unangenehmen am Leben. Es nährt sich von negativen Erinnerungen, von Ablehnung und Gier, und es haftet an den Vorstellungen, die es sich gemacht hat.

Der Mensch, der sich selbst tötet, will zwar das Leiden beseitigen, tötet durch Selbstmord aber nur seinen Körper, nicht seine Ich-Anhaftung, die Quelle allen Leids. Aus dem Grund bestärkt diese Tötungshandlung nur die Illusion des Egos, seine Verdrängungsmechanismen und damit seine Probleme. Kontrollverlust, Krankheit, Altern und Tod sind aus der Sichtweise des Egos unannehmbare Niederlagen und Provokationen, denn sie zeigen seine Machtlosigkeit, seine Zerbrechlichkeit und Sterblichkeit auf unmissverständliche Art. Das ist beschämend für den Stolz des Egos, denn sie stellen seinen prometheischen Machtanspruch infrage.

Das Ego verdrängt, solange es geht, seine Sterblichkeit; und wenn dies nicht mehr möglich ist, möchte es wenigstens Macht über seinen Tod und den Zeitpunkt des Todes ausüben. Das Ego kann das Leben nicht annehmen, wie es ist, und es kann das Sterben nicht annehmen, wie es ist. Es lebt in seiner eigenen Fiktion, wie die Dinge sein sollen. Es lebt identifiziert mit der Vorstellung, die es von sich selbst hat.

Die Heiligen, so sehen wir in ihren Vitae, haben sich stattdessen in der rückhaltlosen Annahme des Gegebenen und in Gelassenheit geübt, denn nur so reinigen wir uns von Anhaften und Aversion, und durch Selbstüberwindung werden wir frei von der Tyrannei des Ichs. Das, was das Ego verabscheut, wie Erniedrigung, Machtlosigkeit, Beschimpfungen und Nichtbeachtetwerden – auch Krankheit, Armut, Alter und Tod –, haben sie willig, ja freudig angenommen und schweigend, ohne Widerstand über sich ergehen lassen. Das Ego ist dagegen verwöhnt und geübt in der Ablehnung und der Manipulation des gegebenen Augenblicks, denn alle Dinge sollen möglichst seinem Willen folgen.

Die Heiligen haben gesagt: »*Dein* Wille geschehe!« Das Ego sagt: »*Mein* Wille geschehe!«

Wenn wir hier von einem »guten Leben« oder von »Lebenskunst« sprechen, so verstehen wir diese, allgemein gesprochen, als eine vernünftige und weise Lebensführung in »Übereinstimmung mit dem wahren Wesen unseres Geistes und dem Wesen der Natur«, wie sie in Buddhismus und Taoismus, von Platon, Plotin oder von Stoikern wie Seneca und Marc Aurel definiert wurde, oder als eine Lebensführung in »Übereinstimmung mit dem göttlichen Willen und den Geboten«, wie sie in den theistischen Traditionen gelehrt wird.

Die alttestamentarische, etwas autoritäre und nicht gewaltfreie Diktion mancher Gebote, die zwar heilsames Handeln einforderten, dies aber, ohne den Grund dafür anzugeben und ohne den Verursachungszusammenhang des Karma weiter zu erklären, hat verständlicherweise im Lauf der Zeit viele Menschen abgestoßen, die, der Hand des Vaters entwachsen, nicht nur das Gesagte glauben, sondern selbst denken und verstehen wollten.

Die Verhaltensregeln christlicher, buddhistischer und hinduistischer Ethik, um nur drei der Weltreligionen zu nennen, sind, auf wirklicher Einsicht und Lebensweisheit beruhend, wohlgemeint und wollen lediglich aufzeigen, wie die leidvollen Folgen eines unheilsamen Handelns für uns Menschen vermieden werden können.

»Du sollst nicht töten« ist die wichtigste von ihnen, da die Auswirkungen einer absichtlichen Tötungshandlung recht negativ für die Beteiligten ausfallen. Das Grundprinzip eines ganzheitlichen ethischen Handelns basiert nicht auf gesellschaftlichen Konventionen, sondern auf Mitempfinden oder Empathie. Wenn wir uns in die Situation eines heranwachsenden Kindes im Mutterleib, eines jungen Menschen im Krieg, eines von Suizidgedanken geplagten oder eines alten und pflegebedürftigen Menschen versetzen und einfühlen, so wissen wir, dass sie alle nicht verletzt werden und nicht leiden wollen. Wir fühlen mit Gewissheit, dass es

grundfalsch ist, ihnen Schmerzen zu bereiten, ihnen das Leben zu nehmen oder auch sich selbst zu töten. Das menschliche Leben ist kostbar
und deswegen immer wertzuschätzen und zu erhalten. Ob nun äußere
und innere Zwänge jemanden zu einer Abtreibung, zum Töten von Menschen aus persönlichen Gründen oder im Krieg oder auch zum Selbstmord oder zu einer Tötung auf Verlangen bewegen wollen. Es ist – und
darin stimmen die spirituellen Meister der verschiedenen Traditionen
von gestern und heute überein – für alle Beteiligten besser, die Tötungs-
schranke aufrechtzuerhalten. Ist persönlich und gesellschaftlich der Wille
dazu da, so lassen sich für all die genannten Situationen auch andere,
heilsame Lösungen finden. Hier sind als Alternativen zum Beispiel viel
mehr Adoptionen sowie eine verlässliche Vergütung für die häusliche
Pflege und eine bessere Bezahlung der stationären Pflege und Behandlung
von alten Menschen möglich. Der Schutz des menschlichen Lebens, ob
jung oder alt, ist und bleibt ein wichtiger Grundpfeiler der Verfassung
eines Staatswesens, das sich an den allgemeinen Menschenrechten und
an christlichen Werten orientiert.

Was die Klärung der ethischen Fragen betrifft, die sich in unserer Zeit
im Zusammenhang mit den neuen Machbarkeiten in der Medizin und
der »Sterbehilfe-Bewegung« stellen, möchte ich besonders auf die äußerst
hilfreiche, mutige und bahnbrechende Arbeit von Dr. Giovanni Maio
und seinem Institut für Medizinethik in Freiburg hinweisen.

Die willkürliche Verschiebung ethisch-moralischer Grenzen und Paradigmen wird immer durch eine Aufweichung von Begriffen und durch
umwertende Neologismen vorbereitet. Ein Beispiel hierfür aus der jün-
geren Geschichte ist zum Beispiel »Euthanasie« oder »das glückliche
Sterben«. Es ist gut, solche subliminal einstimmende Sprachprogram-
mierung im Auge zu behalten. Heute wird gern von »in Würde sterben«
gesprochen, und der Gedanke »Ich möchte anderen nicht zur Last fallen«
wird als eine Einstellung propagiert, welche die »Selbsttötung« wie einen
heroischen, selbstlosen Akt erscheinen lässt. Aber ist nicht auch hier der
Blick zu sehr auf Äußerliches gerichtet? Für die ethische Einschätzung

der Absicht, der Tat und der Folgen einer Selbsttötung ist es nicht förderlich, beschönigend von »Freitod«, von »assistiertem Suizid«, »Sterbehilfe« oder von »selbstbestimmtem Sterben« zu sprechen.

Die Handlung des Selbstmords ist keine medizinische Operation (assistierter Suizid), und sie kommt nicht aus Freiheit (Freitod), sie ist keine selbstbestimmte, freie Handlung (selbstbestimmtes Sterben), sondern sie resultiert aus einer inneren und äußeren, einer psychischen und physischen Situation, die als unerträglich, als ausweglos erfahren oder als entwürdigend empfunden und konzeptualisiert wird.

Der Wunsch, einer subjektiv als ausweglos gedachten Situation zu entfliehen, ist verständlich, aber ist nicht der dafür gewählte Weg der völlig falsche? Was soll eine unfreie, von Unwissenheit und Störgefühlen wie Verzweiflung, Stolz, Trotz, Aversion oder Angst diktierte Handlung bringen? Etwas Heilsames, wie ewigen Frieden? Das ist absurd, weil jeder Same auch die ihm entsprechende Frucht hervorbringt. Jede Handlung hat den ihr entsprechenden Nachhall.

Aus Erfahrung wissen wir, dass die Wirkung einer absichtlichen Tötungshandlung trotz aller oberbewussten Auffassungen davon für alle Beteiligten nachträglich belastend und damit unheilsam ist. Soldaten, die im Krieg getötet haben, sind sehr häufig bis an ihr Lebensende traumatisiert und träumen immer wieder dieselben Szenen. Was den Selbstmörder betrifft, so erkennt er nach einiger Zeit im Jenseits, dass er seinem Leiden nicht entfliehen konnte. Er versteht lange nicht, dass er seinen physischen Körper verlassen hat und sich nun im subtilen Traumkörper befindet. Das Leiden, das man anderen dadurch bereitet hat, belastet, und das besonders, wenn man sich ohne deren Kenntnis und Zustimmung das Leben genommen hat. Man möchte sich seinen Angehörigen erklären, möchte um Verzeihung bitten, möchte seinen Fehler ungeschehen machen, aber man kann es nicht.

Hellsichtige berichten, dass Selbstmörder immer wieder versuchen, mit den Hinterbliebenen Kontakt aufzunehmen. Die Angehörigen machen sich häufig und lange Vorwürfe, die wohl auch durch die Selbstvorwürfe dieser entkörperten Seelen unterstützt werden, welche sich aus besagtem Grund von ihren Angehörigen schlecht lösen können und dadurch länger erdgebunden bleiben.

Im Fall der »Sterbehilfe« haben sich der kranke Mensch und seine Verwandten und Ärzte meist nach einem längerem Für und Wider zu dieser »Option« des assistierten Freitods »durchgerungen«, was darauf hinweist, dass ihr Gewissen eigentlich dagegen sprach, und dementsprechend fühlen sie sich infolge der Tat belastet. Die an der Tötungshandlung unterstützend und ausführend Beteiligten machen sich Vorwürfe, ob es mit einer besseren, längeren und liebevolleren Pflege und palliativen Versorgung nicht auch und besser gegangen wäre. Diese Selbstvorwürfe sind berechtigt, ist doch für jedes natürliche Empfinden ein geduldiges Abwarten des richtigen Zeitpunkts sicher besser, als einem Menschen vorzeitig Gift zu verabreichen und ihm so das Leben zu nehmen.

Wer glaubt, mit dem Tod sei alles zu Ende, verschließt sich der Erkenntnis tieferer Zusammenhänge, denn vieles, wie das Gesetz von Ursache und Wirkung im Geistigen, also das Fortwirken der Impulse, die wir durch unsere Handlungen, Worte und Gedanken gesetzt haben, und ihre unvermeidliche Rückwirkung auf uns selbst als deren Ursprung ist nur *sub specie aeternitatis,* das heißt aus der Perspektive des ewigen Lebens unseres Geistes, verständlich. Das meiste von dem, was in einem Leben gesät wird, wird erst in einem anderen Leben zur Reifung kommen. Wobei die Frucht, so wie es auch Jesus im Evangelium lehrt, immer unfehlbar dem gesäten Samen entspricht. »Was du säst, das wirst du ernten«, so heißt es dort.

Das ganze Thema der ausgleichenden, göttlichen Gerechtigkeit und der Sinnhaftigkeit eines tugendhaften, mitfühlenden und altruistischen Handelns kann nur vom Lebensgesetz des »Karmas«, das heißt vom »Gesetz von Ursache und Wirkung im Geistigen«, und vom Weiterleben nach dem Tod her verstanden werden. Der Mensch ist zwar durch seine Konditionierungen eingeschränkt, im Grunde aber frei, zu denken und zu handeln, was und wie er will, und er muss deshalb die Konsequenzen daraus auch selbst tragen und erleben.

Wie man in den Wald hineinruft, so hallt es aus diesem zurück! Wenn das Echo nicht zu seinem Ausgangspunkt zurückkäme, gäbe es kein Feedback – ein Lernen wäre damit ausgeschlossen, und folglich wäre es nicht möglich, dass ein fühlendes Wesen schließlich zu einem Verständnis der Gesetze und Funktionen seines Geistes und des Lebens kommt.

Wir alle sind in den letzten Jahrzehnten und Jahren Zeugen einer medialen »Umwertung der Werte« in unserer Gesellschaft geworden, durch welche der moralische und gesetzliche Schutz des menschlichen Lebens teilweise aufgehoben wurde. Diese Umwertung hat leider zu keiner höheren Wertschätzung des Menschseins geführt. Unsere Rechte zu sterben sind vermehrt, unsere Rechte, unversehrt zu leben, aber damit eingeschränkt worden. Es ist heute in verschiedenen Situationen, wie Abtreibung, Organentnahme und Suizid, in denen es vorher explizit verboten war, legitim und erlaubt, menschliches Leben vorzeitig und willentlich zu beenden. Diejenigen von uns, die sich an solchen Handlungen beteiligt und ihnen zugestimmt haben, sollten wegen des hier Gesagten nicht verzagen. Sie waren einfach falsch instruiert worden und sind dem allgemeinen Trend einer materialistischen Lebensauffassung gefolgt.

Wenn wir auf unserem Lebensweg nachträglich eine Handlung als falsch erkennen und sie auch von Herzen bedauern, so kann das daraus resultierende negative Karma gereinigt werden. »Wer von euch ist ohne Schuld?«, fragte Jesus die Menge. Wir alle haben im Lauf vieler Leben Schuld auf uns geladen. Wer seine Schuld nicht anerkennt, der bleibt davon belastet. Wer sie erforscht, anerkennt und annimmt, dem kann sie ein Ansporn werden und seiner spirituellen Praxis wirkliche Dringlichkeit, Ernsthaftigkeit und Intensität geben. Tibets größter Yogi Milarepa hat in jungen Jahren, vom Hass seiner Mutter angestiftet, sämtliche Bewohner eines Dorfs durch schwarze Magie getötet. Später erkannte er seine Schuld und widmete sich so intensiv der Reinigung seiner karmischen Spuren und der Meditationspraxis, dass er in einem Leben die Buddhaschaft erlangte.

So wie wir die Spuren aller Generationen vor uns in den Genen unseres Körpers tragen, so wirken die Spuren unserer Handlungen und

Erfahrungen in vielen vergangenen Leben auf feinstofflicher Ebene in unserem Unterbewusstsein gespeichert in unserem Geistesstrom weiter. Sie beeinflussen unser Schicksal, also das, was wir erleben, und sie bestimmen, wie wir darauf reagieren oder was wir daraus machen. Da diese Impulse energetischer und nicht stofflicher Natur sind, bleiben sie über den Tod hinaus wirksam und können nicht durch den Tod des Körpers zerstört werden. Aus diesem Grund ist Selbstmord absurd, und einem Leiden, dem man entfliehen wollte, fügt man durch diese unsinnige, unfreie Handlung nur noch weitere Selbstverblendung und weiteres Leiden hinzu.

Der Buddha lehrt wie gesagt, dass ein menschliches Leben äußerst kostbar ist, weil es sehr schwer zu erlangen ist und nur als Mensch die Chance besteht, Erleuchtung zu erlangen. Welcher Suizidkandidat würde sein Leben wegwerfen, wenn ihm das klar wäre und er die Konsequenzen seiner Handlung vorab sehen könnte?

◆

Als weitere Orientierungshilfe für die aktuelle Diskussion und für eine ganzheitliche ethische Einschätzung der angeblichen »Option« von assistiertem oder nicht assistiertem Selbstmord möchte ich hier die Aussagen eines hohen geistigen Lehrers des Theravada-Buddhismus übersetzen. Mahasi Sayadaw spricht im Folgenden zuerst über Sterbehilfe:

»Ihr fragt mich, ob Ärzte, die trotz all ihrer Anstrengungen ihre Patienten nicht mehr heilen können, deren Tod also in absehbarer Zeit erfolgen würde, wenn sie von Mitgefühl bewegt auf den Wunsch der Patienten hin diese töten, Schuld auf sich laden oder nicht. Ihr sagt, dass einige Menschen mit einer tödlichen Krankheit ihr Leben einfach nicht mehr lebenswert finden und deshalb, von ihrem Wunsch nach einem vorzeitigen Tod bewegt, ihre Ärzte oder Angehörigen bitten, ihnen bei diesem Selbstmord zu helfen. Nun, der Lehre des Karmas nach machen sich beide, der Patient, der sich selbst töten möchte, und die Person, die ihm dabei hilft, der Sünde des Tötens schuldig. Beide

wollen den Tod vor dem Ende der natürlichen Lebensspanne herbei-
führen. Es ist erbarmungswürdig, einen Patienten so schwere Schmerzen erleiden zu sehen.

[Es wird an dieser Stelle deutlich, dass der Mahasi hier sogar körperliche Schmerzen voraussetzt, wie sie vor der Entwicklung der palliativen
Medizin im Endstadium von Krebs üblich waren.]

Wenn der Patient vor der ihm vom Karma bestimmten Zeit getötet wird, mag es bei oberflächlicher Betrachtung so erscheinen, als ob er
damit etwas früher von seinem Leiden befreit wird. Es ist jedoch frag-
lich, ob er nach dem Tode darüber glücklich sein wird. Der Kommentar
über das *Petta Vatthu,* eine Schrift des Pali-Kanons, erklärt diesen Punkt
näher: Wenn ein Wesen vor der Erfüllung seiner Lebenszeit durch das
Eingreifen eines anderen stirbt, so bricht der die Tötung Ausführende
das Gebot des Buddha, welches das Töten eines jeden fühlenden Wesens
untersagt. Der Arzt, der den unerträglichen Schmerz eines Patienten
sieht, mag zwar zuerst die positive Intention haben, diesen von seinem
Leiden zu befreien – seine zweite und letzte Absicht wird aber sein, wie
er diese Person töten kann. Diese zweite Intention bricht das Gebot, par-
tout nicht zu töten, und hat negative Folgen.

In diesem Kommentar wird gelehrt, dass fünf Faktoren beteiligt sein
müssen, um das Resultat eines vollständigen Bruchs des Tötungsverbots
zu erwirken. Erstens muss es ein fühlendes Wesen sein. Zweitens muss
uns bewusst sein, dass es ein fühlendes Wesen ist. Drittens muss die
Absicht bestehen, es zu töten. Viertens muss eine verbale oder physische
Handlung erfolgen, die das Wesen tötet, und fünftens muss das Wesen
infolge dieser Handlung sterben. Wenn all diese Faktoren präsent sind,
ist das Gebot gebrochen, und eine dementsprechende karmische Wirkung ist zu erwarten.

In unserem Fall bedeutet dies, der Patient bittet den Arzt, ihm Gift
zu geben. Aus Mitgefühl kommt dieser dem Wunsch nach. Der Patient
stirbt daran. Folglich haben sich beide der absichtlichen Tötung eines
lebenden Wesens schuldig gemacht.

Kinder mögen einen Arzt aus demselben Grund ersuchen, ihrem Vater oder ihrer Mutter die Todesspritze oder Gift zu geben. Wenn dieser den Wunsch erfüllt, machen sich die Kinder eines der ›fünf schwersten verbrecherischen Handlungen‹ oder *anantariya karma,* nämlich des Vater- oder Muttermords, schuldig. Eine weitere dieser fünf Handlungen ist, das Blut eines Buddha zu vergießen. Diese fünf Handlungen erzeugen ein sehr unheilsames Karma, das sich über sehr lange Zeit negativ für den Täter auswirkt. Wie furchtbar ist dies – jeder sollte extrem vorsichtig sein, eine solche Schuld nicht auf sich zu laden.«

•◆•

Ein Besucher fragte den Mahasi auch, wie das Töten von Tieren zu Forschungszwecken zu beurteilen sei:»Wissenschaftler haben Entdeckungen und Erfindungen gemacht, welche die medizinische Versorgung sehr verbessert haben. Für diesen Fortschritt in der Medizin mussten sie Tausende von Affen, Kaninchen, Mäusen, Ratten und andere Lebewesen töten. Für das Wohl der Menschen wirkend, konnten sie nicht vermeiden zu töten. Wie ist hier die Verteilung von heilsamem und unheilsamem Karma einzuschätzen?«

Antwort:»Es gibt keinen klar dokumentierten Nachweis, ob das Töten von Tieren und diese Tierversuche wirklich nötig und nützlich sind. Was den karmischen Prozess betrifft, so ist hier jedes Mal eine absichtliche Tötungsabsicht vorhanden, die dann zur vollständigen Handlung wird. Der Geist kann keine zwei Dinge im selben Augenblick denken. Er denkt in einem Moment, warum es wichtig ist zu töten, im zweiten Bewusstseinsmoment will er töten. Der Wissenschaftler hofft, ein pharmazeutisches oder kosmetisches Produkt zu entwickeln, und das motiviert ihn, diese fühlenden Wesen ohne jedes Mitgefühl zu töten. Es ist evident, dass hier das unheilsame Karma stärker ist als das heilsame. Dementsprechend wird auch das Resultat dieser Handlung ein überwiegend unheilsames sein. Wenn jemand ein mitfühlendes Herz hat, wird es recht klar sein, ob man so etwas machen soll oder nicht.

Wie würde es uns selbst gefallen, für den Vorteil anderer Menschen getötet zu werden? Niemand würde freiwillig an solcher medizinischer Forschung teilnehmen. Deshalb ist bei derartigen Tierversuchen das negative Karma zweifellos weit überwiegend.«

So weit die deutliche Aussage und Stellungnahme von einem der höchsten Meister des Theravada-Buddhismus, der in den meisten Ländern Südostasiens praktiziert wird. »Vipassana« oder »Achtsamkeitsmeditation« ist die Hauptübung dieser spirituellen Tradition. Der Pali-Kanon der Theravadins, in denen die Lehrreden des Buddha Shakyamuni und zahllose Kommentare seiner Nachfolger und Schüler gesammelt sind, ist sehr umfangreich. Er ist unterteilt in die drei Körbe oder Pitakas – Sutra, Vinaya und Abhidharma.

•–•

In Teil 3 dieses Buches möchte ich leicht anzuwendende und wirksame Methoden der Vorbereitung auf das Sterben, die Sterbebegleitung und die Nachsorge im Postmortem als eine Form kreativer Trauerarbeit für die Hinterbliebenen vorstellen. Diese können dem Verstorbenen und seinen Verwandten und Freunden auch im besonderen Fall eines Suizids helfen.

Entscheiden wir uns für die Option einer aufopferungsvollen Begleitung des Verstorbenen im Nachtodzustand, so können wir über das ohnmächtige Gefühl, nichts mehr für die geliebte Person tun zu können und ihr unsere Dankbarkeit nicht mehr zeigen zu können, hinausgehen und unsere Kräfte durch positive Gedanken und eine altruistische Ausrichtung verstärken. Unser Bemühen um den anderen kann uns helfen, uns nicht als Opfer zu fühlen, sondern Verlust, Bedauern, Trauer und Schmerz anzunehmen und in ein vertieftes Verständnis für den Verstorbenen und uns selbst und in vergebende, loslassende und bedingungslose Liebe zu transformieren. Indem wir allen Beteiligten unsere achtsame, nichturteilende Aufmerksamkeit schenken und ein unerschütterliches, unparteiisches Wohlwollen kultivieren, können wir uns selbst und den Verstorbenen darin unterstützen, zuversichtlich und gelassen in die neue Lebensphase zu gehen.

•–•

In unserer heutigen Gesellschaft, deren höchstes Ideal Leistung, Ertrag und materieller Zugewinn sind, wird seit Längerem in den Medien die Tötung von ungeborenen Kindern und pflegebedürftigen Alten als »Recht auf den eigenen Bauch« und als »selbstbestimmtes Sterben« als durchaus annehmbares und legitimes Verhalten propagiert.

Es ist also unumgänglich wichtig, auf sein eigenes Gewissen zu hören und klar zu sehen, dass es ein solches Recht zum Töten und zur Selbsttötung nicht gibt, auch wenn es jemand so darstellt und viele Menschen dieser Ansicht folgen. Das Gebot »Du sollst nicht töten« und die negative Wirkung einer Tötungshandlung wird durch diese bewusste »Umwertung der Werte« nicht aufgehoben, auch wenn in einem Staat die betreffenden Gesetze geändert werden.

•–•–•

Was die »Tötung auf Verlangen« betrifft, so wird den dafür empfänglichen, alternden oder erkrankten Menschen erzählt, dass sie, wenn das Gift wirke, friedlich einschliefen und für immer von allem Leid befreit sein werden – denn nach dem Tod sei alles aus und vorbei. Sie teilen zumeist diese materialistische Erwartung einer nihilistischen, völligen Auslöschung. Da das menschliche Leben aber in jedem Alter voller Probleme und von kleinen und großen Leiden durchdrungen ist, wäre diese schnelle Lösung der Selbsttötung logischerweise generell eine Option für Junge *und* Alte, um für immer Ruhe zu haben, um für immer vom Leiden frei zu sein. Diese Beispiele könnten also Schule machen, und sie machen Schule.

So verkündete zum Beispiel am 26. Februar 2020 das Bundesverfassungsgericht, das 2015 eingeführte Verbot der geschäftsmäßigen Sterbehilfe verstoße gegen das Grundgesetz. Es gebe ein Recht auf selbstbestimmtes Sterben. Das schließe die Freiheit ein, sich selbst das Leben zu nehmen und dabei Hilfe von Dritten in Anspruch zu nehmen.

Damit ist ein neuer Tiefpunkt im oben angesprochenen Prozess der Umwertung und der Entrechtung erreicht. Das Recht zu sterben wird uns zugestanden, während gleichzeitig die Politik ernsthaft erwägt, uns sogar das Recht auf den eigenen Körper und seine Unversehrtheit zu entziehen, indem die Organspende zur Pflicht gemacht werden soll. Wo bleibt hier das Recht auf Unversehrtheit des eigenen Körpers? Wo das Recht auf einen ruhigen Tod im Kreis der Familie? Wo unser Recht auf Leben auch im hohen Alter und in Krankheit? Wo bleibt hier die grundsätzliche Pflicht, menschliches Leben zu erhalten, es im Notfall zu retten und zu schützen? Werden hier nicht grundlegende, gesellschaftstragende Menschenrechte nach und nach abgeschafft?

Im Internet gibt es schon seit geraumer Zeit Foren für Selbstmörder in spe, auf denen diese sich gegenseitig Mut für den Suizid zusprechen. Ich denke, es ist wichtig, die dämonischen Geister zu erkennen, die hinter solchem Gedankengut stehen.

Die Auffassung, dass mit dem Tod des Körpers alles aus sei, beruht auf Unwissenheit, Wunschdenken und Verdrängung. Sie beruht auf der Verwechslung von Ursache und Wirkung und auf der Idee, mit dem Körper identisch zu sein. Der lebendige Organismus wird dabei, wie von Descartes formuliert, als Mechanismus gesehen, vergleichbar einer Uhr. Heute wird stattdessen vom Menschen als »Biocomputer« gesprochen, was an der Banalität des antiquierten, mechanistischen und dehumanisierenden Konzepts nichts ändert.

Relativ neu ist, dass die Wissenschaftler jetzt auch unsere Umwelt in bisher ungekanntem Ausmaß verändern und in großem Umfang genetische, chemische, elektrische und nanotechnologische Manipulationen am menschlichen Gehirn, Genom und Körper vornehmen können und dies nun auch mancherorts und zum Teil ohne Wissen und Zustimmung der Bevölkerung in die Tat umsetzen.

Die materialistische und reduktionistische Sichtweise der Identität des Menschen mit seinem Körper ist die Grundlage einer Technologie- und Fortschrittsgläubigkeit, die schon lange religiöse Züge angenommen hat und welche, offen oder etwas camoufliert, die prometheische Macht des Egos über alle Naturvorgänge und über Tod und Geburt als ihr höchstes

Ziel propagiert. Das Ego will immer Kontrolle, will Macht. Es will die göttliche Natur »verbessern«. Es will selbst bestimmen, wann geboren und wann gestorben wird. Es will Leben geben und Leben nehmen können wie Gott. Das Ego und sein hyperaktives Denken, immer mit der Erfindung neuer Strategien beschäftigt, um sich selbst zu erhalten, hasst den natürlichen Zustand der Stille und der Annahme des Gegebenen. Es definiert sich durch die Dinge, die es mag und die es nicht mag. Es ist bei den immer neuen »Optionen«, welche auch die medizinische Forschung hervorbringt, nur zu hoffen, dass eine mitfühlende Achtsamkeit in der Ärzteschaft bewahrt werden kann, die sich der Grundlage ihres Bestrebens, zu heilen und zu helfen, nämlich der Liebe und Hilfsbereitschaft gegenüber dem Menschen, erinnert und sich, eine Medizin der Zuwendung kultivierend, von gewinnorientierten, unheilsamen und zweifelhaften Übertreibungen der Machbarkeit freihält.

Was den Hippokratischen Eid betrifft, so untersagt er ausdrücklich sowohl eine Abtreibung des ungeborenen Menschen wie auch Sterbehilfe. Er wurde, da er »neuen Entwicklungen« wohl hinderlich war, in der klassischen Form an den meisten ausbildenden Universitäten bereits abgeschafft.

Leider werden fast alle Krankenhäuser und Altenheime inzwischen als gewinnorientierte Unternehmen geführt; und eine Tendenz, bei einträglichen Maßnahmen »des Guten zu viel zu tun«, ist im heutigen Medizinbetrieb zweifellos zu beobachten. Es gilt deshalb für jeden Betroffenen, gut abzuwägen, welche der angebotenen Eingriffe und Manipulationen wirklich sinnvoll sind.

Einerseits ist es wichtig und gut, den Körper so lange gesund und schmerzfrei zu halten, wie es der Kostbarkeit des Lebens angemessen ist. Andererseits muss man das Gespür und die Bereitschaft haben, einen Menschen gehen zu lassen, wenn seine Zeit gekommen ist. Es ist schwierig, diese Balance zu halten, wenn wir den Tod einerseits als feindliches Etwas betrachten, was mit allen Mitteln bekämpft und verhindert werden muss, während wir andererseits bereit sind, den Tod vorwegzunehmen, weil wir annehmen, dass dann alles aus ist und das Leid damit ein Ende hat. Ein künstlich über Jahre ausgedehntes Koma bedeutet, die Seele nicht gehen zu lassen; und ein um Monate oder Jahre vorzeitig und künstlich beendetes Leben bedeutet Selbstmord und Mord. Beide Extreme basieren auf der materialistischen Auffassung, dass die Seele mit dem Körper identisch ist.

•—•—•

Was wahre Lebenskunst und den Umgang mit Tod und Sterben betrifft, können wir viel von Tibet und seinen Meistern lernen, die sich in den letzten 1200 Jahren nicht der Entwicklung von Maschinen und Chemikalien zur Manipulation der Umwelt und des Körpers, sondern der Weiterentwicklung und Anwendung einer Technologie des Geistes gewidmet haben, welche die tatsächliche und bleibende Befreiung von Krankheit, Leid und Tod durch Beseitigung ihrer Ursachen bewirkt. Das westliche, nach außen gerichtete, forschende Denken und Streben dagegen ist bekanntlich schon seit Längerem dabei, sogar die elementaren Lebensgrundlagen auf dieser Welt zu zerstören. Es stellt sich also die berechtigte Frage, welchen Nutzen aller technischer Fortschritt in Physik, Biologie, Chemie und Medizin hat, wenn die Weisheit und das Mitgefühl sowie die moralisch klare Unterscheidungskraft fehlen, um diese Erfindungen richtig anzuwenden; das heißt, ohne Schaden anzurichten.

Millionen Kriegstote, Verstümmelte und in Genoziden getötete Menschen im 20. Jahrhundert wurden das Opfer eines zerstörerischen, materialistischen Denkens, formuliert als soziale, nationale und politische Ideologien, die mit rücksichtsloser Machtgier in die Tat umgesetzt wurden.

Der Kampf ums Dasein, das Recht des Stärkeren, das Überleben des Leistungsstärksten, der Mensch als Triebwesen, die Überlegenheit der eigenen Nation sowie der Klassenkampf und die Weltrevolution waren die Leitmotive und Lebensanschauungen, die in solchen Dimensionen vorher ungekannter Destruktivität und Unmenschlichkeit zugrunde lagen. Es ist ihnen allen gemeinsam, dass hier der eingebildete und angestrebte Zweck die Mittel heiligt. So proklamierten Marx und Engels, dass in diesem Klassenkampf auch ganze Völker untergehen müssen, wenn sie der Weltrevolution im Wege stehen. Ihre kommunistischen Nachfolger handelten nach ihrer Weisung und haben in Russland und China Millionen unbescholtener »bürgerlicher« Menschen für diese »gute Sache« exekutiert oder verhungern lassen.

All diese psychopathische Denk- und Verhaltensweisen haben ihren Grund in einer materialistischen Anschauung, welche die Folgen der eigenen negativen Handlungen nicht wahrhaben will und damit die eigene Verantwortlichkeit für diese verleugnet.

In der idealisierenden Darstellung der materialistisch gesinnten »Wissenschaftsgemeinde« sind die letzten dreihundert Jahre, in denen dank der Erfindung von immer effizienteren Waffen und Giften so viele Menschen und Tiere ermordet wurden wie niemals zuvor, das »Zeitalter des Humanismus und der Aufklärung«. In diesem habe der »Homo sapiens« die Grundlagen geschaffen, um nun in seiner »Entwicklung« in die Ära des »Transhumanismus« einzutreten und mithilfe seiner genialen Erfindungen auf dem Felde der »künstlichen Intelligenz« den Schritt zum Übermenschen zu tun, der mit hervorragenden technischen Fähigkeiten ausgestattet sein wird.

Zu diesem »Gottmenschen« gehört, jener Zukunftsvision entsprechend, dass er nicht mehr menschlich fühlt und denkt, weil das seine reibungslose Leistung und Funktion im Gehirn nur stören würde. Gleichzeitig wird prognostiziert, dass all jene, die sich dieser »exponentiellen Entwicklung« verweigern oder nicht anschließen können, in der Schule nicht mehr mithalten können und auch keine Arbeit mehr finden werden.

Das titanische Projekt einer völligen »Digitalisierung und Vernetzung der Welt« wird als unausweichlicher Entwicklungsschritt und als Weg zur Leidensfreiheit, zur Unsterblichkeit und Allwissenheit, als Aufstieg vom

»Homo sapiens« zum »Homo Deus« dargestellt, doch die daraus resultierenden, möglichen Implikationen sind sehr bedenklich.

Eine davon ist lückenlose Überwachung. Jedem aufmerksamen Nutzer dürfte inzwischen klar sein, dass das digitale Gerät, mit dem wir im Internet Informationen sammeln und unsere Gedanken und Meinungen festhalten und äußern, dasselbe ist, mit dem die Betreiber Informationen über uns und unsere Neigungen, Meinungen und Gedanken sammeln und dokumentieren können. Das Smartphone, auf das niemand mehr verzichten will und das man ständig bei sich trägt, zeigt unmissverständlich und dokumentierbar an, was wir denken, mit wem wir uns verbunden fühlen und wo wir gerade sind.

Aldous Huxley ahnte diese Entwicklung bereits, als er circa 1957 schrieb: »Die Menschen werden ihre Unterdrückung lieben lernen, und sie werden die Technologien vergöttern, welche ihre Fähigkeit, selbst zu denken, ersetzen werden.«

Eine schöne neue Welt – hier ist sie. Die Risiken des Missbrauchs dieser Technologien liegen auf der Hand, aber die Menschen, ganz im Banne der Werbung für die »künstliche Intelligenz« und ihre Anwendungsmöglichkeiten, rufen danach.

Die Machbarkeiten in Technik und Medizin werden also immer mehr werden; und wie und ob man sich daran zustimmend beteiligt oder nicht, muss der Einzelne, wie in jedem Regime und zu jeder Zeit, nach seinem Gewissen entscheiden.

•◆•

Um die Stimme des eigenen Gewissens deutlicher hören zu können, sind Stille und Gebet förderlich und nötig, denn in letzter Instanz sind wir, wie von so vielen Reanimierten geschildert, nur unserem untrüglich das Heilsame vom Unheilsamen unterscheidenden Gewissen verantwortlich. Wohin es führen kann, ständig auf die lauten, verwirrt verwirrenden Stimmen des Außen zu hören und in seinen Taten nicht dem eigenen Herzen, sondern der herrschenden öffentlichen Meinung und Konvention zu folgen, hat die Menschheit in früheren, totalitären Regimen zur Genüge demonstriert und leidvoll erfahren. Auch jetzt, an Orten der Welt, die von uns eine oder wenige Stunden mit dem Flugzeug entfernt sind, werden Menschen von ihren Mitmenschen getötet, häufig schon mit unbemannten, aus der Ferne gelenkten »Drohnen«, und die Soldaten finden es ihrer ideologisch programmierten Überzeugung nach legitim und notwendig. Dienst ist Dienst, und Befehl ist Befehl. Würden sie auf ihr Herz und Gewissen hören, wüssten sie, dass diese ihnen etwas anderes raten.

Es gibt in der relativen Wirklichkeit dieses Erdentraums und in dieser Ära einflussreiche, nennen wir sie »egoische« Kräfte, die verhindern wollen, dass die Menschheit frei und luzide wird, doch sie haben letztendlich nur Macht über den Menschen, der sie ihnen in seiner Unbewusstheit, Gleichgültigkeit und Passivität stillschweigend zugesteht. Die Folgen seiner Handlungen aber, auch jene des Mittuns, muss jeder selbst tragen. Ein deutliches Caveat scheint deshalb angebracht.

Buddha Padmasambhava, der Erkenner der drei Zeiten, sah wohl unsere »modernen Zeiten« voraus, als er empfahl, in allen Schwierigkeiten das von ihm selbst formulierte Wunschgebet »Sampa Lhundrupma« an ihn zu richten:

»In diesem dunklen Zeitalter, der endzeitlichen Ära der Konflikte, werden die fünf Gifte der negativen Emotionen in allen fühlenden Wesen immer mächtiger werden. Rücksichtslos werden die Menschen sich destruktiven Störgefühlen hingeben und zulassen, dass die Geistesgifte von Dummheit, Begehren und Aversion ihren Geist beherrschen.

In solcher Zeit sei du unsere Zuflucht, und schütze uns mit deinem Mitgefühl. Herr des Erbarmens, du führst die, die an dich glauben, in die höheren Bereiche des Seins. Zu dir, aus einem Lotos geborener Meister, beten wir. Gewähre uns deinen Segen, und lass all unsere Wunschgebete in Erfüllung gehen!«

· ◆ ·

Was also können wir tun, um unbeeinflusst und frei zu bleiben? Es ist immer an der Zeit, aufzuwachen, sich aus der passiven Opferrolle zu befreien und Verantwortung für unser Denken, Wünschen und Tun auf dieser Welt zu übernehmen. Auch in einer Zeit ständiger Berieselung und »Informationsflut« gibt es eine Möglichkeit, suggerierte Gedanken von eigenen zu unterscheiden. Wir haben sie, wenn wir uns selbst genügend darin geübt haben, über längere Zeiträume von allen Gedanken frei zu bleiben.

Der Geist ist die Quelle aller Dinge, und deshalb können Meditation und Gebet die größten Veränderungen bewirken. Unser Geist ist nicht an das Gehirn gebunden.

Tsangpa Gyare, ein Meditationsmeister der Drukpa-Kagyüd-Linie, sagte, dass wir uns an folgenden Punkten orientieren sollten, um den Traum der Welt mit seinen Abhängigkeiten, Unfreiheiten und Leiden überwinden und transformieren zu können:

• Folge nicht den Verhaltensweisen der Allgemeinheit, sondern bleib bei dir selbst.

• Lass dir deine Zufriedenheit und deine Zeit nicht von unnötigen Wünschen rauben.

• Sei immer wachsam, dass in dir keine Anhaftung an Wunschobjekte entsteht.

• Widme den Worten, Urteilen und Gedanken anderer Leute keine Aufmerksamkeit.

• Achte stattdessen auf deinen eigenen Geist. Wiederhole kontinuierlich das Mantra »Ich brauche nichts«, und halt die Zügel deines Schicksals fest in deinen eigenen Händen.

Letztendlich liegt es an uns, ob wir uns von weltlichen Dingen und Meinungen binden und beeinflussen lassen, ob wir mit dem Mainstream schwimmen oder nicht. Hilfreich ist alles, was uns und unseren Mitmenschen Klarheit und Übersicht verschafft, beginnend damit, die Täuschung als Täuschung und das Unheilsame als Unheilsames zu erkennen und es auch deutlich so zu benennen.

Für jeden an seinem Platz und in seinem Umfeld gilt es, für Menschlichkeit, für die Menschenrechte und für die physische und geistige Freiheit aller einzutreten und sie nach Möglichkeit vor Schaden an Leib und Seele zu bewahren.

Das verlangt innere Klarheit, Wachsamkeit, Luzidität, Aufrichtigkeit und großen Mut. Sind wir im selbstlosen, mitfühlenden Gewahrsein verankert, so wissen wir, dass wir unsterblich sind; und das macht uns furchtlos und geduldig in den möglichen Leiden, Versuchungen und Schwierigkeiten des flüchtigen Traums der Menschenwelt.

Im Gandavyuha-Sutra heißt es: »Obwohl in der irdischen Welt alles Wahrnehmbare verbrennen mag, der Himmelsraum wird dadurch nicht vergehen und ebenso wenig das selbstexistierende Gewahrsein.« In dieser Gewissheit zu leben macht uns frei in allen Situationen des Lebens und des Sterbens. Nur das Trennende, das für andere und für uns selbst Unheilsame, Verletzende, Schädliche, das wir – von Selbstsucht, Stolz, Angst, Begehren und Anhaftung geleitet – in diesem Traum denken und tun, schadet uns tatsächlich.

So ist es von vitaler Wichtigkeit, dass wir lernen, unseren Geist in der Meditation zu sammeln, und ihn entschlossen auf das Heilsame ausrichten. Uns immer wieder zur Luzidität erweckend und wissend, dass alles Traum ist und vorübergeht, werden wir damit vertraut, gelassen in der unzerstörbaren Natur des Geistes zu ruhen, und können so schließlich unerschütterliche Geistesruhe und Stabilität darin erlangen.

•◆•

Wenn unser Geist zur Ruhe kommt, so kommt die ganze Welt zur Ruhe, heißt es im Zen; und ein tibetisches Sprichwort sagt: »Die Leiden schaffenden Gifte des Geistes haben nur ein Gutes. Sie haben keine eigene Wirklichkeit, und deshalb können sie aufgelöst werden.« Alle Emotionen und alle Gedanken sind vergänglich. Sie haben keine eigene Wirklichkeit, und es ist gut und auch nötig, uns immer wieder selbst daran zu erinnern. Alle Ideen lösen sich ja, wie auch alle Worte, auf, kaum dass sie gedacht oder ausgesprochen sind. Wie könnte irgendeine Vorstellung des Wirklichen also selbst wirklich sein? Name und Form sind die Schöpfung des Wirklichen, aber nicht das Wirkliche selbst. Unser Geist ist seiner Natur nach substanzlos, unsichtbar und immateriell. Er ist frei von allen Erscheinungen und nichts kann ihn in Wirklichkeit verletzen oder ihm schaden.

Durch Innenschau, durch Selbstbeobachtung, können wir der Richtung und Qualität der eigenen Gedanken gewahr werden. Wir können beginnen, die Gewohnheitsmuster, dualistischen Gedanken und neurotischen Störgefühle im eigenen Geist zu beobachten. Einfach indem wir diese giftigen Viren als das erkennen, was sie sind, und ihrem Impuls nicht folgen, also ihr Wachstum nicht fördern, erlernen wir »die Kunst geistiger Freiheit«.

Immer achtsam und bereit, die eigenen Fehler sowie die eigene Bequemlichkeit und Unvernunft zu erkennen, lernen wir, die unheilsamen Kräfte und Gedanken im eigenen Geistesstrom zu befreien und gegebenenfalls sofort durch heilsame Gedanken wie das Wunschgebet für das Wohl aller Wesen zu ersetzen. Und die Betonung liegt hier auf einem Wohlwollen für *alle* Wesen, also ohne jede Ausnahme. Sowohl für die Opfer als auch für die Täter – für die Tyrannen und die Untertanen wünschen wir uns nur Erkenntnis und Erlösung, denn jeder, der unheilsam handelt, tut dies aufgrund seiner angeborenen Unwissenheit und seiner Störgefühle.

Deshalb betete Jesus für all jene, die seinen Tod am Kreuz gefordert hatten, kurz bevor er starb: »Vater, vergib ihnen, denn sie wissen nicht, was sie tun!«

Unwissend ist der Geist, der ein vermeintlich Gutes will und doch das Böse schafft; und unwissend sind die, welche ihm folgen.

Was die Verbundenheit aller geistigen Wesen im Universum betrifft, so lehrt der Buddhismus, dass jedes dieser Wesen im Kreislauf unserer zahllosen Wiedergeburten schon einmal unser Vater oder unsere Mutter war und dass wir uns an den Orten und Stationen unserer Wanderung in den verschiedensten Gestalten und Rollen immer wieder begegnen. In diesem Rollenspiel werden auf der Bühne des Lebens frühere Opfer zu Tätern und Täter werden zu Opfern, da wird der Feind zum Freund und der Freund zum Feind, der Diener wird zum Herrn und der Herr zum Diener – durch gemeinsam Erlebtes und durch alte Schuld, durch Abstoßung und Anziehung gleichermaßen geheimnisvoll verbunden.

Jede Bewegung des Denkens bewirkt auch ihren Ausgleich, wie eine Kugel, die an einem Faden zur einen Seite schwingt, wieder zu der anderen schwingt, bis sie am Ende zur Ruhe kommt einfach und wieder in der Mitte hängt.

•◆•

Wenn wir fest entschlossen sind, niemals und unter keinen Umständen mehr anderen Wesen zu schaden, klärt sich die Sicht und unsere Ausrichtung auf das umfassende Erkennen unserer Buddha-Natur als die Untrennbarkeit von Weisheit und Mitgefühl, und sie motiviert und instruiert uns, dementsprechend zu handeln.

Von der Basis geistiger Ruhe und Sammlung aus verwirklicht unser Fühlen, Denken und Handeln immer mehr das für alle fühlenden Wesen gleichermaßen Erstrebenswerte und Heilsame, wenn wir von Herzen die Befreiung von allem Leid und seinen Ursachen und bleibendes Glück und völlige Freiheit des Geistes und des Körpers für alle Wesen ersehnen. Wir alle leben im selben großen Geist und benutzen seine unendliche Energie. Wir alle atmen dieselbe Luft. Gedanken der Gier, des Hasses, der Überheblichkeit und des Eigennutzes verschmutzen den Geist und die Welt, die seine Schöpfung ist.

Ein jedes fühlende, mit Geist begabte Wesen formt das Feld seiner Erfahrung mit seinen Gefühlen, Gedanken und Wünschen. Ein jedes geistige Wesen setzt seine Gedankenformen als seine Kinder in die Welt. Ob uns dies bewusst oder unbewusst ist, wir sind alle Mitgestalter am großen Traum des Lebens. Wahre Lebenskunst beginnt also damit, von den Maximen göttlicher Offenbarung, von den Worten erleuchteter Menschen und von ureigener Intuition und Weisheit inspiriert und geleitet, die Ursachen künftigen Leids in unserem Geistesstrom, in unserem Denken und Handeln zu erkennen, zu beseitigen und die Ursachen des Glücks für alle Lebewesen, ohne Unterschied, zu kultivieren.

Alles Leid im Universum entsteht aus egoistischen, negativen, unheilsamen und trennenden Gedanken, alles Glück aus selbstlosen, positiven, heilsamen und versöhnenden Gedanken. In Gedanken der Gier und der Angst, der Habsucht und Aversion zu leben ist die Hölle und erzeugt höllische Zustände und Umgebungen. In Zufriedenheit, Gebefreudigkeit und Liebe zu leben ist hingegen himmlisches Glück und erzeugt himmlische Zustände und Umgebungen.

Wohin wir auch gehen, ob lebendig oder tot, wir können den Folgen unserer eigenen Gedanken und Handlungen nicht entfliehen, wir können uns auf ihre Nachwirkungen, auf ihren Nachhall verlassen. Seien sie nun eigennützig oder altruistisch gewesen. Wenn uns dies klar wird, beginnen wir zu verstehen, wie »der Traum des Lebens und des Sterbens« funktioniert, und wir erkennen die Notwendigkeit, den eigenen Geist zu schulen und unser ungezügeltes Denken zu zähmen, um schließlich wieder Herr im eigenen Haus zu werden. Nicht mehr ein Sklave der eigenen Wünsche, Emotionen, Gedanken und Umstände, sondern ein freier Meister des eigenen Denkens und Gestaltens können wir luzide werden inmitten unserer eigenen Traumvision.

Der Buddha vergleicht unseren Geist mit einem Maler, welcher der Faszination seiner eigenen Schöpfungen mit der Zeit so erlegen ist, dass er sie für wirklich hält und sie begehrt und fürchtet. Dies betrifft generell unser Verhältnis zu der überwältigenden und wunderbaren Vielfalt all unserer Wahrnehmungen in allen »Bardos« oder »Erlebnisformen«, speziell aber auch unseren Blick auf diese vergängliche, karmische Vision der Menschenwelt hier und heute. Nichts davon ist wirklich oder hat eine eigenständige, nachweisbare Existenz, denn bei näherer Betrachtung löst es sich auf, und wir finden nur Leerheit.

Seiner Natur nach ist »menschliches Bewusstsein« geprägt von Unwissenheit, konditioniert von seiner Vision sowie von den Geistesgiften; und allein deshalb sind wir Fehleinschätzungen und dem Leiden unterworfen. Wenn wir jedoch den Weg zum Erwachen und zur Transzendenz unseres egoischen Selbst und seiner Ängste und Wünsche finden, sind wir frei – frei vom Körper und frei vom Bewusstsein.

Als ein Künstler, der nicht mehr fasziniert und verblendet ist von seinen eigenen vielgestaltigen und »lebensechten« Bildern, Worten und Gedanken, können wir schließlich bewusst und verantwortungsvoll teilhaben am Wunder göttlicher Kreativität, in echter Kunstfertigkeit, in der Tugendhaftigkeit all unserer Handlungen von Geist, Stimme und Körper.

Tugend bedeutet geschicktes Tun, vernünftiges Handeln, erleuchtetes Wirken. Es ist optimales und nachhaltiges Handeln, da es weder uns selbst noch anderen schadet, sondern jetzt und in Zukunft allen Wesen nützt. Das wird möglich, wenn sich die höchste Intelligenz, der erleuchtete, große Geist in uns und sein Potenzial von Liebe und Weisheit – befreit von den zwei Schleiern des dualistischen Denkens und der Störgefühle – ungehindert in unseren Gedanken, Worte und Taten offenbaren kann.

Ich möchte, die Betrachtungen dieses Kapitels abschließend, noch eine kurze Belehrung des grandiosen verwirklichten Dzogchen-Meisters Longchen Rabjam übersetzen. Er lebte im 12. Jahrhundert in Tibet, aber seine Worte sind zeitlos und immer aktuell. Longchenpa ermahnt seine Schüler hier, sich besser nicht bereits in Sicherheit zu wähnen und sich keinen falschen Hoffnungen hinzugeben. Was sind diese?

•◆•

»Hoffe nicht fälschlich, dass du der Wiedergeburt in niederen Bereichen entgehen wirst, wenn du unheilsam handelst und anderen schadest.

Hoffe nicht fälschlich, dass du das Glück der höheren Bereiche erlangen wirst, wenn du weder heilsam gedacht noch gehandelt hast.

Hoffe nicht fälschlich, dass deine Verwirrung sich auflösen wird, wenn du deine Geistesgifte und Fehler nicht erkennst und beseitigst.

Hoffe nicht fälschlich, Buddhaschaft zu erreichen, wenn du dich gar nicht um die Ansammlung von Weisheit durch Studium und Meditation und die Ansammlung von Verdienst durch altruistische, heilsame Handlungen bemühst.

Hoffe nicht fälschlich, dass du in künftigen Leben glücklich sein wirst, wenn alles, was du jetzt tust, nur auf Glück und Erfolg in diesem einen Leben ausgerichtet ist.

Hoffe nicht fälschlich, dass du den Kreis der Wiedergeburten verlassen kannst, wenn du dich keiner spirituellen Praxis widmest, die dich von Unwissenheit, Anhaften und Aversion befreien kann, den Ursachen der Wiedergeburt.«

Zweiter Teil

Leben und Sterben im Licht des erleuchteten Geistes von Weisheit und Mitgefühl

— 15 —

Von der alles verwirklichenden Kraft des Wünschens und der Intention

Alles Leid entsteht durch Selbstsucht,
alles Glück entsteht durch Selbstlosigkeit.

SHANTIDEVA

Wer in der Leerheit verweilt, ohne Mitgefühl zu kultivieren,
erlangt das Höchste nicht. Wer nur über Mitgefühl meditiert,
wird in Samsara bleiben – unbefreit. Jene aber, die Leerheit
und Mitgefühl vereinen – sie werden weder in Samsara noch
in Nirvana verweilen.

DOHA-DZÖD

Wenn es die Buddha-Natur in uns nicht gäbe, so könnten wir auch nicht des Daseinskreislaufs überdrüssig werden, wir würden keinen Wunsch nach Erlösung in uns verspüren und würden nicht nach dem Sinn des Lebens suchen. Wir könnten den ursächlichen Zusammenhang von Glück mit tugendhaften und von Leid mit untugendhaften Handlungen und das Wesen von Bindung und Erlösung nicht verstehen. All das können wir nur erkennen, weil wir die Linie besitzen, weil die Buddha-Natur in uns ist, so heißt es im *Uttaratantrashastra.*

Grundlage des Wegs zur Erleuchtung ist ein gutes Herz. Es ist das natürliche Mitempfinden unseres Geistes und die Stimme der Weisheit, die Stimme des Gewissens in uns, die umso deutlicher zu uns spricht, je mehr wir auf sie hören. In diesen beiden Aspekten offenbart sich die ursprüngliche Gesundheit und unverletzbare Ganzheit unseres wahren Wesens.

Es ist dieser Buddha, dieser Christus in unserem Herzen, der jeden Menschen von seinem Innersten her inspiriert und leitet und, gleich einer Sonne, mit seinen Strahlen versucht, die Wolken des dualistischen Denkens und Fühlens zu durchdringen. Auf diesen »Meister« wenden wir unsere Aufmerksamkeit zurück und beginnen, seiner Botschaft in der Stille der von Gedanken freien Kontemplation zu lauschen. Diese unsere Buddha-Natur wird als das all unseren Erfahrungen zugrunde liegende Gewahrsein im Buddhismus »das absolute Bodhicitta« genannt.

Das Bestreben und Sehnen, unser wahres Selbst zu erkennen, das in dem immer wieder erweckten Wunsch Ausdruck findet: »Mögen wir zum Wohl aller Wesen völlige Erleuchtung verwirklichen«, wird das »relative Bodhicitta« genannt. Es hat zwei Aspekte, nämlich das Bodhicitta des Wunsches oder der Motivation und das Bodhicitta der Anwendung oder Umsetzung dieser Motivation auf dem Weg der Geistesschulung durch die Übung der sechs Paramitas oder Tugenden, welche die Ich-Anhaftung und damit den Daseinskreislauf transzendieren.

»Wenn das Anhaften an einem Ich erschöpft ist, dann werden auch Karma und Wiedergeburt ihr Ende finden«, so heißt es im *Rinchen Drengwa.*

Bodhicitta oder der »Erleuchtungsgeist« ist also die Buddha-Natur und die von dieser erleuchtete und inspirierte Motivation eines »Wesens auf dem Weg zur Erwachen«, eines »Bodhisattva«. Dieses Sanskritwort besteht aus *bodhi,* das ist »Erwachen«, und aus *sattva,* das heißt »Wesen«.

Ein Bodhisattva ist jemand, der sich ehrlich um Selbst- und Welterkenntnis bemüht. Jemand, der bestrebt ist, die Natur seines Geistes, seiner Psyche und die Natur seiner Erfahrungen zu verstehen. Er ist jemand, der versucht, seinen Nächsten zu verstehen und ihn zu lieben wie sich selbst. Ein Bodhisattva ist jemand, der berührt ist vom Leiden der Welt und in dessen Herzen der Wunsch erwacht ist mitzuhelfen, die Ursachen des Leidens und das Leiden selbst möglichst zu lindern und zu beseitigen, wo immer es ihm begegnet.

Im Zen-Buddhismus ist das sogenannte »Gelübde der Bodhisattvas« einer der wenigen Texte, die täglich mehrmals rezitiert werden. Mit diesem Gelübde oder Gelöbnis der Bodhisattvas bekräftigen wir unsere Entschlossenheit, erstens alles zu tun oder zu lassen, auf dass alle Wesen frei werden vom Leiden, zweitens alles zu tun oder zu lassen, auf dass die Ursachen allen Leids, nämlich Ignoranz, Anhaften und Aversion, beseitigt werden, und drittens geloben wir, alles lernen oder verlernen zu wollen, was dazu nötig ist, ohne zu ermüden, und alle Instruktionen und Übungen, die hierzu hilfreich sind, in die Praxis umzusetzen. Viertens geloben wir, diese große Motivation nicht aufzugeben, bis nicht nur wir selbst, sondern sämtliche Wesen von allem Leiden befreit und vollkommen erwacht sind.

•◆•

Es ist sehr heilsam, all unser Handeln und Streben, all unser Lernen, Arbeiten und Meditieren immer wieder an dieser großen, selbstlosen, altruistischen Motivation auszurichten und zu prüfen. Egal, was wir tun, wir sollten uns eigentlich immer, bevor wir handeln oder etwas sagen, unserer Motivation bewusst sein. Alle Handlungen beginnen mit einem Gedanken. Was ist seine Qualität? Was bewegt uns zu dieser Handlung? Ist es heilsam oder unheilsam? Wenn wir uns in Achtsamkeit üben, können wir lernen, unsere Beweggründe zu beobachten, noch bevor sie zu Handlungen führen. Wir erkennen auch, wie oft wir ganz automatisch, unbewusst und instinktiv handeln und reden. Aus Unachtsamkeit tun wir dann Dinge, die wir später bedauern.

Sicher ist es im turbulenten Alltag kaum möglich, all unsere Motivationen bis ins Kleinste vorher zu beobachten und zu prüfen. Wenn wir uns aber immer wieder erinnern an den innigsten Wunsch aller »Buddhas«, das heißt aller bereits »erwachten Wesen« – »Mögen alle Wesen glücklich sein! Mögen alle Wesen vom Leiden frei sein!« –, dann wird dieser heilsame, dieser holistische, dieser ganzheitliche, dieser heilige Geist immer mit uns sein und all unsere Gedanken, Gefühle und Handlungen mehr und mehr zum Guten wenden.

Wollte man die Motivation, den Beweggrund aller guten Kräfte im Universum, wollte man den innigsten Wunsch aller Buddhas und Bodhisattvas, aller Engel und Heiligen, wollte man den »Willen Gottes« in zwei Zeilen fassen, dann wären es sicherlich am ehesten diese beiden:

»Mögen alle Wesen glücklich sein!«
»Mögen sie frei von allem Leiden sein!«

In diesen beiden Sätzen, in diesen Worten, drückt sich die Öffnung des Herzens der Bodhisattvas in die Weite allumfassenden Mitgefühls aus und ihre klare Ausrichtung, ihre mutige Entschlossenheit, nur mehr heilsam zu denken und zu handeln. Dieses Wunschgebet der Bodhisattvas hat die Kraft, in kurzer Zeit alle Arten von neurotischen Störgefühlen, Selbstzweifeln, Selbstreferenz, Schuldgefühlen und Unversöhnlichkeiten zu transformieren. Wir lassen damit das selbstbezogene Kreisen der Gedanken um das eigene Selbstbild und um die eigenen Probleme entschlossen hinter uns und geben unserem Geist eine positive, höchst sinnvolle Grundausrichtung – egal, ob im täglichen Leben oder im leidvollen, schwierigen Prozess des Sterbens, egal, ob im Nachtodzustand mit seinen majestätisch friedvollen und schrecklichen, furchterregenden Visionen oder mit seinen Verlangen und Eifersucht erregenden Visionen wie im Bardo der Wiedergeburt.

Für den Menschen, der diesen Wunsch immer wieder in seinem Herzen bewegt, der ihn immer wieder auch mit seinem Atem verbindet, sich seiner in den verschiedensten Situationen erinnert und von ihm schließlich ganz durchdrungen ist, für ihn und für sein Umfeld wendet sich alles immer mehr zum Guten. Dieser Mensch geht schließlich durch alle Schwierigkeiten, die das Leben und das Sterben mit sich bringen, hindurch wie durch einen Garten, denn alles Glück entsteht durch Selbstlosigkeit, so hat es Shantideva gelehrt.

Der Psychiater Viktor E. Frankl erkannte eines Tages, unter dem ungeheuren Druck seiner Leidenserfahrung im Konzentrationslager, dass es eigentlich kein Ich gibt, das leidet. Er erkannte, dass »Selbstverwirklichung« ein völliges Transzendieren, ein völliges Vergessen des »Egos« bedeutet. Indem wir uns in der »Selbst-Transzendenz« übersteigen und unsere eigenen Probleme und Geschichten hinter uns lassen, »wachsen wir über uns selbst hinaus« und werden mitfühlend offen für das Leid der anderen und für den Sinn, der aus allem zu uns spricht.

Wenn wir die ursprüngliche Leerheit und grundlegende Offenheit unseres Geistes erfahren, ist das All plötzlich nicht mehr außen, sondern *all*es ist in uns und von uns untrennbar. So entsteht spontan ein großes Mitgefühl, entsteht bedingungslose Liebe für alle Wesen in uns. Wir wissen, und wir fühlen, dass alles eins ist; und wo wir vorher Konflikte und Probleme gesehen haben, sehen wir nun Zusammenwirken und Lösungen.

»Wenn es aber keine Dualität mehr gibt, so ist alles das Eine und Selbe, und alles umfasst es. Die Weisen kommen aus aller Welt, ihm zu huldigen«, so heißt es im *Stempel des Glaubens* des dritten Patriarchen des Zen in China, Szozsan.

Wenn unser Herz in Übereinstimmung kommt mit dem Herzen aller Menschen, weil es in Einklang kommt mit dem, was alle Wesen sich für sich selbst wünschen – nämlich Wohlwollen und Wertschätzung –, kann es vertrauen, kann es loslassen und entspannen.

Wünschen wir uns, dass alle Wesen glücklich sind, so gilt das natürlich auch für uns selbst, und mit dieser positiven Grundeinstellung erfahren wir immer glücklichere und heilsamere Situationen. Weil wir selbst allen Wesen Wohlwollen entgegenbringen, kommt Wohlwollen auch von allen Seiten auf uns zurück – wie in einem Spiegel. Unser Erleben folgt dem natürlichen Gesetz der Resonanz. Durch diese Resonanz können wir Wesentliches lernen, und jeder Mensch erlebt es eigentlich täglich. Wenn wir offen, froh und positiv gestimmt auf die Welt zugehen, dann kommt die Welt uns auch offen und positiv entgegen. Die Bodhicitta-Praxis transformiert unser Erfahren der Welt grundlegend. Eine sehr empfehlenswerte Methode, um zu solch optimaler Selbstwirksamkeit zu kommen, ist die systematische Einübung eines immer wohlwollenden Denkens, wie sie in der Form des »unzerstörbaren Atems« in Teil III dieses Buchs beschrieben ist. Wer dieses Juwel, diesen »wunscherfüllenden Edelstein des Bodhicitta«, in seinem Herzen entdeckt und zum Leuchten gebracht hat, der hat die Panazee für alle Leiden der Psyche gefunden, die auf zu großer Selbstbezogenheit beruhen.

Wer dieses Allheilmittel als Teil seiner Praxis regelmäßig anwendet, wird an sich selbst und an seinen Patienten sehen, dass diese Methode immer und unfehlbar wirkt.

Unser Fehler war also nicht, dass wir uns zu viel Glück ersehnt haben, sondern zu wenig, denn wir wollten ja das Glück meistens für uns selbst, wir wollten selbst glücklich sein und selbst geliebt und verstanden werden. Ist unser Verständnis gereift, verstehen wir, dass es an unserer Einstellung liegt, wie wir etwas wahrnehmen oder wie wir wahrgenommen werden. Auch verstehen wir, dass es besser ist, sozusagen in Vorleistung zu gehen und *selbst zu lieben,* als auf Liebe zu warten, und *selbst zu schenken,* als Geschenke zu erwarten. Wir wissen, dass wir auf das Gesetz der Resonanz vertrauen können.

Alles Leid entsteht durch Selbstsucht, und alles Glück entsteht durch Selbstlosigkeit, hat Shantideva gelehrt. Tatsächlich verlieren wir das Glück, und wir verlieren uns selbst, wenn wir das Glück im Außen suchen und uns dabei selbst »im Auge haben«. Wer solcherart etwas im Auge hat, und sei es auch sehr klein, kann nicht mehr richtig sehen. Seine Sicht ist nicht mehr offen, unbehindert und klar. Selbstbezogenheit ist ein pathologischer Zustand, ein Zustand des Ver*rückt*seins, auch wenn er normal ist und scheinbar fast alle Kreaturen darunter leiden. Sind wir selbstbezogen, leiden wir an uns selbst und machen auch andere leiden.

Und so heißt es in den Worten des Buddha: »Alle Wesen suchen das Glück, aber wegen ihrer Unwissenheit suchen sie es dort, wo es nicht ist. Sie suchen es für sich selbst in Dingen und Erfahrungen, an denen sie in der Folge haften und so statt des erwarteten Glücks wieder neues Leiden erzeugen, weil alle Dinge und Erfahrungen ja vergänglich sind.«

Wie anstrengend ist es zum Beispiel, ein Selbstbild, eine Vorstellung, die man von sich selbst gemacht hat, aufrechtzuerhalten! »Bin ich gut so, komme ich gut an – oder nicht?«, »Soll ich mich so verhalten oder so?« – wie viele Probleme, Zweifel und Leiden erzeugt das selbstbezogene Denken auf diese Art und Weise?

Der Mensch könne sich nur in dem Maße selbst verwirklichen, in dem er sich selbst vergesse, hat Viktor E. Frankl gesagt und damit jeder vorgestellten »Selbst*verwirklichung*« oder »Selbst*entwicklung*« eine Absage erteilt, wenn diese noch irgendwie selbstreferenzielle Züge beibehält. Deshalb sprach er lieber von Selbst*transzendenz*. Denn wer sich wirklich selbst erkennt, der sieht, dass er nie als ein greifbares Ich oder Beobachter existiert hat.

Unser seit jeher klares und leeres Gewahrsein ist ganz von selbst frei von allen Anhaltspunkten oder Charakteristika. Viel besser, als sich mit »uns selbst« und den eigenen identitätsstiftenden, imaginären Geschichten und Problemen zu beschäftigen, ist es, ohne Gedanken an Vergangenheit und Zukunft im gegenwärtigen Augenblick zu leben und unser Denken und Wollen bewusst auf das Heilsame auszurichten.

Gleich, ob es ein Freund ist oder unser Lebenspartner, ein Fremder, der vorbeigeht, ein Bekannter oder Kollege, mit dem man Schwierigkeiten hat, oder der Chef, der unsere Kompetenz prüfen will: Es ist nicht nötig, dass wir uns für all diese Situationen komplizierte Strategien des Umgangs erdenken oder unsere Einstellung und Haltung der Situation entsprechend ändern. Unsere Bodhisattva-Motivation »Mögen alle Wesen glücklich sein!« ist immer richtig. Sie ist *kuntu-sangpo,* das heißt, sie ist »immer und unter allen Umständen gut«. Selbst wenn der Bodhisattva zu Tode gequält wird – so steht es in den Mahayana-Sutras –, nimmt er dieses grundlegende »Wohl-Wollen« nicht zurück!

Und hat uns nicht auch der große Bodhisattva Jesus Christus ein wundervolles Beispiel für diese Haltung vorgelebt? Wie gesagt: Mitfühlend, wohlwollend, verzeihend und geduldig bis in den Tod, vergab er sogar seinen Peinigern: »Vater, vergib ihnen, denn sie wissen nicht, was sie tun.« Und er lehrte: »Liebet eure Feinde, und vergebt denen, die euch Unrecht tun.«

Im Wissen, dass alle Wesen von Unwissenheit, Anhaften und Aversion beherrscht sind, bleibt der Bodhisattva unerschütterlich in seiner Motivation: »Mögen sie bald frei werden vom Leiden und von den Ursachen des Leidens – Unwissenheit, Anhaften und Aversion!« So wünscht er es sich und bleibt dabei. Und so bleibt er frei von jeder emotionalen Reaktion von Zorn und Ärger, von jeder Aufrechnung von Schuld, von jedem Wunsch nach Vergeltung, von jeder Unversöhnlichkeit und von jeglichem Gram.

Und wie sonst sollte das *Actio est Reactio* der Leidenserzeugung je ein Ende nehmen, wenn man nicht bei sich selbst beginnt, die konventionell interpretierte Gewohnheit des »Auge um Auge, Zahn um Zahn« zu durchbrechen, und stattdessen auf Schlechtes mit Gutem, auf Hass mit Liebe, auf Ärger mit Geduld und auf Stolz mit Demut antwortet und den Kreislauf der Negativität so durchbricht?

Die Motivation des großen Mitgefühls zu kultivieren, das grundsätzliche, bedingungslose Wohlwollen, das gütige Herz, ist die grundlegende Methode, die von den tibetischen Meistern allen Menschen ans Herz gelegt wird, um gut zu leben und um gut zu sterben.

Auch wenn wir sonst nicht viel studieren und meditieren können, den Herzenswunsch »Mögen alle Wesen glücklich sein!« kann jeder von uns praktizieren, und es kann reichen, um selig zu werden – wenn all unser Denken und Fühlen darin aufgeht. Das ist etwas, was wirklich jeder mit größtem Gewinn in sein Leben integrieren kann. Wie der indische Meister des Mahayana Atisha (982–1054) lehrte: »Mein Sohn! Die

Abbildung 6: Ein Buddha und die Emanationen seines Mitgefühls (Y. W. Kreuzer)

ursprüngliche Natur des Geistes ist von einem unwiderstehlichen Mitgefühl für alle Wesen erfüllt. Dieses Mitempfinden entspringt der Leerheit des Geistes, und zu ihr kehrt es wieder zurück.«

Wie wir die Praxis des gesammelten, heilsamen Wünschens in unseren eigenen Meditationssitzungen und in der Begleitung von Kranken und Sterbenden anwenden können, indem wir sie mit unserem Atem verbinden, habe ich in der bereits erwähnten »Übung des unzerstörbaren Atems« beschrieben.

Es stellt sich heute die Frage, was in einer Zeit, in der die Religionen immer mehr an Einfluss verlieren und die Menschen immer weniger bereit sind, Geboten zu folgen, deren Sinn sie nicht verstehen, als eine allgemein verständliche Erklärung für die Notwendigkeit und die Vorteile eines wohlwollenden, rücksichtsvollen und altruistischen Verhaltens dienen könnte? Eine einfache, für alle nachvollziehbare Antwort in zwei Teilen könnte so formuliert werden:

• Erstens kommt es in unserem Leben sehr darauf an, wie oder auf was wir eingestellt sind. Wir können nur selten beeinflussen, was wir unserem Schicksal entsprechend erleben, aber unser Denken, unsere geistige Verfasstheit, unsere Lebenseinstellung entscheidet letztlich darüber, wie wir es erleben, wie wir auf das Erlebte reagieren und was wir uns daraus machen oder nicht. Hierin liegt unsere Freiheit als unzerstörbares, geistiges Wesen.

• Zweitens suchen alle fühlenden Wesen – angefangen bei den kleinsten Lebewesen wie der Amöbe bis hin zum Menschen und zum größtem Tier, dem Wal – das Glück. Sie alle suchen das von ihnen als angenehm Empfundene; und alle fühlenden Wesen, alle Lebewesen fliehen und meiden das Leid, sie meiden alles, was ihnen unangenehm ist. Sie vermeiden den Schmerz, also alles, was sie verletzt, und sie fliehen vor dem Tod. Dies ist etwas, was jeder Mensch durch direkte

Beobachtung verstehen und nachvollziehen kann, wenn er nur sein Augenmerk darauf richtet: der kleine Käfer, der flieht, kaum dass man den Stein gehoben hat, unter dem er sich versteckte; der kleine Vogel, der beim Essen ständig um sich blickt, weil er weiß, dass sein kurzes Leben in jedem Augenblick bedroht ist. Auch aus diesen Betrachtungen der Natur entsteht ein Wissen darum, wie andere Wesen fühlen – dass sie alle gleiche oder ähnliche Gefühle in ihrer Brust tragen.

Eine Idee für den Ethikunterricht wäre es, jeden Schüler einer Klasse zuerst einzeln zu befragen, wie er sich wünscht, behandelt zu werden, und dann in einem zweiten, späteren Durchgang, wie er *nicht* behandelt werden möchte.

Beides könnte niedergeschrieben und dann einzeln vorgelesen oder auf Band oder Video aufgenommen und dann später der ganzen Gruppe vorgeführt werden. Die Gleichartigkeit dessen, was jeder sich wünscht und was jeder sich nicht wünscht, könnte so von selbst evident werden. Die selbstbezogene Verschlossenheit des Geistes, immer mit sich selbst und seinen Problemen beschäftigt, könnte dadurch geöffnet und gelöster werden, und ein Verständnis könnte sich bilden, dass alle dieselben Wünsche und Ängste haben und dass es das für alle wohl heilsamste und angenehmste Verhalten ist, andere so zu behandeln, wie man selbst auch gern behandelt werden möchte. Es geht hier also um eine experimentelle Einführung in den tiefen Sinn der sogenannten »Goldenen Regel«: »Wie du selbst nicht behandelt werden möchtest, so behandle auch die anderen nicht.«

•◆•

In Wahrheit ist alles Leben ein einziger Geist – und deshalb kommen alle Handlungen auf den zurück, der sie ausführt. Wie in einem Spiegel: unvermeidlich und verlässlich. Alle Wesen sind miteinander verbunden und miteinander verwandt. Ja, alle Wesen sind in diesem anfangs- und endlosen Leben schon einmal unsere Mutter oder unser Vater gewesen.

Wir können jederzeit beobachten, wie unheilsame, negative Gedanken unser Befinden bereits im Augenblick, da sie gedacht werden, beunruhigen und verschlechtern. Wir können ebenfalls beobachten, dass, wenn wir uns auch nur wenige Minuten sammeln und Heilsames denken wie »Mögen alle Wesen glücklich sein!«, unser Geist und Körper sich aufhellen und freudiger gestimmt werden. Im *Tibetischen Totenbuch* wird vom »alles entscheidenden Einfluss des letzten Gedankens im Augenblick des Sterbens« gesprochen. Unser Geisteszustand ist maßgeblich dafür, *was* dann als Nächstes erfahren wird, und auch dafür, *wie* es erfahren wird. Das gilt natürlich nicht nur für den Augenblick des Sterbens, sondern auch für die anderen Bardos, für die vorübergehenden Zwischenzustände des Wachzustands, des Traumzustands ebenso wie unsere Nachtoderfahrung und für unser nächstes Leben.

•◆•

Nun kommt alles, was wir in diesen Zuständen erleben, alle glücklichen und unglücklichen Erfahrungen und Lebensumstände, als die Frucht unserer früheren Handlungen auf uns zu, und deshalb können wir daran meist wenig ändern – was uns aber freisteht, ist, mit welcher Einstellung wir darauf reagieren. Wir müssen also klar unterscheiden zwischen den Umständen und unserer Reaktion darauf, und wir sollten diese besser nicht mehr vermischen.

Der Stoiker Epiktet lehrte hierzu sehr treffend, es seien nicht die Dinge, die uns beunruhigen, sondern die Meinung, die wir von diesen haben.

Es gibt also in jeder Wahrnehmungssituation einen großen Spielraum, wie wir darauf reagieren, wenn uns dies bewusst wird; und er wird größer, je mehr wir uns von altgewohnter, instinktiver Reaktivität befreien können.

Wir befreien uns von der Macht alter Gewohnheits- und Denkmuster durch die Pflege von Achtsamkeit, Gelassenheit und Gleichmut. Und was die Anwendung des Denkens betrifft, sollten wir uns bewusst auf das für alle Beteiligten Positive mit dem Wunsch »Mögen alle Wesen glücklich sein« ausrichten, ohne dieses Glück weiter zu definieren.

Mit seinen eigenen Gedanken schmiedet ein jeder sein Glück und mit seinen eigenen Gedanken schmiedet ein jeder seine eigenen Ketten und Probleme. Beides, das Heilsame oder das Unheilsame, zu denken und zu kultivieren steht im Grunde einem jeden frei, aber man muss mit unbewussten, unheilsamen Gewohnheiten brechen und beginnen, »den Ochsen des eigenen Geistes« zu zähmen. Ein »ungezähmter«, von den Geistesgiften und Instinkten motivierter Geist ist sehr unruhig und kreativ, schafft aber weiterhin überwiegend Verfestigung des Altgewohnten, Verwirrung und Leiden, wenn es nicht gelingt, ihn zu zähmen.

Es führt also im Grunde für keinen Menschen ein Weg daran vorbei, irgendwann einmal klar die Verantwortung für sein eigenes Denken zu übernehmen, zu einem bewussten Schöpfer zu werden und sein Denken gezielt auf das Heilsame auszurichten. Wenn wir den tiefen Sinn solcher Übung erkannt haben, können wir mit der konkreten Praxis beginnen.

Das Vajrayana oder »Diamantfahrzeug« des tibetischen Buddhismus verwendet, was die relativen oder konzeptuellen Übungen betrifft, essenzielle Texte, Wunschgebete oder Saatgedanken, welche die Visualisationen begleiten, wie zum Beispiel im »Ngöndro« bei der »Zufluchtnahme«, der »Reinigung von karmischen Spuren«, beim »Erwecken des Erleuchtungsgeistes«, beim »Opfern des Mandala all unserer Erfahrungen« und beim »Erbitten und Empfangen des Segens der Meister«. Die hier genannten vier Teile der sogenannten »vorbereitenden Übungen« und ihre Wunschgebete und die damit verbundenen Mantras werden von einem systematisch Übenden dieses Wegs mindestens 110 000-mal wiederholt. Die Übung der Zufluchtnahme ist mit ebenso vielen Niederwerfungen oder Prostrationen des ganzen Körpers verbunden. Jede tibetische Überlieferungslinie besitzt ihr eigenes Ngöndro mit seinen eigenen Formulierungen, doch enthalten sie immer diese vier Übungsteile.

Für die tibetischen Meister stellt das ein Minimum dar, um zu gewährleisten, dass sich die Inhalte wirklich tief, bis in das Unterbewusstsein hinein einprägen und damit sehr kräftige positive Gewohnheitsmuster erzeugt und eingelagert werden. »Wurzeln der Güte« werden diese im Buddhismus genannt. Der Neurologe wird bestätigen, dass es vieler, nach Möglichkeit innig empfundener und deutlich erlebter Wiederholungen bedarf, um neue Nervenbahnen oder Synapsen im Gehirn zu bilden.

Auch in anderen kontemplativen Traditionen finden wir die Übung einer intensiven Metanoia und Katharsis durch die das normale Denken direkt überschreitende Wiederholung eines Gottesnamens, einer Segensformel, eines kurzen Gebets oder Mantras.

So heißt es zum Beispiel in der Erzählung eines russischen Pilgers über die Praxis des Jesusgebets, das dieser abgeschieden in einer kleinen Hütte zuerst mit dreitausend Rezitationen pro Tag einübte (hier paraphrasiert und gekürzt wiedergegeben): Nachdem ich mich zehn Tage dem Gebet gewidmet hatte, besuchte mich mein Meister, und ich erzählte ihm, wie es mir damit erging. Er hörte mich ruhig an und sagte dann: »Nun hast du dich durch deine vielen Rezitationen an das Gebet (›kyrie eleison, christe eleison‹) gewöhnt. So bleib denn wachsam, in aufrechter Haltung, und fördere diese gute Gewohnheit weiter in dir. Lass die Zeit nicht müßig verstreichen, sondern entschließ dich jetzt dazu, mit Gottes Hilfe zwölftausend Gebete täglich zu verrichten. Verharre in der Einsamkeit. Steh möglichst früh am Morgen auf, und leg dich erst spätnachts nieder. Alle zwei Wochen komm zu mir, um dir meinen Rat zu holen.«

Ein tibetischer Meister würde zu einem Novizen, der sich gerade der Ansammlung des Mantras in der Übung des Guruyoga oder in der Vajrasattva-Praxis widmet, etwas ganz Ähnliches sagen. So habe ich es jedenfalls selbst erlebt, als ich in den Neunzigerjahren das Ngöndro des Dzogpachenpoi Longchen Nyingthik, überwiegend im Retreat lebend, absolviert habe.

Jeder gläubige Tibeter, Mann oder Frau, bemüht sich, in seinem Leben wenigstens 110 000 von jeder der genannten Übungen zu machen. Viele machen in einem Leben mehrere Millionen davon. Sie arbeiten hart, aber sie wissen, dass dies bedeutet, mehrere Millionen auf der »Bank« gut angelegt zu haben – auf der einzig sicheren Bank, der karmischen Bank unseres eigenen Speicherbewusstseins.

Die so geschaffenen »Wurzeln des Guten« werden uns in diesem Leben und im Sterben und in allen künftigen Inkarnationen begleiten, daran ist kein Zweifel.

·◆·

Hier zwei Texte, die in der Praxis des Bodhicitta oder des Erweckens des erleuchteten Geistes von Weisheit und allumfassenden Mitgefühl immer wieder rezitiert werden:

- *Das Bodhicitta-Gebet des Meisters Jigmed Lingpa:*

  »Verblendet von der schieren Vielfalt ihrer Wahrnehmungen, welche illusorisch wie der Mond im Wasser sind, gehen die Wesen im Circulus vitiosus des Samsara immer weiter in die Irre. Auf dass sie Gelassenheit und Erleichterung finden in der offenen Weite des klaren Lichts ihres eigenen Gewahrseins, erwecke ich die vier unermesslichen Verweilungszustände in mir!«

- *Die vier unermesslichen göttlichen Verweilungszustände oder*
  »Catur brahmaviharas«:

  »Mögen alle fühlenden Wesen, unsere Kinder, sich des Glücks erfreuen und der Ursachen des Glücks!

  Mögen sie vom Leiden frei sein und von den Ursachen des Leidens!

  Mögen sie in der großen Freude ruhen, jenseits des Leidens!

  Mögen sie, zusammen mit uns, in großem Gleichmut verweilen, frei von Unwissenheit, frei vom Haften an etwas und von Aversion gegen etwas!«

Diese vier großen Wünsche nehmen unser mehr oder weniger bewusstes persönliches Streben nach Glück, nach Gesundheit, nach geistiger Stabilität und Souveränität auf und weiten sie aus ins Überpersönliche, in die das kleine Selbst transzendierende, Einheit schaffende und Einheit erhaltende »Intention aller Buddhas«.

Sie bringen unser Wollen in Übereinstimmung mit dem »göttlichen Willen« des einen Lebens oder der einen Natur, die ein lebendiges Ganzes und ein einziger Körper ist – ein einziger alles umfassender Kreis, dessen Peripherie nirgends und dessen Zentrum überall ist, im Herzen eines jeden mit Geist begabten Wesens.

Sie knüpfen direkt an unsere Sehnsucht nach Aufmerksamkeit und Verstandenwerden, nach Liebe und nach Erfüllung an, und wir spüren, dass sie mit allem Guten im Menschen übereinstimmen, sind sie doch ein positives Bekenntnis zum Sinn, zur Buddha-Natur in uns, die sich als Mitgefühl, Liebesfähigkeit, Mitfreude und Gleichmut in uns zeigen will und ihrer vollen Entfaltung harrt.

Die vier unermesslichen oder grenzenlosen Wünsche sind eine sehr geschickte Formulierung der wahren Natur unseres Geistes als allumfassende Ganzheit, und sie erwecken das ganzheitliche Erkennen in uns und nehmen das außerordentliche Resultat der vollen Entfaltung unseres Potenzials in der Erleuchtung als Saatgedanken einfach vorweg. Wir könnten sie deshalb auch »Katalysatoren für das Erwachen zu unserer Buddha-Natur« bezeichnen.

Mit jeder innig gefühlten Rezitation wird die Enge eines ichbezogenen Handelns, Denkens und Übens aufgebrochen und in die allumfassende Weite des Raums und der Zeit und der Erlösung aller Wesen hinaus geöffnet. Das ist sehr entspannend.

Über unermessliches, unparteiisches »Mitgefühl« oder »Karuna« zu meditieren integriert uns mit unserem eigenen Dharmakaya, der Dimension der Einheit unseres Geistes. Über unermessliche, »mütterliche Liebe« oder »Maitri« zu meditieren integriert uns mit dem Sambhogakaya, der Dimension der Selbstoffenbarung und »Selbsterfreuung« unseres Geistes.

Über unermessliche »Mitfreude« oder »Mudita« zu meditieren integriert uns mit dem Nirmanakaya, der Dimension der ungehinderten Erscheinungen unseres Geistes; und über unermesslichen »Gleichmut«

oder »Upeksha« zu meditieren integriert uns mit dem Svabhavikakaya oder unserer Geistessenz, der grundlegenden Einheit der drei Buddha-Körper oder der Untrennbarkeit der leeren Essenz, der selbstvollkommenen Natur und der ungehinderten Erscheinung der Energie unseres Geistes.

In der systematischen Übung der »vier Katalysatoren« steht die Entwicklung von Gleichmut am Beginn, die ruhige und klare Schau des Gegebenen, die wir in unserer Meditationspraxis kultivieren. Sie ist die Basis, auf der wir unsere Empathie entfalten können.

Nun könnte Gleichmut auch zu Apathie und Indifferenz degenerieren. Eine Erfrischung und Erhellung kommen durch »das Erwecken von Glück«, indem wir uns intensiv wünschen und vorstellen, dass alle Wesen glücklich sind, und darin sind wir selbst inkludiert. Wir lächeln während dieser Übung und spüren selbst das Glück, das wir uns für alle Wesen wünschen.

Wir spüren dieses Glück, aber wir haften nicht einseitig daran. Anhaften verdirbt selbst die besten Erfahrungen, wie die von Seligkeit und Leerheit in der Meditation oder auch die Liebe zwischen zwei Menschen. Anhaften macht aus erleuchteter Erfahrung persönliche, samsarische Erfahrung.

Wir vergegenwärtigen uns also die Leiden aller Wesen und wünschen uns, dass sie frei von all diesen vielfältigen Leiden sind. Wir bleiben aber auch dabei nicht stehen oder werden sentimental oder depressiv, weil sich scheinbar am Elend der Welt nichts ändert. Wir wissen, dass die Welt nur Traum ist und jeder Gedanke den Traum verändert. Weil alles Geist ist, können wir also sehr wohl etwas tun.

Als Nächstes stellen wir uns deswegen vor, dass alle Wesen große Freude, »große Seligkeit« erfahren, »Mahasukha«, und wir freuen uns mit ihnen. Wir freuen uns, dass sie in Wahrheit von jedem Leiden und jedem Mangel frei sind, dass sie glücklich sind, dass sie alles haben, was sie brauchen, dass sie schön sind, weil sie glücklich sind, dass sie von jedem geliebt werden, weil sie sehr sympathisch und attraktiv sind. Wir freuen uns an ihren Begabungen, Errungenschaften und an ihren Einsichten.

Wir kultivieren und empfinden ein großes, unparteiisches Wohlwollen für alle Wesen – eine große Sympathie. Und wir pflegen dieses Pflänzchen, bis sich das kultivierte Gefühl zum authentischen, selbstlosen Gefühl unseres wahren Wesens entfaltet hat. Dann spüren wir wirklich das Leid der Wesen, und es ist unser Leid; und ihre Freude ist unsere, und alles erscheint und vergeht ohne Anhaften daran im allumfassenden, leeren Spiegel unseres Gewahrseins, der seiner Natur nach vollkommen gleichmütig und immer aufnahmefähig und responsiv ist. Dieser leere Spiegel weist nichts und niemanden zurück, und er hält nichts und niemanden fest. Er manipuliert auch nicht, sondern lässt den anderen und alles, was in ihm erscheint, einfach so, wie es ist.

So also können wir mithilfe der »vier Grenzenlosen« unsere Liebesfähigkeit voll entwickeln und von selbstreferenzieller Parteilichkeit und von narzisstischer Selbstverliebtheit reinigen.

Leeres, selbstloses Gewahrsein und allumfassende, bedingungslose Liebe sind untrennbar.

•◆•

Alle Wesen sind in unzähligen Leben bereits unsere Mütter und Väter gewesen und haben uns mit aufopfernder Liebe gehegt, genährt und geschützt. Wir empfinden eine große Dankbarkeit, wenn wir daran denken, was sie für uns alles getan haben. Nicht nur Menschen, auch Vögel, Löwen und selbst kleinste Tiere wie Spinnen und Bienen opfern sich für ihren Nachwuchs auf.

Aber vergegenwärtigen wir uns, dass all diese unzähligen mit uns verwandten Wesen, alter Gewohnheit folgend, immer noch im Samsara kreisen und die verschiedensten Arten des Leids erfahren müssen. Obwohl sie es nicht wollen, leiden sie und reagieren und handeln so, dass sie sich selbst und anderen wieder neue Leiden und Schmerzen bereiten. Sie möchten glücklich sein, handeln aber selbstsüchtig und verletzen, töten und übervorteilen andere, weil sie wegen ihrer Ignoranz die Ursachen des Glücks, nämlich ein heilsames, ganzheitliches, altruistisches Handeln, noch nicht verstanden haben. In ihrer Verblendung haften sie immer noch an Dingen, die vergänglich sind.

Betrachten wir die Lage unserer Mütter und Väter, die ständig leiden, obwohl sie eigentlich von Anfang an erleuchtet und erlöst sind, entsteht großes Mitgefühl in uns, und wir wünschen uns von Herzen, möglichst bald selbst die vollkommene Erleuchtung zu erreichen, um ihnen wahrhaft helfen zu können.

In der Nachfolge derer, die den Weg zurück zur vollkommenen Luzidität des Urgrunds bereits gegangen sind und die ihn gut kennen, wollen wir den erleuchteten Geist von Weisheit und Liebe in uns erwecken und in uns das große Werk der Erlösung, die übungslose Übung der Selbstbefreiung aller Erscheinungen und aller Wesen von Augenblick zu Augenblick geschehen lassen.

Wenn wir uns selbst nicht mehr im Auge haben, kann sich darin alles genauso spiegeln, wie es ist, und weil wir dann, leer und klar, ohne etwas dazwischen sehen, erkennen wir alles intuitiv »so, wie es ist«, und haben keine Zweifel mehr.

Wenn es uns gelingt, selbst aus dem Traum zu erwachen, können wir dem, der neben uns noch schläft, zum Erwachen aus dem Traum der Dualität verhelfen.

— 16 —

Wie in unserer Vergänglichkeit schon unsere Erlösung vollendet ist

Entspannt sitzend, in einem leeren Boot, fließ ich dahin
mit den Wellen und Kurven des Stroms. Alle Orte,
die an mir vorbeiziehen, sind erfüllt von meinem Licht.
KUSAN SUNIM

Form ist Leerheit, und Leerheit ist Form. Es gibt keine Form
getrennt von Leerheit und keine Leerheit getrennt von Form.
MAHA PRAJNAPARAMITA-HRIDAYA-SUTRA

Belasse den Geist lebendig und frei,
ohne in irgendetwas zu verweilen.
VAJRACCHEDDIKA-SUTRA

Das Unheilsame aus dem eigenen Geist entfernen. Das Heilsame in ihm fördern. Die Natur des Geistes erkennen.« So hat der Buddha einmal seine ganze Lehre zusammengefasst.

Alle Wesen fliehen instinktiv das Leid und wollen von Alter, Verfall, Krankheit und Tod möglichst nicht berührt werden, wollen möglichst nichts davon wissen. So können und müssen wir erst einmal davon ausgehen, dass Vergänglichkeit und Tod instinktiv verdrängt werden.

Der Geist, der sich mit einer Vorstellung, mit einer Form, mit einem Körper identifiziert hat, haftet an dieser ihrer Natur nach vergänglichen Erscheinung und wünscht sie sich als bleibend. Er sieht die Zerstörung seiner körperlichen Form deshalb fälschlich als seine eigene Vernichtung.

Gegen alle Vernunft und gegen alle empirische Evidenz hat sich das Bewusstsein angewöhnt, an vergänglicher Erfahrung zu haften, und der verblendete Geist wehrt sich gegen alles bessere Wissen, die Vergänglichkeit von allem anzuerkennen. Er will den fließenden Strom des Lebens festhalten, gegen alle Natur, immer gegen den Strom schwimmend, und bereitet sich dadurch selbst immer neue Schwierigkeiten und Schmerzen. Es ist uns so tief vertraut, unsere Wahrnehmungen gedanklich zu erfassen, dass wir dieses Verhalten meist gar nicht infrage stellen und es uns selten oder gar nicht auffällt, was es für prekäre Folgen hat.

◆

Wenn wir Auge und Herz für die allgegenwärtige Vergänglichkeit öffnen, so kann sie uns entscheidende, unmittelbare Einsichten schenken und uns zu einem Lehrer für rechtes Handeln und Denken werden. Es ist lediglich die Unwissenheit in uns, die uns zu erkennen hindert, dass gerade in diesem ungreifbaren Fließen aller Erscheinungen sowohl die Freiheit als auch die ersehnte Geborgenheit zu finden ist, die wir uns alle wünschen.

»Anhaften an dem, was vergänglich ist, ist die Quelle aller Leiden!« Diese Maxime der buddhistischen Psychologie, welche die Genese des Leidens und der Unzufriedenheit auf einen Punkt bringt, lässt sich immer und überall verifizieren.

Den Buddhas, den völlig luzide Gewordenen, zerreißt es, so glaube ich, das Herz, wenn sie mit ansehen müssen, wie wir und alle Wesen unter dem Einfluss der Unwissenheit immer wieder in diesen alten, uralten, genetisch tief eingefahrenen atavistischen Irrtum zurückfallen und uns dadurch unser eigenes Leid und unsere eigene Frustration erschaffen.

Wir selbst sind es, die sich in jedem Augenblick gegen die Erlösung wehren. Hakuin Zenji sagt, dass wir uns wie Menschen verhalten, die bis zum Bauch im Wasser stehen und verzweifelt nach Wasser rufen, weil sie glauben zu verdursten.

Wir erinnern uns hier auch wieder an das für die »Conditio humana« und die »Vanitas« unserer meisten Bestrebungen so treffende Gleichnis des Sisyphos: Mühsam wälzt er seinen Stein immer wieder hinauf und will ihn oben festhalten, doch dieser entgleitet ihm, und seiner Natur nach rollt der Stein, vergänglich, hinfällig wie alle Dinge, vom Gipfel mühelos wieder herab. Mühen nicht auch wir uns oft wie Sisyphos und wollen das Erreichte festhalten, und doch entgleitet es uns immer wieder und rollt herab.

Warum lassen wir den Stein eigentlich nicht liegen, wohin er von selbst fällt?

Meister Eckhart sagte, ein jedes Ding (Wesen) werde, wenn es genug »gelaufen« und seine Zeit gekommen sei, wieder von selbst zur Ruhe kommen. Es liegt an uns, wann dies auch für uns so sein wird, denn jeder, der weiterlaufen will, kann es tun, und niemand darf ihn gegen seinen Willen daran hindern.

•◆•

Die Vergänglichkeit von allen Erscheinungen bedeutet der Dzogchen-Lehre nach, dass alles seiner Natur nach immer schon erlöst ist! Erlösung ist nach dieser »Lehre der Selbstbefreitheit« nicht etwas, was wir erringen müssten. Sie ist die selbstexistierende, wahre Natur aller Erscheinungen, und wir müssen nur anfangen, »die Dinge so zu lassen, wie sie sind«, und beginnen, sie »so zu sehen, wie sie sind«.

Der Weg des Dzogchen besteht in der Rückkehr zu unserer wahren Natur. Diese ist von selbst immer schon gegenwärtig, und sie kann sich offenbaren und wird evident, wenn wir den Prozess unbewusster, gedanklicher Projektion beenden und damit aufhören, etwas sein zu wollen, was wir nicht sind.

--•--

Wer sich durch offene Aufmerksamkeit und Beobachtung der Vergänglichkeit aller Erscheinungen bewusster wird, der verliert auch jede einseitige, extreme Vorstellung von dem, was der Tod ist, denn in jedem Augenblick ereignet sich Aufhören und Neubeginn.

Wir erkennen, dass der Tod allgegenwärtig und lediglich die formlose Seite des Lebens ist, der formlose Aspekt unserer Erfahrung. Ohne Tod würde unser Erleben erstarren, und ohne dieses kontinuierliche Sterben gibt es auch kein neues Werden.

Ohne den offenen, formlosen Raum, ohne Leere zwischen den Gegenständen könnten diese gar nicht erkannt oder unterschieden werden. Ohne das Sterben oder die spontane Auflösung des vorherigen Gedankens kann der nächste Gedanke nicht wahrgenommen werden. Aus diesem Grund ist es unmöglich, zwei Gedanken gleichzeitig zu denken.

Das sind zwei wichtige Beobachtungen, die jeder nachvollziehen kann und aus denen wir viel über die Natur des Spiels der Wahrnehmung und damit des Lebens selbst lernen können.

Die offene, annehmende Begegnung mit dem Tod lässt die Angst vor dem Tod verschwinden und ein ganzheitliches Verstehen des Lebens aufleuchten. Form und Formlosigkeit können dann als die beiden Seiten einer einzigen Wirklichkeit erkannt werden. Der erscheinende und der leere Aspekt des Lebens, das heißt unseres Geistes, sind untrennbar. Sie sind in Wahrheit die nichtduale Natur des Geistes selbst.

.•.

Für einen Sterbebegleiter können die Besuche und Gespräche mit Kranken und Sterbenden eine kontinuierliche Inspiration werden und ein ständiger Ansporn, in seiner eigenen Geistesschulung immer tieferzugehen.

Für alle individuell Meditierenden und Praktizierenden, die dazu wenig Gelegenheit haben, ist das tägliche Sicherinnern, das »Memento mori« mithilfe der »Betrachtung der Vergänglichkeit und der Immanenz des Todes« ein wichtiger Impuls, um den eigenen Geist zur Meditation und zum Heilsamen hin zu lenken. Darum ist dies in der einen oder anderen Form immer Teil der »vorbereitenden Übungen« der Geistesschulung im tibetischen Buddhismus.

Am Ende des *Tibetischen Totenbuchs* stehen die sogenannten »Hauptverse für die sechs Bardos«, und dort wird gesagt, mit abgestumpftem Geist, nie an das Herannahen des Todes denkend und sich mit Handlungen ohne jeden Sinn zerstreuend, heiße, von einer Insel voll Juwelen zurückzukehren mit leeren Händen und wieder in Verblendung zu fallen! Was wirklich nötig ist, das ist, den tiefen Sinn der Lehren zu erkennen und sich ihrer Ausübung in jedem Augenblick ganz hinzugeben.

Dies ist also des Meisters »Memento mori« und sein »Carpe Diem« in einem. Erinnere dich, dass du sterben wirst. Nutze diesen Tag! Nutze jeden Tag, der dir gegeben ist, für die Praxis, sei es die Übung nichturteilender Achtsamkeit im gegenwärtigen Augenblick, die unabgelenkte Rezitation deines Mantras oder das entspannte Ruhen in der Natur des Geistes, ohne etwas festzuhalten oder zurückzuweisen.

Mit »der Insel der Juwelen« ist dieses, unser kostbares Menschenleben gemeint. Nur im Körper eines Menschen, begabt mit allen Sinnen und mit genügend Intelligenz, um die Zusammenhänge hinter dem eigenen Erleben zu erkennen, um die Ursachen und Wirkungen und auch die Vergänglichkeit all unserer Erfahrungen erkennen zu können, ist die befreiende Einsicht möglich.

Nur in diesem kostbaren Körper ist es möglich, so lehren es die Schriften, den Circulus vitiosus der Leidensverursachung durch Geistesruhe und Selbsterkenntnis und durch die Ansammlung heilsamer Impulse zu unterbrechen und schließlich völlig zu überschreiten. Wenn es gelingt, unseren Geist von den Toxinen des Geistes – also Stolz, Eifersucht, Begehren, Dummheit, Neid und Ärger – zu reinigen, so sind damit auch die Ursachen für eine zwangsläufige Geburt in einem der sechs Bereiche des Daseinskreislaufs beseitigt. Die zwölffache Kette des abhängigen Entstehens des Samsara ist dann unterbrochen, und der ursprüngliche Zustand der Erleuchtung ist erlangt. In den Darstellungen des Lebensrads sind die sechs Bereiche im inneren Kreis und die einzelnen Glieder des zwölffachen Konditional-Nexus im äußeren Kreis zu sehen. Im Zentrum befinden sich ein Schwein, ein Hahn und eine Schlange, die allegorisch für die drei Hauptgruppen der Geistesgifte – nämlich Dummheit, Begehren und Ärger – stehen, welche das Rad der Wiedergeburten immer weiter antreiben. Erlösung und der Friede des Nirvana sind erst möglich, wenn wir uns von diesen Ursachen des Leids befreit haben.

Glücklich der Mensch, dem dies in jungen Jahren schon bewusst wird! Denn die Wahrheit ist, dass niemand weiß, ob er den morgigen Tag noch erlebt. »Die Annahme ›Ich werde mit Sicherheit so bald nicht sterben‹ – sie ist nichts anderes als eine Wunschvorstellung, die von der Anhaftung an das Leben herrührt!«, so sagte Padmasambhava.

•–•

Abbildung 7: Das Rad des Lebens und die sechs Bereiche der Wiedergeburt
(tibetischer Holzschnitt)

Für viele Menschen, die keine Praktizierenden sind und die nicht religiös orientiert sind, ist die Konfrontation mit Tod und Sterben eher wohl etwas Unerfreuliches und Verdrängtes, eine unerwünschte Unterbrechung des Gewohnten. Sie waren vielleicht immer nur tätig, immer auf das nächste Geschehen fixiert und immer beschäftigt mit ihren Beziehungen und Projekten und damit, sich darüber Gedanken zu machen. So ist oft erst die persönliche Erfahrung einer schweren Erkrankung oder von Todesnähe oder auch die plötzliche Konfrontation mit Krankheit oder Tod im Verwandten- oder Freundeskreis ein erster Auslöser für eine Sinnkrise und damit für ein Umdenken. In dieser neuen, ganzheitlicheren Situation, in der nun auch der bisher eher verdrängte Aspekt des Todes in das Gesamtbild unserer Erfahrung eintritt, kann eine existenzielle Konversion, eine Umkehr, ein Auf-sich-selbst-Zurückschauen und tieferes Bewusstwerden des eigenen Inneren und des eigenen Wesens stattfinden. Ein Infragestellen von allem Vertrauten und Tradierten, von allem, was man bisher geglaubt hat, ist möglich und dadurch eine große Erweiterung des Verständnisses.

Es ist eine alte und verständliche Erfahrung, dass viele Menschen, erst wenn sie in Not sind und erst wenn es ans Sterben geht, sich auf ihr Inneres und auf Gott besinnen. Steht der eigene Tod kurz bevor, stellt sich die Frage »Wohin gehen wir?« mit ungeahnter Intensität und lässt sich nicht mehr wie vorher verdrängen.

Aus der Perspektive der Immanenz des Todes sieht mancher dann seine früheren Bestrebungen in einem anderen Licht und spürt vielleicht, dass seine bisherigen Überzeugungen ihm kein wirklicher Trost oder Halt sein können in dieser neuen Lage. Ans Bett gefesselt und ruhiggestellt, hat man plötzlich viel Zeit, über sich und sein Leben nachzudenken. Da der Kreis sich nun zu schließen beginnt, erinnert man sich der eigenen Wünsche, der eigenen Motivationen und Handlungen und empfindet deutlicher, was sie bei einem selbst und bei anderen bewirkt haben.

Aus dieser Lebensrückschau – besonders wenn sie durch Anteilnahme und Nachfragen sanft gefördert wird – können noch viele befreiende Einsichten für den sich nun verabschiedenden Menschen entstehen.

Besser ist es natürlich, in jungen Jahren zu diesen Reflexionen zu kommen, wenn sie uns noch Ansporn für ein bewusstes Streben nach ganzheitlichem Verständnis und nach Erleuchtung sein können und wenn noch Zeit ist, sich alter, schlechter Gewohnheiten zu entwöhnen und neue heilsame Gewohnheiten zu verinnerlichen.

Padmasambhava lehrte seine Schüler einst:

»Wenn ihr nicht wirklich genug vom Leiden habt, werdet ihr eure weltlichen Verstrickungen nicht aufgeben, selbst wenn ihr über die Nachteile eurer vergänglichen Existenz meditiert.

Wenn euch eure Vergänglichkeit nicht wirklich betroffen macht, werdet ihr eure Anhaftungen an den Erscheinungen nicht aufgeben, selbst wenn ihr deren Irrtum erkannt habt.

Wenn ihr euch nicht klar macht, dass ihr morgen schon tot sein könnt, werdet ihr euch die befreienden Instruktionen nicht zu Herzen nehmen, selbst wenn sie euch gelehrt wurden.

Wenn ihr euch die illusorische Natur aller Erfahrungen nicht völlig klar macht, werdet ihr nicht aufhören, sie weiter für wirklich zu halten, obwohl ihr wisst, dass es eigentlich alles Täuschung ist.

Wenn ihr weltliche Geschäftigkeit nicht aufgebt, könnt ihr Samsara und Nirvana nicht klar trennen, obwohl euch gelehrt wurde, Denken und Gewahrsein klar zu unterscheiden.

Wenn ihr die königliche Festung des Gewahrseins nicht entschlossen vor Eindringlingen bewahrt, so ist es nicht sicher, wo euer negatives Karma euch hintragen wird, selbst wenn ihr bereits einiges an positivem Karma angesammelt habt.

Wenn ihr euch nicht von den Objekten der Ichanhaftung löst, so werdet ihr den Fluss, der in die sechs Bereiche der Wiedergeburt führt, nicht aufhalten können, selbst wenn ihr versteht, dass alle Welten nicht wirklich existieren.

Wenn ihr eure inneren Fehler nicht wirklich gründlich reinigt, wird der Zombie der neurotischen Emotionen wiederauferstehen, obwohl ihr den seligen und klaren Zustand reinen Gewahrseins bereits erlebt habt.

Wenn ihr das Band des Wünschens und Verlangens nicht völlig durchschnitten habt, so werdet ihr immer wiederkehren, selbst wenn ihr meint, euch bereits von vielem gelöst zu haben.

Wenn eure weltlichen Geschäfte zu viele sind, so werdet ihr den Zustand der gedankenfreien Luzidität nicht stabilisieren können, selbst wenn ihr die geheimen Instruktionen eines großen Meisters erhalten habt.

Ihr mögt wunderbare Unterweisungen und Segnungen erhalten haben, aber wenn ihr nicht unermessliches Mitgefühl entwickelt, so werdet ihr den Wesen nicht helfen können.

Ihr mögt ein Schloss in der Menschenwelt besitzen, aber wenn ihr die königliche Burg des ungeborenen Gewahrseins nicht besitzt, so werdet ihr im Nachtodzustand hilflos umhergetrieben werden.

Ihr mögt tüchtig und tapfer in den Kriegskünsten sein, aber wenn ihr nicht, solange ihr noch in diesem Körper seid, die volle Macht geistiger Sammlung erlangt, so werden euch die Armeen des Herrn des Totenreichs in die Flucht schlagen.

Wenn ihr euch jetzt nicht bemüht, bleibende Verdienste anzusammeln, sondern euch stattdessen mit dem Ansammeln weltlicher Güter beschäftigt – wisset, es kommt die Zeit, wo ihr nicht einmal ein einziges Gerstenkorn mit euch nehmen könnt.

Wenn eure Sterbestunde kommt, so werden sich alle weltlichen Handlungen und Verbindungen als nutzlos erweisen, und nur eure Dharmapraxis kann euch dann helfen, deshalb widmet euch Tag und Nacht der Praxis des Gebets und der Meditation, und widmet das daraus resultierende Verdienst täglich dem Wohl und der Erleuchtung aller Wesen.«

— 17 —

Die sechs Bardos oder Zwischenzustände nach der Lehre des Dzogchen und des *Tibetischen Totenbuchs*

Wenn das Anhaften an einem Ich erschöpft ist, dann werden auch Karma und Wiedergeburt ihr Ende finden.
RINCHEN DRENGWA

Würden die Verdienste, die durch einen Augenblick des gleichmütigen Ruhens im natürlichen Zustand entstehen, Form annehmen – der unendliche Raum könnte sie nicht umfassen.
NYOSHUL KHENPO

Obwohl der Geist keine Farbe, Gestalt, Form oder Charakteristiken hat, erscheint er so, wie man ihn sieht und wie man über ihn meditiert.
ZURCHUNGPA

Wenn der Tod zu dir kommt, begrüße ihn wie einen alten Freund. Durch ihn wirst du erkennen, wie traumgleich und vergänglich die Welt der Erscheinungen ist.
DILGO KHYENTZE RINPOCHE

In der buddhistischen Psychologie und in den Dzogchen-Tantras, die hinter dem *Bardo Thödröl Chenmo,* also dem *Tibetischen Totenbuch* und anderen thanatologischen Texten stehen, über die wir hier sprechen wollen, werden alle dem Menschen in der relativen, nicht erleuchteten Kondition möglichen Erlebnisformen oder Bewusstseinszustände im Körper und außerhalb des Körpers in die sogenannten sechs »Bardos« oder »vorübergehenden Geisteszustände« unterteilt. Hier möchte ich zuerst eine kurze Zusammenfassung dieser sechs »Zwischenzustände« geben:

Der Bardo des Wachzustands

Der erste Bardo oder Zwischenzustand ist der Bardo des sogenannten Wachzustands in einem physischen Körper und umfasst alle Erfahrungen, Gedanken und Gefühle, die in diesem Zustand zwischen dem Aufwachen im Körper und dem Einschlafen normalerweise möglich sind. Natürlich ist es der Wachzustand, in dem wir uns zuerst und am besten kontrollieren und üben können. Im Wachzustand können wir gute Impulse in unserem Geist bewusst kultivieren und in der Meditation unseren Geist zur Ruhe bringen und zum Gewahrsein seiner selbst, zum klaren Erkennen seines Wesens kommen lassen.

Der Bardo der Meditation

Der zweite Bardo ist der Bardo der Meditation. Dieser umfasst alle Erfahrungen, die durch Meditation möglich werden. Angefangen von ersten

Erfahrungen der Geistesruhe und des Aufhörens von Gedanken, von Seligkeit und Klarheit und Hellsichtigkeit über die Erfahrung des tieferen Vertrautwerdens und Ruhens in der Geistessenz bis hin zur völlig stabilen Gewissheit des Ruhens in der ungeborenen Natur des Geistes.

Je mehr wir uns im Wachzustand, im meditativen Ruhen, in der »Praxis des gelassenen Verweilens im nichtkonzeptuellen, reinen Gewahrsein« geübt haben, umso mehr wird Freiheit von Gedanken und Störgefühlen verwirklicht und auch unsere Träume und der Tiefschlaf mit Luzidität durchdrungen.

Umso größer ist auch die Chance, dass wir im Sterben, nach dem Auflösen der Elemente und Sinneserfahrungen und dem Verlust des Bewusstseins im formlosen, ungeborenen Zustand des Geistes angekommen, dort verweilen und damit völlige Erleuchtung und kontinuierliche Luzidität erlangen können.

All diese Meditationserfahrungen werden sich dem Dzogchen-Übenden nach und nach erschließen, aber sie sind, wie alle Erfahrungen, vergänglich und nur als Zeichen auf dem Weg zu betrachten.

Auch hier gilt es wie immer, nicht an den eigenen Erfahrungen und Visionen zu haften. Sie alle sind nur Reflexionen, die dem Übenden die leere Natur des Spiegels seines eigenen Geistes und die wunderbare Kreativität der inneren Energie dieses Geistes immer klarer erkennen lassen.

Der Bardo des Traumzustands

Der dritte Bardo ist der Bardo des Traumzustands: Wenn wir einschlafen oder ohnmächtig werden, verlieren wir den Kontakt mit der Welt des Wachzustands. Die nach außen auf ihre Wahrnehmungsobjekte gerichteten Sinne sinken nun nach innen in ihre Essenz zurück. Wir verlieren hier normalerweise eine Zeit lang das Bewusstsein und erfahren zuerst nach dessen Auflösung den traumlosen Tiefschlaf. Dieser ist frei von allen Gedanken und Wahrnehmungsobjekten. Hier existiert weder ein Ich noch eine Welt mehr für uns. Doch wie wir wissen, bleibt es nicht dabei: Kurz danach beginnt sich aus der inhärenten Lichtenergie des Geistes mit Tönen, Lichtern und Formen das visionäre Erleben des Traumgeschehens in all seiner unendlichen Fülle zu entfalten, und gleichzeitig damit entsteht der reaktive Prozess eines Bewusstseins, welches auf das Erlebte mit Emotionen und Gedanken reagiert und aufgrund seiner spezifischen, seit langer Zeit im eigenen Unterbewusstsein, im tiefen Speicherbewusstsein eingelagerten Gewohnheitsmuster und Auffassungen das subjektive Traumgeschehen als objektive Wirklichkeit deutet und erfährt.

Wenn wir die einmalige Chance dieses Menschenlebens wirklich für die Erleuchtung nutzen wollen, so ist, dem *Tibetischen Totenbuch* folgend, unsere Aufgabe eigentlich klar: In diesem kostbaren Körper sollten wir uns tagsüber, statt ständig zu urteilen und alles Erfahrene zu konzeptualisieren, im Bardo der Meditation üben, beim Einschlafen im Bardo des Sterbens und des Nachts, den Fluss unsrer Meditation fortsetzend, frei von allen Gedanken, im traumlosen Zustand des Bardo des klaren Lichtes ruhen. Wir sollten mithilfe des Traum-Yogas in der Traumphase unsere Träume als solche erkennen und meistern und so im Bardo des Träumens Luzidität erlangen. Nach und nach werden, den Instruktionen folgend, all diese Zustände mit Luzidität durchdrungen werden.

Es ist sehr wichtig, den Prozess der Genese von Fehlwahrnehmung in unserem eigenen Geist gut und tief zu verstehen, um zu wissen, wie und warum wir uns in all diesen Feldern üben sollten. Hier begegnen wir dem großen Thema, wie der Erfahrungsmodus des dualistischen Bewusstseins und damit auch das Leiden überhaupt entstanden sind und wie er aufgehoben werden kann.

Die Lehre über die sogenannten zwölf Glieder des Konditional-Nexus oder des bedingten Entstehens aller Erscheinungen, in Sanskrit »Pratitya-Samutpada«, ist die Lehre, die versucht, diesen Punkt klar darzustellen.

Die Lehren von Sutra, Tantra und Dzogchen haben ihre jeweils eigene Interpretation dieses Prozesses. Was das Dzogchen und damit das *Tibetische Totenbuch* betrifft, so sagen die Lehren Folgendes: Alles, was überhaupt erfahrbar ist, ist die inhärente, kreative Energie oder schöpferische Dynamik unseres eigenen Geistes. Von der Grundlage leeren Gewahrseins aus gibt es zwei Möglichkeiten, darauf zu reagieren. Wenn die spontan hervortretenden Erscheinungen von Tönen und Lichtern, von Farben und Formen oder auch von Worten, Gefühlen und Gedanken als Manifestation des eigenen Geistes erkannt und erfahren werden, so ist das »der Erfahrungsmodus der Luzidität«, der die wahre Freiheit und das Glück primordialer Buddha-Erfahrung bedeutet.

Im anderen Fall gelingt es uns nicht, angesichts all dieser Erscheinungen Luzidität zu erlangen oder zu bewahren, und die eigenen Erfahrungen werden in der Folge als fremd, als von uns unabhängig und eigenständig erlebt. Daraus entstehen dann eine Kette von Fehlwahrnehmungen, ein Strom von dualistischen Gedanken und Emotionen, die daraufhin all unser Erleben färben und begleiten. All diese verblendeten Erfahrungen, Erfahrungen der Irritation, werden erst durch den Verlust der Luzidität, durch den Mangel an Luzidität, das heißt durch die Unfähigkeit, den eigenen Traum als solchen zu erkennen, möglich gemacht, und sie alle sind gestört, sind mit Leiden behaftet und führen zu neuem Leid.

Dieses wahnhafte Geschehen wird mit dem Ablauf einer Sinnestäuschung verglichen, die wir erleben, wenn wir im Halbdunkel einen Strick, der im Gras liegt, fälschlich für eine Schlange halten. Wir denken: »Da ist eine Schlange!«, und nur aufgrund dieser Fehlwahrnehmung erschrecken wir und erfahren instinktiv intensive körperliche und emotionale Reaktionen von Schreck und Angst.

In dem oben Gesagten liegt der Schlüssel zum Verständnis dessen, wie, den Dzogchen-Lehren nach, der Prozess der Fehlwahrnehmungen im an sich unsterblichen, formlosen Geist eines fühlenden Wesens entsteht und damit all seine im Grunde unnötige, illusionäre Bindung und all seine Störgefühle und Leiden.

Dieser subjektive Prozess des Verblendetwerdens durch die Erscheinungen des eigenen Lichts steht am Anfang einer jeden neuen Verkörperung, und so liegt der einzige Sinn und Zweck der Belehrungen des Totenbuchs darin, in jeder Phase der Erfahrungen des Sterbens und des Postmortem alles zu versuchen, um dem Verstorbenen zur Luzidität zu verhelfen.

Aber egal, ob im Wachen, im Schlafen oder im Tod – all die empfundene und gedachte »Ichheit« und Andersheit und all das darauf bezogene Verlangen und Befürchten eines fühlenden Wesens ist, der Lehre der Buddhas nach, als die nichtluzide Erfahrung eines Träumenden zu verstehen. Als die Erfahrung eines unter dem Einfluss der Unbewusstheit stehenden und träumenden Geistes, und dieser »Erfahrungsmodus der Verblendung« endet nur, wenn dieser Träumende, das heißt jeder von uns, schließlich wieder Luzidität erlangt.

Das Sanskritwort »Buddha« bedeutet »der Erwachte« und ist die Bezeichnung für ein Wesen, das inmitten der Erfahrungen der sechs Bardos zur Wirklichkeit, zur völligen Luzidität »erwacht ist« und deshalb alle Erfahrungen fortan wieder als die natürliche Erscheinung seines eigenen Geistes erfährt. Das ist der erleuchtete, der luzide Erfahrungsmodus aller Erleuchteten. Deshalb lassen sich auch alle die Befreiung ermöglichenden Instruktionen des *Tibetischen Totenbuchs* im Grunde in diese eine zusammenfassen:

»Ruhe unerschütterlich und gleichmütig in deinem natürlichen Zustand kontinuierlicher Luzidität, der die Untrennbarkeit völliger Offenheit und Klarheit ist. Erkenne alles, was dir auch erscheinen mag, als die Erscheinung deines eigenen Gewahrseins. Erkenne es als deinen eigenen Traum und alle Täuschung, und alles Leid wird für dich zu Ende sein!«

Diese Instruktion ist für alle sechs Bardos gültig und anwendbar.

Der Bardo des Sterbens

Dieser Bardo ist definiert als die Zeit zwischen dem Auftreten einer irreversibel zum Tode führenden Ursache, sei es nun eine Verletzung, eine Krankheit et cetera, und »dem Aufhören des inneren Pulsierens« der Lebensenergie, dem das Verlassen des Körpers folgt.

In diesem Zeitraum werden, ähnlich wie beim Einschlafen, aber jetzt unumkehrbar und vollständig, die äußeren Erfahrungen des Sichauflösens der Sinneswahrnehmungen und der Sinnesbewusstseine gemacht und gleichzeitig die inneren Erfahrungen von spezifischen Lichterscheinungen.

Nacheinander hören alle äußeren Wahrnehmungen und alle Arten von Gedanken der Aversion und des Anhaftens auf, und schließlich verliert der normale, in tiefer Meditation ungeübte Sterbende das Bewusstsein, bis dieses nach ungefähr drei Tagen oder vorher, am Ende der inneren Pulsation, den Körper verlässt. Das normale, äußere Zeichen für den eigentlichen Exitus ist das Austreten von etwas Blut aus der Nase.

Jemand, der sich in seinem Leben kontinuierlich in formloser Meditation, frei von allen Gedanken, geübt hat, kann gleichzeitig mit der völligen Auflösung aller Bewusstseine Stabilität und völlige Befreiung im sogenannten klaren Licht des Geistes, dem ursprünglichen Zustand reinen Gewahrseins der Untrennbarkeit von Leerheit und Klarheit erlangen, die sich am Ende dieses Prozesses offenbart. Er kann in diesem Augenblick kontinuierliche, stabile Luzidität erreichen und den Prozess der samsarischen Fehlwahrnehmungen dadurch beenden.

Eine weitere Möglichkeit, im Bardo des Sterbens Befreiung vom samsarischen Prozess zu erreichen, besteht in der Übertragung des Bewusstseins in einen reinen Bereich, in ein Buddha-Land. Diese Option steht für all jene offen, die sich während des Lebens im »bewussten Aussenden des Geistes aus dem Körper«, also in der Methode des sogenannten »Phowa«, geübt haben. In diesem Fall endet der Bardo mit der letzten Ausatmung. Eine für alle anwendbare Variation dieser Methode wird im dritten Teil dieses Buches gegeben.

Das Wichtigste für ein Gelingen der Übertragung unseres Geistes in ein »reines Land« ist es, frei von jeder Anhaftung an Irdisches zu sein und die Herzensverbindung zu dem Buddha oder dem »Herrn des Erbarmens« unserer Wahl schon lange vor dem Tod zum Beispiel durch häufige Wunschgebete und Rezitationen seines Mantras gefestigt zu haben.

Wenn die Übertragung mit der letzten Ausatmung gelingt, so wird der von früheren Neigungen konditionierte Bardo der Wiedergeburt gar nicht erlebt. Dann ist keine weitere Geburt im Samsara mehr nötig, und man kann in einem Buddha-Bereich meditative Stabilität erlangen und dort bis zur vollkommenen Erleuchtung heranreifen.

Der Bardo der Dharmata

Der fünfte Bardo ist der Bardo der Dharmata, der Bardo der Wirklichkeit. Er beginnt unmittelbar nach der Erfahrung der Auflösung in die reine Geistessenz, in die inhärente Klarheit des in sich selbst ruhenden reinen Gewahrseins. Diese ist frei von jeder Erscheinung und frei von allem Bewusstsein. Jene, die mit dem natürlichen Zustand vertraut sind, können jetzt darin irreversible Stabilität erlangen. Für sie gibt es die darauf folgenden visionären Bardos nicht, aber es gibt nur wenige, die solch tiefe und endgültige Sammlung in der Geistessenz erlangen.

Alle anderen werden eine Zeit lang bewusstlos, und wenn sie wieder erwachen, sind sie von intensiven Lichtvisionen umgeben. Die »Phase des klaren Lichts ohne Erscheinung« entspricht in ihrem nichtluziden Modus dem Tiefschlaf, und die daraufhin folgende »Phase der strahlenden Erscheinung des klaren Lichts« in den fünf Farben hat ihre Entsprechung im visionären Erleben der Traumphase. Hier kommen wir gleichzeitig mit dem Erscheinen von Tönen, Lichtern und Strahlen wieder zu Bewusstsein.

Sind wir gestorben, so begegnen wir nun, da mit unserem Körper kurzzeitig auch alle konzeptuellen und emotionalen Schleier von uns abgefallen sind, dem göttlichen Licht der Wahrheit ungehindert und direkt, und wir sind uns dessen als überwältigend direkte Begegnung mit der eigentlichen, unzweifelhaften Wirklichkeit gewahr. Hier ist Erleuchtung, hier ist alle Weisheit, alles Wissen, deshalb heißt dieser Zwischenzustand »Bardo der Wirklichkeit«.

Die inhärente Energie des Geistes erscheint zu Beginn als überwältigend friedvoller Ausdruck der unendlichen Liebe und Weisheit des erleuchteten Potenzials unserer Buddha-Natur in ihrer höchsten Reinheit von archetypischen, photischen und akustischen visionären Erfahrungen. Die Vision der reinen Bereiche der Buddhas, die unzähligen Mandalas der sogenannten friedvollen und zornvollen Gottheiten des Totenbuchs, erscheinen jetzt in dieser Phase.

Ist der Verstorbene durch seine Übung der tantrischen Visualisation dieser Archetypen in seiner Yidam-Praxis oder durch die Übung des visionären Aspekts der Dzogchen-Praxis – die »Kontemplation des inneren Lichts« wie wir sie im Dunkelheits-Retreat üben – mit diesen Visionen gut vertraut, so kann er inmitten dieser visionären Lichterfahrung geistige Stabilität bewahren und luzide bleiben. Er erkennt alle Visionen als seinen eigenen Traum und bleibt deswegen frei von sämtlichen emotionalen Störgefühlen wie Anhaften, Aversion und Furcht und kann so die Kette der Verursachungen von weiteren Fehlwahrnehmungen durchbrechen.

Wenn dieses Luzide-Werden inmitten der Visionen nicht gelingt, was bei all denen, die nicht darin geübt sind, der Fall ist, so folgt schon nach kurzer Zeit unweigerlich der Bardo der Wiedergeburt oder des neuen Werdens.

Der Bardo des neuen Werdens

In die reine Schau der Visionen mischen sich nun immer mehr emotionale Irritationen und Anhaftung. Diese Reaktionen von Angst und Begehren auf das Gesehene spiegeln sich unmittelbar im eigenen visionären Erleben wider. Immer mehr Gedanken interpretieren nun instinktiv das Erfahrene, und die Empfindung, einen Körper zu besitzen, und die alte Gewohnheit, sich mit diesem imaginär gefühlten Körper zu identifizieren, wachsen.

Man treibt dahin wie in einem Traum, und diese Erfahrung der Haltlosigkeit des Bewusstseins verstärkt den Wunsch nach einem neuen materiellen Körper. Die Visionen werden infolge des Anhaftens an ihnen nun immer gröber, die karmischen Visionen der sechs Bereiche der Wiedergeburt treten gleichzeitig mit den ihnen entsprechenden Störgefühlen immer deutlicher und überwältigender hervor, und diese Dynamik des »Übermächtigtwerdens«, des Getriebenwerdens von Gefühlen und Gedanken wird den entkörperten Geist schließlich zu einem neuen Schoß, zu einer neuen Verkörperung führen, wenn sie nicht rechtzeitig unterbrochen werden kann.

Doch auch in dieser Phase besteht die Möglichkeit, dem Verstorbenen zur Luzidität und damit zur Befreiung zu verhelfen, wenn jemand da ist, der über eine starke geistige Sammlung und Hingabe verfügt und den Verstorbenen immer wieder daran erinnert, dass er tot und damit frei vom Körper ist. Der ihn erinnert, dass er frei ist, »in ein reines Land zu gehen«, und dass alles, was er erfährt, nur seine eigene Vision ist.

•—•·

All diese befreienden Instruktionen finden sich im letzten Teil des *Tibetischen Totenbuchs*, und wir sollten uns mit diesen tief vertraut machen. Je öfter wir diese Kerngedanken dem Verstorbenen telepathisch übermitteln, desto besser.

»Vergesst diese Kern-Instruktionen der ›Großen Befreiung durch Hören‹ niemals, selbst wenn ihr von einem Rudel wilder Hunde verfolgt werdet« – so ermahnt Padmasambhava am Ende des Textes die Übenden.

— 18 —

Wie wir rückblickend auf einen Tag und eine Nacht die sechs Bardo-Zustände verstehen können

Mögen die selbstbefreiten Erfahrungen der sechs Bardos,

des Wachens, des Träumens und der Meditation, des Sterbens, des Klaren Lichts und der Wiedergeburt,

mögen die traumgleichen Visionen von Samsara und Nirvana kommen und gehen, wie sie wollen,

der Spiegel meines Geistes bleibt dabei ganz von selber leer und klar und unbewegt.

Genau hier und genau jetzt,

wo ich schon immer war, bin und sein werde.

YUNGDRUNG WANGDEN KREUZER

Was unter den sechs Bardos oder »Zwischenzuständen des Geistes« zu verstehen ist, lässt sich gut am Beispiel der Wechsel unserer Erlebnisformen im Laufe eines einzigen Tages von 24 Stunden oder eines Zyklus von Tag und Nacht anschaulich machen.

Nehmen wir an, es ist jetzt Abend, und wir sitzen bequem und in komfortabler Stille. Halten wir also Rückschau und lassen unseren vergangenen Tag und die Nacht mit all ihren Erlebnissen vor unserem inneren Auge noch einmal Revue passieren.

◦•◦

Irgendwann am Morgen ist jeder von uns aufgewacht – aufgewacht nach einer längeren Phase des Schlafs, in dem wir zu bestimmten Zeiten Träume erlebten und Gedanken hatten und zu anderen traumlos und bewusstlos waren. Vielleicht haben wir uns beim Erwachen an einen Traum erinnert, bis diese Erinnerung von den Gedanken an das, was als Nächstes kam, und an das, was heute alles zu tun war, überdeckt wurde. Die meisten unserer Erlebnisse im Traumzustand haben wir vergessen und uns wieder im Erleben des Wachbewusstseins zurechtgefunden.

Wir sind gleichsam in der Traumwelt gestorben, und wir wurden neu geboren in unserem physischen Körper. Dessen nach außen gerichtete Sinnestore öffneten sich und nahmen wieder ihre »Gegenstände« wahr, und das Bewusstsein begann mit der Verarbeitung dieser Informationen. Vielleicht waren wir in dieser Phase des Übergangs noch etwas desorientiert und noch nicht ganz da. Wir gingen ins Bad und haben uns gewaschen und angekleidet.

Wenn wir bereits meditieren, haben wir uns dann niedergesetzt, und nachdem wir mit wenigen Worten Zuflucht genommen haben zum Meister und seinen Segen in Gestalt von Lichtstrahlen empfangen haben, ruhten wir in der ungeborenen Natur des Geistes, ohne den spontan aufsteigenden Gedanken zu folgen und ohne sie zurückzuweisen. Die besonderen Erfahrungen von Klarheit, Seligkeit und Freiheit von Gedanken, die wir dabei machen, gehören zum »Bardo der Meditation«.

Dann haben wir unseren Durst und unser Bedürfnis nach Nahrung gestillt. Es kam uns zu Bewusstsein, was wir alles zu tun haben, und wir haben uns in Bewegung gesetzt, um zur Tat zu schreiten. Unseren Gedanken folgend, haben wir begonnen, zu reden und unseren Körper zu bewegen. Wir sind vielleicht zur Arbeit gefahren oder haben einiges erledigt, was anstand. Wir haben uns ganz automatisch erinnert an Verabredungen und an Verträge, die wir eingegangen sind. Zum Beispiel, dass wir um neun Uhr in der Firma sein müssen, im Kindergarten einen Termin haben oder Ähnliches.

Bei den Vorbereitungen, dorthin zu fahren, auf dem Weg dorthin oder im Job und später nach der Arbeit und auf dem Heimweg – in all diesen Stunden seit dem Aufstehen haben wir so viele Sinneseindrücke erfahren, so viele Gedanken gedacht, so viele Formen gesehen, so viele Worte und Töne gehört, so viele Empfindungen, körperlich und emotional, gehabt: Kein Mensch kann sie zählen, es sind einfach zu viele, unüberschaubar viele gewesen.

Nun aber sitzen wir hier, es ist Abend, und wenn wir uns fragen: »Wo sind all diese Erlebnisse jetzt, was ist von ihnen geblieben?«, so sehen wir, dass die meisten spurlos verschwunden sind, verschwunden wie unsere Erlebnisse im Traumzustand, wir erinnern uns nicht einmal an sie, und doch schien uns vieles davon sehr wichtig zu sein, hat uns ganz eingenommen, fasziniert oder beansprucht.

Wir haben es als wirklich empfunden, als unsere Wirklichkeit. Aber es ist alles weg. Es ist nur noch eine blasse Erinnerung, ein gedankliches Bild davon da; und jeder von uns hier hat seinen ganz eigenen Film dabei erlebt, keiner hat genau das Gleiche erlebt wie der andere, jeder ist anders als der andere, hat einen anderen Blickwinkel und erlebt ein und dieselbe Situation anders, sogar wenn man im selben Auto fährt oder im selben Bett schläft.

Jeder von uns hat einen menschlichen Körper, hat ein ähnliches Sensorium, darum haben wir ähnliche Erfahrungen, über die wir reden und uns austauschen können – und doch erlebt jeder im selben Moment einen anderen Aspekt, und er erlebt es seinem persönlichen Charakter und seiner selektiven Wahrnehmung entsprechend anders.

Suchen wir nach etwas, was all unseren Erfahrungen, dieser unüberschaubaren Vielfalt und Verschiedenheit von Situationen und Eindrücken, die wir seit unserem Erwachen erlebt haben, unbestreitbar gemeinsam war, so ist es ihre Vergänglichkeit. In diesem einen Punkt sind sie gleich – sie sind aufgetaucht und vergangen, sind vorbeigezogen wie das Wasser eines Flusses und können so, wie sie heute waren, niemals wiederholt werden. Die Natur all unserer Erfahrungen ist vergänglich, und tausend kleine Tode haben wir heute schon erlebt, aber das, was gestorben ist, hat damit immer einer neuen Erfahrung Platz gemacht.

So ist jeder Ton gleich nach seinem Erklingen erstorben, hat sich aufgelöst, und nichts davon ist in eurem Hören zurückgeblieben, keine Spur … euer Hörsinn ist offen und rezeptiv geblieben. Jeder Gedanke löst sich auf, kaum dass er gedacht wurde … und an seiner Stelle kann nun ein anderer erscheinen … und so ist es auch mit all unseren anderen Sinnestoren, sie alle sind jetzt genauso offen und rezeptiv wie heute morgen.

●–◆–●

Und hier, in dieser grundlegenden Offenheit all unserer Sinne, entdecken wir das Wichtigste, das Grundlegende, das all diesen so verschiedenen Erfahrungen gemeinsam ist. Sie alle wurden nur in unserem Geist erfahren; und dieser lebendige Geist, das offene, rezeptive Gewahrsein in uns allen, in dem sich unsere individuellen Erfahrungen und

Bewusstseinszustände abgespielt haben und jetzt abspielen, ist seiner Natur nach offensichtlich in uns allen gleich.

Es ist nicht ein einziges Gewahrsein, doch jeder von uns, jedes geistige Wesen oder Individuum ist Gewahrsein, und dessen Natur ist die Untrennbarkeit von Offenheit und erkennender Klarheit.

Was das bedeutet, zeigt sich zum Beispiel darin, dass jeder meine Worte hören kann, sobald ich sie ausspreche. Dieses Gewahrsein der Töne, also unser Hören, ist uns demnach allen gemeinsam. Das ist das Grundlegende und das Gemeinsame. Das aber, was wir aus dem Gehörten machen, wie wir es prozessieren und verstehen, dagegen nicht, denn unsere Interpretation und Deutung beruht auf unseren früheren, individuellen Erfahrungen und unserem Bewusstsein.

Es ist wichtig, dass wir in unserer Erfahrung lernen, Gewahrsein und Bewusstsein klar zu unterscheiden. Die klare Unterscheidung von reinem Erkennen und dem Denkbewusstsein wird speziell im Dzogchen als von größter Wichtigkeit betrachtet, denn die höchste Meditation besteht hier darin, ohne jede Anstrengung jenseits des Bewusstseins zu ruhen.

Gewahrsein ist absolutes reines Erkennen, Bewusstsein ist relativ und entsteht und vergeht als Erfahrbares im Raum des Gewahrseins, gleichzeitig mit dem »Objekt« seiner Wahrnehmung.

•◆•

Doch nun wieder zu unserer Betrachtung des Wandels der Erlebensmodi im Laufe eines Tages und einer Nacht unseres Lebens.

Irgendwann fühlen wir uns müde und beginnen uns nach dem Schlaf zu sehnen – das entspricht, wenn wir es mit unserem Lebenslauf vergleichen, dem Altern. Unsere Kräfte sind ermüdet, und wir müssen sie erneuern, um an unserem nächsten Lebenstag wieder frisch weitermachen zu können.

Was geschieht also?

Wir legen uns wie jeden Abend nieder, wir löschen das Licht und liegen in der Dunkelheit. Unsere Augen und Sinne schließen sich, und wir verlieren die Wahrnehmung der äußeren Welt und das Bewusstsein.

Nach einer Phase des völligen Vergessens von Ich und Welt, in der wir tief schlafen und uns frei von allem Bewusstsein sehr tief entspannen und im Lichte ruhend erholen, beginnt die erste Traumphase.

Hier nun erscheinen zuerst noch formlos Töne, Lichter und Strahlen, und gleichzeitig damit kommen wir wieder zu Bewusstsein und erfahren daraufhin die geformten Visionen des Traumzustands.

Genau betrachtet, endet jede Traumphase mit einem kleinen Tod – denn wir verlieren wieder das Bewusstsein und die Visionen, und eine neue, formlose Tiefschlafphase beginnt.

Nach einiger Zeit kommen wir wieder zu uns, denn es beginnt eine neue Traumphase mit ihren Visionen und Gedanken, bis auch diese mit einem kleinen Tod oder Übergang endet. So geht es die ganze Nacht hindurch in munterem Wechsel der zwei Bardos, nämlich des klaren Lichts und des Traums.

Auf solche Weise erleben wir jede Nacht im Schlaf, der deshalb auch »der kleine Bruder des Todes« genannt wurde, annähernd das Gleiche, was das Totenbuch für das Sterben und den Zustand des Postmortem lehrt.

•—•

In diesem Zyklus von einem Tag und einer Nacht erleben wir also, wenn auch nicht vollständig und mit derselben Intensität wie im Tod, jeden der sechs Bardo-Zustände.

Von dem gelebten Tag, der vorbei ist, bleiben uns nur unsere Erinnerungen als die Spuren, die das Getane und Erlebte in uns hinterlassen hat, und diese Erinnerungen nehmen wir mit in den Schlaf.

Unsere unerfüllten Wünsche und unsere als unerledigt empfundenen Pläne, Projekte und Arbeiten, die wir persönlich für wichtig und unerlässlich halten, folgen uns auch in den Schlaf, und sie leben weiter in unseren ganz individuellen Träumen, wo diese Spuren des Erlebten realistische oder fantastische Formen annehmen, auf die wir zumeist so reagieren, wie wir im Wachzustand auch reagieren würden.

Da im Traum auch unser Denken und Bewusstsein wirken, ist diese Phase oft nicht besonders erholsam. Aufgeregt bewegen sich in der Traumphase, in diesem Bardo des Traums, unsere Augen hin und her, denn sie reagieren instinktiv auf die schiere Vielfalt des nur innerlich Gesehenen.

Wirklich erholen und mit Energie aufladen können wir uns nur in der Tiefschlafphase, wenn wir zeitweise das Bewusstsein unserer Gedanken und alle Sinneswahrnehmungen verlieren und unser Ich und seine sorgenvolle Welt völlig vergessen. In dieser Phase bewegen sich die Augen nicht, weil hier nichts gesehen wird. Das Licht des Sehens ruht dann in sich selbst.

Im Tiefschlaf ruhen wir wie am Ende des Sterbeprozesses im »klaren Licht der Basis von allem« oder *kunshi ödsäl.* Wenn wir dabei die Luzidität bewahren könnten, wären wir erleuchtet, wenn wir uns aber nicht darin geübt haben, im natürlichen Zustand, frei von allen Gedanken zu bleiben, werden wir wieder nichtluzide in der erleuchteten Basis ruhen. Wenn dann die Visionen erneut entstehen, erfahren wir sie auf eine nichtluzide Art und reagieren deshalb, alter Gewohnheit folgend, darauf mit Aversion oder Begehren.

Ein Buddha ruht luzide und frei von Gedanken in der ungeborenen Basis, und er ruht luzide und frei von emotionalen Reaktionen in den visionären Erscheinungen der Basis. Das ist der Unterschied zwischen einem dualistisch fühlenden und denkenden Wesen und einem Buddha.

•◆•

Auch wenn wir im Traum unseren physischen Körper zeitweise verlassen haben – denn die Bindung an diesen ist im Schlafzustand gelockert –, erwachen wir am nächsten Morgen wieder in unserem gewohnten Körper, die Augen und alle anderen Sinnestore öffnen sich wieder, das Bewusstsein und die Erinnerung an unsere früheren Handlungen kehrt wieder zurück.

Und so erwachen auch die Ideen, Impulse, Tatabsichten und Wünsche wieder, die wir vom gestrigen Tag und von so vielen früheren Tagen für andere unsichtbar als Gewohnheitsmuster, Prägungen und Erinnerungen in uns tragen. Sie werden unsere Gedanken, unsere Worte und unsere Handlungen mit dem Körper, die unseren früher kultivierten Gewohnheiten und Neigungen entsprechen, auch an diesem neuen Tag, den wir vom Schlaf erfrischt beginnen, bestimmen und motivieren.

Nehmen wir den so beschriebenen Zyklus von Nacht und Tag von 24 Stunden, so kann dieser eine Tag in unserem Leben als ein beredtes Gleichnis dafür dienen, wie wir leben, sterben und wiedergeboren werden und wie die einzelnen Phasen von verschiedenen Bewusstseins- und Unbewusstseinszuständen in diesem Kreislauf der Erfahrung stetig aufeinanderfolgen und ineinander übergehen.

Jeder dieser Zustände bleibt nicht, sondern ist selbst momentanes Erleben von einer bestimmten Art, das selbst nur Übergang, nur eine Phase bis zu einem anderen Zustand ist. Und so entspricht gemäß der Lehre über die Bardos

- der Traum der letzten Nacht und der Traumzustand generell unserem vorgeburtlichen Leben im sogenannten *Bardo des Werdens,*

- unser Aufwachen am Morgen in die Sinneswahrnehmung in diesem menschlichen Körper ist der *Bardo des Lebens,*

- unsere Zeiten frei von gedanklicher Tätigkeit entsprechen dem *Bardo der Meditation,*

- unser Müdewerden am Ende des Tags entspricht dem Altern und unser Einschlafen dem *Bardo des Sterbens,*

- die Tiefschlafphase entspricht dem *Bardo des klaren Lichts im Tode,* und

- die darauffolgende Traumphase entspricht dem *Bardo der Erscheinungen des klaren Lichts.*

Da es selten ist, dass »normale Menschen« im Traum in Buddha-Länder gehen, entspricht unsere Traumphase wohl überwiegend dem von den Spuren früheren Handelns geprägten visionären Bardo des Werdens, der, von geistiger Unruhe, Anhaftung und Lebensdurst geprägt, nolens volens wieder zum Festhalten an einer Form und damit zur Formation eines neuen Körpers und zur Wiedergeburt führt.

•–•–•

Mithilfe der kostbaren Belehrungen, wie sie uns im *Bardo Thödröl* hinterlassen wurden, und mithilfe anderer Texte zu diesem Thema, die uns in der tibetischen Tradition überliefert sind und bis heute als Leitfaden für die Geistesschulung und in der Begleitung Sterbender genutzt werden, können wir lernen, was die Ursachen des Kreislaufs, des Circulus vitiosus immer neuen Geborenwerdens und Sterbenmüssens sind und wie wir diese Ursachen in unserem eigenen Geist durch diese Praxis reinigen können. Wir können uns mit ihrer Hilfe vertraut machen mit dem Bardo des Sterbens, mit den verschiedenen Stufen der Loslösung vom materiellen Körper und mit den Erlebnissen, wie sie jedem von uns im Prozess des Sterbens und im Nachtodzustand bis hin zu einer neuen Geburt in einem der sechs Bereiche des Daseinskreislaufs oder, wenn es uns möglich ist, im reinen Bereich eines Buddha-Lands bevorstehen.

Wenn wir, motiviert vom Streben nach Erleuchtung und nach der Erlösung aller Wesen, die Weisheitslehren und die Methoden der buddhistischen Geistesschulung studieren und in die Praxis umsetzen, können wir uns von der eingebildeten Enge und Anhaftung des Egos befreien und die fließende Welt von Geburt und Tod, luzide geworden, als eins mit dem nichtverweilenden Zustand der uranfänglichen Freiheit erleben.

Das, was für ein in seinen Gedanken und Gefühlen befangenes Wesen als Geburt und Tod erscheint, wird von einem völlig erwachten, erleuchteten, in seinem unwandelbaren Gewahrsein ruhenden Wesen als die zeitlose Untrennbarkeit von Erscheinung und Leerheit erfahren.

— 19 —

Über die Kontinuität unseres Geistes, der niemals geboren wurde, der in nichts verweilt und der niemals vergeht

Der höchste Meister ist dein ungeborenes,
unsterbliches, allem zugrunde liegendes Selbstgewahrsein.
Suche den Meister nicht anderswo.

MILAREPA

Die, welche Gott am vollkommensten erkennen,
verstehen am klarsten, dass er unerkennbar ist.

JOHANNES VOM KREUZ

Dein unmodifizierter, von selbst gewahrer und leerer Geist, frei
und ungeboren, ist der Dharmakaya der höchsten Wirklichkeit.
Dieses nackte Erkennen ist die Soheit des natürlichen Zustands.
Lass alle Gedanken, die Erscheinungen des Gewahrseins, sich bei
ihrem Entstehen direkt von selbst befreien.

PALTRUL RINPOCHE

Alle Belehrungen der Buddhas zielen nur darauf hin, uns zu helfen, das grundlegende, unzerstörbare Wesen, die wahre Natur unseres Geistes, der niemals geboren wurde, der in nichts verweilt und der niemals vergeht, klar zu erkennen.

Was ist es, was in all unseren wechselnden Erfahrungen gleichermaßen gegenwärtig ist und sie somit alle durchdringt? Das ist eine Fragestellung, die uns direkt zum Kern der Sache, zum Wesentlichen bringen kann, nämlich zum Erkennen der Untrennbarkeit der unwandelbaren, unveränderlichen Essenz des Geistes und ihrer unendlich vielfältigen und wandelbaren Manifestationen.

Eine dieser möglichen Erscheinungsformen im nichtluziden, samsarischen Modus des Gewahrseins ist die Geburt als Mensch, und wie es zu dieser kommt, wollen wir hier nun näher untersuchen.

Als menschliche Wesen besitzen wir Körper, Rede und Geist. Der »Körper« besteht aus Fleisch und Blut, und der »Geist« kann in die »acht Bewusstseine« unterteilt werden.

Die »Rede« ist die energetische Verbindung zwischen Körper und Geist. Sie ist der Lebensatem, ist das Wort und die Sprache, mit deren Hilfe wir mit anderen kommunizieren können.

Der Körper entwickelt und formt sich, beginnend mit zwei Zellen im Mutterschoß, wird mit allen Organen und Gliedern voll entwickelt geboren, wächst und entfaltet sich zur vollen Blüte, hört mit dem Tod auf zu existieren und löst sich wieder auf.

Unser Geist jedoch entsteht nicht erst in der Matrix, und er vergeht nicht wie der physische Körper im Tod. Seit anfangsloser Zeit existiert unser Geist, und in unzähligen Leben und zahllosen Körpern hat er karmische Spuren und Tendenzen angesammelt. Durch die Macht seines gewohnheitsmäßigen Anhaftens an Erfahrung angetrieben, sehnt sich der körperlose Geist, der im Nachtodzustand in einem eingebildeten oder »Traumkörper« lebt, nach einem physischen Körper und betritt den Mutterleib, wenn er als Mensch oder Säugetier geboren wird, im Augenblick der Vereinigung von Sperma und Ovum.

Außer der Geburt aus einem Mutterschoß werden in den buddhistischen Texten noch die Möglichkeiten einer spontanen Geburt als hungriger Geist oder als geistiges Wesen in den himmlischen oder höllischen Bereichen und die Geburt aus einem Ei oder aus einer organischen Substanz, wie Schleim, also als sehr kleiner Organismus genannt. In der »zwölfgliedrigen Kette des abhängigen Entstehens« oder, mit anderen Worten, im »zwölffachen Konditional-Nexus des Entstehens« stellte der Buddha die aufeinander aufbauenden Faktoren des Geschehens der Wiederverkörperung des Geistes dar.

·—◆·

Der Zwang zu unkontrollierter Wiedergeburt ist eigentlich nichts anderes als der zwanghafte, selbsttätig gewordene Prozess unserer gefühlsmäßigen Reaktionen und Gedanken. Auch wenn wir gern damit aufhören würden und unseren ganzen Willen daransetzen, ist dieses »Rad des Lebens« nicht leicht anzuhalten. Es bedarf normalerweise Jahre der Schulung in Meditation und Kontemplation, um zu stabiler Geistesruhe zu kommen und je nach Wunsch das Denken aufnehmen oder völlig ablegen zu können.

Wenn es jemandem ohne Weiteres leichtfällt, in einem gedankenfreien Zustand reiner Präsenz zu verweilen, so heißt dies nur, wie auch im Fall einer häufigen spontanen Luzidität im Traum, dass dieser Mensch sich bereits in vorherigen Leben darin geübt hat.

Aber betrachten wir den Prozess der zwölf Glieder des abhängigen Entstehens oder der Genese der Fehlwahrnehmungen in seinen einzelnen Schritten, bezogen auf die Erfahrung des Postmortem, die jeder neuen Verkörperung, egal wo und egal als was, vorausgeht.

Nach jedem Tod und damit nach »dem Ende unserer vertrauten Welt« erwartet uns das »Jüngste Gericht«, und nach der »Schau der göttlichen Herrlichkeit« beginnt unsere individuelle Weltgeschichte erneut mit der ganz persönlichen Erfahrung des »Falls aus dem paradiesischen Zustand« der Einheit. Wie aber geschieht dieser, der Lehre des Dzogchen entsprechend, nach jedem Tod und Exitus?

Das Zurückfallen in den samsarischen Wahrnehmungsmodus ist ein wichtiges Thema in Dzogchen-Belehrungen. Der Meister Longchen Rabjam beschrieb in seinem *Shingta Chenpo* das ganze Geschehen als Konditional-Nexus, in dem jedes Glied eine Voraussetzung ist, aufgrund dessen dann das nächste entstehen kann. Er kombinierte hier die Lehre des Buddha zu den »zwölf Nidanas« mit den Beschreibungen der Dzogchen-Tantras zu diesem Prozess. Die wesentlichen Punkte lassen sich paraphrasiert folgendermaßen zusammenfassen:

- Erstens können wir nach der Zerstörung unserer gesamten sinnlichen Welt, also aller Wahrnehmungen der sechs Sinne, entsinkend in das klare Licht der formlosen Wirklichkeit, das die Basis aller Erscheinungen ist, nicht luzide darin verweilen. Ohne Übung verlieren wir das Bewusstsein und ruhen nur kurz darin wie in einer Tiefschlafphase, und das ist »Unwissenheit« oder das Nichterkennen des leeren Erkennens selbst. Das Vergessen des eigenen, leeren Gewahrseins, unseres »wahren, großen Selbst« oder *dag-nyid-chenpo,* ist die erste Voraussetzung für alle folgenden Fehlwahrnehmungen.

- Zweitens erscheinen spontan die Epiphanien der Basis, zuerst als Töne, Lichter und Strahlen, aber aufgrund unserer früheren Gewohnheitstendenzen sind wir irritiert, wir ergreifen und fliehen diese Erscheinungen, und wir reagieren entsprechend gestört darauf. So entstehen erneut »Samskaras« oder nichtluzide Handlungsimpulse.

- Drittens formen wir, von diesen Gefühlen beunruhigt, Konzepte über die visionären Erscheinungen und uns selbst, und so entsteht erneut ein Selbstgefühl oder subjektives »Bewusstsein« als das dritte Glied. Die Visionen und unsere Reaktionen darauf sind geprägt von unserem früheren Karma, und sie führen zu unserem neuen Leben hin.

- Viertens entstehen daraus »Name und Form«, denn das entstandene Bewusstsein hält nun dieses Selbstgefühl und die spontan erscheinenden Visionen fest als »ich und das andere«, und es unterscheidet und benennt sie. Es verankert sich im Moment der Zeugung oder Befruchtung in einem neuen Körper, und das wird »das Entstehen von Name und Form« genannt, wobei »Name« den vier nichtmateriellen Skandhas von Gefühlen, Gedanken, Willensregungen und Bewusstsein entspricht und »Form« dem materiellen Körper und den physischen Elementen.

- Fünftens entwickeln sich aufgrund der Vereinigung von Name und Form oder von Geist und Körper »die sechs Sinnesorgane«.

- Sechstens entsteht »Sinneskontakt«, wenn die Sinne ihren Objekten begegnen und Sehen, Hören, Riechen, Schmecken, Tastgefühl und Denken stattfinden.

- Siebtens entstehen aus diesen Sinneswahrnehmungen oder Sinneskontakten dann »Gefühle« von Anhaftung, Aversion oder Gleichgültigkeit.

- Achtens entsteht aus diesen Gefühlen ein »Verlangen« nach ihnen. Ein Wollen von angenehmen Empfindungen und ein Nichtwollen von unangenehmen. Aus gleichgültigen, neutralen Gefühlen entsteht ein »Verlangen« nach Gleichgültigkeit, nach Betäubung und Bewusstlosigkeit.

- Neuntens bildet sich aus diesem ambivalenten Verlangen ein »Festhalten« an den eigenen Gefühlen, und man ergreift die retrospektiven Wahrnehmungen als Objekt und hält sie fest. Man denkt und urteilt in Begriffen von »ich und mein«.

- Zehntens entsteht infolge dieses »Festhaltens« das »Werden« oder die volle Entwicklung der fünf Skandhas oder Komponenten einer menschlichen Persönlichkeit, inklusive des Körpers.

- Elftens entsteht aufgrund der Vollendung dieses »Werdens« schließlich die Erfahrung der »Geburt«.

- Zwölftens entsteht, wenn wir in einem vergänglichen Körper geboren wurden, unvermeidlich die Erfahrung von »Altern, Krankheit und Tod«, denn alles, was geboren wurde, ist auch dem Tod unterworfen und muss wieder sterben.

So weit also Longchenpas Exegese der zwölf Nidanas oder Glieder der Kette des abhängigen Entstehens und wie sie, eines auf dem anderen basierend und eines in das andere greifend, zu einer neuen Wiedergeburt im Daseinskreislauf des Samsara führen.

Wenn es uns nicht gelingt, diesen Prozess durch die Praxis der Meditation zu unterbrechen, werden wir, dieser Dynamik folgend und von der Macht unserer Gewohnheiten und Störgefühle getrieben, weiter in den verschiedenen Existenzformen des Samsara wandern.

Fehlwahrnehmungen und Leiden entstehen aufgrund unserer karmischen Spuren. Infolge unserer Nichtluzidität verkennen wir die wahre Natur unseres Geistes und seiner Erfahrungen und »be-greifen« sie fälschlicherweise als Subjekte oder Objekte.

Durch »Ergreifen«, durch *dzinpa,* werden die fünf Aspekte unseres Buddha-Gewahrseins und die Lichter der fünf reinen Farben zu den fünf Komponenten, also zu Formen, Empfindungen, Gedanken, Willensregungen und Bewusstsein, und zu den fünf Elementen, zu Raum, Luft,

Feuer, Wasser und Erde. Sie werden zu den acht Bewusstseinen, den Sinnesorganen und ihren Objekten – also kurz: zum Körper und zum Geist einer scheinbaren Person. Nur unser eigenes Ergreifen führt schließlich zuerst zu einem imaginären Körper im Postmortem und dann zu einem scheinbar materiellen Körper. Das Gleiche gilt für die anderen Glieder der Kette. Sie alle sind eigentlich leer, inexistent, sind imaginär, sind Bardo-Erfahrung, sind vergängliche Vision und Selbsterfahrung des Geistes. Wenn wir sie nicht mehr festhalten, lösen sie sich auf, und wir sind frei.

• ◆ •

Alle Erfahrungen erscheinen spontan aus der Essenz des Geistes, und sich auflösend, kehren sie wieder in die Essenz zurück – so, wie Wolken im Himmelsraum entstehen und sich wieder darin auflösen.

Dzogchen lehrt uns, den instinktiven, unbewussten Prozess der illusionären Selbstverkettung oder Selbstverblendung direkt und entschieden zu unterbrechen. Einfach indem wir achtsam bleiben und darauf achten, nichts mehr zu ergreifen, erfahren wir zunehmend Luzidität und Erlösung. Ein Synonym für die Praxis des Dzogchen ist deshalb auch *dzin-med-chenpo* oder »das große Nicht-Ergreifen«.

Des eigenen, von allen Gedanken freien Gewahrseins wieder gewahr werden – entschieden und gleichmütig darin zu ruhen und alles, was erscheint, nicht mehr zu ergreifen oder abzulehnen – das beendet, entspannt und mühelos, den unbewussten, zwanghaften Prozess der »Wiedergeburt im Samsara«. Dies ist eine Definition des Dzogchen-Wegs in einem einzigen Satz.

Longchenpa lehrte auch, dass wir den Sterbeprozess als die Auflösung oder die Dekonstruktion dieser zwölf Glieder in rückläufiger Bewegung verstehen können. So gesehen ist unser Sterben oder »Entwerden« also zuerst das Sterben von Alter, Krankheit und Tod, dann das Aufhören des Körperwachstums, der Verlust der Empfindung des Körpers, das Aufhören des Verlangens nach Empfindung, die Auflösung von Anhaften, Aversion und Gleichgültigkeit, die Auflösung der Geistesgifte, die Auflösung unseres »Namens« oder der vier geistigen Skandhas unserer Persönlichkeit und die unserer körperlichen »Form« und der diese konstituierenden Elemente, der Verlust aller Sinneswahrnehmungen, der Verlust aller nur vorstellbarer Gedanken des Bewusstseins und schließlich auch des subtilsten Selbstgefühls oder Ich-Empfindens.

So sind wir, ganz zuletzt völlig »entworden« und aller Dinge ledig, zurück in der Geistessenz, im formlosen, klaren Licht der Basis aller Erscheinungen und damit wieder am Anfang und im Ende aller Erfahrung und allen Wissens und Erkennens angekommen.

Doch in der zeitlosen Untrennbarkeit von Leerheit und Klarheit, in diesem reinen Gewahrsein, völlig zur Ruhe kommen und damit zufrieden sein, das können die meisten Wesen noch nicht, und nach kurzer Zeit schon geraten sie in Unruhe, beginnen, den spontan entstehenden Erscheinungen des klaren Lichts wieder zu folgen, und der in den zwölf Gliedern beschriebene Prozess des Verlusts der uranfänglichen Luzidität und des Entstehens von Störgefühlen und Gedanken beginnt damit aufs Neue.

◆

Die ersten drei Nidanas oder Glieder in der Kette des Konditional-Nexus ereignen sich, der Exegese Longchenpas folgend, im Nachtodzustand, und sie sind eine Beschreibung der Anfangsstadien der Genese nichtluzider Wahrnehmung, die normalerweise direkt zum »Erwachen« im uns vom letzten Leben her vertrauten Bewusstsein und Erfahrungsmodus führt, um dann dem eigenen Karma entsprechend zu einer neuen Verkörperung zu drängen.

Das vierte aus diesem »Bewusstseinsstrom« entstehende Glied ist die Verankerung in einem neuen Körper und wird »das Erlangen von Name und Form« genannt.

»Name« bedeutet hier, wie bereits gesagt, die vier Komponenten der Persönlichkeit, nämlich Empfindungen, Gedanken, Willensregungen und die acht Bewusstseine, und »Form« bezieht sich auf das erste Skhanda, den physischen Körper. In diesem Moment kommt es also zur Verbindung von Körper und Geist.

Wenn wir den Körper, also das Aggregat der Form, im Tod wieder verlassen, leben wir mit den vier unsichtbaren geistigen Skhandas weiter. Der Geist nimmt also am Anfang des »Bardos dieses Lebens« wieder spezifisch »Name und Form« an.

Das Bewusstsein des Fötus entsteht auf der Basis des nichtluziden Speicherbewusstseins als dem ersten Glied der Kette und den darin eingelagerten Samskaras oder den in früheren Leben gebildeten Gewohnheitstendenzen. Aufgrund dieser starken Gewohnheiten und Antriebe ist der Geist gezwungen, eine seinem Karma entsprechende Form anzunehmen. Vom Augenblick der Zeugung bis zum Tod sind also Körper und Geist, bis auf kurzzeitige Exkursionen wie im Traum, in Narkose oder in künstlichem Koma, vereinigt, und im Tod trennen sie sich wieder.

Während der Exkursionen bleibt der Geist wie gesagt durch die äußerst dehnbare »Silberschnur« mit dem physischen Leib verbunden. Wird diese abgetrennt, bedeutet das den endgültigen Exitus: Der Körper ist, nachdem das Leben ihn verlassen hat, ein empfindungsloser, lebloser Leichnam und löst sich wieder in die vier Elemente auf, aus denen er geformt wurde.

Der empfindsame Geist aber erwacht nach kurzer Bewusstlosigkeit, folgt seinen alten Gewohnheiten, glaubt zuerst, dass alles wie früher ist, geht seine gewohnten Wege und findet sich gleichzeitig staunend inmitten der traumhaften Visionen des Bardo. Es ist wirklich nicht viel anders als in einem Traum.

Diese Zeit zwischen dem vorherigen Leben in einem physischen Körper bis zur Empfängnis in einem neuen Schoß, einem Ei, einem Kleinstlebewesen oder der Verankerung in einem feinstofflichen, eingebildeten Körper als Geist oder auch der Verankerung in einem formlosen, spezifischen Zustand geistiger Absorption wie im Fall bestimmter Götterbereiche wird wie gesagt »der Bardo des Nachtodzustands« genannt.

Nun sind dem Buddha nach alle Wesen erleuchtet und rein von Anfang an, doch durch einen Verlust oder eine Einschränkung der Luzidität und eine kleine emotionale Irritation begannen wir am Anfang der Zeiten und beginnen wir am Anfang jedes neuen Lebens, die spontanen Erscheinungen des klaren Lichts unseres Geistes instinktiv zu ergreifen und zu konzeptualisieren. So sind wir in den nichtluziden Modus der Wahrnehmung gefallen. Ein kleines Sich-Kontrahieren, ein zuerst noch schwaches Festhalten am Gefühl, ein Ich zu sein, hat sich zu stabiler Ich-Anhaftung und einer Kette von hartnäckigen Fehlwahrnehmungen entwickelt. Solange wir, immer nach außen auf die Erscheinungen blickend, dieser Selbsttäuschung unterliegen, ist das Gewahrsein unserer wahren Natur verdunkelt. Das Vergessen unseres eigenen, leeren Gewahrseins in der Begegnung mit seinen natürlichen Lichtmanifestationen oder Erscheinungen ist das erste Glied in der Kette der Verursachung von Fehlwahrnehmungen und den damit verbundenen Leiden, und unsere starke Tendenz, das Erfahrene zu konzeptualisieren und zu verdinglichen, ist das zweite Glied.

Da uns diese zwei Arten von Unwissenheit oder Verlust der Luzidität immer wieder unterlaufen, können wir den »Bardo« im tiefsten Sinne auch als den Zwischenzustand unseres Verblendetseins im großen Zeitraum zwischen dem Anfang unserer Fehlwahrnehmung, dem Verlust der Luzidität bis hin zu unserer schließlich glücklichen Rückkehr zum ursprünglichen Zustand der Erleuchtung oder Luzidität verstehen.

Alle Erfahrungen und Irrungen nach dem initialen Fall und alle Erfahrungen der Übungen und des Bemühens auf dem Weg zurück, ja die Vorstellung des Erleuchtungsstrebens und die Erfahrung der Erleuchtung selbst, sind Teil des Traums, sind Teil des Wegs, sind Teil der Bardo-Erfahrung.

Bis wir volle Erleuchtung erlangt haben, ist alles, was wir fühlen, wissen, erfahren und tun, eine Erfahrung im Bardo. Auch jetzt sind wir in einem Bardo, dem Bardo dieses Lebens als Mensch, und das Rad wird sich so lange weiterdrehen, bis wir uns von allem Festhalten an unseren dualistischen Vorstellungen und damit vom Glauben an eine inhärente, autonome Existenz unseres Selbst und der Welt gereinigt haben.

Die Bardos sind nicht etwas, was außerhalb unserer selbst existiert, sie sind der Fluss und Kontext unserer eigenen Erfahrung.

Es ist sehr wichtig zu verstehen, dass die illusionäre Bardo-Erfahrung nicht nur nach dem Tod geschieht. Das gesamte Universum, das unendliche Weltall, so wie wir es kennen und nicht kennen, mit allen sichtbaren und unsichtbaren Wesen darin ist Teil der Bardo-Erfahrung.

Vom Anfang dieses großen Traums von Bindung und Erlösung bis zu unserem völligen Erwachen ist alles Erfahren noch von dualistischem Bewusstsein geprägt oder auf einen bestimmten, erfahrbaren Zustand des Geistes fixiert. Darum ist es wichtig, jede Art von Anhaftung an Erfahrung zu zerstören. Solange wir nicht erwachen und uns erwachend von Ich-Anhaftung und Festhalten an Erfahrung befreien können, ist alles, ist all unser Sterben und Wiedergeborenwerden in zahllosen Körpern der verschiedensten Arten eine Fortsetzung unserer Bardo-Visionen – erlebt, missdeutet und erlitten im nichtluziden Modus eines fühlenden Wesens.

Die Übungsanweisungen des *Bardo Thödröl* und der übrigen Texte des *Karling-shitrö*-Zyklus haben somit alle einen höchst aktuellen und direkten Bezug zu unserem täglichen Leben und zum Sterben.

Wenn wir uns während des Lebens tief mit diesen essenziellen Instruktionen vertraut gemacht und sie im Bardo dieses Lebens praktiziert haben, werden sie im Sterben und im Jenseits spontan ihre befreiende Wirkung entfalten und uns schließlich zu kontinuierlicher Luzidität verhelfen. Das Erlangen kontinuierlicher Luzidität ist Buddhaschaft.

•◆•

Wenn wir als Therapeut oder Coach Kranke und Sterbende begleiten wollen, ist es sehr wichtig, dass wir selbst in unserer spirituellen Praxis gefestigt und sowohl mit dem Sterbeprozess als auch mit den Methoden, die die sechs Bardos transformieren, gut vertraut sind. Dann können wir hilfreich sein und unsere Mitmenschen in der Vorbereitung auf den Tod, in diesem Prozess der Ablösung vom irdischen Leben, in diesem Prozess einer möglichen Metanoia, einfühlsam und anteilnehmend begleiten.

Die Schriften betonen hier die Notwendigkeit der regelmäßigen Meditation, weil jemand, der selbst keine geistige Sammlung hat, einen anderen, der in verwirrten Gedanken und verunsichert ist, keine wirkliche Stütze sein kann. Um den Sterbenden, der vielleicht mit tumultuarischen, widerstreitenden Gedanken konfrontiert ist – nun, da seine gesamte Lebenswelt dabei ist, sich aufzulösen –, in das Herz der Ruhe inmitten dieses Ansturms zu führen, sollte der Sterbebegleiter idealerweise selbst den natürlichen Zustand frei von allen Gedanken bereits verstanden, realisiert und durch Übung stabilisiert haben.

Ist das gelungen, so kann der Sterbebegleiter eine tiefe Gewissheit über den todlosen, ungeborenen Zustand der reinen Präsenz, frei von allen Erscheinungen, Gefühlen und Gedanken, in diese so entscheidende gemeinsam erlebte Zeit mit dem Patienten mitbringen – und das ist das Wichtigste und Wirksamste.

Gedanken und Gefühle werden kontinuierlich geboren und sterben kontinuierlich, und das Beste ist, sie einfach anzuschauen und sie so zu lassen, wie sie sind.

Wie aber kann der natürliche Friede des Geistes für den Patienten erlebbar werden, wenn der Therapeut selbst mit diesem einfachen Anschauen und Seinlassen jenseits der Tätigkeiten des Verstandes, jenseits des Denkens nicht vertraut ist?

Die Psychotherapeutin Hanna Wolff schrieb, der Psychotherapeut sei letztlich selbst seine Methode. Daraus ergebe sich, dass sein Heilerfolg nicht von einer Schulmeinung abhänge, sondern davon, wie weit er es selbst in der persönlichen Verwirklichung humaner Menschlichkeit gebracht habe. Nur so weit könne er auch seinen Patienten bringen. Niemand könne über sich hinaus therapieren.

Hat der Therapeut durch seine eigene tägliche Meditationspraxis bereits gelernt, frei von allen Gedanken zu verweilen und in reinem Gewahrsein ruhend einfach nur zuzuhören und voll wach und anteil-

nehmend in dieser Situation am Krankenbett präsent zu sein, dann über-
trägt sich, wie wir wissen, diese Ruhe und Gewissheit ganz von selbst auf
den Patienten. Eine einfache Geste, ein Blick und das gemeinsame entspannte Ruhen in der Stille bewirken hier sicher mehr als viele Worte.
In diesem geschützten Raum der Stille können wir intuitiv erkennen,
dass der große Friede, die große Stille des Geistes jenseits aller Gedanken
unserer Bemühungen gar nicht bedarf.

Der Friede existiert wie der allumfassende Raum von selbst. Es genügt
eigentlich, entspannt und im Augenblick präsent zu bleiben und ihn nicht
unnötig zu stören. Die Stille muss nicht erst erzeugt werden, denn jeder
Klang, jeder Gedanke, der ertönt und erscheint, kehrt doch im selben
Augenblick verklingend wieder zur Stille, zur Freiheit von Form zurück.
Zu seiner natürlichen Auflösung und Erlösung.

Das, was alle sich wünschen, Freiheit und Erlösung, geschieht in jedem
Augenblick, denn es gibt keine Erscheinung, die nicht ihrer Natur nach
vergänglich ist, das heißt von selbst selbstbefreit.

Und das, was alle fürchten, nämlich den Tod, die Auflösung von Form,
geschieht jetzt und in jedem Augenblick: Ein Gedanke formt sich – und
dann löst er sich wieder auf. Der Augenblick aber zwischen zwei Gedanken ist der natürliche Zustand unseres Geistes, die große Offenheit und
Stille reiner Präsenz, frei von Geburt und Tod.

Im Augenblick zwischen zwei Gedanken offenbart sich das formlose,
klare Licht des Geistes. Im Tod als der Zeit zwischen zwei »Leben« wird
zuerst der formlose Aspekt unseres Geistes erfahren, die natürliche Freiheit des lebendigen Geistes von aller erdenklichen Form und Erscheinung. So wie unser Geist nach jedem Gedanken wieder ganz von selbst
zum formlosen Zustand zurückkehrt, so geht er auch nach jeder Verkörperung für einige Zeit wieder in den formlosen Zustand reiner Energie,
frei von einem physischen Körper über.

Nur aus alter Gewohnheit glauben wir im Jenseits, einen Körper zu
besitzen, und entsprechend der in uns liegenden Muster formt sich ein
solcher wieder scheinbar heraus.

Wenn wir uns mit vergänglichen Vorstellungen identifizieren und unseren Halt in ephemeren Erscheinungen und im Körper suchen, handeln wir gegen die Natur der Dinge, anstatt in der kontinuierlichen Vergänglichkeit selbst das einzig bleibende und verlässliche Charakteristikum all unserer Erfahrungen und die immer gegenwärtige Erlösung und natürliche Freiheit unseres Geistes zu erkennen.

Nichts im Leben ist sicher, außer dem Tod, und auf nichts ist mehr Verlass als auf die Vergänglichkeit all unserer Erfahrungen.

Im Dzogchen und im Zen bedeutet meditieren, »Körper und Geist abfallen zu lassen«. Es bedeutet, von Augenblick zu Augenblick zu sterben und loszulassen, und indem wir lernen, in keiner wie auch immer gearteten Erfahrung zu verweilen, mit dem immer quicklebendigen, fließenden Zustand unserer ursprünglichen Freiheit vertraut zu werden. So kommen wir in Übereinstimmung mit der wahren, fließenden Natur aller Dinge und Erscheinungen und handeln nicht mehr gegen sie.

Hier ist ein wundervolles Koan, das die Herzessenz der Übung des Zen und des Dzogchen auf einen Nenner bringt: Ein Schüler fragte den Meister: »Meister, wo ist der bleibende Ruheplatz des Geistes?« – Der Meister antwortete: »Der Ruheplatz des Geistes ist da, wo er in nichts verweilt!«

Diese fließende, vergängliche Welt des Samsara ist in Wahrheit der immer schon befreite Zustand des Nichtverweilens, des Nirvana. Ohne Erfahrung in der Kunst des Sterbens, ohne diese gelassene Offenheit und Rezeptivität gibt es auch keine wahre Lebenskunst. Die Ars Moriendi ist untrennbar von der Ars Vivendi, und beide bestehen darin, in offenem, entspanntem Gewahrsein zu bleiben, das ohne Anhaftung an die aufsteigenden Erscheinungen und Gedanken in nichts verweilt. Dzogchen bedeutet nichts anderes als die Rückkehr zu unserer wahren Natur und dass wir alles so kommen und gehen lassen, wie es will.

•–•

Ich glaube, dass jemand, der sich selbst mit diesem täglichen Sterben, mit diesem kontinuierlichen Loslassen und Nichtverweilen gut vertraut gemacht hat und sie täglich übt, auch ein guter Begleiter in diesem Prozess der Ablösung und des Sterbens sein wird. Für einen solchen Menschen ist der Tod, wie für den heiligen Franziskus, ein Bruder geworden.

Ob wir in diesem Leben zum vollen Erwachen kommen, liegt allein daran, wie weit wir unseren Geistesstrom von der gleichzeitig mit den Erscheinungen entstehenden Unwissenheit und von der alles konzeptualisierenden Unwissenheit reinigen können und welche Stabilität und Kontinuität wir im natürlichen Zustand reinen Gewahrseins, frei von allen Gedanken, erlangen. Das Maß unserer Verwirklichung entspricht dem Maß unserer Hingabe an die Praxis.

Es liegt an uns, wie wichtig uns die Praxis ist, wie viel Zeit und Aufmerksamkeit wir ihr widmen. Und was ihre erhoffte Frucht, Erleuchtung, Luzidität betrifft, so ist diese zwar immer potenziell gegenwärtig, wird aber wegen der Schleier unseres von alten Gewohnheiten und Konditionierungen geprägten dualistischen Denkens und Fühlens leider noch nicht klar erkannt und damit nur eingeschränkt wirksam. Deshalb kommt zum Beispiel Luzidität im Traum nicht einfach von selbst, sondern will innig ersehnt und immer wieder kultiviert werden. Den aus den eigenen karmischen Spuren aufsteigenden Traum instinktiv für Wirklichkeit zu halten – das kommt ganz von allein, das kommt automatisch und ohne Mühe, weil es auf alter Gewohnheit beruht.

Das Anhaften an Vision ist uns in Fleisch und Blut übergegangen. Um aber zu erkennen, dass der Traum ein Traum ist, müssen wir uns Tag und Nacht, in allen Situationen, immer wieder an den Kerngedanken des tibetischen Traum-Yoga erinnern und uns selbst zurufen: »Das, was ich jetzt gerade erlebe, ist ein Traum!«

Wenn wir uns diesen erleuchtenden Gedanken, diese Aufforderung zur Luzidität, gut eingeprägt haben und er uns nach und nach zur Gewohnheit wird, dann werden wir unsere Träume immer klarer und häufiger als solche erkennen können und uns im Traumzustand immer größerer Bewegungsfreiheit erfreuen.

Wir können dann, wie es viele tibetische Meister dieser Kunst taten und tun, in höhere Ebenen und Buddha-Länder reisen und zum Beispiel das Paradies von Buddha Padmasambhava besuchen und von ihm selbst Belehrungen erhalten. Die Übung des Traum-Yoga schafft die Grundlage, um inmitten der Visionen des Nachtodzustands Befreiung zu erlangen, und das *Totenbuch* lehrt uns bekanntermaßen, dass jeder, der in einer Nacht siebenmal luzide wird im Traum, auch im Nachtodzustand zu befreiender Luzidität kommen wird.

Der Mensch ist ein »Gewohnheitstier«, so heißt es aus gutem Grund, und die über viele, manche sagen unzählige Leben erzeugten Gewohnheitsmuster von Unwissenheit, Anhaften und Aversion sind nicht einfach zu reinigen. Der Prozess der Fehlwahrnehmungen ist nicht durch einen Entschluss des oberbewussten Willens oder durch oberflächliche Erkenntnis einfach aufzuhalten. Wir müssen dazu über lange Zeit mit unserem Üben immer mehr in die Tiefe dringen, bis wir an der Wurzel der Täuschung, im tiefsten Schwarz des Unbewussten, angelangt sind und auch dort noch hindurchbrechen in das Licht.

Wie weit wir mit unserer Geistesschulung in diesem Leben kommen werden und ob wir die Befreiung des kontinuierlichen Nichtverweilens und der kontinuierlichen Luzidität erlangen können, liegt ganz am Maß unserer Hingabe an die Praxis und an unserer Entschlossenheit, sie zur Reife zu bringen.

Wir dürfen aber darauf vertrauen, dass jedes Mantra, jedes Gelübde, jedes Gebet, jeder Atemzug mit dem Wunschgebet des Bodhicitta und jedes Mandala-Opfer und jede Spende für einen guten Zweck eine entsprechende heilsame Wirkung entfalten wird.

Jede der Praktiken, die wir ausführen, setzt heilsame Energien unseres Buddha-Potenzials frei und wird unseren Geistesstrom, der von Leben zu Leben weiterfließt, immer mehr zu einem Strom der Weisheit und des Mitgefühls und zu einem Strom der Freiheit, zu einem Strom der

Selbstbefreiung machen. Jede Meditationssitzung, jedes Sicherinnern, gleichmütig in der Natur des Geistes zu bleiben, wird uns zu tieferer Geistesruhe, zu tieferen Einsichten in die Natur unseres Geistes führen. Unsere Fähigkeit, in der ungeborenen, formlosen und damit unsterblichen Natur unseres Geistes zu ruhen, wird immer verlässlicher und schließlich unerschütterlich werden. Das ist ein natürlicher Prozess der Reifung und des Vertrautwerdens und braucht wie alles Lernen seine Zeit.

Und wenn uns im Sterben dann alle Erscheinungen und alle Bewusstseine nacheinander sterben, so können für uns dann auch gleichzeitig all die verbliebenen Reste von unheilsamen Gedanken, Emotionen und Gewohnheitsmustern sterben. Und wenn das klare Licht der ursprünglichen Wirklichkeit erscheint, können wir eins damit werden, weil wir uns vorher schon Jahre darin geübt haben, im leeren Gewahrsein, frei von allem Denken und Bewusstsein, zu ruhen. Wir können im Bardo des klaren Lichts diese völlige, endgültige Befreiung erlangen, wenn wir während unseres Lebens genügend Stabilität erlangt haben.

Oder wir können im Bardo der Dharmata Erleuchtung erlangen, wenn wir während unseres Lebens mithilfe des Traum-Yoga und der Dzogchen-Praxis gelernt haben, inmitten aller Erscheinungen von Tönen, Lichtern, Farben, Formen und den vielfältigsten Visionen entspannt und völlig gelassen zu ruhen – ohne uns zu kontrahieren, ohne Anhaftung oder Abneigung zu empfinden, ohne Verlangen und ohne jede Furcht.

Und wie ein Träumer, der in seinem Traum luzide wird und erkennt, dass alles sein eigener Traum ist – spontan erscheinend als das Spiel des klaren Lichtes seinen eigenen Geistes –, werden wir mühelos Luzidität erlangen und gleichzeitig damit die Freiheit von allen Störgefühlen und emotionalen Reaktionen. Licht im Licht, können wir unerschütterliche Stabilität erlangen in der Untrennbarkeit von leerem Gewahrsein und all seinen von Natur aus leeren Erscheinungen.

Und, falls unsere eigene Realisation dafür nicht ausreicht, haben wir, so ist zu hoffen, gute und geübte Freunde, die nicht nachlassen werden, uns im Postmortem an die Praxis zu erinnern:

»Liebe Freundin, lieber Freund, bitte erinnere dich! Was immer auch erscheinen mag, es ist dein eigener Traum! Hafte nicht daran, und fürchte die spontanen Visionen deines Traumes nicht! Nichts kann dir schaden, denn Geist bist du, seiner Natur nach leer und klar!

Hafte an keiner deiner Erfahrungen, lass sie einfach, wie sie sind – von selbst erscheinend und von selbst sich wieder befreiend. Lass sie kommen und gehen, wie sie wollen, nichts ist dir nötig.

Erleuchtet und frei ist dein Geist von Anfang an, da ist nichts, was du tun oder vollbringen müsstest. Dein wahres Wesen ist große uranfängliche Vollkommenheit.

Hafte an nichts, und fliehe nichts; und du bleibst frei, offen entspannt und selbstgewahr in deinem natürlichen Zustand kontinuierlicher, ungeborener Präsenz.«

Abbildung 8: Im leeren Gewahrsein ruhender Dzogchen-Yogi (Y. W. Kreuzer)

— 20 —

Wie wir die Unsterblichkeit unseres eigenen Gewahrseins unmittelbar erkennen und in allen Erfahrungen achtsam erinnern können

Denk jetzt weder an Gutes noch an Schlechtes.
Genau in diesem Augenblick …
Was ist dein eigenes Gesicht, das du bereits hattest,
bevor dein Vater und deine Mutter geboren wurden?
HUI NENG

Folge der geheimen Instruktion, und schau auf
dein eigenes Gesicht – dein eigenes Gewahrsein
ist der all-gute Buddha-Samantabhadra.
NÜDEN DORJE

Der Dharmakaya ist in deinem Körper offenbar und
gegenwärtig. Sein Heiligtum ist im Zentrum des Herzens.
Seine Klarheit strömt hervor durch die Augen.
Der Buddha wohnt in deinem Herzen, und obwohl
umhüllt von Fleisch und Blut, ist er nicht verhüllt.
YESHE MARME'I GYUD

Die Leerheit selbst ist die Ursache dafür,
dass die Welt in all ihrer Vielfalt erscheinen kann.

TENZIN GYATSO, DER 14. DALAI LAMA

In der Tradition des tibetischen Buddhismus spricht man von der Gesamtheit des für uns Menschen Erlebbaren als von verschiedenen Bardo- oder Zwischenzuständen, denn jede dieser Erlebnisformen, Erfahrungsmodi oder Bewusstseinszustände der relativen Wirklichkeit ist vergänglich und geht bald in eine andere über.

Das heißt mit anderen Worten, jedes Erleben ist Intervall, ist Zwischenspiel, ist Intermezzo, ist Episode, ist nur eine Phase, bis etwas anderes kommt und seine Stelle einnimmt.

So schrieb der Philosoph Michel de Montaigne als gut beobachtender Phänomenologe an einer Stelle seiner Essays, welchen Wahrnehmungsgegenstand er auch habe festlegen oder fixieren wollen, es sei ihm nicht gelungen, er fände ihn immer nur als Übergang zu etwas anderem.

Und tatsächlich kann jeder, der wie er bereit ist, genau hinzuschauen, dies selbst beobachten. Alle Erscheinungen, Wahrnehmungen und Bewusstseinszustände sind vergänglich und unfassbar – das haben wir in diesem Buch bereits von mehreren Seiten beleuchtet, und daran besteht mit Sicherheit kein Zweifel. Es ist eine verlässliche Erkenntnis und damit eine Wahrheit, auf die wir bauen können.

Im Dzogchen sprechen wir von *zhi-med zhi* oder dem »grundlosen Grund« von allem.

Die unwandelbare, unzerstörbare Basis von allem ist die Leerheit, der unendliche Raum. In ihm sind wir von Anfang an geborgen, doch in dem Augenblick, in dem wir darin ein Ich oder ein Etwas festhalten, werden wir unsicher. Der sicherste Halt ist es, ohne jeden Halt und Bezugspunkt in der Leerheit zu verweilen. Alle Erscheinungen, ihrer Natur nach leer, entstehen und vergehen in der grenzenlosen Weite des Raums als die spielerische, von selbst befreite Manifestation der Leerheit des Geistes.

Übergänge wie das Leben in einer Form, das Sterben, die Auflösung, dann der formlose Zustand des Postmortem und die Wiederverkörperung, das Wiederentstehen einer Form beziehen sich nicht nur auf das Ende eines Lebens und auf das erneute Werden, das darauf folgt. Der buddhistischen Auffassung nach geschehen sie in jedem Augenblick unseres Lebens und unserer Wahrnehmung. Die Welt entsteht hier und jetzt, und sie vergeht hier und jetzt. Mit dem nächsten Gedanken, der aufsteigt, entsteht, wenn wir diesen Gedanken ergreifen und ernst nehmen, erneut die dualistische Vision, und wir affirmieren sie. Was »Samsara« genannt wird, ist der von Unwissenheit geprägte, von seinen eigenen Sinneserfahrungen und den Projektionen seines dualistischen Denkens verblendete Geist. Nirvana ist derselbe Geist, wenn er, luzide geworden und damit frei von solcher Selbstverblendung, in seinem natürlichen und ungeborenen Zustand als klar erkennendes und leeres Gewahrsein wieder in sich selbst zur Ruhe kommt.

Ein Schüler des Zen fragte: »Meister, woraus ist das Universum entstanden?« – Der Meister antwortete: »Woraus ist deine Frage entstanden?«

Um die Bardo-Lehren über Leben und Wiedergeburt besser zu verstehen, ist es wichtig, unseren eigenen Geist und die Natur unserer Wahrnehmungen in einer Situation ruhigen, unvoreingenommenen Beobachtens im Rahmen unserer Meditationssitzungen direkt anzuschauen und ganz empirisch zu erforschen.

Was erkennen wir, wenn wir unsere Gedanken genau beobachten? – Jeder neue Gedanke entsteht auf Basis der Auflösung des vorherigen Gedankens, der sich jetzt gerade aufgelöst und so dem neuen Raum gemacht hat.

Was sehen wir, wenn wir unsere Worte genau beobachten? – Auch das Wort, das ich gerade ausgesprochen habe, verschwindet. Es verklingt in der Stille, um einem neuen Ton oder Wort Platz zu machen. Ohne die kontinuierliche Auflösung, ohne das spontane Sterben und Verschwinden des vorherigen Bewusstseinsmoments, ohne diese sofortige Rückkehr in den leeren, offenen und damit rezeptiven Zustand wäre überhaupt kein Erkennen eines neuen Bewusstseinsinhalts oder einer neuen Wahrnehmung möglich.

So wie die einzelnen Buchstaben eines Textes nur dann lesbar und erkennbar sind, wenn zwischen ihnen genügend Raum, genügend weißes Papier ist, so ist nur auf der Basis der leeren Natur des Geistes unterscheidende Erkenntnis möglich.

Unser Geist ist wie ein Spiegel, nur weil keinerlei Bild in ihm zurückbleibt, nur weil er ständig leer und offen bleibt, behält er die Fähigkeit, immer aufs Neue das, was in ihm erscheint, zu spiegeln und zu erkennen. Aus diesem Grund wird die Natur des Geistes im Dzogchen als die Untrennbarkeit von Leerheit und Klarheit oder als die Untrennbarkeit von Leerheit und Gewahrsein definiert.

Wenn wir den Instruktionen folgen und immer öfter in unseren stillen Zeiten der Meditation und im Alltag auf unseren eigenen Geist zurückschauen, so mag es uns zuerst so erscheinen, als wäre da einerseits ein Beobachter und andererseits das Beobachtete. Aber wenn wir es genau untersuchen, kann eine wirkliche Trennung zwischen diesen beiden Aspekten der Wahrnehmung nicht gefunden werden.

Der Spiegel des Geistes bleibt immer leer, und er kann mit nichts Wahrnehmbarem verglichen oder identifiziert werden, und doch oder gerade deswegen ist er von keiner seiner Wahrnehmungen getrennt. Er ist eins mit allen Wahrnehmungen, weil er selbst nichts Wahrnehmbares ist, oder mit anderen Worten: Die Leerheit des Geistes ermöglicht das Wunder der Wahrnehmung, und egal, was erscheint, es bleibt dabei immer untrennbar von der Leerheit.

·•·

»Schau direkt in den Spiegel deines Geistes, in die Quelle all deiner Gedanken und Gefühle, woher kommen sie? Wohin verschwinden sie?«

Das ist eine der wesentlichsten Instruktionen, die uns direkt zur Entdeckung der ungeborenen Natur unseres Geistes führen, wenn wir ihnen genug Zeit und Aufmerksamkeit widmen.

Jeder Gedanke kommt aus dem offenen und klar erkennenden Raum unseres Geistes und löst sich sofort wieder darin auf. Das ist jederzeit beobachtbar. Aber wer erkennt dieses Werden und Vergehen eines Gedankens? Der offene Raum unseres Gewahrseins erkennt alles, was in ihm selbst erscheint. Alles erscheint im allumfassenden Raum des Gewahrseins, und in diesen löst es sich wieder auf.

Leeres Gewahrsein und Erfahrung sind in Wahrheit immer eins, sind untrennbar, sind nichtdual, aber sie sind nur deshalb eins, weil sie vollkommen verschieden sind. Diese paradoxe Wahrheit ist dem in dualistischen Begriffen denkenden Verstand natürlicherweise unbegreiflich. Wenn wir uns aber darin üben, das dualistische Denken völlig zurückzulassen und länger im nichtkonzeptuellen Zustand reinen Gewahrseins verweilen, werden wir eins mit dem tiefsten Sinn und Wesen der leeren Natur des Geistes, die nur jenseits der Worte so erfahren wird, wie sie in sich selbst ist.

Der größte spanische Mystiker Johannes vom Kreuz sagte, die, welche Gott vollkommen erkennen, verstünden am klarsten, dass er unerkennbar sei.

Wenn wir also die Natur des Geistes oder das »Wesen Gottes« ausdrücken oder beschreiben wollen, werden wir sein wie ein stummer Mensch, der den Geschmack von Honig gekostet hat, aber unfähig ist, seine Erfahrung zu beschreiben. Alle Worte gehören zum Bereich der relativen Wahrheit und können die absolute Wahrheit, in der alle Gegensätze zusammenfallen, nicht definieren. Ein Zen-Meister sagte deshalb: »Wenn ich das Wort ›Buddha‹ höre, dreht es mir den Magen um.« Im Dzogchen heißt es: »Was immer du darüber sagst, ist eine Lüge.«

Im Augenblick zwischen zwei Gedanken ist der natürliche Zustand – unser Urzustand vor der illusionären Trennung in Subjekt und Objekt – immer gegenwärtig. Es ist so, wie Meister Eckhart sagte: »Der Mensch erringt mit dieser Armut (des Geistes), was er ewig gewesen ist und immerfort bleiben wird ... Solange der Mensch dieser Wahrheit nicht gleicht, so lange wird er diese Rede nicht verstehen. Denn es ist eine unverhüllte Wahrheit, die da gekommen ist aus dem Herzen Gottes unmittelbar.«

Wir aber haben uns seit vielen Leben daran gewöhnt, immer nach außen zu blicken; und einseitig auf den nächsten Wahrnehmungsmoment, auf die nächste Erscheinung von Name und Form, auf die nächste Spiegelung fixiert, haben wir uns selbst, den unerkennbaren Erkennenden, den leeren und klaren Spiegel, vergessen.

Wenn wir uns selbst als erkennendes Gewahrsein vergessen haben, begreifen wir uns stattdessen als ein wahrnehmbares Etwas, das wir eigentlich nicht sind. Wir glauben, dies und jenes zu sein, wir glauben, unser Bewusstsein und Körper und damit von allem anderen verschieden zu sein.

Aufgrund des Verlusts der Luzidität leeren Gewahrseins entstand gleichzeitig mit den spontan entstehenden Visionen ein subtiles Ich-Empfinden, und wir haben begonnen, auf unsere eigenen Wahrnehmungen vermehrt mit Anhaftung und Furcht zu reagieren; und so sind wir, der sich daraus entwickelnden Gewohnheit folgend, immer tiefer in den Kreislauf der Fehlwahrnehmungen und des dualistischen Denkens geraten.

Das geschah aber nicht nur »am Anfang der Zeiten«, es geschieht auch jetzt, nämlich in jedem Augenblick, da wir wieder in begriffliches Denken und Urteilen und damit in einen dualistischen Wahrnehmungsmodus verfallen.

Da wir uns fälschlich einseitig mit unseren Bewusstseinsinhalten von Name und Form, mit unserem eigenen Spiegelbild identifiziert haben, halten wir uns für ebenso vergänglich und sterblich wie diese Erscheinungen, und nichts fürchten wir instinktiv mehr als den Tod unseres Körpers.

Es ist leider so, dass die meisten Wesen immer nach außen schauen. Noch nie haben sie zurückgeblickt auf die todlose Leerheit und Klarheit ihres eigenen Geistes, auf den leuchtend klaren Raum des unzerstörbaren Spiegels, der, selbst unerkennbar, die Grundlage allen Erkennens ist und in dem alles Werden und Vergehen der Erscheinungen aufgehoben ist und unaufhörlich strömt.

Um mit der eigentlichen Dzogchen-Praxis beginnen zu können, brauchen wir zuerst ein wirkliches Bekehrungserlebnis. Nun möchte ich dieses Wort hier aber in einem viel tiefgreifenderen Sinn als üblich verstanden wissen. Wir brauchen eine wahrhaft revolutionäre Bekehrung, die nicht in der Hinwendung zu einem neuen Glaubensinhalt besteht, was immer dieser auch sei. Diese Inhalte sind per se gedanklicher Natur und deshalb austauschbar, vergänglich und unwirklich.

Wir brauchen vielmehr eine Umkehr von 180 Grad. Die wahre Bekehrung geschieht, wenn wir zum ersten Mal das Licht unserer Aufmerksamkeit zurückwenden und nicht mehr nur nach außen, sondern simultan auch zurück auf unseren eigenen Geist, die Quelle dieses Lichtes schauen. In den Spiegel unseres Geistes blickend, erkennen wir immer klarer, dass das, was allem gewahr ist, das, was durch unsere Augen schaut, das, was durch unsere Ohren hört, das, was jetzt gerade alles fühlt, denkt und erfährt, ungeboren, unsichtbar, form- und zeitlos ist. Da es offen ist wie der Raum, unsichtbar und frei von jeder Erscheinung und Materialität, gibt es nichts darin, was sterben könnte. Es ist bereits toter als tot.

Unser Gewahrsein selbst ist das ewige Licht und die ewige Ruhe, die wir jedem Verstorbenen wünschen. Zu ihm muss alles zurückkehren, wenn es sich auflöst, deshalb wird das Gewahrsein oder »der zornvolle Buddha-Hruka« im Guyagharba-Tantra manchmal auch »großer, totaler Tod« genannt. Diesen großen Tod muss der Praktizierende sterben, um wahrhaft als ein im unzerstörbaren Gewahrsein ewig Lebender seine Auferstehung zu finden. Dieses Gewahrsein ist frei von allen Formen, doch ist es gleichzeitig klar und kann alle Formen erkennen. Es gibt darin aber keinen Betrachter, den man zeigen oder auf den man hindeuten könnte, denn es ist vollkommen selbstlos und leer. Es ist sogar frei vom unausgesprochenen, unbewussten Gefühl »Ich bin«. Es ist weder ein Etwas noch ein Jemand. Frei von Objekt und Subjekt, ist es wie der unsichtbare, unendliche Raum und ist doch nicht einfach nichts oder leer, denn es ist das Leben allen Lebens, und alle Erscheinungen werden nur von diesem und in diesem reinen Gewahrsein erkannt.

Dieses unser Gewahrsein stirbt weder, noch wurde es je geboren. Wir haben es mit der Geburt im Körper nicht neu erhalten, und wir verlieren es nicht mit dem Tod des Körpers.

Geboren werden und sterben, Vergänglichkeit, ist das Charakteristikum all unserer relativen Erfahrungen. All unsere Erfahrungen sind ihrer Natur nach erscheinend und doch gleichzeitig leer. In Wahrheit sind sie die Selbsterfahrung des Geistes, und als solche sind sie immer integriert mit der Natur des Geistes. Diese ist leer, formlos und ermöglicht doch alle Erfahrungen, und alles Erkennen und Verkennen ist nur auf der primordialen, ungeschaffenen Basis reinen Gewahrseins möglich.

Dem Erkennen-und-gleichzeitig-leer-Bleiben des Geistes entspricht sein Erscheinen-und-gleichzeitig-leer-Bleiben. Deshalb heißt es im Herz-Sutra: »Form ist Leere, und Leere ist Form.« Erkennen ist Leere, und Leere ist Erkennen – sie sind untrennbar eins, und nur so ist das unfassbare Wunder der Wahrnehmung überhaupt möglich.

•◆•

Einer der 24 Meister des Shang-Shung Nyangyud, Dawa Gyaltsen aus dem 8. Jahrhundert, lehrte die fünf Sätze: »Jede Erfahrung ist Geist. Geist ist Leerheit. Leerheit ist klares Licht. Klares Licht ist Einheit. Einheit ist große Seligkeit.«

Das ist klar genug, aber lasst es uns auch einmal in umgekehrter Reihenfolge betrachten. Im Zen-Buddhismus wird das »ein Wort umwenden« genannt.

Große Seligkeit ist der nichtduale Zustand, ist Einheit, ist Liebe im höchsten Sinn. Liebe oder die Einheit von allem ist das klare Licht. Das klare Licht ist eins mit dem unendlichen Raum. Raum oder Leerheit ist Geist, und dieser Geist ist jede Erscheinung und Erfahrung.

Die fünf Sätze sind wie ein Kreis, wie der Kreis des ewigen Lebens, wo jedes Ende der Anfang von etwas Neuem und wo jeder Anfang das Ende des Vorherigen bedeutet, wenn wir es von der relativen, der scheinbaren Wahrnehmung her betrachten. In Wahrheit aber hat der allumfassende Kreis des Geistes weder Anfang noch Ende, da in jedem Anfang bereits das Ende enthalten ist. Alles, was erscheint, ist gleichzeitig leer und eins mit dem unendlichen Raum des Geistes und immer geborgen und erlöst in ihm.

Bei Nicolaus von Kues heißt es: »Nun begreifst du, dass das Größte mit keinem Wesen identisch, noch von ihm verschieden ist und dass alles in ihm, aus ihm und durch ihn ist, weil er Umkreis, Durchmesser und Zentrum ist. Er umfasst also alles, was ist und nicht ist, und sein Nichtetwas-Sein ist das höchste Sein.«

Für den Übenden, der den Anweisungen der bereits erleuchteten Meister, der Buddhas, folgend, seine ungeborene und todlose Natur klar erkannt hat, haben alle Erfahrungen der Bardo-Zustände, egal, in welchen Bereichen und Sphären des physischen und geistigen Universums, und alles Leben und Sterben darin die Natur eines Traums. Er erkennt sie als gleichzeitig erscheinend und doch leer. Alles ist ihm ein Traum, den er in vollkommener Luzidität als seinen eigenen Geist erfährt.

Obwohl er alle Vielfalt der Details und alle Eigenheiten wahrnehmen kann, wird er keine davon für vom Geist unabhängige Objekte halten, und wissend, dass sie alle die Manifestation des eigenen Geistes sind, dass sie alle Traum sind, dass sie alle das klare Licht des eigenen Geistes sind, bleibt er inmitten aller Erfahrungen von diesen unverblendet.

Gleichzeitig bleibt er frei von der Fehlwahrnehmung, sein eigenes, leeres, selbstloses Gewahrsein als einen Wahrnehmenden zu empfinden und zu begreifen.

•—•—•

Am Ende des Wegs – wenn uns dies schließlich gelungen ist – werden wir erkennen, dass wir mit dem Erwachen, mit dem Erreichen der Buddhaschaft nichts Neues erlangt haben. Nur unsere Illusionen haben wir dann verloren, haben uns lediglich von unserer Schlaftrunkenheit und Selbsttäuschung befreit und die Gewohnheitsmuster, die unsere Fehlwahrnehmungen aufrechterhielten, gereinigt. Dieser erwachte Zustand wird »Nirvana« genannt, und er ist kein Zustand der Auslöschung, ganz im Gegenteil, denn erst dann beginnen wir, voll erblüht, luzide und damit leidfrei zu leben. Erst dann beginnen wir, wirklich zu leben. Wir sind dann aus unserem nichtluziden, unruhigen Traum erwacht, der so viele Leben andauerte. Und wie aus langer Ohnmacht, Verrücktheit und Weltverlorenheit wieder zu unserer wahren Identität, zu unserem geistigen Königtum zurückgekehrt, werden wir als »König des Gewahrseins« oder »Rigpai Gyalpo«, wie wir im Dzogchen sagen, den uns seit jeher vorbestimmten Thron der absoluten Wirklichkeit einnehmen und im unendlichen Palast des Raums aller Erscheinungen, umgeben von den wunderbaren Epiphanien und Emanationen unseres natürlichen Zustands, ruhen.

Das ist »Buddhaschaft«, und sie ist nichts anderes als der ursprüngliche, von jeher existierende natürliche Zustand eines jeden »Individuums« oder unteilbaren geistigen Wesens, das nun endlich von den drei Schleiern, also von Gewohnheitstendenzen, dualistischem Denken und neurotischen Gefühlen, für immer befreit ist.

Der erwachte Zustand kontinuierlicher Luzidität und damit die volle Entfaltung unseres geistigen Potenzials wird möglich und wirksam, wenn die Schleier der Unwissenheit und Fehlwahrnehmungen endlich beseitigt sind.

•–•

Das tibetische Wort für »Buddha« ist *sang-gye,* das heißt »völlig gereinigt und entfaltet«, während »Buddha« im Sanskrit so viel wie »völlig erwacht« bedeutet.

Es sind vollkommen erleuchtete Wesen, welche einst, wie wir selbst, der Täuschung unterlagen, von denen all diese Lehren zur Natur des Geistes und der Erscheinungen gelehrt wurden, die wir hier studieren.

Sie sind den Weg der »großen Vollendung« oder des Dzogchen, über den wir hier sprechen, zu Ende gegangen und dadurch vollkommen luzide und frei geworden. Durch die Anwendung genau dieser Lehren haben sie selbst und zahllose andere Wesen in ihrer Nachfolge Befreiung und Erleuchtung gefunden, und weil die Weitergabe vom Meister auf den Schüler bis auf den heutigen Tag nicht unterbrochen wurde, haben auch wir die Möglichkeit, sie zu üben und dieselben Resultate der Übung zu erlangen.

Von der »Basis« leeren Gewahrseins sind wir ausgegangen und haben unser wahres Wesen vergessen. Der »Weg« zurück besteht darin, uns selbst wieder als leeres Gewahrsein zu erkennen und darin zu ruhen. Die »Frucht« oder das Resultat ist erlangt, wenn wir kontinuierlich und mit unwandelbarer Stabilität im leeren Gewahrsein, in der erleuchteten Basis von allem, der Untrennbarkeit von Leerheit und Klarheit ruhen. Gleichzeitig damit werden wir die Fähigkeit erlangen, wie ein Spiegel auf die Bedürfnisse und Nöte der Wesen im Daseinskreislauf zu antworten und mit zahllosen, spontanen Emanationen der Weisheit und der Liebe das Leiden aller Wesen zu lindern und zu heilen, bis alle aus dem Traum der sechs Daseinsbereiche erwacht und befreit sind.

Dritter Teil

Drei Übungen für ein gutes Sterben und ein gutes ewiges Leben

— 21 —

Der unzerstörbare Atem
von Segen und Mitgefühl

*Die unübertreffliche Methode, um die leere Essenz des Geistes
zu erkennen, besteht darin, nach oben hin große Hingabe an die
Erleuchteten zu entwickeln und um ihren Segen zu bitten und
nach unten hin für alle Wesen ein großes Mitgefühl, bedingungslose Liebe und unparteiisches Wohlwollen zu kultivieren.
Wenn vertrauensvolle Hingabe und tiefes Mitgefühl in uns
entstehen, so hören alle Gedanken von selbst auf. Wir erfahren
den unerschütterlichen Frieden des natürlichen Zustands, und
unsere Buddha-Natur offenbart sich unverhüllt.*

TULKU URGYEN RINPOCHE

Diese Übung vereint die zwei wichtigsten, grundlegenden Elemente der auf das Ruhen in der ursprünglichen Stille und Klarheit des Geistes vorbereitenden und einstimmenden Praxis der
tibetisch-buddhistischen Geistesschulung – »Die Übung der Verbindung
mit dem spirituellen Meister, welche uns mit dem Segensstrom unseres
wahren Selbst verbindet« und »Die Übung des großen Mitgefühls, welche unser inneres Potenzial von Empathie und Intuition zur Entfaltung

bringt« in einer einzigen. Beide Übungen können in dieser abgewandel-
ten Form von Menschen jeden kulturellen Hintergrunds angewendet
werden und haben sich in allen Lebenslagen und beim Sterben als sehr
hilfreich und heilsam bewährt.

Wir können sie auch immer dann anwenden, wenn wir emotional
verunsichert sind oder wenn unsere nichtkonzeptuelle Praxis der stillen
Meditation etwas uninspiriert zerstreut oder dumpf geworden ist. Immer
wenn wir Kraft und Unterstützung, Inspiration und Hilfe benötigen,
aber für eine längere Praxis keine Zeit oder Gelegenheit ist, sollten wir
uns an sie erinnern.

Die Übung des unzerstörbaren Atems in der eigenen Meditationspraxis

Der erste Schritt der Übung

Wir nehmen nach Möglichkeit eine entspannte, doch gerade und auf-
rechte Sitzposition ein, können aber auch im Bett liegend üben, wobei
das Kopfende etwas hochgestellt sein sollte. Dann lassen wir den Körper,
den Atem und unseren Geist erst einmal still werden.

Mit einer Reihe von langsamen und tiefen Einatmungen kontemplieren wir dann für einige Minuten nur den einen Gedanken:

>>Eine tiefe Gelassenheit und Freude, Zufriedenheit,
Klarheit und Liebe erfüllen mich jetzt.<<

Wir stellen uns gleichzeitig vor, dass wir alles Licht, das uns umgibt, als
alle heilsamen, befriedenden und erfüllenden Werte und Kräfte des Universums in uns einatmen und aufnehmen. Diese segensreichen Kräfte
erfüllen nun ganz unseren Körper und unseren Geist, und wir versuchen,

dies immer deutlicher zu empfinden. Wir kontemplieren nacheinander jede der in der Affirmation genannten Qualitäten mit einigen kontemplativen Ein- und Ausatmungen und lassen uns Zeit, eine jede zu erfahren und zu spüren. Zuerst Gelassenheit, dann Freude, dann Zufriedenheit und dann Klarheit und schließlich bedingungslose Liebe …

Wir lassen uns dafür genug Zeit und sammeln uns dabei auf dieses Erleben der Einatmung und Erfüllung. Wir spüren das Wesen dieser positiven, für alle erstrebenswerten Qualitäten, und ein Gefühl des Angenommenseins, des Mit-allem-einverstanden-Seins, des Bei-sich-selbst-endlich-angekommen-Seins entfaltet sich in uns. Wenn sich uns der tiefe, erlösende Sinn einer Haltung des »Ja«, des Einverstandenseins dem ganzen Leben und Sterben gegenüber erschließt, dann können wir eine Dimension der Gelassenheit und Geborgenheit in uns erfahren, welche die unberechenbaren Fährnisse des Lebens zulassen und genießen kann, ohne sie verändern oder kontrollieren zu wollen.

Wenn es die Umstände und Situationen erfordern zu ruhen, dann ruhen wir. Wenn sie erfordern, dass wir uns bewegen, dann bewegen wir uns. Wie ein Ball, der mühelos und spontan auf den Wellen eines Bachs dahintreibt, so folgen wir dem Strom des Lebens, ohne Widerstand. Wir leben in Übereinstimmung mit dem Wesen der Dinge, in Übereinstimmung mit dem »natürlichen Sosein des Lebens«. Wenn wir uns möglichst frei halten von jeder Vorstellung, wie die Dinge sein sollten oder nicht sein sollten, so kann sich die Sinnhaftigkeit einer jeden Situation, sei sie nun freudvoll oder leidvoll, deutlicher offenbaren, und wir bleiben offen für die feinen Botschaften und Lehren, die jede Situation der Wahrnehmung uns schenkt.

Der zweite Schritt der Übung

Wir sammeln uns dann ebenso eine Zeit lang auf einige kontemplative Ausatmungen, und mit jeder Ausatmung kontemplieren wir nun den Satz:

»Mögen alle Wesen glücklich sein!«

Mit diesem besten, umfassendsten und intelligentesten aller Wünsche geben wir nun alles Glück und alles Gute und Heilsame, das wir selbst erfahren durften, ja mehr als das, an alle Menschen und Tiere, an alle Wesen unseres Umfelds und des ganzen Universums weiter.

Wir stellen uns dabei vor, wie Strahlen des Lichts und der Liebe nun von unserem Herzen ausstrahlen und die Herzen aller Wesen erreichen und positiv berühren. Sie heilen, glücklich machen und ihnen all das geben und schenken, was ihnen wirklich hilft und nützt, und ihnen wahres Glück und bleibenden inneren Frieden, Trost und Erfüllung schenkt.

Wir können diese Praxis, die wir selbst auch in allen Situationen des täglichen Lebens ihrer starken, transformierenden Kraft wegen üben können, auch jenen anbieten, die sich auf das Sterben vorbereiten wollen.

Wir können den an einer tödlichen Krankheit Erkrankten, aber auch allen anderen Kranken bei unseren Besuchen anbieten, mit ihnen gemeinsam den »unzerstörbaren Atem« zu üben. Es wird ihnen Trost schenken in ihrer schwierigen Lage und ihnen helfen, dem Auftreten von emotionaler Irritation, Mutlosigkeit, Ratlosigkeit und Verzagtheit und ähnlichen Stimmungsmustern effektiv zu begegnen und ihre Grundstimmung zum Heilsamen hin zu verändern.

Fast ein jeder, auch der ungläubige Mensch, wird in dieser Lage doch spüren, dass eine positive gedankliche Einstellung immer besser ist als eine negative, zweiflerische und sorgenvolle. »Guten Mutes zu sein«, dies ist im Leben das Wichtigste und also auch im Sterben. Hier üben wir uns gemeinsam darin, guten Mutes zu sein.

•◆•

Mit einem Patienten, Freund oder Angehörigen in der Zeit vor dessen Sterben meditativ zu atmen ist, gleichzeitig mit ruhiger, entspannter Anteilnahme und interessiertem Zuhören, die beste Vorbereitung auf den »Übergang« in das andere Leben. Wenn es dann Zeit ist zu gehen, können wir ihn oder sie mit derselben bereits eingeübten Praxis über die Schwelle in den Tod begleiten.

Wir können die Praxis aber auch telepathisch aus der Ferne mit jemand gemeinsam üben, indem wir dem sterbenden Menschen die oben genannten »Saatgedanken« senden und uns vorstellen, mit ihm zu atmen. Diese Form der geistigen Unterstützung empfiehlt sich, wenn wir zwar erfahren, dass er wohl sterben wird, aber wir nicht das Glück haben, beim Zeitpunkt seines Sterbens anwesend zu sein.

Natürlich ist es die beste Voraussetzung für einen »sanften und klaren Tod«, wenn wir diese Praxis bereits vorab mit einem schwer erkrankten Menschen, etwa im Hospiz, im Krankenhaus oder auch zu Hause, einüben können. Sie macht jeden verbleibenden Tag und jeden Augenblick bis zum Tod für den Sterbenden wichtig und kostbar, weil er damit etwas üben kann, was ihm einerseits im selben Augenblick schon hilft, in dem er es übt, und was ihn andererseits befähigt, im eventuell schwierigen und verwirrenden Prozess des Sterbens mit einem Strom von heilsamen Gedanken und mit innerer Gefasstheit, Sammlung und völliger Gelassenheit hinüberzugehen.

Nach den Lehren der tibetisch-buddhistischen Thanatologie, wie sie uns beispielsweise im *Tibetischen Totenbuch* vorliegt, ist es wie gesagt entscheidend, welche Gedanken jemand im Augenblick des Todes hat, mit welchem Geisteszustand jemand hinübergeht. Dieser beeinflusst stark das folgende Erleben des Nachtodzustands, ganz ähnlich, wie die letzten Gedanken vor dem Einschlafen das darauf folgende Traumerleben beeinflussen. Selbst ein großer Schurke, so heißt es, kann in diesem Augenblick Befreiung erreichen, wenn es ihm gelingt, auf das Heilsame gesammelt zu bleiben. Und sogar ein Tugendhafter kann hier fallen, wenn er am Ende in geistige Verwirrung, Aversion und Zweifel gerät. Denn in diesem Augenblick wird alles wieder völlig offen, und wo es weitergeht, ist ebenfalls völlig offen.

Das wird »der alles entscheidende Einfluss des letzten Gedankens« genannt. Diejenigen, die in der ihnen noch verbleibenden Zeit den »unzerstörbaren Atem« üben, widmen sich dem Besten und Sinnvollsten, was sie in dieser Lage noch tun können. Alle anderen Aspekte des Abschiednehmens – wie Verzeihen, Versöhnung und das bereitwillige Loslassen von Beziehungen und von Besitz – werden ihnen dadurch leichterfallen.

Sie werden durch diese Praxis, die Sie auch ohne Therapeut jederzeit selbstständig üben können, gut vorbereitet und durch die entschiedene Ausrichtung auf das Heilsame emotional in einer gefassten, vertrauenden Stimmung, aufgehellt und frei von Widerstand, offen und bereit für das Neue werden. Bereit für die Begegnung mit dem Licht der wahren Natur des Geistes, das erhellend, tröstend und erheiternd dem Sterbenden in seinen letzten Tagen und Stunden vorab schon wie eine freundliche Einladung in eine bessere Welt und wie eine Verheißung endgültig erleuchtender und erlösender Erkenntnis entgegenkommen kann. Das Verschmelzen mit dem klaren Licht im Tode wird so angekündigt und freudig erahnt um vieles wahrscheinlicher.

•–•

Will man sich auf den Tod als natürliche Befreiung von allem vorbereiten, so ist es am besten, vorab eine klare Entscheidung zu treffen:

> »Wenn eine gezielte Anwendung des Denkens, des Werkzeugs des Denkens, für eine bestimmte Aufgabe nicht nötig ist, dann werde ich den Strom der ziellosen, verwirrten und zermürbenden Gedanken bewusst mit den wenigen, heilsamen Gedanken dieser Praxis ersetzen und sie mit jedem Atemzug rezitieren – oder in der Stille bleiben, frei von allen Gedanken!«

Diese heilsamen Gedanken im Herzen zu bewegen und das Ruhen in der Stille – frei von unnötigem Denken und Sorgen – befreit uns in kürzester Zeit von negativen Gedankenmustern und neurotischen Störgefühlen, einfach weil wir diesen keine Aufmerksamkeit mehr schenken.

Doch bitte probieren Sie es im Laboratorium Ihres eigenen Geistes einfach selbst aus. Der unzerstörbare Atem von Segen und Mitgefühl ist einfach anzuwenden und kann uns im Leben und im Sterben eine große Hilfe sein.

Die Praxis des unzerstörbaren Atems für einen gläubigen Menschen

Wenn ein Mensch religiös ist und in sich bereits eine gewisse Verbindung zum All-Guten und zur Quelle alles Heilsamen und allen Segens besitzt, so ist es sinnvoll, sich das Empfangen der Qualitäten von Gelassenheit, Freude, Zufriedenheit, Klarheit und Liebe als von der Segensquelle kommend vorzustellen. Wir tun dies am besten dem bevorzugten Glaubenssystem entsprechend, und so vergegenwärtigen wir uns zu Beginn, dass »Gott«, »der göttliche Meister« oder »der Herr des großen Erbarmens« über unserem Kopf in einer Fülle von lebendigem, wissendem Licht, immer anwesend ist, uns sieht und unsere Bitten hören kann. Nach dieser kurzen Phase der Vergegenwärtigung der Segensquelle und ihrer erleuchteten Qualitäten, beginnen wir mit der meditativen Atmung.

Der erste Schritt der Übung

Bei den langsamen, kontemplativen Einatmungen der ersten Phase der Übung denken wir also nur:

»Göttlicher Meister, bitte gewähre mir deinen Segen.«

Oder: »Vater im Himmel, bitte gewähre mir deinen Segen.«

Oder: »Herr des großen Erbarmens, bitte gewähre mir deinen Segen.«

Das Kurzgebet oder das Mantra, das uns am meisten berührt, ist hier das richtige. Wichtig ist es, sich gleichzeitig die Qualitäten des erleuchteten Geistes zu vergegenwärtigen, die alle im Meister vereinigt sind, aber das kommt meist von selbst, wenn wir bereits auf diese Verbindung eingestimmt sind.

•◆•

Mit einigen kontemplativen Einatmungen atmen wir dann von oben her das uns umgebende Licht als den Segen aller Erleuchteten und vollkommenen Heiligen ein. Wir atmen es ein als das heilende Licht und die Nahrung und Tröstung des Heiligen Geistes, und dieser erfüllt uns nach und nach nun ganz – bis in die letzte Zelle –, und wir werden ganz eins mit dem erleuchteten, leeren Gewahrsein des Meisters.

Wir kontemplieren den Segen, wie er immer wieder aufs Neue in Form von Licht durch unsere Fontanelle eintritt und uns ganz erfüllt und erleuchtet.

Wir entspannen uns in der Stille und Gewissheit der göttlichen, ungeborenen, unsterblichen Gegenwart des klaren Lichtes, des ewigen Lichtes der reinen Präsenz, frei von allen anderen Gedanken!

Wir erkennen, dass der Meister, dass Gott, den wir überall gesucht und uns im außen vorgestellt haben, in Wahrheit nichts anderes ist als die wahre Natur unseres Geistes und als solche von Anfang an niemals von uns getrennt war.

Der zweite Schritt der Übung

Dann geben wir – eine Zeit lang ganz auf unsere langen und langsamen kontemplativen Ausatmungen gesammelt – alles hin, wir geben den Segen weiter, den wir selbst haben empfangen dürfen, und wir lassen mit jeder Ausatmung die Liebe, die Klarheit und den Frieden, die wir nun in uns fühlen, zusammen mit den Lichtstrahlen der Weisheit und der Liebe von unserem Herzen zu den Herzen aller Wesen in den zehn Richtungen des Raumes strömen, gepaart mit dem innigen Wunsch:

»Mögen alle Wesen glücklich sein!«

Die Praxis des Gebens von Glück und des Nehmens von Leid als Variation des unzerstörbaren Atems

Erleuchtung entsteht aus dem Wunsch, alle Wesen
glücklich zu sehen. Bodhisattvas üben sich darin,
ihr eigenes Glück für das Leid der anderen einzutauschen.
GYALSE NGULCHU THOGMED

Viele Menschen fühlen in der letzten Phase ihres Lebens Angst beim Gedanken an den »schmerzvollen Bardo des Sterbens«, wenn das körperliche Leid im Endstadium einer Erkrankung mit dem seelischen Leid des Gehen-und-loslassen-Müssens zusammentrifft, und sie möchten dem gern entfliehen. Einige denken hier sogar an Suizid. Eine solche Haltung des Widerstands gegen unangenehme Erfahrung kann jedoch nur Ursachen für neues Leid erzeugen, während eine grundsätzliche Annahme des Gegebenen zur Erlösung von der Zwangsjacke unserer Ich-Anhaftung beitragen kann. Wie glücklich ist deshalb der Mensch zu schätzen, der sein Leid nicht verdrängt, sondern in Herzensöffnung und in Erkenntnis seiner wahren, selbstlosen Natur zu transformieren weiß. Der Buddha hat uns die vom Ich befreiende Methode des »Gebens und Nehmens« hinterlassen, die uns in dieser Phase wirklich helfen kann. In der kurzen Zeit vor dem Tod können wir noch tiefgehende Erkenntnis erlangen und viel Karma verbrennen, wenn wir nun nicht nur das eigene Leiden annehmen, sondern unsere Leidenserfahrung mit dem Wunsch verbinden »Mögen alle Wesen vom Leiden frei sein und von den Ursachen des Leidens! Mögen sie durch mein Leiden von ihrem Leid erlöst werden!«

Während der Einatmung stellen wir uns vor, dass wir die vielfältigen Leiden und Schmerzen, die karmischen Spuren und Störgefühle aller Wesen, die sie in diesem Augenblick bedrängen, auf uns nehmen. Wir atmen diese als rauchiges Licht ein, und all diese Leiden und Leidenschaften werden in unserem Herzen wieder zu formloser, geistiger Energie.

Während wir den Atem kurz anhalten, stellen wir uns vor, dass alle Leiden, alle Karmas, Verdunkelungen, Störgefühle und zwanghaft wiederkehrenden Vorstellungen spurlos im Vajra-Feuer der Liebe und der Weisheit, der untrennbaren Einheit von Mitgefühl und Leere in unserem Herzen verbrennen! Nichts von irgendeinem Leiden oder dessen Ursachen bleibt in uns zurück!

Mit der Ausatmung aber wünschen wir uns immer wieder: »Mögen alle Wesen glücklich sein!«, und verbinden es mit der Vorstellung, dass unzählige Lichtstrahlen von unserem Herzen zu den Herzen aller Wesen gehen und sie heilen, erleuchten und erlösen.

So viel zur »Praxis des Gebens und Nehmens« oder »Tonglen«, die viele der großen Heiligen Tibets ihr Leben lang ausgeübt haben und mit der sie auch, völlig gelassen und ruhig atmend, die Schwelle des Todes überschritten. Wer so ins Jenseits hinübergeht, ist einer, der bereits in den Strom der Erlösung eingetreten ist, und wird ohne Zweifel spontan in einem der Buddha-Bereiche geboren werden.

Die Praxis der Übertragung des
Bewusstseins in einen reinen Bereich

Wenn man einen Sterbenden begleitet und auf den Übergang vorbereitet, aber auch wenn man sich selbst im Sterbeprozess befindet, sollte
man nach dem thanatologischen Wissen der tibetischen Meister immer
darauf achten, dass die eigene Energie der Aufmerksamkeit oder die des
Sterbenden stets nach oben strömt.

Es ist förderlich, mit der Ausatmung den Blick nach oben in den
Raum zu richten. Das Beste ist es, den Blick und das Herz zum Himmel
zu heben: »*Sursum corda!* – Empor die Herzen!«

Man sollte deswegen auch, wenn man jemanden beim Sterben begleitet, darauf achten, nie unterhalb vom Herzen des Sterbenden zu sitzen,
sondern so weit wie möglich oben, insbesondere wenn es an die letzten
Atemzüge geht, damit sich die Aufmerksamkeit des Sterbenden nicht
nach unten richtet.

Sowohl als Begleiter wie auch im eigenen Sterben sammeln wir uns
dabei auf das, was für uns beziehungsweise den Sterbenden das Heilige
und die göttliche Wirklichkeit am stärksten verkörpert: auf Jesus Christus, den Vater im Himmel und Maria, umringt von allen Engeln und
Heiligen, wenn es sich um einen christlich Gläubigen handelt, auf die
formlose Gegenwart Allahs, auf Buddha umgeben von den Rängen der
Bodhisattvas oder auf die heiligen Meister unserer geistigen Überlieferungslinie, die Meditationsgottheiten und Dakinis, alle versammelt im
Zufluchtsbaum. Oder wir stellen uns die göttliche Präsenz einfach als
Licht vor und sammeln unseren Geist darauf.

Was immer die Segensquelle oder den inneren Meister für uns oder
den Menschen, den wir begleiten, am meisten repräsentiert, das stellen
wir uns erhöht im Raum vor uns beziehungsweise über dem Kopf des
Sterbenden in einer Wolke des Lichts als gegenwärtig vor.

In unserem Herzen oder dem des sterbenden Menschen visualisieren
wir das Bewusstseinsprinzip als eine kleine Sphäre aus Licht.

Abbildung 9: Zuflucht und Segensquelle für Christen (Y. W. Kreuzer)

Mit jeder Einatmung visualisieren wir dann, wie der Segen von oben herab in unser Herz oder in das Herz des Sterbenden fließt und wie mit der Ausatmung unser Bewusstsein oder sein Bewusstsein in Gestalt dieser erbsengroßen Kugel aus Licht nach oben in das Herz des Göttlichen, in das, was den inneren Meister am besten und innigsten für uns repräsentiert, aufsteigt und mit diesem verschmilzt.

Wenn wir so die »Bewusstseinsübertragung in einen reinen Bereich« einüben oder ausüben, können wir manchmal auch mit den Ausatmungen das Gebet »Meister, erbarme dich« oder auch »Herr, erbarme dich« denken und so unsere ganze Aufmerksamkeit auf das Herz des Meisters, auf das Licht oberhalb von uns oder des sterbenden Menschen im Raum lenken.

Mit dieser einfachen Übung können wir »den Pfad bereiten« und uns ohne großes und heftiges Bemühen auf die Begegnung mit dem göttlichen, dem ewigen Licht optimal einstimmen. Wenn das Licht im Augenblick des Todes dann klar im Raum vor uns von selbst erscheint, dann werden wir es wie ein Kind seine Mutter spontan wiedererkennen; und freudig bereit zu gehen werden wir ganz damit verschmelzen können.

In der vorbereitenden Phase der Bewusstseinsübertragung kommt die Lichtkugel am Ende der Übung immer wieder zum Herzen herab, wo sie zur Ruhe kommt. Erst im Sterben selbst stellen wir uns vor, dass sie am Ende den Körper durch die offene Fontanelle verlässt und im Herzen des Meisters verbleibt. Nach diesem endgültigen Exitus schließt sich die Fontanelle dann vollständig.

— 22 —

Der alles befreiende Atem des A

Die vollkommenen Buddhas werden aus dem A geboren.
Das A kann alle Zustände von Samsara und Nirvana
überwinden. Von selbst existierend, überschreitet A
alle Erscheinungen. Im homogenen Erkennen des A ist
alles von selbst befreit. Ohne Ausnahme ist alles im A
vollkommen. Obwohl es selbst nichts ist, erscheint A
auf jede Weise. Samsara und Nirvana und der Weg –
sie alle werden gemeistert im A.

GURU CHÖWANG

Die Übung des »Alles befreienden Atems des A« in der eigenen Meditationspraxis

»Ahhh« ist der natürliche Klang, das natürliche Symbol der leeren, ungeformten und ungeborenen Natur unseres Geistes. Der Ton des A ist für den Menschen gleichzeitig entspannend und doch von der frischen, wachen Qualität eines plötzlichen und erfreuten Erstauntseins. Als Symbol von »Shunyata«, der wachen und leeren Natur des Geistes, wird das A im Buddhismus, vor allem aber im Dzogchen, seit Hunderten von Jahren als Meditationsobjekt verwendet, und viele Meditierende sind, allein auf diese Übung vertrauend, auch mit dem A auf den Lippen gestorben.

Wenn wir das »Ahhh« eine Zeit lang mit jeder langen Ausatmung singen, so können wir jeder Zeit alle Konzepte auflösen. Die Spuren von Störgefühlen und Gedanken in unserem physischen Körper und im feinstofflichen Energiekörper werden durch diesen Klang gereinigt, und Spannungen lösen sich rasch auf. Körper und Geist kommen in Einklang.

Wir singen das A deshalb oft am Anfang einer Meditationssitzung, um uns »ein-zu-stimmen« auf die Stille, um alle Gedanken loszulassen und aufzulösen. Wir lassen dann unseren Atem ganz ruhig und gleichmäßig fließen und sammeln uns für die ersten zehn Minuten einer Meditationssitzung ganz auf diesen einen Gedanken, diesen einen Ton, langsam und lange auf A ausatmend. Die Einatmung lassen wir spontan von selbst geschehen.

Danach atmen wir entspannt weiter, und für zwanzig Minuten summen wir nun das A fast unhörbar, mit jeder Ausatmung.

Ein(e) jede(r) kann dies erproben, und es wird ihm/ihr helfen, danach eine Zeit lang einfach in der reinen Präsenz der Natur des Geistes zu ruhen. Wenn wir bemerken, dass wir wieder in Gedanken geraten, kehren wir einfach wieder zur gesammelten Ausatmung auf das A zurück.

Ein von Gedanken freier Zustand, in dem wir gleichzeitig wach und entspannt sind, lässt sich mit dieser Methode schon nach einer kurzen Zeit des Übens erreichen, wenn wir diesen Instruktionen folgen.

Die Übung des »Alles befreienden Atems des A« mit terminal Kranken

All das macht diese Übung auch zu einem kostbaren Mittel, um Patienten und Sterbende in ihrer schwierigen Lage einfühlsam begleiten zu können. Sie hat sich in Tibet seit Langem bewährt; und seit sie von Tarthang Tulku in den Achtzigerjahren erstmals in Kalifornien gelehrt wurde, fand sie auch dort in der spirituellen Sterbebegleitung Verwendung und hat sich in den vergangenen Jahrzehnten als eine der hilfreichsten Methoden für ein gutes Sterben erwiesen.

Wir haben bei deren Anwendung erstens, wenn der Patient in genügend guter Verfassung und dafür offen ist, zu Beginn die Option, das A gemeinsam mit diesem mit jeder Ausatmung zu tönen oder sotto voce, also halblaut, gedämpft zu summen. So wird der Patient damit vertraut und lernt, wie er auch allein weiterüben und sich geistig beruhigen kann.

Zweitens können wir diese Praxis als eine sehr tief entspannende Methode bei einem jedem terminal Kranken anwenden. Hierbei nun übernehmen wir, als Begleitende, den aktiven Part, während der Klient nur passiv bleibt und entspannt.

Beginnen wir diese Anwendung mit einer Person, die wir noch nicht kennen, so sollten wir uns beim behandelnden Arzt vorsorglich versichern, dass der Patient keine Herzprobleme oder eine andere Problematik hat, die durch eine progressive Entspannung gefährlich verschlechtert werden könnte. Dieser Punkt ist vor dem Beginn der Anwendung bitte achtsam zu prüfen.

Es ist für diese Praxis natürlich auch von großem Vorteil, wenn wir uns darin selbst schon länger geübt haben, bevor wir sie in der Begleitung einer kranken oder sterbenden Person anwenden, da sich ja vor allem unsere Ruhe und achtsame, annehmende Präsenz als heilsam für den Patienten erweisen kann.

Für unsere Besuche am Krankenbett erschließt sich hiermit eine wunderbare Möglichkeit, sich gemeinsam im Loslassen zu üben und für einige Zeit frei von Worten einfach nur gewahr, entspannt und präsent zusammen zu sein.

Wenn wir den Patienten noch nicht kennen, beschreiben wir ihm zu Beginn die Übung und führen ihn beispielsweise mit folgenden Worten in diese ein:

»Nun möchte ich dich einladen, Körper und Geist in immer tiefere Entspannung und Ruhe gleiten zu lassen und gleichzeitig doch wach und präsent zu bleiben.

Schließ, wenn du willst, jetzt deine Augen, oder blick nach oben an die Decke, und spür das ruhige Ein -und Ausströmen deines Atems. Dein Körper und dein Geist werden sich mehr und mehr angenehm entspannen, und ich lade dich ein, mir einfach eine Zeit lang zuzuhören, während ich leise den entspannenden Ton A singe: ›Ahhh …! Ahhh …! Ahhh …! Ahhh …! Ahhh …!‹«

Wir achten darauf, dass der Patient in einer Haltung liegt, die es erlaubt, dass wir die Bewegungen des Atems an Brust und Bauch gut sehen können. Wir beobachten den Rhythmus seines Atems, und nach einiger Zeit beginnen wir, unsere Ausatmung der des Patienten einfühlsam anzugleichen, indem wir diese stetig mit einem leise gesungenen »Ahhh!« begleiten.

Zumeist lässt sich nach wenigen Minuten des Tönens bemerken, dass die so begleitete Person sich merklich zu entspannen beginnt und ruhiger und gelöster wird.

• ▪ •

Wir sollten diese einfache, alles lösende Übung des A für mindestens zwanzig Minuten fortsetzen. Wir können sie aber auch bis zu einer Stunde ausdehnen. Der Begleiter sollte währenddessen den Körper der entspannenden Person nicht berühren. Diese wird auch ohne Berührung hier in eine vertrauende Gelöstheit kommen. Das Singen des A besänftigt körperliche, emotionale und geistige Unruhezustände, es öffnet das Herz und ermöglicht ein zeitweises Freiwerden von Sorgen, Konzepten, Spannungen und Gedankenkreisen, worunter viele Patienten leiden – und damit ist schon so viel gewonnen!

Da es die Spannungen reduziert, werden auch weniger Schmerzen empfunden. Wir brauchen uns nicht zu wundern oder zu beunruhigen,

wenn der Patient spontan eine starke Gefühlsbewegung zeigt und beispielsweise zu weinen beginnt. Es ist eine natürliche Folge der Entspannung. Es kann sein, dass sich die Atmung deutlich verlangsamt. In diesem
Fall tönen wir das A kürzer, als die Ausatmung andauert.

Falls die Person auf die Entspannung ängstlich reagiert, ist es gut, das A
einige Male kurz hintereinander zu tönen, und die Angst wird sich lösen.

Die Übung des »Alles befreienden Atems des A« im Sterbeprozess

Die wunderbare, heilsame Wirkung der Sammlung auf den »Alles befreienden Atem des A« besteht darin, dass sie in der Vorbereitungsphase, bei
all unseren Besuchen oder immer wenn der Patient sie allein übt, eine
direkte Linderung verschaffen kann und gleichzeitig eine ideale Vorbereitung auf das Sterben, auf den Übergang in das klare Licht ist, mit dem
wir am besten verschmelzen können, wenn wir dabei reinen Herzens,
ganz frei von allen Gedanken und allem Festhalten sind.

Das Loslassen des Körpers wird so einfacher, und die Auflösung der
Elemente kann im Idealfall als stufenweise Entspannung und Loslösung
von der Sinneswahrnehmung erfahren werden, ähnlich wie wenn wir uns
vertrauensvoll in den Schlaf sinken lassen. Wer ganz auf das A gesammelt,
ohne jeden anderen Gedanken stirbt, stirbt auf jeden Fall gut.

Wenn man einen Sterbenden begleitet und die Gelegenheit hat, mit
ihm bei unseren Besuchen diese Praxismethode über längere Zeit ein-
zuüben, so ist es gut, darauf zu achten, dass die eigene Energie der Aufmerksamkeit und die des Sterbenden mit der Ausatmung immer nach
oben strömt. Man sollte mit der Ausatmung den Blick nach oben in den
Raum, zum Kopfende des Bettes richten.

Auch ist es von großem Vorteil für den Sterbenden, wenn er sich
vorab darin übt – und wir können ihn ja dazu einladen –, öfter achtsam

das feine Pulsieren seiner Fontanelle zu erspüren und sich ganz dieser körpersinnlichen Empfindung hinzugeben.

Es ist darüber hinaus wie gesagt auch ratsam, nie unterhalb vom Herzen des Sterbenden zu sitzen, sondern so weit wie möglich oben an der Seite des Bettes. Auch inspirierende Bilder des Heiligen sollten deshalb besser auf Höhe der Brust neben dem Bett aufgestellt werden.

Insbesondere wenn es an die letzten Atemzüge geht, können wir mit unserer Sammlung, Visualisation und simultanen Ausatmung mithelfen, dass sich die Aufmerksamkeit des Sterbenden nach oben richtet. Sowohl als Begleiter wie auch im eigenen Tod sammeln wir uns auf das, was für uns oder den Sterbenden das Heilige, die Segensquellen und die göttliche Wirklichkeit am stärksten verkörpert. Wir sammeln uns auf unseren spirituellen Meister, auf die vollkommen erleuchteten Wesen, voll Weisheit und Liebe, auf die Erwachten, die Buddhas und die Bodhisattvas oder auf Jesus Christus, umgeben von Engeln und Heiligen, wenn es sich um einen christlich Gläubigen handelt. Auf den Vater im Himmel, auf Allah als gestaltloses Licht, auf die heiligen, verwirklichten Meister aller Zeiten. Hinter dem Kopf des Sterbenden stellen wir uns die göttliche Präsenz als strahlendes Lichtfeld, als das klare Licht, als die Fülle von Liebe und Weisheit vor.

Wenn der Patient bereit ist zu gehen und in den letzten Zügen der Atmung liegt, so stellen wir uns seinen Geist als eine kleine, leuchtende Sphäre von Licht in seinem Herzen vor. Das Herz des Sterbenden stellen wir uns wie mit einem Band aus Licht, als mit der Lichtgestalt verbunden vor. Mit dem Ausatmen auf A steigt das Lichtkügelchen immer weiter hinauf und aus der Fontanelle heraus und verschmilzt schließlich ganz mit dem Licht, und wir kultivieren den festen Glauben, die Einführung in das klare Licht rezitierend, dass der Mensch, den Körper verlassend, ganz mit dem Frieden, mit dem Licht der Liebe und der Weisheit des göttlichen Geistes verschmilzt.

Ist der Sterbende dazu bereit und offen für ein mehr religiöses Procedere, so ist es gut, ihn in den letzten Wochen vorab darin zu unterweisen, wie er seinen Geist mit der Ausatmung auf A aus seiner Fontanelle in das Herz Gottes senden kann. Dies kann manchmal, um die klare Ausrichtung auf die Übertragung des eigenen Bewusstseins in einen höheren Bereich des Seins zu affirmieren, mit den Worten »Vater, in deine Hände befehle ich meinen Geist!« oder »Meister, in deine Hände lege ich meinen Geist« begleitet oder eingeleitet werden.

Hat der Sterbende einen christlichen Glaubenshintergrund, so ist in der auf den Übergang vorbereitenden Phase die gemeinsame Rezitation des »Vaterunser« am Anfang der Sitzung und die Verwendung von »Herr, erbarme dich« oder von »Christus, erbarme dich« mit der Ausatmung während der meditativen Atmung anzuraten. Sie machen das Herz bereit, sich liebend, vertrauensvoll und rückhaltlos der Segensquelle zu überlassen.

Die Einführung in das klare Licht

Diese Worte sollte man jedem Sterbenden, kurz bevor die Atmung aussetzt, mit deutlicher Stimme ins Ohr sprechen:

> »Liebe(r) …,
>
> **es ist nun an der Zeit, Körper und Denken völlig fallen zu lassen und im Sterben deine völlige Freiheit und Erleuchtung zu erleben!**
>
> **Vergiss jetzt diese Welt und ihre Sorgen und Gedanken – nichts davon brauchst du mehr, denn du kehrst nun in deinen Ursprung, in deine göttliche Heimat zurück!**
>
> **Entspann dich völlig, und lass dich vertrauensvoll entsinken in das klare Licht der Geistessenz, und damit verschmelzend, erkennst du dein wahres Wesen!**

Völlig entspannt, frei von Bewusstsein bist du – deinem Wesen nach reine Leere, ohne besondere Eigenart, ohne Substanz und ohne jede Eigenschaft wie Farbe oder Form.

Weite Offenheit bist du, reines Sein. Dieser völlig offene Zustand der Präsenz ist höchste Glückseligkeit und unerschütterlicher Friede!

Die leere, formlose Natur deines Gewahrseins ist nicht die Leerheit des Nichts – sie ist die ungehinderte, lebendige, alles erleuchtende Energie des Lebens.

Dieses klare, wissende Licht deines Geistes ist die Basis aller Wahrnehmungen und die Summe aller Erkenntnis, das klare Licht der Weisheit und der Liebe Gottes.

Erkenne in diesem Augenblick die wahre Natur deines Gewahrseins – es ist leer und formlos wie der Himmel und gleichzeitig alles erkennend, alles erleuchtend!

Dein unzerstörbarer Geist ist die Untrennbarkeit von Klarheit und Leere in Gestalt einer Überfülle von Licht, er kennt weder Geburt noch Tod.

Dich selbst als leeres Gewahrsein zu erkennen ist das Einzige, was nötig ist, um für immer frei zu sein.

Und auch wenn sich Töne, Lichtstrahlen und Formen dann im Raum deines Gewahrseins wieder offenbaren, erkenne alles als das ungehinderte Spiel deines eigenen Geistes und frei von Verblendung, luzide bleibend inmitten des Ozeans der Erscheinungen, ruhe fortan in tiefstem Frieden!

Ahh ...!«

Mögen alle Wesen schließlich den stabilen Zustand kontinuierlicher Luzidität erlangen und den Körper des Lichts, frei von Geburt und Tod!

Abbildung 10: Buddha Amithaba und zwei Bodhisattvas empfangen einen Sterbenden

(japanischer Holzschnitt)

— 23 —

Die Befreiung durch Erinnern und durch Hören im Sterben und im Postmortem

*Wenn es nicht mehr möglich ist, dieses Leben
auch nur um einen Augenblick zu verlängern,*

*wenn die vier Elemente dieses illusionären Körpers
nicht mehr funktionieren und sich auflösen,*

*dann mögen sich all unsere dualistischen Gedanken
und Anhaftungen an Objekte und Bewusstsein
ganz von selbst befreien.*

O Meister, behalte mich in deinem Herzen voll Mitgefühl,

*durch deinen Segen durchschneide die
Anhaftung an die illusionären Erfahrungen des Bardo,*

*und gewähre mir die Gnade, im
natürlichen Zustand meines Geistes,
der Untrennbarkeit von Leerheit und Gewahrsein zu ruhen.*

LAMA GURSHOG

Die Begleitung Sterbender als
Vorbereitung auf das eigene Sterben

Wenn wir das Glück gehabt haben, den uns angehörigen oder befreundeten Menschen bei seinem Abschiednehmen von der Welt und seinem Sterben über längere Zeit begleiten zu dürfen, so haben wir bereits gemeinsam an dessen Erfahrung der Loslösung von allen irdischen Anhaftungen und Belangen helfend Anteil genommen und können ihm mit den im Folgenden beschriebenen Übungen auch im Postmortem weiterhelfen.

Da diese Übungen in einem ständigen Erinnern an die befreienden Kernunterweisungen für den Nachtodzustand, in einem Sich-gesammelt-Ausrichten auf das Wesentliche und in einem Sicheinfühlen in das visionäre und seelische Erleben des Verstorbenen bestehen, sind sie gleichzeitig die optimale Vorbereitung auf unseren eigenen Tod und werden, ähnlich einem Nahtoderlebnis, unser Leben in einem neuen Licht von tieferer Sinnhaftigkeit und Kostbarkeit erscheinen lassen.

Das gilt sowohl für Sterbebegleiter wie auch für betroffene Angehörige, die bereit sind, für ihren Verstorbenen zu praktizieren. Ob diese beim Sterben körperlich dabei sein konnten oder nicht, ihre Bemühungen um das Wohl des Dahingegangen mittels dieser Praxis werden ihnen auf wunderbare Weise helfen, Abschied zu nehmen, sich innerlich zu versöhnen und das Gefühl einer ohnmächtigen, rat- und trostlosen Trauer zu überwinden.

Für einige Wochen intensiv und aufopferungsvoll für das Seelenheil eines Menschen zu praktizieren, der uns viel bedeutet hat oder dem wir zu Dank verpflichtet sind, ist eine ideale Form von Trauerarbeit, weil sie uns unsere eigene Trauer oder unser Bedauern über Versäumtes in der anhaltenden Bemühung um das Wohl des Verstorbenen transformieren und vergessen lässt.

Im Idealfall konnte der sterbende Mensch sich versöhnen, verabschieden, sich von aller Anhaftung an Personen und Besitz lösen und sich mit einer zuversichtlichen Perspektive der Erfahrung der großen Wandlung des Todes hingeben.

Es ist aus vielen Untersuchungen bekannt und eigentlich selbstverständlich, dass Menschen, die an ein Fortleben nach dem Tode glauben, sich diesem Übergang leichter und positiver gestimmt überlassen können als jene, die in ihrer materialistischen oder atheistischen Sicht nun alles zu verlieren, aber nichts zu gewinnen glauben und »ohne jede Lebensperspektive« sind.

Die Übungen des »Unzerstörbaren Atems von Segen und Mitgefühl« und des »Alles befreienden Atems des A« sind geeignet, sowohl gläubigen Menschen als auch solchen, die sich als atheistisch oder nichtgläubig bezeichnen würden, bei diesem Übergang in die geistige Welt zu helfen, der uns allen bevorsteht.

Ein gläubiger Mensch mag nun in den letzten Tagen sein Denken ganz auf die Begegnung mit der göttlichen Wirklichkeit ausrichten, indem er sein Ein- und Ausatmen zu einer ununterbrochenen Rezitation seines Mantras oder eines göttlichen Namens macht.

Mahatma Gandhi wurde unerwartet und plötzlich von einem Attentäter erschossen, aber er starb mit dem Namen seines Gottes Rama auf den Lippen. Christliche Heilige starben ganz auf Jesus und seinen kostbaren Namen gesammelt, katholische Gläubige starben im Kreise der Familie, immer wieder das Vaterunser und den Rosenkranz betend. Tibetische Gläubige fahren mit ihrer einsgerichteten Rezitation von »Om Mani Padme Hum«, dem Mantra des »Herrn des großen Erbarmens« oder mit »Om A Hum Vajra Guru Pema Siddhi Hum« fort, dem Mantra des großen Lehrers und Erlösers Guru Padmasambhava. Von ihm stammen die Instruktionen des *Tibetischen Totenbuchs*, des *Bardo Thödrol* oder der »Befreiung durch Hören«, von denen wir nun in Folge einige vernehmen werden.

In China und Japan war es üblich, in schwerer Krankheit und beim Sterben ohne Unterbrechung das Mantra des Buddha Amithaba zu rezitierten, denn wer im Augenblick des Sterbens vertrauensvoll seinen Namen anruft, dem wird er am Totenbett erscheinen und ihn direkt in sein Paradies Sukhavati führen. So hat es der Buddha im Sukhavati-vyuha-Sutra gelehrt.

Am besten ist es natürlich, wenn der Verstorbene sich während seines Erdenlebens mit einem Mantra tief vertraut gemacht hat. So sehr vertraut, dass ihm im Augenblick großer Not oder Gefahr wie im Falle Gandhis spontan als Erstes sein Mantra oder der Name Gottes einfällt, um Hilfe und Zuflucht zu finden. Dann wird es ihm auch im Sterben eine große Hilfe sein, und im Nachtodzustand können die Hinterbliebenen diesen Menschen an das Wesentliche der Zufluchtnahme erinnern, einfach indem sie sich im Geiste immer wieder mit dem Verstorbenen verbinden und das diesem am meisten vertraute Mantra und die geeigneten Gebete ständig halblaut wiederholen.

Im Idealfall konnte jemand den terminal Kranken in seinen letzten Wochen in den »Übungen des Übergangs« anleiten und in seiner Mantra-Praxis begleiten, und es wäre am besten, wenn der Kranke sich in dieser Zeit von Freunden und Angehörige bereits verabschieden könnte.

Selbstverständlich ist zu hoffen, dass der Sterbende in den Monaten und Wochen vor seinem Tod Versöhnung mit seinem Schicksal, Aussöhnung mit Angehörigen und Vergebung anderen und sich selbst gegenüber erreicht und all seine weltlichen Angelegenheiten wie Testament und Erbschaftsangelegenheiten bereits regeln konnte.

Ein Prozess der inneren Loslösung von allen Anhaftungen an Angehörige und Besitztümer gelingt am besten, wenn gleichzeitig die positive Grundausrichtung kultiviert wird, allen Wesen von Herzen zu wünschen, dass es ihnen gut geht, und man bereits vorab den eigenen Besitz vererbt und diesen freudig in Spenden, Stiftungen und Vermächtnissen verteilt. Glücklich der Mensch, der zu alldem noch Zeit hat und sich innerlich und äußerlich von allem lösen kann. Er kann positiv gestimmt dem Sterben als Befreitwerden von allem Zwang und aller Not des Erdenlebens und als Tor zu einem ewigen Leben in Erlösung entgegenblicken.

•—•·

Für das eigentliche Sterben wäre es optimal, wenn ein erfahrener Sterbebegleiter oder ein in Sterbebegleitung ausgebildeter Angehöriger oder Freund den Sterbenden durch die Stufen der Auflösung der Elemente bis zur Begegnung mit dem klaren Licht zur Seite stehen kann. Mit seinen klaren und beruhigenden Instruktionen kann er ihm helfen, in dieser entscheidenden Situation seine Übung fortzuführen oder wenigstens in einer friedvollen und gesammelten Geistesverfassung hinüberzugehen.

Unsere Liebe und unser Respekt gegenüber dem Verstorbenen sollte sich hier auch darin zeigen, dass wir im Sterbezimmer möglichst eine Atmosphäre der Stille und Sammlung bewahren und alles, was den Sterbenden emotional irritieren könnte, von ihm fernhalten. Der Sterbende sollte in seiner letzten Zeit möglichst mit dem Kopf nach Norden, das heißt entgegen dem magnetischen Erdmeridian gebettet werden.

Es ist besser, wenn Angehörige, die beim Sterben nicht innere Ruhe bewahren und assistieren können, ohne von Emotionen und Unsicherheit übermannt zu werden, sich nicht im Sterbezimmer, sondern in einem anderen Raum aufhalten und dort vor einem improvisierten Altar mit dem Foto des Angehörigen und einem Bild der Segensquelle ins gemeinsame, fürbittende Gebet oder in die Rezitation des geeigneten Mantras einbezogen werden, indem wir sie dazu einladen und ihnen kurz erklären, was zu tun ist.

Das *Totenbuch* rät uns, jede Störung des Sterbenden, die von Angehörigen oder Besuchern durch starke Gefühle und Gefühlsausbrüche in die Situation getragen werden könnten, zu vermeiden. Das gilt vor allem für den Sterbeprozess und für die Zeit nach der letzten Ausatmung bis zum Exitus, das heißt, bis etwas Blut oder Lymphe aus Nase oder Mund austreten. Das sind die sicheren Zeichen dafür, dass das Bewusstsein den Körper verlassen hat, und es können einige Stunden oder Tage bis dahin vergehen. Erst nach diesen »Zeichen des Aufhörens der inneren Atmung« treten die Totenfleckenhämatome auf, die den Beginn der Verwesung anzeigen.

Vorher sollte der Verstorbene möglichst von niemandem berührt werden, da dies den Schriften nach die subtilen Prozesse im feinstofflichen Körper irritiert. Eine körperliche Irritation kann, ähnlich wie der zuletzt gedachte Gedanke, die letzte Gefühlsstimmung vor dem endgültigen Verlust des Bewusstseins einen erstaunlich großen Einfluss auf das Weiterleben, auf die Qualität der nächsten Wiedergeburt des sterbenden Menschen haben.

Der Körper sollte in der Phase der inneren Atmung nur von kompetenten Sterbebegleitern berührt werden, falls solche anwesend sind. Diese können den Sterbenden, genau zum Zeitpunkt des Aufhörens der äußeren Atmung, auf die rechte Körperseite legen und die beiden Halsschlagadern für fünfzehn Minuten leicht gedrückt halten. Gleichzeitig kann auf die Haare direkt über der Fontanelle ein leichter Zug ausgeübt werden, und man hält dabei den Wunsch und die Visualisation aufrecht, dass das Bewusstsein des Verstorbenen den Körper durch die Fontanelle verlässt, was in der tibetischen Thanatologie als beste Voraussetzung für die Erlösung oder für eine optimale Wiedergeburt gilt.

•–•

Nach den sicheren Zeichen des Exitus kann der Körper aufgebahrt, das Kinn bandagiert werden und so weiter. Dann können Angehörige und Freunde des Verstorbenen noch einmal Abschied nehmen und seinen Körper ein letztes Mal sehen.

Wenn vom Verstorbenen so verfügt und gewollt, können ab dieser Zeit auch Gewebespenden entnommen werden. Am besten wäre es, diese Operation, wenn auch aus der Ferne, mit Gebeten zu begleiten, welche die Liebe zu allen Wesen kultivieren und die Bereitschaft, Körper, Rede und Geist für sie hinzugeben. »Möge mein Körper, meine Rede und mein Geist einzig dem Wohl aller Wesen dienen!« ist hier der geeignete Saatgedanke.

Am förderlichsten ist es, den Körper vor Ort bereits im Sarg aufbahren zu lassen und ihn noch möglichst lange im Sterbezimmer zu behalten, da der Verstorbene unmittelbar nach dem Exitus wieder zu Bewusstsein kommt und nun für einige Tage in der Nähe seines Körpers bleiben wird. Diese Zeit bietet eine kostbare Gelegenheit, ihn oder sie immer wieder direkt anzusprechen und die Belehrungen des *Totenbuchs* gedanklich zu übermitteln, die Luzidität und damit Befreiung bewirken können.

Wird der Körper in einer Leichenhalle aufgebahrt, so können wir auch dort unserem Verstorbenen nahe sein und Kontakt mit ihm halten und ihn an den Platz einladen, an dem wir für ihn praktizieren werden.

Jeder Mensch ist äußerst glücklich zu schätzen, der nach seinem Hingang jemanden hat, der ihn liebt und diese Liebe auch tatkräftig umsetzt und sich die Zeit nimmt, für einige Wochen viele Stunden täglich für den Verstorbenen zu beten, zu meditieren und an ihn zu denken.

Und jeder Angehörige, der einen lieben Menschen verloren hat, ist glücklich zu schätzen, wenn er einen Weg findet, wie er die leidvolle Erfahrung von Trennung und Verlust und ebenso die Gefühle von Trauer oder Ärger, auch Selbstvorwürfe, wie zum Beispiel, sich nicht genug gekümmert zu haben, nach und nach annehmen und verwandeln kann.

Im Leben nicht geäußerte Dankbarkeit sowie Hilflosigkeit und Desorientiertheit in der neuen Lebenssituation können mit dieser konstruktiven Form der Trauerarbeit vom trauernden Hinterbliebenen selbst positiv geäußert und in ein anteilnehmendes, wohlwollendes Denken und Tun für den Dahingegangenen transformiert werden.

Auch hier gilt: Was wir für oder gegen einen anderen tun, tun wir eigentlich für oder gegen uns selbst. Wir spüren und teilen die heilsame oder unheilsame Wirkung einer Handlung, egal, ob diese mit Körper und Rede oder nur durch Gedanken entstanden ist, genau betrachtet ja bereits im Augenblick der Tat.

Das ist die ganz natürliche, ganzheitlich-mitfühlende Basis der hier angeregten nicht selbstbezogenen und kreativen Trauerarbeit. Wenn wir einem Menschen helfen und heilsam für ihn wirken, so helfen wir dennoch gleichzeitig uns selbst, und es wirkt heilsam für uns selbst.

Ist unser Denken und Bemühen ganz auf das Wohl des Verstorbenen ausgerichtet, so wird uns diese bewusst altruistische Ausrichtung von lähmender, selbstbezogener Fixierung auf den eigenen Verlust und Schmerzkörper befreien oder diese verhindern helfen.

Es ist nicht einfach, den Verlust eines geliebten Menschen, mit dem wir über viele Jahre verbunden waren, auf gelingende Weise anzunehmen und, vom Schmerz der Trennung tief berührt, vielleicht sogar zu tieferer Einsicht des Wesentlichen im Leben und zu tieferer Empathie zu finden. Normalerweise versucht der Hinterbliebene, sich in der neuen Lage allein zurechtzufinden und nach und nach darüber hinwegzukommen.

Es besteht für jene, die in ihrer Trauer allein gelassen sind, da das Umfeld in der Regel nicht zu lange von einer solchen hören will, die Gefahr, in eine gewisse Isolation zu geraten, in der die eigenen Gedanken in unerquicklicher Art um die eigenen Gefühle und um die verstorbene Person kreisen.

Ein Kreisen in Gedanken von Verlust, Trauer, Selbstvorwürfen, Schuldzuweisungen, Gram und Neid und ein Fixiertsein auf die eigenen, irritierten Gefühle kennzeichnet die von Selbstreferenz geprägte Trauer: Warum wurde gerade mir mein Kind genommen? Es war doch noch ohne jede Schuld und – hätte ich es nicht verhindern können? Warum musste mein Mann so früh sterben, während andere in seinem Alter sich noch des Lebens erfreuen und ihre Rente genießen? Wo bist du jetzt? Warum hast du mich allein gelassen?

Warum wurde gerade mir meine Frau genommen? Warum haben die Ärzte sie nicht gerettet? Damals hätte man noch operieren können! Sie wäre jetzt noch hier bei mir!

Und dann kommt es leider auch immer wieder zu der alten, im christlichen Kulturkreis tief verankerten, aber falschen Schlussfolgerung:

»Warum konnte Gott das zulassen? Warum hat er es, wenn er doch allmächtig ist, nicht verhindert? Wurde uns nicht gelehrt, dass Gott alles geschaffen hat und allmächtig ist? Es ist ein grausamer Gott, der Krankheit, Leiden, Tod und Verlust geschaffen hat! Mit einem solchen Gott will ich nichts mehr zu tun haben und will nichts mehr von diesen Märchen hören!

Zwar hat auch Jesus gelehrt: »Was du säst, das wirst du ernten!«, aber der Ausarbeitung des Themas in der christlichen Theologie wurde und wird bis heute durch das absurde Dogma, dass wir nur ein einziges Leben haben, logische Grenzen gesetzt. Wegen des Mangels einer fundierten religiösen Unterweisung über Karma, das Gesetz von Ursache und Wirkung im Geistigen, nach dem alles, was wir erleben und wie wir es erleben, das Resultat unserer eigenen Handlungen und Erfahrungen in einer Vielzahl von früheren Leben ist, kommt es häufig leider zu einem Gefühl des Geworfenseins, des In-unerklärlicher-Weise-so-geschaffen-Seins. Ohne Sinn und Zusammenhang erscheint dann das eigene Schicksal. Man fühlt sich als hilfloses Geschöpf, als Opfer und als ungerecht behandelt, während die eigene mitschöpferische Verantwortlichkeit, die in unserem eigenen Denken und Handeln besteht, dabei zumeist übersehen wird.

Von monotheistisch geprägten Menschen wird diese Verantwortung häufig auf ein kindliches, vom kulturellen Umfeld geprägtes Gottesbild übertragen. Man hat irgendwie die Vorstellung übernommen, dass »Gott« alles geschaffen hat, und folglich denkt man, dass »er« auch für alles verantwortlich ist. Freude, Leid und Verlust werden dann nicht als die natürliche Folge der eigenen Handlungen gesehen, sondern als Lohn und Strafe einer äußeren Gewalt und Instanz. Im traurigsten Fall entsteht so eine Unversöhnlichkeit und ein Sichverschließen in Bezug auf Gott und auf Spiritualität überhaupt.

Alles ist Geist. Der göttliche Geist, das große Leben selbst, ermöglicht zwar alles, und wir sind Teil von ihm, doch was wir daraus machen und unbewusst oder bewusst gedanklich gestalten, ist unsere Sache und unser Lernprozess. Leider wird aber auch heute noch von den ans Dogma gebundenen Geistlichen an offenen Gräbern gepredigt: »Es war der unerforschliche Wille Gottes, dass er nun von uns gehen musste … Gott hat uns dieses Kind gegeben, Gott hat es uns nun genommen … Gott hat in seinem unerforschlichen Ratschluss bestimmt, dass dieser Mensch nun von uns geht, er hat ihn zu sich genommen … sein Wille geschehe!«

»War es also Gottes Wille, dass unser Kind gestorben ist?«, so fragen sich verständlicherweise die verzweifelten Eltern.

Es ist wirklich nicht verwunderlich, dass auch gläubige Menschen durch derartige Formulierungen, die nicht dazu anregen die wahren Ursachen unseres Leidens besser zu verstehen, und die Verursachung und Verantwortung auf das Gottesbild übertragen, hier nun in der Not in eine tiefe Krise ihrer Glaubensvorstellungen kommen und sich aller möglichen Lösung und gut gemeinter geistlicher Hilfe verschließen.

•–•–•

Nachdem wir nun einen Blick in den bitteren Kelch von einigen möglichen und oft berichteten Schwierigkeiten bei der seelischen Verarbeitung des Verlusts eines geliebten Menschen getan haben – wozu kann man in dieser Lebenssituation raten? Was kann hilfreich sein?

Was kann die Entstehung neuen Leidens, zumindest den Anteil, der durch die Selbstbezogenheit, durch die Isolation in sich selbst erzeugt und aufrechterhalten wird, unterbrechen?

Eine grundlegende Einsicht über unser gemeinsames Leiden an der Vergänglichkeit lässt sich in die Worte fassen: »Alles, was zusammengekommen ist, wird sich wieder trennen. Alles, was angesammelt worden ist, wird zerstreut werden. Das zu verlieren, was man behalten will, ist Leiden! Das zu bekommen, was man nicht will, ist Leiden. Und das nicht zu bekommen, was man will, ist Leiden« – so lehrte der Buddha, indem er eigentlich nur ganz pragmatisch unser aller normales Erleben beschreibt.

Dieses Leiden entsteht genau hier und heute und ist wohl unvermeidlich, solange wir selbst instinktiv, alten Gewohnheitsmustern folgend, weiterhin mit Verdrängung und mit Aversion und Anhaften auf unsere Erfahrungen reagieren.

·•·

Es ist erleuchtend zu hören, was der Buddha auf die anklagende und verbitterte Frage einer Frau, warum gerade ihr Kind gestorben sei, antwortete. Er sagte: »Zeige mir zuerst ein Haus in diesem Ort, wo noch kein Mensch gestorben ist – dann werde ich dir antworten.« Die Frau ging daraufhin von Haus zu Haus, aber in jeder Familie war schon einmal jemand gestorben.

Die Frau realisierte so, dass sie nicht allein mit ihrem Leiden war, dass vielmehr für alle Menschen der Verlust von geliebten Angehörigen unvermeidlich ist. Sie kam zurück zum Buddha und berichtete ihm von ihrer Erkenntnis, und dieser sagte: »Ja, so ist es – alles, was geboren wird, muss sterben; und alles, was stirbt, muss erneut geboren werden. Solange die Ursachen des Leidens, solange Unwissenheit, Aversion und Anhaften im eigenen Geist nicht beseitigt sind, solange dein Geist nicht zur Ruhe kommt und immer neues Wünschen und Begehren dich antreibt, wie sollte das Rad des Lebens und Sterbens aufhören sich zu drehen?«

Im Totenbuch heißt es deswegen: »Du Kind des Buddha, höre mich an. Nun ist es Zeit für dich, alles und jeden zurückzulassen und zu sterben. Aber wisse, nicht nur du leidest, einem jedem anderen Menschen steht früher oder später dasselbe bevor wie dir.«

Und wir könnten hinzufügen: »… und genau in diesem Augenblick liegen Abertausende so wie du im Sterben«.

Auch als Hinterbliebene ist es erfahrungsgemäß bereits hilfreich für uns und erleichternd, wenn wir uns den anderen Menschen gegenüber öffnen können und wenn wir nicht mehr nur auf uns selbst schauen, sondern das Herz weiten und mitfühlend zur Kenntnis nehmen, dass nicht nur wir leiden und trauern, weil wir einen lieben Menschen verloren haben.

Es ist ähnlich erleichternd, wie in der Gruppentherapie zu erkennen, dass nicht nur wir Komplexe und Ängste haben. Auch für Trauernde sind deshalb Selbsthilfegruppen, in denen Menschen, die Ähnliches erlebt haben, sich austauschen können, ein guter Weg, um die eigene Not und Verbitterung zu äußern und so die selbstbezogenen und damit isolierenden Anteile ihrer Trauer etwas zu entschärfen und zu relativieren.

Die eigentliche Transformation der Trauer kann beginnen, wenn wir bereit sind, wirklich aktiv zu werden und dem Verstorbenen so viel, wie uns möglich ist, durch die hier angeregte Praxis zu helfen. Hier haben wir auch nach dessen Tod ausreichend Gelegenheit, diesem über einige Wochen unsere ganze Zeit und Aufmerksamkeit zu opfern und unsere Liebe und Dankbarkeit in diesem Engagement für sein Wohlergehen im Postmortem zum Ausdruck zu bringen.

Die Praxis der Begleitung eines Verstorbenen im Postmortem

So wollen wir uns nun der Möglichkeit einer »Praxis der Nachsorge für einen Verstorbenen im Postmortem« zuwenden, die dem Verstorbenen und damit auch uns selbst einen von möglichst heilsamen, erleuchtenden und erlösenden Gedanken begleiteten Übergang in die neue Lebensphase ermöglichen kann. Unser Leitmotiv hierbei ist der innige Wunsch: »Möge es dir gutgehen, wo auch immer du bist!«

Es ist eine frohe Botschaft, dass wir nach den Lehren des Buddhismus, aber auch nach denen des Hinduismus, der alten Ägypter, des Judaismus, des Christentums, des Islam, des Taoismus und nach den schamanistischen Lehren der Naturvölker, für die Menschen, die gestorben sind und den physischen Körper verlassen haben, noch einiges tun können, was für sie hilfreich und heilsam ist.

Alle diese religiösen Systeme und damit ein Großteil der Menschheit (da die meisten Menschen bisher immer noch einer dieser Religionen angehören) glauben an ein Weiterleben nach dem Tode des Körpers, und sie haben die verschiedensten Rituale des Übergangs und der Nachsorge für Verstorbene entwickelt, und viele werden noch heute praktiziert.

Die umfassendsten Informationen und Instruktionen für eine Begleitung im Sterben und im Nachtodzustand finden sich im tibetischen Buddhismus. Das *Tibetische Totenbuch,* »die Befreiung durch Hören im Zwischenzustand«, ist, obwohl nur eines von vielen tibetischen Werken zur Thanatologie, der bekannteste und bis heute am meisten verwendete Text zu diesem Thema.

Das persönliche Überleben des Todes und die Kommunikation mit Verstorbenen ist eine menschliche Grunderfahrung, welche seit Anfang der Menschheitsgeschichte immer wieder erlebt wurde und wird.

•◆•

Es war und ist lediglich ein pseudowissenschaftlicher Zeitgeist, dessen naive Thesen, dass nur wirklich ist, was sichtbar, messbar und wägbar ist, und dass der Mensch mit seinem physischen Körper identisch sei, im Denken vieler Menschen und gesellschaftlich immer noch als Überkommenes und als Übereinkunft nachwirken. Die neuere Quantenphysik hat solche Auffassungen längst als unhaltbar naiv und simplizistisch überholt, und die menschliche Lebenserfahrung von zahllosen Generationen widerspricht dem ganz offensichtlich, auch wenn solche Erfahrungen aus den genannten Gründen tabuisiert sind.

Ein postmortaler Kontakt zum Bewusstsein Verstorbener ist nicht nur möglich, sondern kommt erstaunlich häufig vor. Wie häufig und natürlich diese dem Menschen sind, zeigt eine europäischen Werteumfrage (European Value Survey), die 1980 bis 1983 unter der Leitung der Universität Tilburg durchgeführt worden ist. Man befragte eine große Anzahl von Personen anonym, ob sie schon einmal das Gefühl gehabt hätten, mit Verstorbenen in Kontakt zu stehen. In Europa beantworteten diese Frage 25 Prozent der Menschen positiv, in Amerika betrug der Prozentsatz 30 Prozent. Darüber hinaus wurde auch der Anteil postmortaler Erfahrungen bei Witwen und Witwern untersucht. Hier gaben etwa 50 Prozent der Befragten an, mit dem Bewusstsein des verstorbenen Partners Kontakt gehabt zu haben. Bei Eltern, die ein Kind verloren hatten, betrug die Wahrscheinlichkeit eines postmortalen Kontakts mit ihrem Kind sogar 75 Prozent.

·•·

In dem Wissen, dass ein geistiger Kontakt mit unseren lieben Verstorbenen sehr wohl möglich ist, können wir, den Anweisungen und Anregungen des Totenbuchs folgend, diesen Menschen nun all unsere Liebe und Dankbarkeit zeigen, indem wir uns ganz der Praxis hingeben, die ihnen bleibendes Glück und befreiende Erkenntnis schenken kann. Wir können sehr wohl unsere Wertschätzung und Anteilnahme immer noch ausdrücken und ihnen etwas zurückgeben von all dem, was sie für uns getan haben.

Wir beginnen damit zu beschließen, dass wir drei Wochen für ihn oder sie praktizieren, auch wenn wir zum Beispiel unseren Jahresurlaub dafür opfern müssen. Das wäre in der Tat ein Liebesbeweis und auch für uns selbst sicher besser, als sich einem Gefühl der Hilflosigkeit und dem Gedanken hinzugeben, nun leider nichts mehr für sie oder ihn tun zu können.

Mindestens aber sollten wir uns ein Versprechen geben – wie beispielsweise täglich am Abend drei Stunden für ihn oder sie zu praktizieren.

Ein Hinterbliebener, der keine anderen Verpflichtungen hat, könnte im Wissen, dass seine ununterbrochene Sammlung auf die Praxis von lebenswichtiger Bedeutung für den geliebten Menschen ist, in diesen ersten 21 Tagen nach dem Tod seine ganze Zeit, bis auf die Mahlzeiten, dieser Praxis widmen.

Am besten ist es, mit der Praxis für sieben mal sieben Tage fortzufahren. Alle sieben Tage, so wird gelehrt, erfährt der Verstorbene sein Sterben erneut. Wird wieder ohnmächtig und kommt wieder zu sich.

Die ersten dreimal sieben Tage sind jedoch die Zeit, in der wir den Verstorbenen am besten erreichen können und in der die Weichen für seine neue Existenz gestellt werden. Wir sollten sie gut nutzen, um ihm oder ihr immer wieder eine Chance zu Luzidität und damit zur Befreiung zu geben.

Einige Anregungen für die Praxis der Begleitung

Es folgen nun noch weitere Anregungen für die Praxis der Begleitung eines Verstorbenen im Postmortem nach den Lehren der »Befreiung durch Hören im Nachtod-Zustand«, wie sie im *Bardo Thödröl* des
Padmasambhava und anderen tibetischen Texten gelehrt werden.

Statt uns gedanklich mit unserer Trauer über seinen/ihren Verlust, mit
seiner/ihrer Abwesenheit zu beschäftigen, können wir einen ersten Trost
darin finden, anerkennend zu respektieren, dass der/die Verstorbene,
wenn auch unsichtbar, nun nach dem Verlassen des Körpers wieder um
uns ist und alles wahrnehmen kann. Alles mit seinem/ihrem feinstofflichen Leib wieder hören, fühlen und sehen kann. Es ist sehr häufig so,
dass er oder sie deswegen gar nicht wirklich realisiert, gestorben zu sein.

Der oder die Verstorbene wird sich die ersten vier Tage instinktiv bei
seinem Körper aufhalten und folglich, falls dieser noch da ist, in sei-
nem/ihrem Zimmer und an den ihm/ihr vertrauten und angestammten
Plätzen anzutreffen sein. Wir sollten deswegen seinen/ihren gewohnten
Lieblingssitzplatz immer frei lassen und darauf ein Bild von ihm mit
einem schwarzen Stoffband quer über die rechte obere Ecke stellen. Das
schwarze Band muss nicht sein, gibt dem Verstorbenen aber eine weitere
Möglichkeit zu erkennen, dass er tot ist.

Wir sollten aus Liebe und Wertschätzung dem Verstorbenen gegenüber in den ersten drei Wochen alles vermeiden, was ihn oder sie emotional irritieren könnte.

Wir sollten die Verteilung der Erbschaft, im Interesse aller, die ihn lieben, erst auf drei Wochen nach dem Exitus ansetzen und vorher möglichst
alle persönlichen Dinge und Behältnisse des Verstorbenen unberührt lassen.

Der Verstorbene könnte, weil es ihm wie im Leben unverständlich
und unverschämt erscheinen würde, dass jemand an seine Sachen geht,
auch ebenso darüber aufgebracht sein. Wir sollten darüber hinaus wissen, dass der Verstorbene sehr sensibel und hellsichtig ist und nun sogar
die Gedanken und wahren Gefühle der Anwesenden lesen kann.

Es ist deshalb angeraten, bei uns selbst möglichst auf gute Sammlung und Psychohygiene zu achten und zu vermeiden, dass in den ersten Wochen Personen mit negativen, abwertenden und selbstsüchtigen
Gedanken empfangen werden. »Nun ist er tot, – was werde ich nun von
dem Seinen bekommen …?« und ähnliches Denken sollte nicht in das
Haus oder die Wohnung eingelassen werden, und man sollte auf solche
Gespräche und Gedanken vorerst besser verzichten.

Angehörige, die sich uns zeitweise anschließen wollen, um für den
Verstorbenen Gebete und Mantras zu sprechen, seien uns natürlich herz-
lich willkommen.

Der Meditationsplatz

Wenn möglich, bauen wir im Zimmer des/der Verstorbenen unseren
Meditationssitz oder -sessel auf, den wir für die kommenden Wochen
für die Praxis nützen werden. Falls dies nicht möglich ist, tun wir dies
bei uns zu Hause und laden den Verstorbenen in Gedanken dorthin ein.
Direkt vor unseren Platz stellen wir einen Tisch oder ein Tischchen. Er
sollte groß genug sein, um die folgenden Gegenstände darauf zu platzieren:

- Auf einer schönen Tischdecke stellen wir uns gegenüber
  zuerst ein 40 mal 50 Zentimeter großes Bild in einem Rahmen ohne Glas auf. Wir lassen uns hierzu eine Farbfotokopie
  von Jesus, umgeben von Heiligen, von Buddha Amithaba in
  seinem reinen Land, von Guru Rinpoche in seinem Paradies,
  vom Zufluchtsbaum der Ngöndro-Praxis oder Ähnlichem
  auf das richtige Maß vergrößern, falls es nicht schon vorhanden ist. Wir wählen hierzu am besten eine Darstellung der
  Quelle allen Segens mit welcher der/die Verstorbene entweder persönlich oder von seinem kulturellen Hintergrund her

am meisten vertraut war. Wir stützen den Rahmen hinten gut ab oder lehnen ihn gegen eine Wand. In geringer Entfernung, mittig vor dieses Bild, stellen wir dann einen kleineren Rahmen mit einem Foto des/der Verstorbenen. Es sollte möglichst den ganzen Körper zeigen, mindestens aber ein Brustbild sein. Das Foto sollte etwa doppelt so groß sein wie eine Postkarte, sodass wir das Gesicht des/der Verstorbenen, das uns anblickt, von unserem Platz aus gut sehen können.

- Vor die Bilder stellen wir links und rechts auf dem Tisch zwei kleinere Vasen mit Blumen, die wir oft erneuern, Kerzen und Teelichter, geweihtes Wasser und eine kleine, tiefe Schale mit Reiskörnern, in die Räucherstäbchen gesteckt und geopfert werden können.

- Natürlich finden hier auch Gegenstände ihren Platz, die dem/der Verstorbenen heilig waren und die er/sie für seine/ihre religiöse Praxis benutzte. Ebenso die Texte, die wir als Gebete und als Instruktionen ständig verwenden werden.

- Links von uns haben wir eine Schreibtischlampe, die alles vor uns, vor allem die Bilder, gut beleuchtet.

- Als Letztes nehmen wir ein circa 1,25 Meter langes Stück von einem roten Baumwollgarn vom Durchmesser einer dünnen Schnur und befestigen das eine Ende am Herzen des göttlichen Meisters oder Buddhas mit einem Klebepunkt oder -film. Wir legen die Schnur locker, aber für uns gut sichtbar nun zum Herzen des Verstorbenen und befestigen sie dort auf die gleiche Weise mit einem roten Klebepunkt. Das übrige Ende der Schnur sollte lang genug sein, dass wir es manchmal, wenn wir auf unserem Meditationskissen oder Stuhl sitzen, beim Rezitieren des Mantras in der Hand halten können. An diesem Ende befestigen wir etwas, mit einem

gewissen Gewicht, sodass es gut in der Hand liegt – zum Beispiel einen Ring oder einen Reliquienbehälter, ein geweihtes Kreuz aus Metall, ein Amulett, einen Schlüsselanhänger,
einen Halbedelstein oder ähnliches. Es sollte aber kein
Gegenstand aus dem Besitz des/der Verstorbenen sein, welcher vielleicht Gefühle der Anhaftung auslösen könnte.

- Etwas seitlich uns gegenüber hängen wir einen größeren
Spiegel auf. Er dient dazu, dem Verstorbenen zu zeigen, dass
er keinen sichtbaren, physischen Körper mehr hat.

Wenn man alles für die tägliche Praxis vorbereitet hat, lädt man den
verstorbenen Menschen in Gedanken ein, für die nächsten Wochen in
seinem Porträtbild zu verweilen. Immer wenn wir praktizieren und mit
ihm telepathisch Verbindung aufnehmen, stellen wir uns vor, dass er uns
gegenübersitzt und zuhört. Sowohl unsere konzentrierten Gedanken als
auch die stille Gewissheit und Sammlung unseres Geistes wird sich so
dem/der Verstorbenen sicherlich mitteilen.

Der Aufbau einer Meditationssitzung

1. Die Phase des Erinnerns an die befreienden Instruktionen des Totenbuchs

Zu Beginn der Sitzung nehmen wir eine bequeme Sitzhaltung ein und
lassen Körper, Atmung und Geist erst einmal ruhig werden.

Vor uns im Raum vergegenwärtigen wir uns dann die Segensquelle
als wahrhaftig gegenwärtig und anwesend.

Wir erneuern unsere Motivation, für das Wohl des Verstorbenen und
aller fühlenden Wesen praktizieren und wirken zu wollen, indem wir die
vier unermesslichen guten Wünsche rezitieren:

»Mögen alle fühlenden Wesen, unsere Kinder,
sich des Glücks erfreuen und der Ursachen des Glücks!«

»Mögen sie vom Leiden frei sein
und von den Ursachen des Leidens!«

»Mögen sie in der großen Freude ruhen,
jenseits des Leidens!«

»Mögen sie, zusammen mit uns, in großem Gleichmut
verweilen, frei von Unwissenheit, frei vom Haften an etwas
und frei von Aversion gegen etwas!«

Dann richten wir unsere Bitten an die Segensquelle und begleiten sie
mit den Worten eines Gebets an den Meister oder mit einem Vaterunser:

»Wir bitten darum, dass alle völlig erleuchteten und
heiligen Wesen, dass der heilige, allumfassende Geist,
dass alle Kräfte der Liebe und der Weisheit des
unendlichen Universums, hier bei uns, im Bild
der Segensquelle nun gegenwärtig sein mögen!«

Dann bitten wir darum, dass sie den Verstorbenen segnen, ihn schützen
und in ihr himmlisches Reich aufnehmen mögen:

»Kostbare(r) Meister, ich bitte euch/dich, meine geliebte
Frau/mein geliebtes Kind/..., die/das nun ihre/seine Lebens-
reise fortsetzen wird, zu schützen, zu führen und sie/es aufzunehmen in eure Gemeinschaft. Bitte umhüllt sie/es mit
dem Licht eurer Liebe und eures Friedens, und bewahrt sie/
es vor allem Irrtum und allem Leid!«

Abschließend stellen wir uns vor, dass der Verstorbene und wir selbst all ihren Segen von unendlicher Liebe und Weisheit in Gestalt von Lichtstrahlen empfangen. Wir vergegenwärtigen uns den Verstorbenen als umhüllt von Licht.

Wir können nun auch ein paar Kerzen um sein Foto entzünden, damit wir uns dies besser vorstellen können.

Auf das Foto des Verstorbenen blickend und geistig mit ihm verbunden, bleiben wir einen Moment in der Stille und beginnen dann mit folgenden Worten, die Einführung in den Nachtodzustand zu geben:

>>Liebe(r) …,

bitte hör mir nun genau zu, denn ich will dir in deiner neuen Lage helfen! Ich weiß, dass du meine Gedanken lesen und meine Worte hören kannst!

Bitte erinnere dich! Vor … Tagen bist du plötzlich (oder nach langer Krankheit und Ähnliches) gestorben.

Du hast das Bewusstsein verloren und den materiellen Körper verlassen.

Du bist jetzt tot und in deinem feinstofflichen Körper, der für uns nicht sichtbar ist.

Um dies zu erkennen, schau hier in diesen Spiegel … du hast kein Spiegelbild!

Stell dich hier in die Strahlen dieser Lampe … dein Körper wirft keinen Schatten!

Wenn du etwas sagst, können deine Angehörigen dich nicht hören!

Bitte versteh, dass all dies die Zeichen sind, dass du nun tot bist.

Bei der Kraft der Wahrheit, dass alle Erscheinungen vergänglich sind, lade ich dich nun ein, hier bei mir in diesem Foto von dir vorerst Wohnung zu nehmen und gemeinsam mit mir zu entspannen, zu meditieren und zu beten.

Ich wünsche mir von Herzen, dass es dir gutgeht, wo immer du bist, und ich hoffe und bete, dass das göttliche Licht der Weisheit und der Liebe dich nun ganz umhüllt, beseligt und erleuchtet …

Ich will tun, was ich kann, um dir in deiner neuen Lage zu helfen.

Bitte bleib eine Zeit lang hier bei mir.

Ich will dich an die befreienden Instruktionen der erleuchteten, göttlichen Meister erinnern.

Wenn du ihrem Rat und ihrer Weisung folgst, kannst du jetzt in einem Sprung den Zustand der Erleuchtung und der völligen Freiheit von allem Leiden erlangen.

Hör mir also bitte immer wieder zu, wenn ich versuche, dich mit Worten und Gedanken zu erreichen.

›Der Herr des großen Erbarmens gebe dir ewigen Frieden, und das ewige Licht leuchte dir!‹«

Nun, da du von der Umhüllung des physischen Körpers frei bist, kannst du mit deinem feinstofflichen Körper sowohl noch deine vertraute Umgebung wahrnehmen als auch den Ozean des Lichts der göttlichen Wirklichkeit, der dich überall umgibt.

Töne jeder Art, Lichtstrahlen, wunderbare Formen und Farben von solcher Intensität, dass du sie kaum anschauen kannst, strömen auf dich zu, kaum dass du nach oben blickst und deinen Geist darauf richtest.

Wundere dich nicht, und fürchte dich nicht vor dem göttlichen Licht, vor dem Licht, das die alles verstehende Weisheit und alles vergebende Liebe des Universums ist –, dieses Licht ist die wahre Natur deines eigenen Geistes, reine Energie, die Untrennbarkeit von alles erkennender Klarheit und Leerheit.

Frei von jeder Form, kann dieses Licht wie im Traum jegliche Gestalt annehmen. Dieses Licht weiß alles und versteht und vergibt alles. Fürchte dich nicht vor diesem strahlenden Licht der Wahrheit. Es ist die wahre Natur aller Erleuchteten, deshalb öffne dein Herz vertrauensvoll diesem Licht, und nimm deine Zuflucht zu ihm.

Nimm Zuflucht zum Herzen der erleuchteten und heiligen Wesen, die dir in diesem Licht erscheinen, in gewaltigen Auren aus Licht … Strahlen des Lichts strömen aus ihrem Herzen in dein Herz … Lass dich wärmen und erleuchten von diesem Licht … Lass dich hineinziehen in das Herz der Buddhas, und werde ganz eins mit dem Licht … Fürchte dich nicht … Alle Lichter sind dein eigenes Licht, alle Töne sind der tausendfältige Donner der inhärenten Energie deines eigenen Geistes, die sich nun ganz frei manifestieren kann …

Lass deinen Geist direkt in der Schau des Lichtes ruhen – frei von allen Gedanken, völlig entspannt, und du erlangst unerschütterlichen Frieden und wirst für immer eins mit dem göttlichen Licht!

AAAAAAAAAAAAAAAAAAAAHHHHHHHHHHH! (An dieser Stelle tönen wir ein langes A.)

Erinnere dich bitte immer wieder an die befreienden Instruktionen des Totenbuchs, lass sie uns jetzt zusammen sprechen, und vergiss sie nicht:

»Nun, da ich den physischen Körper verlassen habe und mir die leuchtenden Visionen des Nachtodzustands erscheinen, werde ich frei von allen Gefühlen des Begehrens und der Furcht. Alles, was erscheint, als meine eigene Projektion erkennen.

Im festen Wissen, dass dies die Visionen des Nachtodzustands sind, werde ich unabgelenkt im natürlichen Zustand ruhen, frei von allen Gedanken und den friedvollen und zornvollen Erscheinungen, meinen eigenen, spontan entstehenden Projektionen weder folgen noch sie fliehen.

In kontinuierlicher Luzidität, eins mit dem Licht, werde ich im Zustand völligen Friedens verweilen.

Für immer befreit von allem Leiden, frei von dem Zwang etwas zu denken und zu tun, möge ich eine Quelle des spontanen Segens für alle Wesen werden!«

Das war die erste von vier Phasen der Praxis der Befreiung durch Erinnern und durch Hören im Nachtodzustand: die Phase des Erinnerns an die befreienden Instruktionen des Totenbuchs.

So verbinden wir uns, während wir vor dem kleinen Altartisch und den Bildern sitzen, immer wieder möglichst unabgelenkt und konzentriert mit dem Bewusstsein des Verstorbenen und senden ihm mit möglichst wenigen Unterbrechungen telepathisch die wesentlichen Instruktionen des Totenbuchs zu.

2. Die Phase des Zufluchtnehmens
und der ständigen Rezitation des Mantras

Dieser Teil der Praxis besteht darin, das für den Verstorbenen vertrauteste und am meisten geübte oder das kulturell für ihn geeignetste Mantra oder Gebet immer wieder mit gesammeltem Geist zu rezitieren.

Hier nun nehmen wir das Ende des roten Fadens in unsere rechte Hand und stellen uns, das Mantra unablässig rezitierend, vor, wie dieser Mantra-Gedanke von unserem Herzen zum Herzen des Verstorbenen fließt.

Immer wieder erscheint das Mantra im Geist des Verstorbenen und erinnert ihn daran, bei der Verkörperung des Göttlichen, bei der Segensquelle als Verkörperung von Liebe und Weisheit die ihm am vertrautesten ist, Zuflucht zu nehmen. Das Leitmotiv hier ist der inspirierende Gedanke:

»Nimm deine Zuflucht zum Herrn des großen, grenzenlosen Mitgefühls, und in einem Augenblick wirst du in seiner liebenden Gegenwart und für immer frei sein!«

Gleichzeitig stellen wir uns vor, wie das Bewusstsein des Verstorbenen den roten Faden entlang in das Herz der Verkörperung hinter ihm fließt und dass er eins wird mit der Quelle des Segens.

Unabhängig davon, wie gläubig der Verstorbene war, wählen wir hierzu die archetypische Verkörperung oder Gestalt für »Erleuchtung, Heiligkeit, Weisheit und Liebe«, mit welcher der Verstorbene wohl am tiefsten vertraut war.

Erinnern wir ihn an Jesus Christus, so verwenden wir das Mantra »Kyrie eleison« oder »Herr, erbarme dich«.

Für Buddhisten wäre das Mantra »Om Amithaba Hrih« das geeignete, das »Verehrung dem Buddha des grenzenlosen Lichts!« bedeutet. Für Praktizierende des tibetischen Buddhismus rezitieren wir »Om A Hum Vajraguru Pema Siddhi Hum«, das Mantra des Mahaguru Padmasambhava, der die Nirmanakaya-Emanation des Buddha Amithaba ist.

Einen Muslim erinnern wir mit der Gebetsformel des *dhikr,* die aus der ersten Hälfte des islamischen Glaubensbekenntnisses, besteht: »La ilaha illa'Llah« oder »Es gibt keinen Gott außer Gott«.

Die Chance für den Verstorbenen, sich an das Wesentliche zu erinnern, nämlich die Möglichkeit, Zuflucht zu nehmen und damit Befreiung zu erlangen und sein Bewusstsein in einen reinen Bereich zu übertragen, ist tatsächlich so oft gegeben, wie wir ihn daran erinnern.

Entscheidend für die Wirkung ist es auch, wie viel Herzblut und Intensität wir in unsere Wunschgebete legen, in denen wir, wie zu Beginn der Sitzung, ihn immer wieder dem Schutz der erleuchteten und heiligen Erwachten empfehlen.

Wir bitten diese Verkörperung des Göttlichen also in jeder Sitzung mit Gebeten wie:

> **»Ich bitte euch/dich, meine geliebte Frau/mein geliebtes Kind/… (Name), die nun ihre Lebensreise fortsetzen wird, zu schützen, zu führen und sie aufzunehmen in eurer Mitte. Bitte umhüllt sie mit dem Licht eurer Liebe und eures Friedens, und bewahrt sie vor allem Irrtum und allem Leid!«**

Dann fahren wir wieder mit der Rezitation des Mantra fort.

Die Chance, aus dem visionären Nachtodzustand heraus zu Luzidität und damit Befreiung zu kommen, steigt mit der Häufigkeit, Kontinuität, Ausdauer und Hingabe, mit der die »Praxis des Erinnerns« für die Verstorbenen fortgeführt wird. Sie ist ebenso groß, wie wenn man einen Schlafenden in der Traumphase verbal daran erinnern würde, dass er träumt. Je öfter wir ihn erinnern, »dass alles Traum ist«, was er erfährt, umso öfter hat er eine Möglichkeit, dies zu realisieren und luzide zu werden.

Doch anders als im Traum entscheidet hier das Luzide-Werden oder nicht über Befreiung oder Bindung, über ein künftiges Leben in Glück oder Leid.

Wie viel Sinnvolles und Gutes können wir als Hinterbliebene hier also noch für unsere Verstorbenen tun, wie viel Zeit und Aufmerksamkeit und Liebe und Wunschgebete für ihr Glück können wir ihnen dadurch noch schenken und damit unsere Liebe und Dankbarkeit zeigen?

Je tiefer die Verbindung war, die wir mit dem verstorbenen Menschen zu Lebzeiten hatten, umso besser wird es gelingen, dass ihn unsere Gedanken erreichen. Und so erinnern wir den Verstorbenen, nachdem wir beispielsweise 30 Minuten das Mantra rezitiert haben, auch mit den folgenden Instruktionen wieder an das Wesentliche:

»Liebe Freundin, lieber Freund, bitte erinnere dich!

Du bist gestorben und hast deinen materiellen Körper zurückgelassen.

Der subtile Energiekörper, in dem du nun lebst, stirbt nicht und kann nicht zerstört werden.

Was auch immer dir nun erscheinen mag, wisse, es ist dein eigener Traum!

Hafte nicht daran, und fürchte die spontanen Visionen deines Traumes nicht!

Nichts kann dir schaden, denn Geist bist du, seiner Natur nach leer und klar!

Hafte an keiner deiner Erfahrungen, lass sie einfach, wie sie sind – von selbst erscheinend und von selbst sich wieder befreiend.

Lass sie kommen und gehen, wie sie wollen – nichts ist dir nötig.

Erleuchtet und frei ist dein Geist von Anfang an – da ist nichts, was du tun oder vollbringen müsstest.

Dein wahres Wesen ist große uranfängliche Vollkommenheit.

Hafte an nichts, fliehe nichts, und du bleibst frei, offen entspannt und selbstgewahr in deinem natürlichen Zustand kontinuierlicher, ungeborener Präsenz!«

Dann fahren wir wieder mit der Rezitation fort, oder wir beginnen die dritte Phase der Praxissitzung, das Ruhen in der völligen Stille der Meditation.

3 Die Phase der Übertragung des Friedens und der Klarheit von Geist zu Geist

Hier laden wir den Verstorbenen mit den folgenden Worten ein, gemeinsam in Stille zu verweilen und frei von allen Gedanken für einige Zeit im natürlichen, völlig entspannten Zustand, der Untrennbarkeit von Leerheit und Gewahrsein zu ruhen:

> **»Liebe(r) …, der Herr gebe dir die ewige Ruhe,**
> **und das ewige Licht leuchte dir!**
> **Lass uns voll Vertrauen im natürlichen Zustand tiefsten Friedens ruhen, frei von allen Gedanken …**
> **und eins mit dem Licht der Liebe und Weisheit!**
> **AAAAAAAAAAAAAAAAAAAAAAAAAAAHHHHH!«**

Die Darstellung dieser drei Phasen einer Übungssitzung mag uns zeigen, wie wir dabei vorgehen *können*. Es ist aber kein starres Muster, dem wir hier folgen. Wir machen ja jeden Tag mehrere Sitzungen, und die Phasen des Erinnerns, dann der Rezitation des Mantras, spontan einfließende Wunschgebete und inspiriertes Sitzen in der Stille werden sich innerhalb jeder Sitzung in einem lebendigen und spontanen Fluss ohne Vorgaben bestimmter Zeitfenster ablösen.

Zwei Stunden als Gesamtdauer einer Sitzung, geteilt in zwei Perioden von 50 Minuten mit einer Pause von 20 Minuten dazwischen, ist ein bewährtes und angenehmes Maß.

4. Die Phase der Widmung der Verdienste für alle Wesen und den Verstorbenen

Wenn wir eine Sitzung beschließen und immer, bevor wir uns wieder erheben, widmen wir alles Positive, das dadurch entstanden ist, explizit dem Wohl aller Wesen und insbesondere dem Wohl des Verstorbenen:

>»Wir widmen alles Gute und Heilsame, das durch unsere Praxis entstanden ist, dem Wohl und der Erleuchtung aller fühlenden Wesen, im Besonderen widmen wir es dem/der lieben ... (Name des Verstorbenen).
>
> Möge er durch den Segen Gottes und aller heiligen und erleuchteten Wesen und durch die kraftvolle Wirkung der Instruktionen und unserer Praxis unterstützt, die wahre Natur seines Geistes als ungeboren und unsterblich erkennen, leer und klar, und alle Erfahrungen und Erscheinungen als das visionäre, traumgleiche Spiel seines eigenen Geistes.
>
> Möge er in diesem Augenblick kontinuierliche Luzidität erlangen und in großem Gleichmut verweilen können – für immer frei von Unwissenheit, frei vom Haften an etwas und von Aversion gegen etwas.
>
> Möge er befreit von allem Leiden sein und von den Ursachen des Leidens.
>
> Möge er sich des Glücks erfreuen und der Ursachen des Glücks. Möge er im unerschütterlichen Frieden, in der

Freiheit des Nichtanhaftens, in der Glückseligkeit, frei von Wünschen, in der allumfassenden Liebe und Weisheit seines wahren Wesens erwacht, eine Quelle des Segens für alle Wesen werden!

Und dasselbe wünschen wir uns für alle Wesen in den zehn Richtungen des Raums, gleich, ob sie hier leben oder in der Geisterwelt oder in einem anderen Bereich der sichtbaren und unsichtbaren Welten, ohne Zahl!

Mögen alle Wesen glücklich sein!«

Es wird aus dem Vorangegangenen bereits deutlich geworden sein, dass die Übung der »Befreiung durch Erinnern und durch Hören«, auch wenn wir sie hingebungsvoll über Wochen kultivieren, was in unserem Kulturkreis heutzutage sicher ungewöhnlich ist, keine Kultivierung der Anhaftungen an die verstorbene Person und keine träumerische Beschäftigung mit Erinnerungen an das gemeinsam Erlebte impliziert, wie dies häufig im Privaten von Hinterbliebenen kultiviert wird.

Vor Kurzem hörte ich von einer Dame, die ihrem Mann, der vor einigen Jahren starb, gedanklich täglich berichtet, was in der Familie, mit den Kindern und Enkeln seit seinem Ableben geschah. In Gedanken redet sie mit ihm, und sie sagte, dies helfe ihr, besser über ihren Verlust hinwegzukommen. Eine solche Entwicklung des Rückzugs in eine Traumwelt des Festhaltens am Vertrauten ist nach Möglichkeit zu vermeiden. Es kann den Verstorbenen sogar daran hindern, weiterzugehen und frei zu werden.

Hier ist noch einmal zu erwähnen, dass es leider unzählige erdgebundene Seelen um uns gibt, die nicht einmal erkennen, dass sie tot sind, und wegen ihrer starken Anhaftungen oder ihrer Erinnerung an ein starkes Trauma nicht weiterkommen.

•◆•

Die Praxis des hingebungsvollen »Erinnerns« des Verstorbenen ist natürlich frei von jeder Erwartung, dass dieser sich uns mitteilt … Sie ist in sich selbst ein Prozess des Anerkennens und des Annehmens des eigenen Todes, ein bewusstes Abschiednehmen und Loslassen von Anhaftungen und Illusionen, ein Erwachen zur inneren Freiheit und Unabhängigkeit unseres wahren Selbst und damit ein In-den-natürlichen-Frieden-großer-Gelassenheit-Kommen – ein Erkenntnisprozess, den wir über die ersten Wochen des Postmortem mit dem verstorbenen Menschen, den wir begleiten, teilen können.

Um uns von egoistischen, selbstreferenziellen Anteilen zu reinigen, die uns geneigt machen, den Verstorbenen und uns selbst als besonders wichtig zu empfinden, ist es immer wieder richtungsweisend, den »Geist der Erlösung aller Wesen durch Erkenntnis der Wirklichkeit, den Geist des alle Wesen umfassenden Mitgefühls« zu pflegen.

Wir stellen damit unser Bemühen um die Luzidität des Verstorbenen und unser eigenes Streben nach Selbsterkenntnis und Erleuchtung bewusst in den großen Zusammenhang unsrer geistigen Verbundenheit mit allen Wesen, und all unser Üben ist getragen von Wünschen für ihr bleibendes Wohl und damit eingebunden in das große Erlösungswerk.

Die Wunschgebete in der Widmung sind alle Ausdruck dieser auf das Erwachen und die Freiheit aller Wesen ausgerichteten Motivation, die schließlich all unser Handeln und Üben, all unser Tun und Ruhen in die richtigen Bahnen lenkt. So ist diese Praxis heilsam und erleuchtend für den Verstorbenen und gleichzeitig für uns selbst.

Die Erfahrung von Tod und Verlust, die uns unsere eigene Vergänglichkeit so bewusst macht, kann uns lähmen, wenn sie verdrängt wird. Doch sie kann uns auch Inspiration und Ansporn werden für tiefe Hingabe an die Praxis und Transformation; und unsere Opfer an Zeit und Aufmerksamkeit für den geliebten Gefährten, der von uns gegangen ist, oder für das geliebte Kind, das so früh aus dem irdischen Leben schied, werden den Weg zu einem freieren Seinszustand für ihn/es und uns erleuchten.

Wir alle sind Reisende auf dieser Welt – Durchreisende –, und nur für eine begrenzte Zeit, sei sie nun kurz oder lang, sind wir zusammen. Dann heißt es wieder Abschied nehmen und den anderen ziehen lassen. Denn festzuhalten, was man nicht festhalten kann, erzeugt immer Leid. Ist es also nicht viel besser, und heilsamer für alle Betroffenen, dem Menschen, der fortgegangen ist, eine gute Reise zu wünschen, statt sich damit zu quälen, dass er fort ist?

Tränen tun der Seele des Verstorbenen weh, sie brennen wie Tropfen geschmolzenen Bleis in der geistigen Welt. Es tut ihr weh, die geliebten Eltern, die Lebensgefährtin nun so traurig und elend zu sehen und zu empfinden, dass sie selbst die Ursache dafür ist. Es irritiert und beunruhigt sie, dass sie nicht helfen und nicht mitteilen kann, dass sie ja da ist und unbeschadet weiterlebt.

Auch wenn dieser Mensch nun gehen musste, so ist es doch so unvermeidlich wie das Erwachsenwerden eines Kindes, das uns verlässt und nun mit einem anderen Menschen eine Familie gründet und in einem weit entfernten Land lebt.

Natürlich werden wir diesem Kind in der Fremde von ganzem Herzen unsere Liebe schicken, und unsere guten Wünsche und Gebete für sein Glück sollen es begleiten! Und sicher werden diese unterstützenden Segenswünsche, diese heilsamen Gedanken des Glücks, der Zuversicht und der Gelassenheit bei ihm ankommen. Also bitte keine Vorwürfe an den, der geht, kein »Warum bist du von mir fortgegangen?«, keine Vorwürfe des Kindes an den neuen Lebenspartner der Mutter wie »Du hast ihn mir genommen«, keine Vorwürfe an Gott!

Wenn wir den verstorbenen Menschen wirklich lieben, legen wir das Selbstbezogene unserer Liebe ab und zeigen ihm die Stärke unserer Liebe durch die Beständigkeit unserer Zuwendung und die Verlässlichkeit unserer guten Wünsche, unseres bedingungslosen Wohlwollens, indem wir sagen:

»Möge es dir gutgehen, wo immer du jetzt bist.

Mögest du glücklich sein und frei sein von allem Leiden.

Mögest du immer glücklich sein und alles haben,
was du brauchst!«

Mit diesen, dem verstorbenen Menschen zugedachten heilsamen Gedanken generell und mit der Hingabe an die oben beschriebene Praxis der »Befreiung durch Hören der Instruktionen für das Postmortem« können wir wirklich etwas für unsere Lieben tun, und sie werden sicher nicht traurig sein deswegen. Leiden sie doch in ihrem neuen Erfahrungsbereich häufig darunter, dass niemand sie mehr wahrnimmt und sie seitens ihrer Angehörigen plötzlich keine Zuwendung mehr erfahren. Sowohl sie als auch die Hinterbliebenen werden durch diese Praxis Trost finden, und neue positive Ausrichtung und Zuversicht kann entstehen.

Positive und erleuchtende Gedanken und Stimmungen teilen sich telepathisch ebenso mit wie negative und betrübte. Das ist eigentlich selbstverständlich; und wenn wir Heilsames bewirken und helfen wollen, gehört dazu auch die Aufgabe, achtsam zu bleiben. Indem wir die Verantwortlichkeit für das von uns gedanklich Ausstrahlende und Bewirkte anerkennen, werden wir uns des wunscherfüllenden Juwels des eigenen Geistes, der schöpferischen Kraft der Gedanken mehr und mehr gewahr.

»Wenn du drei Wünsche frei hättest und sie würden umgehend wahr – was würdest du dir wünschen?« Diese Fragestellung ist ein bekanntes Motiv, sie impliziert eine andere, unausgesprochene Frage an den Geist des zuhörenden Kindes oder Erwachsenen: Was ist es eigentlich, das in jeder Hinsicht wert ist, dass du es dir wünschst?

In manchen Märchen – oder auch Anekdoten – wird jemand vor diese Frage gestellt, und meistens zeigt sich, dass dem Glücklichen, dem die Fee diese Wunscherfüllung offeriert, leider nichts Besseres einfällt als naheliegende, kleine Banalitäten, die einem momentanen Bedürfnis und seiner begrenzten Sicht entspringen, doch weder für ihn noch für seine Umwelt wirklich und nachhaltig hilfreich sind. Es ist wie im normalen Leben.

So weist das Märchen darauf hin, dass der Mensch, obwohl mit wundertätiger Wunschkraft begabt, leider meist gar nicht weiß, was er damit anfangen soll. So wünscht er einmal dieses und dann jenes, doch das, was die eigentlichen Ursachen des Glücks sind, das ja alle suchen, ist ihm verborgen. Oft wünschen wir uns deshalb etwas, was uns jeder Mühe und vieler Opfer wert scheint, und doch erfahren wir in der Folge, wenn wir das Erwünschte nach den leidvollen Anstrengungen, es zu erlangen, endlich bekommen haben, dass nur neue Anhaftung und Ängste, neue Leiden und Krankheit daraus entstanden sind.

Ganz auf unser bleibendes Glück bedacht, hat »ein völlig erwachtes Wesen«, also ein »Buddha«, einst die sogenannten »vier unermesslichen, guten Wünsche« gelehrt:

»Mögen alle fühlenden Wesen, unsere Kinder,
sich des Glücks erfreuen und der Ursachen des Glücks.«

»Mögen sie vom Leiden frei sein
und von den Ursachen des Leidens.«

»Mögen sie in der großen Freude ruhen, jenseits des Leidens.«

»Mögen sie, zusammen mit uns, in großem
Gleichmut verweilen, frei von Unwissenheit,
frei vom Haften an etwas und von Aversion gegen etwas.«

Getragen von der Kraft dieser vier unermesslichen, auf das Glück und die Befreiung aller Wesen ausgerichteten Wünsche können wir alles kleinliche Bekümmertsein um unser eigenes Wohl vergessen, denn es ist ja eingeschlossen im Wohl des Ganzen. Ja, es verwirklicht und entfaltet sich gerade in dieser weiten Perspektive des großen Ganzen, die das Glück für alle Wesen ersehnt.

Inspiriert von dieser wahrhaft den Kokon des Ichs durchbrechenden Motivation, können wir vieles verwirklichen, was wir uns selbst nicht zugetraut hätten. Mit dieser Motivation lässt sich auch die intensive Hingabe und stetige Aufmerksamkeit mobilisieren, die nötig ist, um einen Verstorbenen zu erreichen und zu unterstützen.

Im Bemühen um das Wohl des Verstorbenen können sich verbliebene Negativitäten aus unserer Beziehung zu diesem Menschen und das selbstbezogene Haften an dieser Beziehung auflösen.

»Mögen alle Wesen glücklich sein!« – Dieser eine Wunsch, dieser eine Gedanke hat, wenn er von uns wirklich gepflegt wird, tatsächlich die transformierende Kraft, unseren Geist in allen erdenklichen Situationen sehr schnell von neurotischen Blockaden und Störgefühlen zu befreien und positiv auszurichten.

Wenn wir durch solche Weitung des Herzens die »große Offenheit des Mitgefühls« entdeckt haben, dehnen wir dieses Mitempfinden auf alle Menschen in unserem Umfeld aus – egal, ob Freund oder Feind, egal, ob fern oder nah –, und wir vergegenwärtigen uns, dass all diese Wesen nur glücklich sein wollen, und dennoch leiden sie. Sie sind den Leiden von Geburt, Krankheit, Altern und Tod ausgeliefert und unterworfen.

Wir vergegenwärtigen uns ihre Leiden, und wir versuchen, wie ein guter Arzt, die Ursachen ihres Leids, ihrer Krankheiten zu verstehen. Und wir erkennen die Toxine des Geistes – Unwissenheit, Anhaften und Aversion in jeder Psyche und in uns selbst und wie, immer begleitet von geistiger Unruhe und einem unaufhörlichen Strom von dualistischen Gedanken, eine Vielzahl von Handlungen entstehen, welche von Fehlwahrnehmungen, Fehlinterpretationen und Störgefühlen gefärbt sind.

Ganz allein von dem Wunsch »Mögen alle Wesen glücklich sein!« motiviert, versuchen wir unser Bestes, um achtsam zu bleiben, um diesen Gewohnheiten und Mustern nicht mehr zu folgen und zu helfen, wo wir helfen können.

Wir können die Ursachen des Leidens beseitigen, wann immer und wo immer sie auftauchen, und wir beginnen bei uns selbst, in unserem eigenen Geist, mit dieser großen Reinigung und Heilung.

»Die Befreiung durch Hören« ist durch ihr Bemühen um das Glück des Partners, Kindes, Freundes ein von Beginn an von selbstreferenziellen Anteilen der Trauer befreiendes Voranschreiten in die neue Lebensphase.

Sie ist, ausgehend von einer klaren Unterscheidung des Unvergänglichen und des Vergänglichen, ganz auf eine Befreiung von Anhaftung und von angstvollen Fluchttendenzen im postmortalen psychischen Erleben des Verstorbenen ausgerichtet.

In dieser gesammelten Neuausrichtung der Wünsche und Gedanken ganz auf die Erlösung hin, durch die Ausrichtung auf das Glück und die Erlösung des geliebten Menschen hin, erfahren auch wir selbst Glück und erlösende, befreiende Erkenntnis.

Die Anwendung der Praxis im Falle des Todes durch einen Suizid

Es ist tröstlich zu wissen, dass die Praxis der »Befreiung durch Erinnern und durch Hören« so kraftvoll ist, dass sie auch im Falle von Suiziden sicher wirksam ist. Die Übung des »Erinnerns« ist im Wesentlichen dieselbe wie oben beschrieben.

Die verbleibenden Negativitäten wie Selbstvorwürfe oder Schuldzuweisungen, die nach Suiziden bei den Betroffenen fast immer vorliegen und andauern, sind durch diese Art der nicht selbstreferenziellen Trauerarbeit am verlässlichsten aufzulösen.

Hier kann den Hinterbliebenen in anfänglich gemeinsamer Praxis ein Weg aufgezeigt werden, wie sie dem Angehörigen, der sich umgebracht hat, und sich selbst am ehesten helfen können. Dies gelingt natürlich nicht, solange die Angehörigen ihm oder sich selbst Vorwürfe machen.

Es gilt, zuerst ein Verständnis zu finden für die leidvolle Problemlage des Selbstmörders vor der Tat, die zu einer Handlung führte, die ja nur aus Ratlosigkeit und Unwissenheit begangen wurde. Dann wird ein Vergeben und Verzeihen entstehen können, das heilsam ist für alle Betroffenen.

Des Weiteren erweist sich als hilfreich und versöhnend das gemeinsame Gebet und das Kultivieren des Wunsches seitens der Angehörigen, dem geliebten Menschen, so traurig sie über das Geschehene sind, in seiner neuen Lage weiterhelfen zu wollen, so gut sie können.

Es ist erleichternd, sich selbst und die eigenen Gedanken nun zurückzunehmen und in den ersten Wochen alles für den Verstorbenen zu tun, was einem möglich ist. Und das ist nicht wenig, wenn man dazu bereit ist.

Es ist dabei für die Angehörigen gut zu wissen, dass die helfende Wirkung für den Verstorbenen bei ernsthafter Durchführung so konkret ist, dass es sich wirklich lohnt, sich mindestens vierzehn Tage bis drei Wochen dafür Zeit zu nehmen. In den ersten 21 Tagen können wir den Verstorbenen noch am besten erreichen. Es ist wichtig, sich in dieser Zeit nicht wie gewohnt zu zerstreuen und lieber weitgehend auf Fernsehen, Radio und Zeitungen zu verzichten.

Wenn es uns gelingt, gesammelt zu bleiben auf das Mantra und die Gebete, so wird uns dies selbst guttun. Mit Liebe immer wieder an den Menschen denkend, der unter so unglücklichen Umständen von uns gegangen ist, dürfen wir darauf vertrauen, dass unsere Botschaften und Gedanken bei diesem tatsächlich ankommen. Dies ist nichts anderes als das uns allen bekannte telepathische Phänomen, wenn wir an einen eng mit uns verbundenen Menschen denken – etwa mit einem spontanen »Ich wollte, er würde anrufen; ich wüsste so gern, wie es ihm geht?« – und der Betreffende dann tatsächlich nicht viel später anruft. Wenn also zwischen geistigen Wesen so spontan ein Kontakt hergestellt und ein Gedanke übertragen werden kann, dürfen wir sicher sein, dass dies bei häufig wiederholten und mit konzentriertem Geist gedachten Gedanken zweifellos noch besser funktioniert.

Haben wir eine »Phase der Meditation« beendet, in der wir gemeinsam mit dem Verstorbenen in einer völligen Stille des Geistes ruhten, so sammeln wir uns in der »Phase der Rezitation« wieder darauf, dem Verstorbenen immer wieder nur einen einzigen Gedanken zu senden: »Nimm jetzt deine Zuflucht beim Herrn des großen Erbarmens.«

Diese Formulierung des *Tibetischen Totenbuchs* können wir dem Glaubenssystem der Verstorbenen entsprechend anpassen, wie etwa »Herr, erbarme dich, Christus erbarme dich«, »Herr erbarme dich, Buddha erbarme dich«, »Ich nehme Zuflucht zu den erleuchteten Meistern, die voll Weisheit und Liebe sind« oder »Ich nehme Zuflucht zum klaren Licht der Weisheit und der Liebe Gottes«.

Das von uns gewählte Stoßgebet oder Mantra sollten wir unablässig, also ohne in andere Gedanken abzuschweifen, wiederholen und uns dabei vorstellen, dass wir es gemeinsam mit dem Verstorbenen beten, dass auch er in diesem Augenblick nichts anderes im Sinn hat und dass unsere Herzen von der gleichen Schwingung erwärmt und gerührt, von den hellen Strahlen der Barmherzigkeit der Segensquelle angezogen und ganz auf diese ausgerichtet sind.

»Betet ohne Unterlass«: Wenn wir das wirklich befolgen und jetzt geistig ganz auf das Gebet gesammelt bleiben, so kann dies genügen, um den Verstorbenen zu inspirieren, Zuflucht zur erleuchteten, zur heiligen Dimension des Geistes zu nehmen und damit möglicherweise die Befreiung von allem Leiden zu erfahren.

Nachdem wir eine Zeit lang rezitiert haben, folgt wieder eine »Phase der Instruktion«. Zu Beginn sprechen wir den Verstorbenen also wieder direkt mit seinem Namen an:

> **»Lieber …, bitte hör mir jetzt wieder genau und unabgelenkt zu, denn ich will dir den Weg aufzeigen, wie du nun, da du deinen physischen Körper verlassen hast, völlige Freiheit von allem Zwang und allen Leiden und Problemen erlangen kannst.«**

Dann lesen wir laut und deutlich dem Verstorbenen erneut die essenziellen Instruktionen vor, die ihm helfen, seine Lage zu verstehen, und ihn in jeder Phase des Postmortem zur Luzidität bringen können und damit zur klaren Erkenntnis, dass alles, was von ihm überhaupt erfahren werden kann, sein eigener Traum ist – eine spontane Manifestation des klaren Lichts seines eigenen Geistes.

Die plötzliche Erkenntnis, dass alles, was wir gerade erleben, ein Traum ist, lässt alle verwirrten emotionalen Reaktionen und Störgefühle ganz von selbst in sich zusammenfallen, und Geistesruhe und Klarheit sind die natürliche Folge.

Da Menschen, die sich selbst das Leben nehmen, meist davon ausgehen, sie könnten sich damit völlig vernichten und so ihren Leiden und Problemen entfliehen, haben sie oft besondere Schwierigkeiten zu erkennen, dass sie tot sind. Hellsichtige haben berichtet, dass manche Selbstmörder die Tötungshandlung im Jenseits deshalb mehrfach wiederholen. Es ist hier folglich wichtig, besonders häufig und speziell auch jede Woche am Tag, an dem er starb, den Verstorbenen daran zu erinnern, dass er nun tot ist:

> »Lieber …, bitte hör mich an, und erinnere dich! Vor …
> Tagen hast du deinem Leben selbst ein Ende bereitet. Du hast
> geglaubt, dass du, indem du deinen physischen Körper tötest,
> auch dich selbst töten und deinen Problemen entfliehen könn-
> test, aber wie du siehst, ist das nicht möglich. Der Geist, der die
> Ursache ist von allen Gedanken, Erfahrungen und Erscheinun-
> gen, stirbt nicht. Nur wenn du deinen Geist und dein Denken
> zur Ruhe bringst, kannst du den ewigen Frieden und die ewige
> Befreiung verwirklichen.
>
> Du warst einige Tage bewusstlos, und nun bist du wieder zu dir
> gekommen, aber in deinem feinstofflichen Körper, der in allem
> deinem früheren gleicht. Lass dich nicht täuschen. Blick in die-
> sen Spiegel hier, und sieh selbst, du hast kein Spiegelbild. Das
> ist ein Zeichen dafür, dass du tot bist. Du bist unsichtbar für die
> Lebenden, und niemand hört dich, wenn du sprichst.
>
> Sei nicht traurig über das Geschehene! Alle hier wissen, dass du
> dich nur umgebracht hast, weil du irrtümlicherweise gedacht
> hast, du könntest so deinen Problemen ein Ende setzen.

Was geschehen ist, lässt sich nicht mehr ändern. Wisse, dass niemand dir Vorwürfe macht deswegen.

Nun erkennst du wohl, dass es falsch war, so zu handeln. Erkenne also deinen Irrtum, bitte alle innerlich um Verzeihung, und wünsche allen von Herzen, dass es ihnen wieder gutgehen möge, und dann lass los, und mach dir keine Vorwürfe mehr.

Bleib hier bei mir in der nächsten Zeit. Ich will an dich denken und dir die Instruktionen des Totenbuchs vorlesen, die dir zeigen, wie du jetzt den Weg in die Freiheit von allem Leiden finden kannst.

Du kannst nun dein früheres Zuhause und deine Angehörigen sehen, aber gleichzeitig bist du umgeben von strahlenden Lichtern, Farben und Tönen.

Wende dich jetzt ganz dem hellsten dieser Lichter zu. Fürchte dich nicht vor dem strahlenden Licht, öffne dein Herz, und verschmelze mit dem Licht. Gib dich ganz dem alles vergebenden Licht der Weisheit und der Liebe Gottes hin. Wisse, dass alles, was du im Nachtodzustand erfährst, wie ein Traum ist. Egal, was du an Erhabenem oder Schrecklichem wahrnimmst, es sind deine eigenen Visionen.

Also fürchte dich nicht! Hör mir bitte zu!

Frei vom physischen Körper ist dein Geist so beweglich, dass er in einem Augenblick an dem Ort ist, an den er denkt. Wenn du es von Herzen wünschst und jetzt deine Zuflucht nimmst zu Gott oder zu den Erleuchteten und Heiligen, kannst du in einem Augenblick bei ihnen sein und für immer vom Leid befreit werden. Zweifle keinen Augenblick daran! Es ist möglich!

Ich werde dich ab jetzt immer wieder daran erinnern, Zuflucht zu nehmen.«

Dann rezitiert man wie bereits beschrieben so häufig wie möglich, viele tausend Mal, möglichst ohne Ablenkung in andere Gedanken, wieder das passend gewählte Mantra oder Stoßgebet und denkt dabei an den Verstorbenen, bewegt vom innigen Wunsch, ihm zu helfen.

Hat dieser einen kulturell christlichen Background, so können wir den Verstorbenen auch von Zeit zu Zeit einladen, mit uns das Vaterunser zu beten oder am Messopfer teilzunehmen. In der tibetischen Tradition gibt es wunderbare Gebete der Zufluchtnahme und des Erbittens des Segens der Meister, der Buddhas und Bodhisattvas, welche zumeist in einer schönen Melodie gesungen werden. Auch hier wählen wir die, mit denen der Dahingegangene am meisten vertraut war. Dasselbe gilt natürlich für alle anderen religiösen Traditionen.

Wenn unser Geist nach Rezitation oder Gebet inspiriert ist, wird er von selbst still, und dann ist es am besten, diese gesegnete Stille unsererseits nicht zu stören, solange sie von selbst anhält.

Später erinnern wir den Verstorbenen dann wieder an die befreienden Instruktionen, wie sie im Rahmen der Phasen der Übung oben schon gegeben wurden. Dabei ist es wichtig zu wissen, dass jede Erinnerung durch das Mantra, jede Aufforderung, doch Zuflucht zu nehmen, und jedes Lesen der Gebete und Instruktionen und jede Phase nichtkonzeptueller Meditation während seiner Zeit im Nachtodzustand eine erneute Gelegenheit für den Verstorbenen darstellt, die wahre Natur seines Geistes und seiner Erfahrungen zu erkennen und einen stabilen, luziden Zustand gleichmütigen Gewahrseins zu erlangen, der spontan zur Befreiung führt.

In diesem Zusammenhang wird in den Schriften auf die Bedeutung der Intensität und Kontinuität unserer Sammlung für den Erfolg dieser Praxis hingewiesen.

Positiv unterstützende Handlungen, die für alle Verstorbenen heilsam sind

Es ist natürlich auch förderlich, Messen für den Verstorbenen lesen sowie Rituale und Gebete als Hilfe im Nachtodzustand von Mönchen ausführen zu lassen, und wir sollten auch diese Aktivitäten mit großzügigen Spenden finanzieren und die Früchte dieser Praktiken dezidiert der Erleuchtung des Verstorbenen widmen.

Wenn sie wie zumeist durch Personen ausgeführt werden, die zu dem Verstorbenen eine schwächere oder keine Verbindung haben, ist die Wirksamkeit der Praktiken für den Verstorbenen natürlich nicht mit der »Praxis des Erinnerns« seitens eines Freundes oder Angehörigen zu vergleichen.

Am besten ist es, wenn nahestehende Personen sich entschließen, diese Praxis im Rahmen eines persönlichen Retreats zu verwirklichen und sich dafür einige Wochen lang von allen weltlichen Kontakten und Beschäftigungen zurückziehen.

Falls andere unbedingt zu erfüllende Verpflichtungen uns daran hindern, wäre der mindeste Aufwand für dieses Liebesopfer, sich jedes der folgenden sieben Wochenenden Zeit zu nehmen und außerdem an jedem Wochentag am Morgen wie am Abend eine Praxissitzung von zwei Stunden für den Verstorbenen durchzuführen, um eine gewisse Kontinuität der Begleitung zu gewährleisten.

•◆•

Es wird gelehrt, dass wir für den Verstorbenen weitere heilsame Wirkungen durch gute Taten erzeugen können, wenn deren positive Wirkung oder Frucht ausdrücklich dem Verstorbenen gewidmet werden. In Tibet war es üblich, zu diesem Zweck ein Drittel des hinterlassenen Vermögens des Verstorbenen an Bedürftige und Klöster zu verteilen.

Eine Spende an eine karitative Organisation oder an eine als gemeinnützig anerkannte Stiftung im Namen des Verstorbenen stellt eine weitere Möglichkeit dar, seine Meriten zu mehren.

Verdienst kann auch angesammelt werden, wenn wir Tiere freikaufen und freilassen oder in gute Hände geben, die ansonsten zum Verzehr bestimmt oder sonst wie dem Tod geweiht gewesen wären. Dies ist nach tibetischer Auffassung eine Praktik, die auch in Fällen schwerer Erkrankungen positiv wirkt und für einen Patienten lebensverlängernde Wirkung haben kann, wenn er diese veranlasst oder sie ihm gewidmet wird.

Generell können wir die Früchte all unsrer religiösen Übungen, Gebete, Mantras, Niederwerfungen, Opfer und Spenden et cetera, also alle heilsamen Resultate von Handlungen, als segensreiche Impulse an alle Wesen weiterleiten. Und wir können sie einer bestimmten Person widmen, beispielsweise verbunden mit dem Wunsch, diese möge gesund werden.

Egal, ob diese Person lebt oder verstorben ist, wir können ihr unsere Verdienste mit dementsprechenden Wünschen für ihr Wohl widmen:

>>Ich widme alles Heilsame und Positive, das durch meine Praxis von Gebet und Meditation und andere positive, selbstlose Handlungen jemals entstanden ist und entstehen wird, dem Wohl und der Erleuchtung aller Wesen! Und im Besonderen widme ich es … (Name). Möge er glücklich sein und frei von Leiden! Möge er in Frieden, in Freude und Weisheit leben und in Fülle alles haben, was ihm nötig ist!<< (So können wir zum Beispiel auch noch nach Jahren für unsere gestorbenen Eltern und andere beten. Es wird sie erreichen, wo immer sie sind!)

>>Möge er bald wieder völlig gesund sein!<< (So widmen wir die Verdienste einem Kranken, auf dessen Heilung und langes Leben wir hoffen dürfen.)

Oder (wenn wir für einen Verstorbenen praktiziert haben): >>Möge er im Sterben das klare Licht erkennen und darin ewige Ruhe finden!<<

>>Möge er, geführt von heiligen und erleuchteten Wesen, alle Visionen des Nachtodzustands als die Erscheinung seines inneren Lichts erfahren und frei von Gedanken und Störgefühlen,

frei von Verlangen und von Furcht, im Licht der Weisheit und
der Liebe Gottes vollkommenen Frieden finden!«

Wer bittet, dem wird gegeben werden, und wer seine Wünsche klar formuliert, dem werden sie in Erfüllung gehen – und dies umso mehr, wenn
wir uns das Wohl und das Erwachen aller Wesen wünschen.

Von Guru Padmasambhava stammt das folgende Gebet, das wir immer
wieder für unsere Verstorbenen rezitieren können:

> »All ihr Erleuchteten und Heiligen in den zehn Richtungen des
> Raums, barmherzig seid ihr, allwissend, mit göttlicher Klarsicht
> begabt, liebevoll anteilnehmend seid ihr, die Beschützer aller
> Wesen.
>
> Durch die Macht eures großen Mitgefühls kommt jetzt bitte
> an diesen Ort und nehmt unsere materiellen und vorgestellten
> Opfergaben gnädig an.
>
> O ihr Mitfühlenden, ihr besitzt alles verstehende Weisheit, lie-
> bevolles Erbarmen und erleuchtete Aktivität, und ihr beschützt
> jedes Wesen, ohne Unterschied.
>
> Bitte kommt jetzt hierher, und erbarmt euch über unseren
> Freund, der nun die ihm vertraute Welt verlässt und zu einem
> anderen Ufer geht. Allein geht er, und die Vision seines alten
> Lebens schwindet, und er ist in Gefahr, von seinen eigenen
> Gedanken und Neigungen verwirrt eine neue Geburt im leid-
> vollen Kreislauf konditionierter Existenz anzunehmen. All ihr
> mitfühlenden, erleuchteten Wesen – bitte seid für ihn eine
> sichere Zuflucht, und führt ihn jetzt direkt in das reine Land,
> von dem es keine Rückkehr in die Welt des Leidens gibt.«

Hiermit endet das kleine Manual für die Begleitung im Nachtodzustand,
die dritte der »Drei Übungen für ein gutes Sterben und ein gutes ewiges Leben«.

Abbildung 11: Zufluchtsbaum mit Buddha Padmasambhava (tibetischer Holzschnitt)

Das Wunschgebet

Das Wunschgebet, um die drei Yogas des Traums, des klaren Lichts und der Bewusstseinsübertragung zu verwirklichen und den erleuchteten Zustand kontinuierlicher Luzidität zu erlangen, lautet:

>»Kostbarer Meister, klares Licht der großen Vollkommenheit, du hörst mich, du siehst mich, du kennst mich – der du mein eigenes leeres Gewahrsein bist.
>
>Bitte hilf mir heute, den Traum der Erscheinungen als Traum zu erkennen und zu meistern!
>
>Bitte hilf mir, frei und unbeeinflusst von Formen, Empfindungen, Gedanken, Willensregungen und Bewusstsein im klar erkennenden Licht leeren Gewahrseins zu bleiben – eins mit dir und eins mit allen Erscheinungen!
>
>Und bitte zieh mich in der Stunde meines Todes mit dem hellsten der Lichter direkt in dein Herz, und lass mich im reinen Bereich der Buddhas in deiner Gegenwart geboren und erleuchtet werden und mit spontanen Emanationen der Weisheit und der Liebe das Leiden aller Wesen heilen.«

Die Widmung

Wir widmen alles Heilsame, das durch unsere Praxis des Hörens der Lehre, der Reflexion über ihren Sinn und ihre Anwendung in der Meditation entstanden ist, dem Wohl und der Erleuchtung aller Wesen.

Mögen alle fühlenden Wesen, in welchem Körper und in welchem Lebenstraum sie sich auch gerade befinden, in diesem Augenblick innehalten und zurückschauend auf ihr eigenes Sehen sich selbst als leeres Gewahrsein erkennen – frei von Geburt und Tod.

Danksagung

Mein herzlicher Dank geht an alle Buddhas und Bodhisattvas, an all meine Freunde im Geiste, Lehrer und Schüler der »großen Vollendung«, die mich zum Schreiben von „Kunst des Lebens – Kunst des Sterbens" inspiriert und seine Veröffentlichung durch ihr selbstloses Engagement für das Wohl aller Wesen gefördert haben.

Möge dieses Buch mit dem Segen der Buddhas vielen Menschen eine Hilfe auf dem Weg zu völliger Luzidität und Erlösung sein!

Sarva Mangalam!

Anhang

Literatur

Das Ägyptische Totenbuch, Übers.: Gregoire Kolpaktchy, O. W. Barth Verlag, Weilheim 1970

Allione, Tsultrim: *Tibets weise Frauen,* Theseus Verlag, Berlin 2001

Anagarika Govinda, Lama: *Grundlagen tibetischer Mystik – Die geheime Lehre des Großen Mantra,* O. W. Barth Verlag, Frankfurt am Main 1999

Andreae, Johann Valentin, und Rudolf Steiner: *Die Chymische Hochzeit des Christian Rosenkreuz Anno 1459,* Zbinden Verlag, Basel 1978

Areopagita, Dionysios: *Mystische Theologie und andere Schriften,* O. W. Barth Verlag, München-Planegg 1956

Assagioli, Roberto: *Handbuch der Psychosynthesis. Angewandte transpersonale Psychologie,* Aurum Verlag, Freiburg im Breisgau 1988

Baroetto, Giuseppe: *Māhamudrā and Atīyoga,* D. K. Print World (P) Ltd., Delhi 2005

Barrett, William F.: *Death-Bed Visions,* Methuen Books, London 1926

Bernays, Edward: *Propaganda – Comment Manipuler l'Opinion en Démocratie,* Sixtrid Verlag, o. O. 2019

Binder-Schmidt, Marcia: *Das große Dzogchen-Handbuch,* Arbor Verlag, Freiburg im Breisgau 2005

Blackman, Sheila: *Graceful Exits. How Great Beings Die,* Shambhala Editions, Boston und London 2005

Bozzano, Ernesto: *Le visioni dei morenti,* Gattopardo Editori, Rom 1972

Bradley, Ben: *The Oxford Handbook of the Philosophy of Death,* Oxford University Press, Oxford 2013

Buddhaghosa: *Der Weg zur Reinheit/Visuddhi-Magga,* DBU 1993, Jhana Verlag im Buddha-Haus, 8. Aufl. 2002

Chang, Garma C. C.: *Die buddhistische Lehre von der Ganzheit des Seins,* O. W. Barth Verlag, München 1989

Chökyi Nyima, Rinpoche: *Das Bardo-Buch,* O. W. Barth Verlag, München 1998

Cicero: *Gespräche in Tusculum,* Artemis und Winkler Verlag, Zürich 2011

Cleary, Thomas: *Der Mond scheint auf alle Türen,* Frankfurt am Main 2010

–, *The Flower Ornament Scripture* (Übersetzung des Avatamsaka-Sutra), Shambhala Publications, Boston 1993

Clemente, Adriano: *The Supreme Source* (Übersetzungen aus dem *Kungyed-Gyalpo,* dem Wurzeltext des Dzogchen-Semde), Snow Lion Publications, Ihaca, NY, 1999

Dalai Lama: *Dzogchen – Die Herz-Essenz der Großen Vollkommenheit,* Theseus Verlag, Berlin 2001

Danielou, Jean: *Platonisme et théologie mystique,* Éditions Montaigne, Paris 1944

Dante Alighieri: *Die Göttliche Komödie,* Anaconda Verlag, Köln 2015

Dargyay, Eva K.: *Das Tibetische Buch der Toten,* Bertelsmann Verlag, Gütersloh 1977

Diels, Hermann: *Die Fragmente der Vorsokratiker,* Rowohlt Verlag, Reinbek 1963

Dilgo Khentse: *Erleuchtete Weisheit,* Theseus Verlag, Bielefeld 2003

–, *The Heart of Compassion: The Thirty-seven Verses on the Practice of a Bodhisattva,* Shambhala Publications, Boston 2007

Dinzelbacher, Peter: *Mittelalterliche Visionsliteratur. Eine Anthologie,* Wissenschaftliche Buchgesellschaft, Darmstadt 1989

Dorje, Gyurme: *Das Tibetische Totenbuch,* Arkana Verlag, München 2008

Dörries, Hermann: *Zur Geschichte der Mystik. Erigena und der Neuplatonismus,* Mohr (Siebeck), Tübingen 1925

Drolma, Delog Dawa: *Delog. Journey to Realms Beyond Death,* Padma Publishing, Junction City, CA, 1995

Dschuang Dsi: *Das wahre Buch vom südlichen Blütenland,* Übers.: Richard Wilhelm, O. W. Barth Verlag, Frankfurt am Main 2006

Dudjom, Rinpoche: *Die Klausur auf dem Berge,* Wandel-Verlag, Berlin 2016

Easwaran, Eknath: *Die Essenz der Upanischaden. Was passiert, wenn ich sterbe?,* Goldmann Verlag, München 2010

Ebner-Eschenbach, Marie von: *Aphorismen,* Insel-Verlag, Leipzig 1982

Eliade, Mircea: *Schamanismus und archaische Ekstasetechnik,* Suhrkamp Verlag, Frankfurt am Main 1989

Evans-Wentz, Walter Y.: *Das Tibetanische Totenbuch,* Rascher Verlag, Zürich 1935

Felber, Christian: *Die Gemeinwohlökonomie,* Piper Verlag, München 2018

–, *Kooperation statt Konkurrenz: 10 Schritte aus der Krise,* P. Szolnay Verlag, Wien 2017

Frankl, Viktor E.: *Der unbewußte Gott. Psychotherapie und Religion,* dtv, München 1992

Freemantle, Francesca, und Chögyam Trungpa: *Das Totenbuch der Tibeter,* Diederichs Verlag, München 1990

Gangteng Tulku: *Samantabhadra Dzogchen-Gebet,* Khampa-Buchverlag, Osterby 2003

Gendün, Rinpoche: *Herzensunterweisungen eines Mahamudra-Meisters,* Theseus Verlag, Berlin 2001

Gnoli, Gherardo: *Il manicheismo,* Arnoldo Mondadori Editore, Mailand 2008

Gregorio, Papa San: *Dialogi de vita e miracoli patrum italicorum (quarto libro),* o. O., o. J.

Grof, Stanislav, und Joan Halifax: *Begegnung mit dem Tod,* Klett-Cotta Verlag, Stuttgart 1980

Gruber, Elmar R., und Holger Kersten: *Der Ur-Jesus. Die buddhistischen Quellen des Christentums,* Langen Müller Verlag, Stuttgart 1998

Gyaltsen, Shardza Tashi: *Heart Drops of Dharmakaya. Dzogchen Practice of the Bon Tradition,* Snow Lion Publications, New York 2002

Harari, Yuval Noah: *Homo Deus. Eine Geschichte von Morgen*, C. H. Beck Verlag, München 2018

Hausherr, Irénée de: *Il metodo dell'orazione esicasta*, Institutum Orientalum Studiorum, Rom 1927

Hayward, Jeremy W., und Francisco Varela: *Gewagte Denkwege. Wissenschaftler im Gespräch mit dem Dalai Lama*, Piper Verlag, München 2007

Hesse, Hermann: *Klein und Wagner*, Suhrkamp Verlag, Frankfurt am Main 1973

Hildegard von Bingen: *Briefwechsel*, Übers.: Adelgundis Führkötter, Otto Müller Verlag, Salzburg 1965

–, *Wisse die Wege: Liber Scivias*, Abtei St. Hildegard, Eibingen 2012

Huang-Po und John Blofeld: *Die Zen-Lehre des chinesischen Meisters Huang-po*, O. W. Barth Verlag, Weilheim 1960

Huxley, Aldous: *Die Pforten der Wahrnehmung – Himmel und Hölle*, Piper Verlag, München 1995

–, *Schöne neue Welt*, Fischer Verlag, Frankfurt am Main 2008

Ibn, Arabi: *Urwolke und Welt. Mystische Texte des Größten Meisters*, C. H. Beck Verlag, München 2015

Ivánka, Endre von: *Plato Christianus. Übernahme und Umgestaltung des Platonismus durch die Väter der Kirche*, Johannes Verlag, Einsiedeln 1990

James, William: *The Varieties of Religious Experience. A Study in Human Nature*, Penguin American Library, New York 1982

Johannes vom Kreuz: *Aufstieg zum Berge Carmel*, Kösel Verlag, München 1967

Jung, C. G.: *Erinnerungen, Träume, Gedanken*, Rascher Verlag, Zürich 1962

Kalu Rinpoche: *Den Pfad des Buddha gehen*, O. W. Barth Verlag, Weilheim 1991

Karmay, Samten Gyaltsen: *The Great Perfection (rDzogs chen). A Philosophical and Meditative Teaching of Tibetan Buddhism*, Brill's Tibetan Studies Library, New Milford, CT, und Bedfordshire, UK, 2007

Kazi-Dawa Samdup, Lama: *The Tibetan Book of The Dead: Or the After-Death Experiences on the Bardo Plane*, Oxford University Press, Oxford 2000

Kleine Philokalie: *Betrachtungen der Mönchsväter über das Herzensgebet*, Patmos Verlag, Düsseldorf 2013

Kongtrul, Jamgön: *Myriad Worlds. Buddhist Cosmology in Abhidharma, Kalacakra and Dzogchen,* Snow Lion Publications, Ithaca, NY, 1995

Kreuzer, Y. Wangden: *Drei Übungen für ein gutes Sterben und ein gutes ewiges Leben,* Edition Yeshe Rangdröl, Possenhofen 2014

Kreuzer, Y. Wangden und Lopön Tenzin Namdak: *Belehrungen zur Praxis des Dzogchen in der Tradition des Shang-Shung Nyangyud,* Edition Tsaparang, Großsteinbach 1998

Kues, Nikolaus von: *De visione Dei. Das Sehen Gottes,* Übers.: Helmut Pfeiffer, Institut für Cusanus-Forschung der Theologischen Fakultät, Trier 2008

Kvaerne, Per: *The Stages of A-Khrid Meditation: Dzogchen Practice of the Bon Tradition,* Paljor Publications, Neu Delhi 2002

Lati Rinpoche und Jeffrey Hopkins: *Stufen zur Unsterblichkeit* (über die Erfahrungen im Bardo des Sterbens), Diederichs Verlag, Köln 1983

Latri Gyalwa Yungdrung: *dBra sprang lho gling smar khams gling gi bla mchod khri chen rgyal ba gyung drung bstan dzin gyi khrul snang bar doi rnam thar. bLa khri rgyal ba gyung drung (1814–1871),* Ochghat, Solan, Tashi Dorje 1985

Lauf, Detlef-Ingo: *Geheimlehren tibetischer Totenbücher,* Aurum Verlag, Freiburg im Breisgau 1994

Lazarsfeld, Paul Felix: *Mass Communication,* Harper and Row Publishers, New York 1948

Leary, Timothy, Ralph Metzner und Richard Alpert: *The Psychedelic Experience. A Manual Based on the Tibetan Book of the Dead,* Penguin Modern Classics, London und New York 2008

Leisegang, Hans: *Der Heilige Geist. Die vorchristlichen Anschauungen und Lehren vom pneuma und der mystisch-intuitiven Erkenntnis,* 1919, Wissenschaftliche Buchgesellschaft, Reprint, Darmstadt 1967

Levine, Stephen: *Wege durch den Tod,* J. Kamphausen Verlag, Bielefeld 1999

Lilly, John C.: *Das Zentrum des Zyklons. Eine Reise in die inneren Räume,* Fischer Taschenbuch Verlag, Frankfurt am Main 1976

Lommel, Pim van: *Endloses Bewusstsein: Neue medizinische Fakten zur Nahtoderfahrung,* Knaur, München 2013

Longchen Rabjam: *Buddha-Natur – Dzogchen in der Praxis,* Opus Verlag, Leopoldshöhe 2012

Macrobius: *Commentary on the Dream of Scipio,* Übers.: William Harris Stahl, Columbia University Press, New York 1952

Ma Gcig: *Gesänge der Weisheit* (Belehrungen von Macig Labdrön, der Patriarchin der Chöd-Linie), Übers.: Giacomella Orofino, Garuda Verlag, Schongau 1998

Maio, Giovanni: *Mittelpunkt Mensch. Lehrbuch der Ethik in der Medizin – Mit einer Einführung in die Ethik der Pflege,* Schattauer Verlag, Freiburg im Breisgau 2018

–, *Werte für die Medizin: Warum die Heilberufe ihre eigene Identität verteidigen müssen,* Kösel Verlag, München 2018

Masters, Robert und Jane Houston: *Phantasie-Reisen. Zu neuen Stufen des Bewußtseins. Ein Führer durch unsere inneren Räume,* Kösel Verlag, München 1984

Mearsheimer, John J.: *Why Leaders Lie. The Truth About Lying in International Politics,* Oxford University Press, Oxford 2003

Meister Bankei: *Die Zen-Lehre vom Ungeborenen. Leben und Lehre des großen japanischen Zen-Meisters Bankei Eitaku (1622–1693),* O. W. Barth Verlag, Frankfurt am Main 1988

Meister Eckhart: *Deutsche Predigten und Traktate,* Hg.: Joseph Quint, Hanser Verlag, München 1969

Merton, Thomas: *Die Weisheit der Wüste,* Fischer Taschenbuch Verlag, Frankfurt am Main 1999

Meyer, Marvin W.: *Ancient Mysteries. A Sourcebook of Sacred Texts,* Harper and Collins Publishers, New York 1987

Monroe, Robert, A.: *Der Mann mit den zwei Leben. Reisen außerhalb des Körpers,* Ansata Verlag, Interlaken 1981

Moody, Raymond: *Leben nach dem Tod. Die Erforschung einer unerklärten Erfahrung,* Rowohlt Taschenbuch Verlag, Reinbek 1993

Muldoon, Sylvan J., und Hereward Carrington: *Die Aussendung des Astralkörpers. Ausführliche Darstellung der Astralwanderung in Theorie und Praxis,* Bauer Verlag, Freiburg im Breisgau 1988

Nigg, Walter: *Die Hoffnung der Heiligen. Wie sie starben und uns sterben lehren,* Herder Verlag, Freiburg im Breisgau 1994

Nisargadatta, Maharaj: *Bewusstsein und das Absolute,* J. Kamphausen Verlag, Bielefeld 2013

Norbu, Namkhai: *Dzogchen – Der Weg des Lichts. Sutra, Tantra und Ati-Yoga,* Windpferd Verlag, Aitrang 2011

–, *Il libro tibetano dei morti,* New Compton Editori, Rom 1983

Novalis: *Fragmente,* Hg.: Ernst Kamnitzer, Wolfgang Jess Verlag, Dresden 1929

Nuland, Sherwin: *How We Die. Reflections on Life's Final Chapter,* Random House, New York 1994

Orgyen, Tobgyal: *Life and Teachings of Chokgyur Lingpa,* Rangjung Yeshe Publications, Nepal 1988

Osis, Karlis, und Erlendur Haraldsson: *Der Tod – ein neuer Anfang,* Bauer Verlag, Freiburg im Breisgau 1978

Otto, Rudolf: *West-östliche Mystik. Vergleich und Unterscheidung zur Wesensdeutung,* Leopold Klotz Verlag, Gotha 1926

Patrul, Rinpoche: *Die Worte meines vollendeten Lehrers. Ein Leitfaden für die vorbereitenden Übungen der Herzessenz der weiten Dimension des Dzogchen,* Arbor Verlag, Freiburg im Breisgau 2001

Platon: *Phaedon,* Übers.: Benjamin Jowett, Gutenberg-Public Domain-Project

–, *Phaidros,* Übers.: Benjamin Jowett, Gutenberg-Public Domain-Project

–, *Politeia,* Übers.: Benjamin Jowett, Gutenberg-Public Domain-Project

Plotin: *Enneaden,* in Auswahl übers. u. eingeleitet von Otto Kiefer, 2 Bde., Diederichs Verlag, Jena 1905

Proklos: *Elemente der Theologie,* Übers.: Ingeborg Zurbrügg, Gardez! Verlag, Remscheid 2004

Rahim, Imam 'Abd ar-: *Das Totenbuch des Islam: »Das Feuer und der Garten«,* Herder Verlag, Freiburg im Breisgau 1999

Ramana Maharshi: *Sei, was du bist!,* O. W. Barth Verlag, Frankfurt am Main 1990

Reitzenstein, Richard: *Poimandres – Studien zur griechisch-ägyptischen und frühchristlichen Literatur,* B. G. Teubner Verlag, Leipzig 1904

Ring, Kenneth: *Was wir aus Nahtoderfahrungen für das Leben gewinnen. Der Lebensrückblick als ultimatives Lerninstrument,* Santiago Verlag, Goch 2009

Rossi, Donatella: *The Philosophical View of the Great Perfection in the Tibetan Bön Religion,* Snow Lion Publications, Ithaca, NY, 1999

Rudolf, Rainer: *Ars Moriendi. Von der Kunst des heilsamen Lebens und Sterbens,* Böhlau Verlag, Köln und Graz 1957

Ruegg, August: *Die Jenseitsvorstellungen vor Dante,* Benziger Verlag, Einsiedeln und Köln 1945

Rumi, Jelaladdin: *Durchwachte Nacht,* Gedichte zusammengestellt und übersetzt von Christoph Engen, nach den amerikanischen Versionen von Coleman Banks, Arbor Verlag, Freiburg im Breisgau 2015

Ruusbroec, Jan van: *Die Zierde der geistlichen Hochzeit,* Johannes Verlag, Einsiedeln 1987

Sabom, Michael B.: *Erinnerung an den Tod. Eine medizinische Untersuchung,* Goldmann Verlag, München 1989

Sartori, Penny, und Kelly Walsh: *Geborgen in der Ewigkeit. Wie Nahtod-Erfahrungen das Bewusstsein verändern,* Aquamarin Verlag, Grafing 2018

Schelling, Friedrich W.: *System des transzendentalen Idealismus,* Felix Meiner Verlag, Hamburg 2000

Schopenhauer, Arthur: *Die Welt als Wille und Vorstellung,* dtv, München 1998

Schumacher, Thomas: *Warum ich nein zur Organspende gesagt habe. Fakten, Motive, Argumente,* Pneuma Verlag, München 2013

Shakespeare, William: *Sämtliche Werke in einem Band,* Otus Verlag, St. Gallen 2006

Shankara: *Das Kleinod der Unterscheidung,* Fischer/Scherz Verlag, Frankfurt am Main 1999

Selawry, Alla: *Das immerwährende Herzensgebet. Ein Weg geistiger Erfahrung,* Turm Verlag, Bietigheim 2005

Seneca, Lucius Annaeus: *Von der Seelenruhe/Vom glücklichen Leben,* Aura Books, München 2016

Shantideva: *Der Weg des Lebens zur Erleuchtung. Das Bodhicaryavatara,* Hugendubel Verlag, Kreuzlingen und München 2005

Shodo Harada Roshi: *Morning Dewdrops of the Mind,* North Atlantic Books, Berkeley, CA, 1993

Sivananda, Swami: *What Becomes Of The Soul After Death,* The Divine Life Society, Distt. Tehri-Garhwal, Uttar Pradesh/Indien 1997

Sogyal Rinpoche: *Das tibetische Buch vom Leben und Sterben: Ein Schlüssel zum tieferen Verständnis von Leben und Tod,* Knaur Verlag, München 2010

Suso, Heinrich: *Das Suso-Buch. Eine Auswahl aus den deutschen Schriften des Mystikers,* Hädecke Verlag, Stuttgart 1925

Suzuki, Daisetz Teitaro: *The Lankavatarasutra: A Mahayana Text,* Motilal Banarsidass, Delhi 2008

–, *Amida. Der Buddha der Liebe,* O. W. Barth Verlag, München 1985

Symeon der Neue Theologe: *Licht vom Licht. Hymnen,* Übers.: Kilian Kirchhoff, Kösel Verlag, München, 2. Aufl. 1951

Thurman, Robert A. F.: *Das tibetische Totenbuch,* W. Krüger Verlag, Frankfurt am Main1998

Das Totenbuch der Maya, Übers. Paul Arnold, O. W. Barth Verlag, München 2007

Trungpa, Chögyam: *Wie unser Geist funktioniert. Ein kurzer und tiefer Einblick in die buddhistische Psychologie,* Windpferd Verlag, Aitrang 2013

Tulku, Tarthang: *Offene Bewußtheit. Selbsterkenntnis und innerer Friede durch Meditation,* Dharma Publishing, Köln 1992

Tulku, Urgyen: *Regenbogenbilder. Aspekte der Dzogchen-Praxis,* Arbor Verlag, Freiamt 2003

Underhill, Evelyn: *Mystik. Eine Studie über die Natur und Entwicklung des religiösen Bewusstseins im Menschen,* Verlag E. Reinhardt, München 1928

Varela, Francisco, Evan Thompson und Eleanor Rosch: *Der mittlere Weg der Erkenntnis. Die Beziehung von Ich und Welt in der Kognitionswissenschaft,* Scherz Verlag, Bern, München und Wien 1992

Veit, Walter: *Studien zur Geschichte des Topos der Goldenen Zeit von der Antike bis zum 18. Jahrhundert,* Universität Köln, Köln 1961

Walter, Reinhold von: *Russische Mystik. Eine Anthologie,* Patmos Verlag, Düsseldorf 1957

Wangyal Rinpoche, Tenzin: *Der direkte Weg zur Erleuchtung. Dzogchen-Meditation nach den Bön-Lehren Tibets,* O. W. Barth Verlag, München 2010

Wasson, Gordon R. und Albert Hofmann: *The Road to Eleusis. Unveiling the Secret of the Mysteries,* North Atlantic Books, Berkeley, CA, 2008

Watzlawick, Paul: *Wie wirklich ist die Wirklichkeit? Wahn, Täuschung, Verstehen,* Piper Verlag, München 2005

Willoughby, Harold R.: *The Greater Mysteries at Eleusis,* Kessinger Publishing, Whitefish, MT, 2010

Wolff, Hanna: *Jesus als Psychotherapeut. Jesu Menschenbehandlung als Modell moderner Psychotherapie,* Radius Verlag, Stuttgart 1978

Yampolsky, Philip B.: *The Zen Master Hakuin. Selected Writings,* Columbia University Press, New York 1971

Zimmer, Heinrich: *Anbetung mir. Indische Offenbarungsworte nach dem Ashtavakragita,* R. Oldenburg Verlag, München 1929

Zotz, Volker: *Der Buddha im reinen Land. Shin-Buddhismus in Japan,* Diederichs Verlag, München 1996

Glossar

Abhidharma-Pitaka (*mngon pa'i sde snod*): einer der drei »Pitaka« oder »Körbe«, in denen die auf Palmblätter geschriebenen Texte des frühen Buddhismus gesammelt wurden. Dieser Pitaka enthält grundlegende Lehren zur Psychologie, Kosmologie und Logik, zur Natur des Bewusstseins und der Wahrnehmung. Er beschreibt das Wirken von Karma, den Nachtodzustand sowie die Stufen auf dem Weg zur vollkommenen Erleuchtung (siehe unter Tripitaka).

Absolute Wahrheit *(don dam bden pa):* die wahre Natur des Geistes, die, selbst unerkennbar, unbeschreiblich und mit nichts zu vergleichen, die Grundlage jeder möglichen Erkenntnis und Erfahrung ist. Alles Erkennbare und Benennbare gehört zum Bereich der »relativen Wahrheit«. In den Schriften sind Aussagen über die absolute Wirklichkeit, wie dass alle Dinge in Wahrheit niemals entstanden sind oder dass Ursache und Wirkung eines sind und leer, von Aussagen über die relative Wirklichkeit des Erlebens unerleuchteter Wesen klar zu unterscheiden, um falsche, nihilistische Schlussfolgerungen wie »Ich kann alles tun, ohne dass es für mich selbst Folgen hat« zu vermeiden. Wer noch in Gedanken und in Verlangen und Aversion verstrickt ist, deren Ursache Ignoranz ist, der unterliegt zwangsläufig auch noch den karmischen Nachwirkungen seiner Handlungen.

Acht Beispiele für die illusionäre Natur der Wahrnehmung *(sgyu ma'i dpe brgyad)*:

- Sie manifestiert sich, ist erlebbar, aber substanzlos, wie ein Traum *(rmi lam)*.

- Sie manifestiert sich wie die induzierte Illusion eines Zauberers *(sgyu ma = Sanskrit māyā)*.

- Sie manifesiert sich, ohne wirklich zu existieren, wie eine optische Illusion *(mig yor)*.

- Sie manifestiert sich, ohne greifbare Existenz zu haben, wie ein Echo *(brag cha)*.

- Sie besitzt keine nachweisbare Existenz, wird aber für wahr genommen, wie eine Fata Morgana in der Wüste *(smig rgyu)*.

- Sie manifestiert sich, ohne inhärente, eigenständige Existenz zu besitzen, wie das Spiegelbild des Mondes im Wasser *(chu zla)*.

- Sie manifestiert sich, ist aber ephemer und ungreifbar, wie ein Schloss in den Wolken *(dri za'i grong khyer)*.

- Sie erscheint, ist aber ohne Substanz, wie ein Regenbogen am Himmel *('ja')*.

Acht Bewusstseine *(rnam shes tshogs brgyad)*: Das sind 1.–5. die Bewusstseine der fünf Sinne, 6. das Denkbewusstsein, 7. das Bewusstsein der Selbstheit von »Ich« und einem »anderen« (emotional urteilend und einordnend) und 8. das von Beginn an alle Erfahrungen festhaltende und speichernde »Bewusstsein der Basis von allem« oder *kun gzhi rnam shes,* auch »Speicherbewusstsein« genannt. Diese acht Bewusstseine entstehen auf der »Grundlage des primordialen Gewahrseins« oder *kun gzhi ye shes.* Im Einzelnen definiert:

- das Bewusstsein des Auges *(mig gi rnam shes)*,

- das Bewusstsein des Ohrs *(rna ba'i rnam shes)*,

- das Bewusstsein der Nase *(sna'i rnam shes)*,

- das Bewusstsein der Zunge *(lce'i rnam shes)*,

- das taktile Bewusstsein des Körpers *(lus kyi rnam shes)*,

- das mentale oder Denkbewusstsein *(yid kyi nam shes)*,

- das von widerstreitenden Emotionen geprägte mentale Bewusstsein *(nyon mong-pa can gyi yid kyi rnam shes)* und

- das Bewusstsein der Basis von allem *(kun gzhi'i rnam shes)*.

Acht Gedanken eines großen Wesens *(skyes bu chen po'i rnam rtog brgyad)*:

- Möge ich eines Tages fähig sein, allen Wesen, die Mangel leiden, alles zu geben, was sie brauchen.

- Möge ich eines Tages fähig sein, mein Fleisch und Blut für das Wohl aller Wesen zu opfern.

- Möge ich eines Tages für eine lange Zeit in der Hölle weilen, um die Wesen dort zur Befreiung zu führen.

- In all meinen künftigen Leben möge ich keine Geburt annehmen und keinen Körper, keine Rede und Geist und keinen Reichtum und keine Macht besitzen, es sei denn, sie nützt allen Wesen. Möge ich nie nur meine eigene Befreiung anstreben, und möge ich niemals auch nur einem fühlenden Wesen schaden.

- Mögen die Auswirkungen der unheilsamen Handlungen aller Wesen von mir geerntet werden, und mögen sie die Auswirkungen all meiner guten, heilsamen Handlungen ernten, und mögen sie ihnen Glück bringen.

- Möge ich eines Tages fähig sein, die Bedürfnisse aller Wesen durch große weltliche und geistige Reichtümer zu befriedigen.

- Möge ich eines Tages die vollkommene Buddhaschaft erlangen, um fähig zu sein, alle Wesen vom Leiden zu erlösen.

- Möge ich eines Tages fähig sein, das Leiden aller Wesen zu beseitigen.

Achtfacher Edler Pfad *('phags lam yan lag brgyad):* Terminus des älteren Buddhismus oder Theravada für die acht Aspekte seiner Geistesschulung, die das ganze Leben des Übenden auf die vom Buddha gelehrten »Vier Edlen Wahrheiten« hin ordnet. So steht am Anfang des Wegs, nach eingehendem Studium der Lehre, die persönliche Überzeugung, dass der Buddha eine korrekte Darstellung der wahren Natur des Geistes und der Phänomene gegeben hat und dass die von ihm gelehrte »Therapie« die Ursachen des eigenen Leids tatsächlich beseitigen kann. Der Weg zur Erleuchtung, der zu Heilung, Ganzheit und völliger Freiheit führt, beginnt damit, aufgrund dieser Einsicht verkehrte Verhaltensmuster aufzugeben und ein auf das völlige Erkennen der Wirklichkeit ausgerichtetes und der höchsten Vernunft und Lebensweisheit entsprechendes, richtiges oder korrektes und damit in jeder Hinsicht heilsames Verhalten zu kultivieren. So beginnt »der Weg« mit Punkt 1, der korrekten Sichtweise. Von dieser getragen und inspiriert, folgt deren praktische Anwendung und Umsetzung 2. in korrektem Denken, 3. in korrektem Sprechen, 4. in korrekter Mäßigung in Bezug auf Tätigkeit und Konsum, 5. in korrektem Erwerb des Lebensunterhalts (durch eine Tätigkeit, die nützt und niemandem schadet), dann 6. durch korrektes Bemühen, 7. in der Pflege einer korrekten Geistesgegenwart oder Achtsamkeit und 8. in korrekter Sammlung des Geistes oder Kontemplation, die, den Instruktionen der Meister folgend, die Abwege solch geistiger Übung vermeidet und deshalb mit der Zeit zu einem stabilen, optimalen Zustand von geistiger Ruhe und Erkennensklarheit führt, der schließlich zu authentischer Erleuchtung ausreift.

Zu all diesen einander ergänzenden Aspekten des Wegs zur Erleuchtung hat der Buddhismus im Lauf seiner Geschichte zahllose Kommentare und erläuternde Belehrungen hervorgebracht, sind sie doch wie ein Grundgerüst der Geistesschulung, wobei jeder Aspekt, dem »Therapieansatz« und der Theorie der einzelnen Schulen entsprechend, seine detaillierte und auf die Praxis bezogene Deutung erfahren hat.

Achtsamkeit (Pali: *vipassanā*): Diese grundlegende Hauptpraxis des frühen Buddhismus, welche der historische Buddha Shakyamuni gelehrt hat und welche in den Ländern Südostasiens, vor allem Thailand und Burma, immer noch ausgeübt wird, ist das Kernstück buddhistischer Geistesschulung. Sie besteht darin, zuerst in den stillen Stunden sitzender Meditation, dann auch in allen Aktivitäten und Lebenslagen alle Felder des eigenen Erlebens wie den Atem und die Körperempfindungen, die spontan aufsteigenden Gefühle und Gedanken achtsam zu beobachten und nicht erneut mit Anhaftung und Ablehnung oder mit sekundären, urteilenden Gedanken darauf zu reagieren. Durch das Exerzitium dieser gleichmütigen Wachheit und Geistesgegenwart im Hier und Jetzt erlangt der Übende immer größere Freiheit von unbewussten Handlungen und Automatismen, von konditionierten, instinktiven Reaktionen und von zwanghaftem Denken und erwacht schließlich zur völligen Erleuchtung der Buddhaschaft. Die zutiefst heilsame, beruhigende und befreiende Wirkung dieser Methode hat seit einigen Jahren auch zu einer immer breiteren Anwendung ihrer Grundelemente auf dem Gebiet der Psychotherapie und Verhaltenstherapie geführt (siehe auch unter »Vipassana« und »Vier Grundlagen der Achtsamkeit«).

Acht weltliche Sorgen *('jig rten chos brgyad):* Sie werden manchmal auch
»Die acht weltlichen Winde« genannt, da sie den Menschen zu von
Anhaftung und Aversion motivierten Handlungen antreiben. Sie
bestehen im Streben nach angenehmer Erfahrung, nach Besitz, Lob
und Beachtung und in der Vermeidung von unangenehmer Erfahrung, von Verlust, Kritik und Missachtung, also eine treffliche Zusammenfassung der inneren Antriebe, welche das menschliche Leben und
Weltgeschehen »normalerweise« bestimmen. Im anormalen Fall einer
erfolgreichen Geistesschulung und Selbsterkenntnis können wir uns
von ihrem Einfluss befreien.

Acht Qualitäten liebender Güte *(byams pa'i yon tan brgyad):* Diese werden in den Mahayana-Sutras, welche Bodhicitta, den erleuchteten
Geist, als die Untrennbarkeit von Leerheit und unermesslichem Mitgefühl definieren, wie folgt beschrieben: Wenn ein Mensch in der
Liebe bleibt, so werden

- die Götter und Menschen sich freuen.

- Sie werden ihn beschützen.

- Kein Gift kann ihm schaden.

- Keine Waffe kann ihn verletzen.

- Sein Geist wird immer freudig gestimmt sein.

- Er wird vielerlei Glück erfahren.

- Er wird seine Intentionen mühelos verwirklichen können.

- Und selbst wenn er in diesem Leben nicht die Erleuchtung
  erlangt, so wird er doch aufgrund seiner liebenden Güte
  und seines Wohlwollens für alle Wesen, ohne Ausnahme, im
  höchsten Bereich des Seins geboren werden.

Aeon (*bskal pa,* Sanskrit *kalpa*): Weltzeitalter, kosmischer Zeitzyklus von vielen Jahrtausenden bis zu Millionen Jahren. Zeitraum von der Entstehung eines Universums bis zu dessen Auflösung oder Entropie.

All-Grund *(kun gzhi):* Terminus für die von jeher existierende, ungeschaffene und unzerstörbare Basis, welche jegliche Erfahrung ermöglicht – die leere Natur unseres Geistes. Alles erscheint und vergeht im unendlichen Raum des Kunzhi, wie die Reflexionen in einem leeren Spiegel, und alles, was erscheint, ist seiner Natur nach leer und selbstbefreit. »Lasse deinen Geist sein wie den allumfassenden Raum« ist eine der essenziellsten Anweisungen für die Dzogchen-Praxis. Für den Übenden geht es darum, mit dem eigenen »zeitlosen Urgrund« *(ye gzhi)* vertraut zu werden, indem er lernt, ohne irgendeine Erfahrung von Vergangenheit, Gegenwart oder Zukunft zu ergreifen, ohne zu urteilen oder zu konzeptualisieren, völlig gelassen in sich selbst zu ruhen.

Amitabha *(snang ba mtha' yas):* Er ist der zentrale Buddha der Lotus-Familie, und das reine Land Sukhavati ist seine Ausstrahlung. Er entspricht dem klar unterscheidenden Aspekt der erleuchteten Natur unseres Geistes, welcher intuitiv und mitfühlend, ohne jeden gedanklichen, dichotomischen Prozess die »Dinge« genau so erkennt, wie sie sind. Avalokiteisvara ist sein Sambhoghakaya-Aspekt, Padmasambhava seine Nirmanakaya-Manifestation.

Ansammlung von Verdiensten *(bsod nams kyi tshogs):* Sie entstand und entsteht aus allen tugendhaften und heilsamen Handlungen, die mit Konzepten verbunden sind.

Ansammlung von Weisheit *(ye shes kyi tshogs):* Sie entstand und entsteht aus tugendhaften, selbstlosen Handlungen und aus den Erfahrungen der Kontemplation, welche frei von Konzepten im Zustand »zeitlosen Gewahrseins« *(ye shes)* vollzogen und erlebt wurden.

Apophatische Tradition: Vom Neuplatonismus beeinflusst, geht diese christliche Lehrrichtung davon aus, dass wir von Gott nur erkennen können, was er nicht ist, weil das Wesen Gottes als die eigentliche Quelle von allem über Sein und Nichtsein und alle Vorstellungen hinausgeht. Dionysius Areopagita und Gregor von Nyssa sind die wichtigsten frühen Lehrer dieser dogmatischen Tradition. Im Mittelalter ist es der Dominikaner Meister Eckhart, der wegen der zeitlosen, übergegensätzlichen Tiefe seiner Belehrungen, damals verfolgt und angefeindet wurde, heute aber zu den meistgelesenen und meistzitierten christlichen Autoren gehört. (siehe auch unter theologia negativa)

Auflösung in Stufen *(thim rim):* der Prozess der Auflösung der Bewusstseine und ihrer elementalen Träger oder Vitalenergien im Sterben und die drei Erfahrungen des »weißen« Erscheinens, des »roten« Anwachsens und des »schwarzen Erlangens« (siehe auch unter »Drei Erfahrungen des Erscheinens, des Anwachsens und des Erlangens«).

Aufzeigen der Natur des Gewahrseins *(rig pa'i ngo sprod):* Der Weg des Dzogchen beginnt mit der »direkten Einführung in die Natur des Geistes«, in der ein Meister der Linie einem oder mehreren Praktizierenden zeigt, wie sie ihr immer gegenwärtiges, leeres Gewahrsein unmittelbar und zweifelsfrei erkennen können. Wenn dies gelingt, so bleibt dem Übenden im Grunde nichts zu tun, als frei von Zweifeln und Gedanken in diesem Zustand reinen, ungeborenen Gewahrseins fortzufahren, bis er, im Vertrauen auf die natürliche Selbstbefreiung aller Gedanken und Phänomene lebend, darin die unerschütterliche Stabilität irreversibler Erleuchtung erlangt. Das ist, den berühmten, essenziellen »drei Worten, die den Punkt treffen«, des Dzogchen-Meisters Garab Dorje entsprechend, die Schau, der Weg und die Frucht der Lehre von der »großen Vollendung« – rdzogs pa chen po.

Augenblickliches Gewahrsein *(skad cig shes pa):* Terminus, der den ersten Moment direkten Erkennens oder Wahrnehmens bezeichnet, bevor Urteile oder Konzepte hinzukommen. Dzogchen-Kontemplation bedeutet, mit diesem noch nicht modifizierten Zustand reinen Gewahrsein, bevor ein Gedanke sich formt, immer mehr vertraut zu werden. Ein Synonym des »natürlichen, ungeborenen Zustands«.

Auswirkung der Handlungen der drei Tore *(sgo gsum gyi las rgyu 'bras):* Alle Handlungen, die wir mit den drei Toren, beginnend mit dem Geist, also motiviert von Gedanken und Willensregungen, mit dem Körper und der Rede ausführen, hinterlassen dementsprechende Spuren in unserem Speicherbewusstsein, die in unserem Geistesstrom weiterwirken und, wenn später sekundäre Ursachen hinzukommen, ihre karmische Auswirkung zeitigen können (siehe unter »Drei Tore«).

Bardo: Meist übersetzt mit »Zwischenzustand«, steht dieser Begriff, weit gefasst, für jeden vergänglichen Bewusstseinszustand oder Erfahrungsmodus, der im Körper oder außerhalb des Körpers erlebt werden kann. In diesem Sinn ist auch der stille, formlose Raum zwischen zwei Gedanken ein Bardo. Sprechen wir von sechs Bardos, so meinen wir damit die vorübergehenden Geisteszustände des Wachens, des Träumens und der Meditation und die drei thanatologisch relevanten – des Sterbens und des Verlusts des Bewusstseins sowie postmortal und ex corpore die Erfahrung des klaren Lichts und das darauf folgende, von früherem Karma bestimmte, visionäre Erleben des Bardos der Wiedergeburt.

Bardo Thödrol: der tibetische Titel (übersetzt: »Die Befreiung durch Hören im Bardo«) eines Terma-Textes mit den Unterweisungen des Meisters Padmasambhava (9. Jahrhundert n. Chr.) zum Sterben und zum Nachtodzustand, dessen Übersetzungen heute zumeist unter dem Titel *Das Tibetische Totenbuch* bekannt und weitverbreitet sind. Dieses wichtigste Manual der tibetischen Thanatologie dient gleichzeitig der Vorbereitung auf das eigene Sterben und der punktuell genauen, assistierenden Begleitung im Sterben und im Postmortem.

Bereich der Seligkeit (*bde ba can,* Sanskrit *Sukhāvatī*): das reine Land des Buddha Amitābha. Es ist möglich, dort wiedergeboren zu werden, wenn man genügend Glauben, Verdienste und eine konzentrierte, einsgerichtete Ausrichtung und Entschlossenheit besitzt, dort geboren zu werden. Wenn es gelingt, ist man dadurch der normalen samsarischen Dynamik, die dem persönlichen Karma und seinen dominanten Gewohnheitsmustern folgt, entzogen und muss vor der vollkommenen Erleuchtung keine andere Geburt auf einer niedrigeren Ebene mehr annehmen.

Bhumi *(sa):* Übersetzt »Erde« oder »Ebene«, bezeichnet der Begriff in den Mahayana-Sutras und Vajrayana-Tantras die Stufen der Entwicklung eines Bodhisattva auf dem Weg zur völligen Erleuchtung. Die Sutras geben einen Überblick über die Erfahrungen, Einsichten und Verwirklichungen, die meist im Laufe vieler Leben dabei entstehen. Je nach Lehrsystem werden 10 bis 16 Levels näher definiert. Die höchste Stufe ist immer vollkommene Erleuchtung. Das nichtgraduelle Dzogchen lehrt keinen Fortschritt in Stufen, sondern spricht von einer einzigen Ebene – der Ebene des reinen Gewahrseins, die von jeher und ohne Ende als die erleuchtete Basis all unseres Erlebens in uns gegenwärtig ist. Sie gilt es zu realisieren, zu aktualisieren, und in ihr gilt es, frei vom Denkprozess und frei von Anhaftung und Aversion unerschütterliche geistige Stabilität und fortwährende Luzidität zu erlangen. »Buddha ist kein Buddha der Stufen«, hat auch der chinesische Zen-Patriarch Huang Po gelehrt.

Bodhi *(byang chub):* der von allen Verdunkelungen gereinigte, völlig erwachte, erleuchtete Zustand; die Untrennbarkeit von Mitgefühl und Weisheit.

Bodhicitta *(byang chub kyi sems):* Terminus, der je nach Kontext für den »erwachten Zustand des Geistes« steht, welcher die Untrennbarkeit von Weisheit und Liebe ist – oder für »den von Mitgefühl getragenen und immer wieder kultivierten Wunsch, die völlige Erleuchtung zu verwirklichen, um allen Wesen wahrhaft helfen zu können«, der das Leitmotiv des Strebens und Übens eines Bodhisattva darstellt. In den frühen Dzogchen-Texten steht Bodhicitta für das jede Erfahrung ermöglichende, grundlegende Gewahrsein oder die wahre »Natur des Geistes« *(sems nyid)* eines jeden fühlenden Wesens.

Bodhisattva *(byang chub sems dpa'):* ein Ehrenname für jedes Wesen, das die edle Motivation des Bodhicitta in sich hervorgebracht hat und vom Wunsch beseelt ist, zum Wohle aller Wesen völlige Erleuchtung zu erlangen. Diese Motivation impliziert auch die Bereitschaft, das eigene Eingehen in das Nirvana völligen Friedens zurückzustellen, um auf jede Art weiter mitzuwirken am Werk der Erlösung aller Wesen, bis jedes von ihnen vom Leiden und von den Ursachen des Leids befreit ist (siehe auch unter »Sieben-Zweige-Gebet«).

Bön und Buddhismus: Bön war die ursprüngliche und staatliche Religion Tibets für viele Tausend Jahre, bis der König Trisong Detsen sich im 8. nachchristlichen Jahrhundert für die Einführung des Buddhismus aus Indien entschied. Er lud hierzu große Lehrer ein und ließ erste Übersetzer ausbilden. Es war vor allem der Mahaguru Padmasambhava, dem es gelang, die tief im Volk verwurzelte Religion des Bön und ihre spezifischen, kulturellen Rituale und Gebräuche mit dem Buddha-Dharma und seiner Sichtweise der Leerheit und illusionären Natur aller Phänomene zu integrieren. In diesem Prozess glich sich der tantrische Buddhismus im Lauf der Zeit an das Bön und Bön an den tantrischen Buddhismus des Vajrayana an. Beide, die Tradition der frühen oder alten Schule des Padmasambhava (Nyingmapa) und das bis heute lebendige Bön, haben die Gesamtheit ihrer Lehren in »neun

Fahrzeuge« eingeteilt, deren Höchstes in beiden Systemen die »Lehre der großen Vollendung« oder »Dzogpachenpo« ist.

Buddha *(sangs rgyas):* Das Sanskritwort »Buddha« bedeutet übersetzt »der, welcher erwacht ist«. Das tibetische Wort umschreibt dagegen in zwei Wörtern die Qualitäten eines völlig erwachten Wesens. So bedeutet *sangs,* dass er oder sie alle Verdunklungen des Geistes, die emotionalen und die konzeptuellen, gereinigt hat, und *rgyas* bedeutet, dass alle Buddha-Qualitäten wie die Fünf Weisheiten und so weiter in ihm erblüht oder vollkommen entfaltet sind. Wenn ein Bodhisattva die Stufe vollkommener Erleuchtung erlangt und damit sein Potenzial von Weisheit und Liebe völlig aktualisiert hat, wird er »Buddha« genannt. Er besitzt damit die zwei Arten des Wissens, nämlich der absoluten Realität und der relativen Realität der Erfahrung der Wesen im nichtluziden, samsarischen Wahrnehmungsmodus.

Der historische Buddha Shakyamuni lebte im 6. Jahrhundert v. Chr. in Nordindien, und von ihm sind uns viele Reden und Belehrungen im Kanon buddhistischer Schriften überliefert. Der Dzogchen-Lehre nach sind bereits zahllose Buddhas in der Vergangenheit, in früheren Zeitaltern oder Äonen auf dieser Welt, in diesem Sonnensystem und in anderen Universen und Ebenen des Seins erschienen. So bezieht sich die tibetische Urreligion des Bön zurück auf ihren Gründer Buddha Tonpa Shenrab, der ihren historischen Annalen nach vor 12 000 Jahren lebte. Es gibt aber auch Zeitperioden und Bereiche, in welchen die befreiende Lehre eines Buddha nicht verfügbar ist, so heißt es, und ohne die Belehrungen eines »völlig Erwachten« ist es unmöglich, den Ausgang aus dem Traum des Samsara zu finden.

Buddha-Bereich *(sangs rgyas kyi zhing khams):* Die Vision eines reinen Bereichs oder Buddha-Lands entsteht spontan aus dem erleuchteten Geist eines Buddha. Da der Geist eines jeden Buddhas immer mitfühlend und empfänglich bleibt, haben alle Wesen, die vertrauensvoll zu ihm ihre Zuflucht nehmen, die Möglichkeit, im Sterben auf seine Ebene überzuwechseln und auf dieser, ohne ein Zurückfallen in samsarische Zustände und Welten, den Weg zur vollen Erleuchtung zu Ende zu gehen (siehe auch unter »Transfer des Bewusstseins«).

Buddha-Natur (*de gshegs snying po,* Sanskrit *sugatagarbha*): Sie ist in allen Lebewesen oder »Animalia« als die Grundlage all ihrer Wahrnehmungen und als die wahre, unzerstörbare Essenz ihres Bewusstseins immer gegenwärtig und vollendet. Sie ist der von selbst vollkommene, verborgene Schatz in unserem eigenen Haus und Körper, den es lediglich zu entdecken gilt, um das in uns angelegte Potenzial von Weisheit und Liebe zur vollen Entfaltung zu bringen.

Buddha-Dharma *(sangs rgyas kyi bstan pa):* Begriff für die Lehren (Dharma) des Buddha in ihrer Gesamtheit, im westlichen Sprachgebrauch hat sich dafür der Terminus »Buddhismus« eingebürgert.

Buddhaschaft *(sangs rgyas):* Hat ein Wesen »vollendete und vollkommene Erleuchtung« erlangt, so verweilt sein Geist weder im Samsara noch im Nirvana. In diesem Zustand sind alle Verdunkelungen gereinigt, und man besitzt die zwei Arten von Weisheit oder Erkenntnis – man erkennt die Natur des eigenen Geistes und seiner Erfahrungen so, wie sie ist, und man besitzt vollkommene Erkenntnis aller Phänomene oder Erscheinungsformen von Samsara oder Nirvana, wenn diese auftreten.

Chöd *(gcod):* wörtlich »durchschneiden«. Die Lehren der Prajnaparamita-Sutras zur Selbstlosigkeit aller Phänomene und frühere schamanastische Formen des Selbstopfers integrierend, entwickelte der indische Mahasiddha Phadampa Sangye diese spezielle Praxis, welche durch Exposition und Psychodrama die auf Anhaftung beruhende Angst des Egos vor Krankheit, vor sichtbaren und unsichtbaren Feinden und vor der Vernichtung des Körpers auflöst. Die tibetische Schülerin des

Meisters Machig Labdron ist die Hauptlehrerin und Exegetin aller Aspekte dieser Praxis, die zu einer der wichtigsten yogischen Praxislinien des Buddhismus in Tibet wurde. Ihre »Gesänge« sind ein klassisches Werk der tibetischen spirituellen Literatur.

Delog *('das log):* wörtlich »vom Jenseits zurückgekehrt«. In Tibet der Begriff für jene Männer und Frauen, die, infolge einer Krankheit oder eines Unfalls für einige Zeit scheintot im Koma liegend, ihren Körper verlassen haben. Ihre Berichte über das Sterben und die Erfahrungen und Visionen im Jenseits inspirierten als authentische Selbstzeugnisse das Volk zur religiösen Praxis und bilden, als Teil der Bardo-Lehren, eine eigene Literaturgattung.

Denkbewusstsein und Prana *(sems rlung):* Jeder Gedanke verursacht eine subtile oder stärkere Bewegung des Prana. Jedes Bewusstsein »reitet« im physischen Körper auf einem mit ihm verbundenen »Lebenswind« (*rlung,* Sanskrit *prāna*). Diese »Lebensenergien« tragen die Sinneswahrnehmungen, sind eng an die Atmung gekoppelt und mit dem kontinuierlichen Strom konzeptuellen Denkens verbunden. Unter *sems* oder »Denkbewusstsein« wird das dualistisch funktionierende Bewusstsein eines unerleuchteten Wesens verstanden. Aufgrund dieser engen Verbindung machen wir, wenn wir den Atem eine Zeit lang anhalten, die Erfahrung, dass auch unser Denken stillsteht, und wenn wir die Atmung verlangsamen, wird auch unser Geist ruhiger.

Deva *(lha):* »Devas« oder »Götter« werden die in den höchsten, relativ leidlosen Bereichen des Samsara lebenden Wesen genannt. Sie erfreuen sich temporär einer himmlischen Existenz, bis das gute Karma, das diesen Erfahrungsmodus bewirkte, erschöpft ist. Dann werden sie in einem anderen der sechs Bereiche der Wiedergeburt entsprechend ihrem noch nicht gereinigten Restkarma geboren.

Dharma-dhatu *(chos dbyings):* »Der Raum der Dharmas« ist ein alternativer Begriff für den Leerheitsaspekt des Geistes. Sein »natürliches« Symbol ist der unendliche Weltraum. Alle Erscheinungen entstehen und vergehen scheinbar in ihm und sind doch untrennbar von ihm. Nichts kommt je hinzu und nichts geht je verloren. Alle Erscheinungen oder Dharmas sind die sich selbst erscheinende Klarheit des Geistes, die immer untrennbar ist vom Aspekt der Leerheit des Geistes. In diesem Sinne haben alle Erscheinungen in Wirklichkeit einen einzigen Geschmack – den der Untrennbarkeit von Leerheit und Klarheit –, und in diesem Sinne sind sie »unentstanden« und haben zu keiner Zeit als ein reales, vom erkennenden Geist abgetrenntes »Etwas« existiert.

Dharmakaya *(chos sku):* »Der Körper der Wahrheit« oder »der Leib der Wirklichkeit« ist die wahre, leere und formlose Natur unseres Geistes. Ungeschaffen, unerkennbar und selbstexistierend ist er reines Erkennen, die Essenz aller Qualitäten der Erleuchtung wie Weisheit, Liebe und so weiter und die Grundlage aller möglichen Erfahrungen von Nirvana und Samsara. Unaufhörlich kann sich seine inhärente Energie in unseren beiden »Rupa-kayas« oder »Formkörpern«, dem feinstofflichen, energetischen »Körper der Selbsterfreuung« oder »Sambhogakaya« und dem »Körper der Illusion« oder »Nirmanakaya«, dem scheinbar materiellen Körper, offenbaren. Dem Dzogchen nach besitzt jedes fühlende Wesen bereits diese »drei Kayas« eines Buddha, doch im nichtluziden Zustand egozentrischer Wahrnehmung verkennt man ihr wahres Wesen und wird von den Erscheinungen seiner eigenen Energie, zum Beispiel seinen Gedanken und Gefühlen, immer wieder irritiert und verblendet.

Dharmaraja, der Herrscher des Totenreichs *(gshin rje chos rgyal):* Im Nachtodzustand, dessen Erleben ganz einem Traume gleicht, kann uns die innere, höchste Instanz unseres Gewissens als die majestätische Gestalt des Dharmaraja erscheinen, als »König des Gesetzes«, als höchster, unfehlbarer und allwissender Richter, dem kein Detail unseres Lebens und keine unserer Handlungen verborgen ist. Das archetypische Motiv ist in vielen Kulturen gut bezeugt. Das *Tibetische Totenbuch* rät uns, dann nicht zu lügen und Ausflüchte zu suchen, sondern uns ganz diesem Resümee unseres Lebens im Licht der Wahrheit zu öffnen, denn dadurch werden wir erkennen, dass der unerbittliche, unparteiische Richter nichts anderes ist als »der Herr des großen Mitgefühls«, der uns zu höchster Einsicht und Erleuchtung führt, und im selben Augenblick können wir das ganze Geschehen des Gerichtshofs als unseren eigenen, vorgestellten Traum erkennen und höchste, bleibende Luzidität erlangen. Wir erkennen alle Formen als unsere Form, alle Lichter als unser Licht und alle Töne als unseren Klang.

Dharmata *(chos nyid):* Wir können den Begriff mit »Wirklichkeit« übersetzen, wenn wir alles Erfahrbare und Erkennbare als seine »Wirkung« verstehen. Dharmata ist die Natur aller Phänomene und des Geistes, wie sie in sich selbst ist. Diese »Soheit« ist kein Objekt der Wahrnehmung und kann nicht begrifflich erfasst werden. Da die »Wirklichkeit des Geistes« als die Wurzel von allem von den aus ihr entstandenen Wirkungen wie dem Denken nicht erfasst werden kann, gehören all unsere Begriffe und Wahrnehmungen zum ephemeren Bereich der Unwirklichkeit. Im Sterben lösen sich alle Bewusstseine wieder in ihre Quelle, in die höchste und grundlegende Wirklichkeit, in Dharmata, auf.

Drei Arten der Selbstbefreiung *(grol lugs gsum):* Dzogchen ist klar definiert als »der Weg der Selbstbefreiung«. Wenn ein Meditierender konsequent der Kerninstruktion dieser Praxismethode folgt, nämlich jeden Gedanken, jede Emotion und jede Wahrnehmung sofort ihrer natürlichen Vergänglichkeit und Auflösung zu überlassen, ohne darüber zu urteilen oder dabei zu verweilen, so gelingt dies im Lauf der Zeit immer besser und spontaner. Ist der Übende schließlich wieder ganz in Übereinstimmung mit der »selbstbefreiten Natur aller Erfahrungen« gekommen, so ist hierzu keine bewusste Bemühung oder Achtsamkeit mehr nötig. In diesem Ausreifen der Kontemplation wird Selbstbefreiung auf drei Arten erfahren:

- *Shar grol:* Zu Beginn geschieht Selbstbefreiung im Moment des Erkennens eines aufsteigenden Gedankens – so als ob man einen alten Freund in der Menge erkennt. Es bedarf hierzu der Pflege von Achtsamkeit und Wachheit, gepaart mit der Erinnerung an die Kerninstruktion, »jeden Gedanken sofort der Selbstbefreiung zu überlassen«. Auf dieser Stufe übt sich der Kontemplative also in einem ständigen Loslassen.

- *Rang grol:* Ist durch beständige Übung eine gewisse Vertrautheit und Gelassenheit erlangt, so befreit sich jeder aufsteigende Gedanke von selbst – so wie eine Schlange sich in fließender Bewegung verknotet und wieder auflöst. Es bedarf hierzu keiner Gegenmittel und keines Eingreifens, weil jeder Gedanke und jedes Störgefühl von selbst vergänglich und von selbst befreit ist. Auf dieser Stufe reift die anfänglich noch willentliche Achtsamkeit zu absichtsloser, von selbst existierender Wachheit; und was Loslassen war, reift zur selbstlosen Gelassenheit der Geistessenz, welche frei von jedem Bezugspunkt ist.

- *Phan med gnod med du grol ba:* Ist schließlich die unerschütterliche Stabilität des Nichtverweilens erlangt, so löst sich jeder Gedanke unmittelbar, also im Augenblick seines Erscheinens, wieder in den Raum des leeren Gewahrseins auf und bringt deshalb weder Nutzen noch Schaden, so wie ein Dieb, der ein leeres Haus betritt. Auf dieser Stufe hinterlassen Gedanken keine karmische Spur mehr, weil sich das egoistische Festhalten in Bewusstsein und Unterbewusstsein aufgelöst haben. Der Übende hat hier nun Stabilität in leerem Gewahrsein erlangt, welches seiner Natur nach frei von allen Gedanken und Erscheinungen ist, weil es untrennbar eins mit ihnen ist. In dieser Einheit lebend, bleibt der eigene Geist fortan luzide und unverblendet von seinem eigenen Selbstausdruck und seiner spontanen Kreativität.

Drei Arten der Unwissenheit *(ma rig pa gsum):* Im Dzogchen werden diese definiert als:

- die grundlegende Unwissenheit, das eigene, eine Selbst nicht (als leeres Gewahrsein) zu erkennen *(bdag nyid gcig pa'i ma rig pa);* sie ist ursächlich für die daraus folgenden Unwissenheiten, nämlich:

- die Unwissenheit, die gleichzeitig mit dem Erscheinen von Visionen oder Wahrnehmungen entsteht *(lhan skyes ma rig pa),* und

- die Unwissenheit, die alles begrifflich erfassen will *(kun tu btag pa'i ma rig pa).*

Jedes geistige Wesen im nichtluziden Modus ist dem Dzogchen nach geprägt von diesen »drei Arten des Nichterkennens«, und all seine Handlungen, Reaktionen und Wahrnehmungen sind von diesen konditioniert. Wer sich wie auch immer von ihnen befreit hat, wird »Buddha« genannt – ein erwachtes Wesen. Ein solches Wesen hat sich selbst als leeres Gewahrsein erkannt und kann nicht mehr verblendet werden. Es hat sich vollkommen gereinigt:

- vom Verlust des Selbstgewahrseins beim Ruhen in der leeren, von Konzepten freien Essenz seines Geistes,

- vom Verlust des Selbstgewahrseins, wenn sich seine Natur als

Töne, Lichter und Strahlen, als Visionen und Wahrnehmungen offenbart, und

- drittens hat es sich gereinigt vom Verlust des Selbstgewahrseins, welcher im Prozess des ständigen Konzeptualisierens der eigenen Erfahrung besteht.

Drei Arten der Weisheitserkenntnis *(shes rab gsum):* Sie entstehen durch Zuhören *(thos),* durch Nachsinnen über das Gehörte *(bsam)* und durch Meditation *(sgom).* Zuerst hört der Übende die Lehren seines Mentors, und er studiert die zu seinem spirituellen Weg gehörenden Schriften, die von früheren Buddhas oder Meistern gegeben wurden. Dann reflektiert er über ihren Inhalt und sinnt über ihre Bedeutung nach, die sich dadurch erschließt. Zuletzt dann wendet er die befreienden Instruktionen auf sich selbst an, lässt die Worte zurück und erfährt ihren tiefsten Sinn *(don),* nämlich die Natur des Geistes und der Phänomene, auf welche die Worte der Meister hingewiesen und zu deren Erkenntnis sie hingeführt haben, im authentischen, natürlichen Zustand nichkonzeptueller Kontemplation und in der unmittelbaren Schau der Wirklichkeit.

Drei Arten des Leidens *(sdug bsngal gsum):* Diese sind

- das Leiden des Leidens *(sdug bsngal gyi sdug bsngal);* dies bedeutet, dass alle Wesen Leiden und Schmerz in vielerlei Form als Folge ihrer früheren Handlungen und Reaktionen erleben;

- das Leiden an der Veränderlichkeit *('gyur ba'i sdug bsngal);* das heißt, dass Wesen genau jetzt Leiden erfahren, weil sie an vergänglichen Erscheinungen haften;

- das alldurchdringende Leiden der Konditionierung *(khyab pa 'du byed kyi sdug bsngal);* das heißt, dass jede Erfahrung von Freude und Leid im nichtluziden Zustand neue Muster von

Anhaftung und Aversion erzeugt, die in der Folge den Geist konditionieren und einschränken.

Drei Buddhakaya *(sku gsum):* Diese sind Dharmakaya, Sambhogakaya und Nirmanakaya. Als »Basis« sind sie die drei Aspekte der Buddha-Natur jedes mit Geist begabten Lebewesens: 1. die leere Essenz des Geistes *(ngo bo),* 2. dessen erkennend-klare Natur, die alle Erfahrungen ermöglicht *(rang bshin),* und 3. seine ungehinderte Ausdruckskraft, sowohl im nichtluziden, samsarischen Modus wie auch im erleuchteten, nirvanischen Modus *(thugs rjes).*

Auf dem »Weg« der Meditation, werden sie erfahren als 1. das Freisein von Gedanken, 2. spontane Seligkeit und 3. die Klarheit intuitiven und visionären Erkennens.

Als »Frucht« sind sie die drei Aspekte des erleuchteten Buddha-Geistes:

- Dharmakaya, die völlige Freiheit des klar-erkennenden, leeren Gewahrseins von allen Gedanken und Formen,

- Sambhoghakaya, die ungehinderte und unaufhörliche Offenbarung von Glückseligkeit, Weisheit, Schönheit und unendlichem Mitgefühl, geschmückt mit Tönen, farbigem Licht und Lichtvisionen, und

- Nirmanakaya, die spontanen, selbstbefreiten Emanationen, welche als Response auf die Bedürfnisse und Gebete der Wesen in den sechs Bereichen der Wiedergeburt im Samsara entstehen.

Drei Erfahrungen des Erscheinens, des Anwachsens und des Erlangens *(snang mched thob gsum):* Die Erfahrung des Sterbens und des völligen Verlusts des Bewusstseins beschreibend, sind diese nacheinander:

- Das Erscheinen *(snang ba)* bezieht sich auf die initiale Erfahrung eines weißen lunaren Lichts, das vom Scheitel herabkommend zum Herzen strömt, während gleichzeitig alle Gedankenmuster des Spektrums von Ärger und Aversion unterbrochen werden und eine formlose Klarheit erfahren wird.

- Das Anwachsen *(mched pa)* ist der thanatologische Fachbegriff für die Erfahrung des Aufsteigens eines roten, solaren Lichts vom Sexualchakra, in der ein Gefühl intensiver Seligkeit entsteht, während gleichzeitig alle Gedankenmuster des Spektrums von Begehren und Anhaftung temporär unterbrochen werden.

- Das Erlangen *(thob pa)* bezeichnet den Moment der Ohnmacht und der Erfahrung der Schwärze, wenn die oberen und unteren Pranas oder Lebensenergien und Bewusstseine sich im Herzen sammeln und reabsorbiert werden in das Bewusstsein der Basis von allem. Dabei werden zuletzt alle Gedankenmuster oder Bewusstseinszustände der Ignoranz unterbrochen. Kurz darauf erfolgt dann die Erfahrung des »klaren Lichts des Todes«, die frei ist von allen Erfahrungen.

Drei Meditationserfahrungen *(nyams gsum):* Auf dem Weg der Meditation macht man Erfahrungen 1. der Freiheit von Gedanken *(mi rtog pa),* 2. von spontaner Seligkeit *(de ba)* und 3. der Klarheit intuitiven und visionären Erkennens *(gsal ba).*

Drei Tore *(sgo gsum):* Oberbegriff für die Dreiheit von Körper, die Rede und Geist – so genannt, weil sich die unerkennbare Natur des Geistes eines Individuums durch die Handlungen des Körpers, die Worte der Rede und die Gedanken des Geistes offenbart und ausdrückt. Durch die drei Tore, die ihrer Natur nach leer sind, können auch im Samsara

Wahrnehmung und Äußerung als die asymmetrische, symbolische Interaktion von Leerheit und Fülle der Erkenntnis – im Grunde das Gespräch des Geistes mit sich selbst – geschehen und erfahren werden.

Drei Tore der Erlösung *(rnam par thar pa'i sgo gsum):* 1. Leerheit *(stong pa nyid),* 2. Abwesenheit von Charakteristika *(mtshan ma med pa)* und 3. Abwesenheit von Wünschen oder Absichtslosigkeit *(smon pa med pa).*
   Wenn der Übende in der formlosen Offenheit reinen Gewahrseins ruht, öffnet er sich für die grundlegende Klarheit und Leerheit der von selbst vollendeten Natur des eigenen Geistes; und ihre völlige Freiheit von Merkmalen, Referenzpunkten und Wünschen wird ihm zugänglich und direkt erfahrbar. Das einzige Charakteristikum unseres eigenen »Dharmakaya«, »der Dimension absoluter Wirklichkeit«, ist es, dass er keinerlei Charakteristika besitzt, so heißt es. Er ist ungeboren, ungeschaffen, immateriell und frei von jeder Form.

Dunkles Zeitalter *(snyigs ma'i dus):* unser gegenwärtiges Zeitalter, in dem die fünf Degenerationen der Lebensspanne, des Zeitgeists, der Wesen und ihrer Anschauungen sowie ein starkes Zunehmen der Störgefühle und Leidenschaften zu beobachten sind.

Dzogchen *(rdzogs chen):* Bezeichnung für die höchste nichtduale Lehre der Buddhas, die von tibetischen Meditationsmeistern der Nyingma- und der Bön-Linie bis heute bewahrt, geübt und gelehrt wird. Der Terminus ist ins Deutsche am treffendsten mit »große Vollendung« zu übersetzen. »Dzogpa« bedeutet »vollständig«; das heißt, alles ist darin inbegriffen und nichts fehlt. Es bedeutet aber auch, dass etwas »beendet oder getan« beziehungsweise »bereits verwirklicht ist«. *chen po* bedeutet »groß« oder »allumfassend«. *Rdzogs pa chenpo* ist also ein Synonym für die wahre Natur unseres Geistes oder unsere Buddha-Natur, in der Ursache und Wirkung immer eins sind.

Die gleichnamige Lehre zeigt direkt auf, dass alle belebten und unbelebten Erscheinungen nur im Geist existieren und dass dieser Geist seiner Natur nach immer schon vollendet ist und in Wahrheit nicht im Geringsten verändert, verbessert oder verschlechtert werden kann oder jemals abweicht von seiner Natur, die alles erkennend und gleichzeitig leer ist. Doch denken, träumen, glauben und für wahr halten kann man, mit diesem Geist begabt, natürlich unendlich vieles.

»Dzogchen« wird manchmal auch mit »große Vollkommenheit« übersetzt, aber wir sollten diese als den unverbrüchlichen, überzeitlichen Zustand der Ganzheit oder Integrität des Geistes mit sich selbst verstehen und nicht als Ziel eines Strebens oder als Frucht einer Entwicklung. Es gilt lediglich, der wahren Natur der Dinge gewahr zu werden und sie anzunehmen.

Dzogchen ist unser immer schon selbstvollkommener, alle Erfahrungen ermöglichende Zustand leeren und formlosen Erkennens, den wir weder erlangen noch verlieren können. Von Anfang an ist dieses unser »Rigpa«, die unveränderliche, unsterbliche Basis aller Erfahrungen und seiner Natur nach nichtdual und erlöst. Reines, primordiales oder besser ewiges, unzerstörbares Erkennen ermöglicht alle Wahrnehmungen und bleibt doch immer frei von ihnen, so wie ein Spiegel alle Reflexionen ermöglicht, aber immer frei und leer von diesen bleibt.

Einsgerichtetheit (*rtse gcig*, Sanskrit *ekāgratā*): Als erste Stufe auf dem Weg der meditativen Geistesschulung gilt es, den notorisch unruhigen und zerstreuten Geist Tag und Nacht auf ein einziges Meditationsobjekt, ein einziges Mantra oder einen einzigen Gedanken zu sammeln. Ist mit Beharrlichkeit und Entschiedenheit schließlich diese Einsgerichtetheit erlangt, so genießt er abgeschieden von allen anderen Gedanken eine bisher nicht gekannte Ruhe und Stabilität. Diese dient dann als Basis für das weiterführende Training in der »tiefen und klaren Schau« der Natur des Geistes. Im Dzogchen benützen wir die Ursilbe »A« als Objekt der Sammlung. Die einsgerichtete Sammlung auf das »A« bringt uns in Einklang mit unserem wahren Wesen. Sie führt uns ein in den natürlichen Zustand reinen Gewahrseins, der seiner Natur nach frei von allen Gedanken ist. Die Präsenz im »A« zu finden bedeutet, eins zu sein mit allen erleuchteten Meistern. Der Dzogchen-Meister Vimalamitra lehrte: »Der vollkommene Buddha wird aus dem A geboren. Im A offenbart sich der tiefe Sinn des Ungeborenen.«

Entledige dich der vier Anhaftungen *(zhen pa bzhi bral):* Die vier kurzen Sätze dieser Instruktion empfing der Patriarch der Sakya-Linie Sachen Kunga Nyingpo (1092–1158) in einer Vision vom Bodhisattva der Weisheit Manjusri, und er erkannte, dass in ihnen alle Aspekte des Übungswegs der sechs Paramitas essenzialisiert sind:

- Wenn du an diesem Leben haftest, bist du kein Dharma Praktizierender.
- Wenn du an Samsara haftest, hast du keine wirkliche Entsagung.
- Wenn du an dir selbst haftest, hast du kein echtes Bodhicitta.
- Wo ein Festhalten entsteht, geht die Schau verloren.

Der vierte Lehrsatz *('dzin pa 'byung na – lta ba min)* wird häufig auch in Dzogchen-Kommentaren zitiert, da er kurz und bündig formuliert, dass die authentische Schau der Buddhas, das heißt unser leeres und klarsichtiges Gewahrsein, unvereinbar mit jeder Art von konzeptuellem oder emotionalem Festhalten ist.

Ethisches Verhalten *(tshul khrims,* Sanskrit *śila):* In buddhistischer Sicht kann ethisch korrektes Verhalten nur daran gemessen werden, ob es uns und allen anderen Lebewesen nützt oder schadet. Wenn unser Handeln andere seelisch oder körperlich verletzt und sie ihres Lebens beraubt, ist es mit Sicherheit nicht korrekt und hat auch für uns keine guten Folgen. Unser Verhalten ist dann »richtig«, wenn es der übergegensätzlichen Natur unseres Geistes, der Verbundenheit aller Wesen und ihrer Abhängigkeit voneinander und damit der Einheit allen Lebens entspricht. Handlungen, die von unparteiischem Mitgefühl, von Hilfsbereitschaft und Altruismus motiviert sind, sind heilsam für uns selbst und andere und erfüllen damit höchste moralische Standards. Handlungen, die von persönlicher Bequemlichkeit und Geiz, von Begehren und von Aversion und Furcht diktiert sind, tendieren zum Unheilsamen. Das Wissen um das richtige Verhalten in bestimmten Lebenslagen kommt vom Weisheitsgeist im eigenen Herzen, der Stimme des Gewissens. Dieses ist ein intuitives Wissen um die Natur unseres Geistes und ein Wissen aus der Erfahrung vieler Leben und Tode gewachsen, das sowohl die Ursachen, nämlich ein bestimmtes Denken, Sprechen und Handeln, wie auch die daraus erfolgten Wirkungen auf uns selbst und unsere Umgebung ahnend erinnert und intuitiv deren Zusammenhang versteht.

Fahrzeug (*theg pa,* Sanskrit *yāna*): Terminus für einen buddhistischen Übungsweg und seine Lehren und Methoden, in den wir einsteigen können und mit dessen Hilfe wir das Ziel der Wiedergeburt in einem Buddha-Land, völlige Befreiung vom Samsara nichtluzider Wahrnehmung und völlige Erleuchtung erreichen können. Im Buddhismus werden heute noch die zeitlich nacheinander entstandenen drei »Fahrzeuge« des Hinayana, Mahayana und des Vajrayana bewahrt, gelehrt und praktiziert.

Fünf Aspekte des Urgewahrseins *(ye shes lnga):*

- die Weisheit der Leerheit *(stong nyid ye shes),* die dem Aspekt der Leerheit der Geistessenz entspricht *(ngo bo stong cha),*

- die spiegelgleiche Weisheit *(me long ye shes),* die dem Aspekt der klar erkennenden Natur des Geistes entspricht *(rang bzhin gsal cha),*

- die Weisheit der Gleichheit *(mnyam nyid ye shes)*, die dem Aspekt der Nichtdualität von Leerheit und Klarheit entspricht *(stong gsal gnyid med)*,

- die Weisheit klarer Unterscheidung *(sor rtogs ye shes)*, die dem Aspekt der Unvermischtheit von Samsara und Nirvana entspricht *('khor 'das kyi chos ma 'dres pa'i cha)*, und

- die alles vollendende Weisheit *(bya grub ye shes)*, die der anfangs- und endlosen Erfahrung der drei Buddha-Körper in uns entspricht *(sku gsum snang ba)*.

Fünf Geistesgifte *(dug lnga):* Unwissenheit, Ärger, Stolz, Begehren und Neid. Sie sind auf dem Verlust der Luzidität beruhende pathologische Fehlfunktionen der »fünf Weisheiten« des im Grunde immer erleuchteten und selbstlosen Gewahrseins eines jeden Individuums.

Fünf Meditationserfahrungen *(nyams lnga):* In fünf Gleichnissen wird die graduelle Stabilisierung des Geistes dargestellt. Durch die dezidierte Sammlung des Geistes in der Meditation zuerst auf ein einziges Objekt und später ohne jedes Objekt und frei von jedem Bezugspunkt kommt der zuerst noch ungezähmte ungeübte Geist langsam in sich selbst zur Ruhe. Widmet sich jemand ernsthaft und fortgesetzt diesem Geistestraining, so wird dabei folgende Progression erfahrbar:

- Zu Beginn ist der Geist noch wie ein Wasserfall. Ein Gedanke folgt dem anderen, und in der Meditation erscheinen sie einem noch vermehrt, weil man erst nun ihrer gewahr wird.

- Der eigene Geistesstrom ist wie ein Bach, der einmal schnell und dann wieder langsam fließt. Der Geist ist einmal ruhig und dann wieder agitiert.

- Der eigene Geist ist wie ein breiter Strom, der langsam und ruhig dahinfließt. Der Geist bewegt sich manchmal gedanklich, wenn er von außen irritiert wird, sonst ruht er in sich selbst.

- Der eigene Geist ist nun wie ein ruhiger See, und nur manchmal kräuseln sich darauf Wellen. An der Oberfläche leicht bewegt, bleibt er in seiner Tiefe unbewegt.

- Am Ende des Trainings ruht der Geist – wie ein weites und tiefes Meer – völlig stabil und unerschütterlich in sich selbst. Ein Zustand, der in den Mahayana-Sutras »das Samadhi des Meeresspiegels« genannt wird. In leerem, spiegelgleichem Gewahrsein ruhend, erfährt man alle Erscheinungen und Gedanken als die eigene, immer selbstbefreite Reflexion und wird nicht mehr davon beirrt und getäuscht. Dieser Zustand wird auch mit dem ruhigen und stetigen Strahlen einer Butterlampe verglichen, wenn sie, jedem Windhauch des Denkens entzogen, ungestört brennt.

Fünf Skandha oder Komponenten *(phung po lnga):* Die fünf Skandhas beschreiben die menschliche Persönlichkeit und ihren Erfahrungsprozess folgendermaßen:

- Form *(gzugs kyi phung po),* das heißt der Körper und seine Wahrnehmungen,

- Empfindungen oder Gefühle *(tshor ba'i phung po),*

- Gedanken oder Konzeptualisierung *('du shes kyi phung po),*

- Willensregungen oder instinktive Reaktionen *(du byed kyi phung po)* und

- Bewusstsein *(rnam shes kyi phung po).*

Durch »das Anhaften an den fünf Komponenten« oder *phung po nga'i 'dzin pa* werden diese fälschlich als »mein« und als »Person« oder »ich« interpretiert. Im luziden Erfahrungsmodus sind sie die von selbst befreiten fünf Aspekte reinen Gewahrseins (siehe auch unter »Fünf Aspekte des Urgewahrseins«).

Fünf Weisheiten *(ye shes lnga):* auch als »fünf Aspekte des Urgewahrseins« zu übersetzen (siehe dort): 1. die allumfassende, raumgleiche Weisheit, 2. die spiegelgleiche Weisheit, 3. die gleichmütige Weisheit, 4. die klar unterscheidende Weisheit und 5. die alles vollendende Weisheit. Diese »Weisheiten« sind fünf funktionale Aspekte des Thatagatagarbha, das heißt der erleuchteten, klar erkennenden und leeren Essenz jedes geistigen Wesens.

Gatha (Sanskrit *gāthā*): Gesang, Lied, Vers, die spezielle Form eines religiösen Liedes, eines religiösen Verses.

Geistbegabtes Wesen *(sems can):* Auch oft als »fühlendes Wesen« übersetzter Sammelbegriff für alle »Animalia«, das heißt alle »Lebewesen«, die sich noch in einem der sechs Bereiche des Daseinskreislaufs befinden. Ein völlig erwachtes Wesen wird dagegen »Buddha« genannt.

Geistesstrom *(sems rgyud):* Der kontinuierliche Fluss der bewussten und unterbewussten Erfahrung eines individuellen fühlenden Wesens (siehe auch unter »Bardo« oder »Sechs Zwischenzuständen«).

Gewahrseinstherapie (GST): Gewahrseinstherapie vollzieht eine völlige Wende der therapeutischen Sicht- und Vorgehensweise, indem sich der Therapeut weniger auf die psychisch-gedanklichen Probleme als auf die ursprüngliche Gesundheit, auf das reine Gewahrsein des Patienten fokussiert. Die Schwierigkeiten des Hilfesuchenden werden gemeinsam erfragt und erörtert, die Therapie beschäftigt sich aber nicht weiter mit den Symptomen, sondern weist erstens auf die Möglichkeit hin, diese loszulassen, da sie sich von selbst auflösen, wenn man sie nicht festhält, und zweitens darauf, dass das Gewahrsein des Patienten von diesen immer schon frei ist, weil er sie ja erkennen kann, weil er ihrer ja gewahr ist. Der Patient wird in gemeinsamer Sitzung darin instruiert, seine Körpergefühle, Emotionen und Gedanken achtsam zu betrachten, ohne auf sie instinktiv mit Verdrängung, mit Anhaften oder Aversion und mit neuen Vorstellungen und Urteilen zu reagieren. Es wird zuerst, mit Körper und Atembeobachtung beginnend, eine nicht urteilende, alles zulassende Achtsamkeit kultiviert, durch die sich die Identifikation mit Wahrnehmungsinhalten deutlich verringert. Mithilfe der Fragestellung »Wer ist sich dieser Gefühle und Gedanken gewahr?« erfährt man sich immer deutlicher als gleichmütiger Zeuge der spontan entstehenden und vergehenden körperlichen, seelischen und geistigen Erfahrungen.

Ergänzend und generell beruhigend wird auch die Sammlung des in unheilsame Inhalte zerstreuten Denkens und der in egozentrischen Störgefühlen blockierten Energie auf den Saatgedanken oder universal guten Wunsch »Mögen alle Wesen glücklich sein« empfohlen und angewendet. Wohlwollen und Wertschätzung für unsere Mitmenschen und Mitgeschöpfe, für unsere eigene Person und unseren Körper werden hier gleichzeitig kultiviert. (Die »Praxis des unzerstörbaren Atems« in Teil III dieses Buches ist eine der bewährten Methoden, um die Aufmerksamkeit auf heilsame Inhalte zu lenken.)

Gleicher Geschmack *(ro mnyam):* Wenn wir im Zustand reinen Gewahrseins ruhen, frei von dualistischen Gefühlen und Gedanken, ohne zu urteilen und zu benennen, so erfahren wir alle Erscheinungen als von einem »Geschmack«, – wir erfahren sie als eins mit uns, als die erscheinend gleichzeitig leere Energie unseres eigene Geistes.

Gleichzeitig entstehende Unwissenheit *(lhan cig skyes pa'i ma rig pa):* Sie
ist die zweite von den drei Arten der Unwissenheit, von denen jedes
geistige Wesen vor der Erleuchtung geprägt ist. Sie ist ein Verlust der
Luzidität, der gleichzeitig mit unseren Visionen und Wahrnehmungen entsteht und bewirkt, dass wir diese für eine von uns unabhängige
Wirklichkeit halten. Ist es uns gelungen, diese Unwissenheit zu reinigen, so erfahren wir stattdessen »gleichzeitig entstehende Luzidität«,
das heißt, dass wir zum Beispiel unsere Traumvisionen, wenn sie
erscheinen, als Traum erkennen können. Das Gleiche gilt für die
Visionen des postmortalen Zustands und alle anderen Bardos (siehe
hierzu auch unter »Drei Arten der Unwissenheit«).

Große Seligkeit *(bde ba chen po,* Sanskrit *mahāsukha):* Das Lebensgefühl
im Modus nichtdualer, nichturteilender, luzider Wahrnehmung, in
welcher der eigene Geist und seine Wahrnehmungen eins sind oder als
eins erfahren werden, ist »große Seligkeit«. Der Zustand ungetrübten
Glücks ist der eigentliche, natürliche und grundlegende Zustand des
Heilseins, der Ganzheitlichkeit eines jeden Individuums, bevor es sich
in seinen eigenen Wahrnehmungen verfängt und in den nichtluziden
Modus dualistischen Fühlens und Denkens gerät. Ein Buddha wird
deshalb auch »Sugata« genannt – »Der in die Seligkeit gegangen ist«.

Guru *(bla ma):* Im tantrischen Buddhismus und im Dzogchen ist der
Lama oder spirituelle Mentor von größter Bedeutung, da wir von ihm
oder ihr die befreienden Belehrungen und den Segen für die Praxis
sowie Supervision und individuelle Beratung erhalten. Die Funktion
des spirituellen Meisters ist es, uns möglichst direkt zur Natur des
Geistes zurückzuführen. Diese wiederum ist »der innere Meister«,
unsere eigene Buddha-Natur, die jedes geistige Wesen von innen her
leitet und zu Sinnsuche und Selbsterkenntnis inspiriert. Je mehr wir
auf seine, zuerst noch leise Stimme hören, umso deutlicher spricht
diese zu uns. In der regelmäßigen Praxis des »Guru-Yoga« pflegen wir

die liebevolle Verbindung zum Buddha in uns und zu allen Lehrern, von denen wir auf unserem Weg zurück Belehrungen in geistiger, mündlicher oder in schriftlicher Form erhalten haben. Wir öffnen uns ihrem Rat, und wir empfangen ihren Segen, der unseren Körper, unsere Rede, unseren Geist und unser Gewahrsein ganz dem ihren gleichmacht. Unter den sekundären Praktiken – das heißt all jenen, bei denen wir etwas mit dem Geist machen – gilt »Guru-Yoga« oder die »Verbindung mit dem Meister« als die wichtigste. Nach dem Empfangen des Segens in der letzten Phase dieser vorbereitenden Übung gibt es nichts mehr weiter zu tun, als in der leeren und klaren Natur des Geistes zu ruhen. Das ist die primäre Praxis der Kontemplation.

Guru Rinpoche *(gu ru rin po che):* »Kostbarer Meister« ist eine höchste Wertschätzung ausdrückendes Epitheton für den Mahaguru Padmasambhava, der im 9. Jahrhundert auf Einladung des Königs Trisong Deutsen nach Tibet kam.

Herr des großen Mitgefühls *(jo bo thugs rje chen po):* Beiname des großen Bodhisattva »Avalokitesvara«. Er ist das göttliche Wort, die Verkörperung des unermesslichen Mitgefühls aller Buddhas. Sein Sanskritname, zusammengesetzt aus *avalokita* (»der Wahrnehmende«) und *svāra* (»Klang, Ton«), bedeutet »der, welcher die Töne und Stimmen der Welt wahrnimmt«. Im Surangama-Sutra wird berichtet, dass er einst allein mithilfe der Fragestellung »Wer ist es, der diese Töne hört?« Erleuchtung und vollkommene Buddhaschaft erlangte. Wenn wir seinem Beispiel folgen, können wir im Akt reinen, nichturteilenden Hörens unseres hörenden Gewahrseins gewahr werden.

Herz-Sutra *(shes rab snying po'i mdo, snying mdo):* Als Essenz aller Prajnaparamita-Sutras, welche »die transzendente Weisheit« lehren, wird es täglich viele Male in jedem Zen-Kloster rezitiert. Einer seiner alle dualistischen Vorstellungen überschreitenden Kernsätze lautet:

»Form ist Leere, Leere ist Form.« Das Sutra schließt mit dem großen Mantra »Gate gate Pāragate Pārasamgate Bodhi svāhā«, was so viel bedeutet wie: »Gegangen, gegangen, darüber hinaus gegangen, über alles hinaus gegangen, völlig erwacht, so sei es!«

Idealismus: Die Sichtweise der Gruppe von Philosophien, die ihrem Wesen nach dem Idealismus zugeordnet werden können, ist im Wesentlichen metaphysisch und postuliert das Primat des Geistes. Egal, ob in theistischer oder rein idealistischer Ausformung, wie in der buddhistischen Nur-Geist-Schule (Sanskrit *Cittamātra*) wird der Geist, seiner Natur nach unfassbar, formlos und unsichtbar, als erste Ursache und Quelle aller Dinge und Erfahrungen definiert. Alles, was Menschen wissen können, wird von ihrem Geist erfahren und von ihrem Bewusstsein strukturiert und erfasst, sei es sinnlich im Körper erfahrbar oder übersinnlich.

Geist ist untrennbar vom Pneuma oder der alldurchdringenden Lebensenergie. Im Tod verlässt das Bewusstsein, umhüllt von dieser Lebensenergie, den physischen Körper, verweilt kurz in Formlosigkeit, bis der Geist, entsprechend seinen Taten im Vorleben und seinen im Energiekörper gespeicherten, karmischen Spuren und Neigungen, wieder eine Form annimmt.

Der Idealismus kennt die Wirkungskraft von menschlichen Ideen und Anschauungen auf das Verhalten des Menschen, auf sein subjektives Erleben und auf seine Umwelt. Er sieht, dass Gier und Hass, dass dualistische Gedanken und Gefühle zu einem unheilsamen Handeln führen und Leiden erzeugen. Er anerkennt, dass wohlwollende Gedanken und selbstlose Handlungen zu Glück führen. Der Idealismus weiß um die Unzerstörbarkeit des Geistes und erkennt, dass der Geist selbst das Feld ist, in dem die Samen, die man einst handelnd selbst gesät hat, auch in Zukunft reifen werden. Seien sie nun guter, neutraler oder schlechter Art gewesen.

Karma *(las):* Karma ist im Hinduismus und Buddhismus der Sanskrit-begriff für das Gesetz von Ursache und Wirkung. Jede Bewegung, die angestoßen wird, jede Handlung oder Aktion erzeugt eine spezifische Wirkung, die gleich dem Ton und seinem Nachhall oder Echo seiner Ursache entspricht. Jesus Christus fasste diese für alle Erscheinungen des Lebens gültige Gesetzmäßigkeit in die einfachen, pragmatischen Worte »Was du säst, das wirst du ernten«, und das deutsche Sprich-wort »Wie du in den Wald hineinrufst, so tönt es heraus« formuliert sie als »Gesetz der Resonanz«. Sprechen wir über »das Karma« einer Person, so ist damit die Ansammlung der Spuren und Impulse all sei-ner früheren Handlungen gemeint, die in seinem Unterbewusstsein gespeichert sind und sein Erleben und seine Lebensumstände prägen und bestimmen (siehe auch unter »Auswirkung der Handlungen der drei Tore«).

Konstrukte *(spros pa):* Auch zu verstehen als »Projektion« und »Vorstel-lung«, steht dieser Terminus für jede Art von gedanklicher Formu-lierung und Bezeichnung. Das begriffliche Denken formuliert und moduliert beständig den lebendigen, von selbst befreiten Fluss der eigenen inneren und äußeren Erfahrungen und versucht, diesen zu erfassen. Folgt unser Geist noch instinktiv und unachtsam den auf-steigenden Konzepten, so verblendet, beschränkt und bindet er sich durch den altgewohnten Glauben an die Wirklichkeit seiner eigenen Kostrukte. Die wesentliche, befreiende Instruktion des Dzogchen und des Mahamudra ist deshalb: »Lass deinen Geist unbewegt in sich selbst ruhen, und folge den aufsteigenden Gedanken nicht!«

Konstruktivistische Psychologie: Die therapeutische Intervention auf konstruktivistischer Basis fokussiert sich zuerst auf die Beschreibung der Erfahrungen und Probleme seitens des Hilfesuchenden. Ist diese als provisorische und durch eine andere Sichtweise, Ausrichtung und Formulierung durchaus veränderbare Realitätskonstruktion erkannt, so

ist der Weg zu einem weniger leidvollen Erleben aufgezeigt und eröffnet. Ist das Phänomen der sich selbst erfüllenden Prophezeiung gut
verstanden, nämlich dass die Art, wie wir denken und was wir erwarten, unser Erleben hochgradig bestimmt und uns entweder öffnet oder
einschränkt, kann dies dann bewusst angewandt und in den Dienst
der Heilung gestellt werden. Negativ beschränkende Glaubenssätze
können durch positive ersetzt werden. Hierzu muss der Therapeut
die Wirklichkeitskonstruktion eines Menschen zuerst erfragen und
zuhörend erkennen. Durch die Beschreibung der Probleme und der
Lösungsversuche seitens des Patienten erhält er Aufschluss über dessen
Zuschreibungen hinsichtlich seiner Selbsterfahrung und Welterfahrung.

Die in der Anamnese gegebenen Beschreibungen des persönlichen
Erlebens stellen jene Konstrukte und Mechanismen dar, die das Problem nicht nur nicht lösen, sondern es vielmehr konstituieren und
verstärken. Eine konkrete Technik der konstruktivistischen Therapie
ist die sogenannte »Umdeutung«, welche die konzeptuelle Konstruktion einer leidvollen Situation mit einer alternativen, lösungsbetonten
Formulierung im Sinne eines »Man hätte es auch ganz anders sehen
und erleben können« überschreibt.

Eine Kernannahme des konstruktivistischen Ansatzes ist es, dass
sich die individuell einschränkenden und belastenden Deutungen
und Zuschreibungen durch Sprache in der Interaktion mit anderen
Menschen, zumeist den Eltern, gebildet haben. Um die Kontextua-
lität der vorliegenden Gedankenmuster besser zu verstehen, werden
diese ergänzend im Rahmen einer Familientherapie in »zirkulären
Befragungen« und so weiter gemeinsam mit dem Therapeuten explo-
riert. Die Erkenntnistheorie des »radikalen Konstruktivismus« geht
aber, wie der Buddhismus, davon aus, dass jede Aussage über »die
Welt« lediglich eine Aussage über das eigene Erleben darstellt, denn
»alles, was gesagt wird, wird von einem Beobachter gesagt«, wie es
H. Maturana ausdrückte. Von hier ist es nicht mehr weit zum durch-
schneidend klaren Diktum des Buddha im *Laṅkāvatāra-Sūtra:* »Die

Welt ist weder so, noch ist sie anders, euer Denken macht sie erst zu dem, wofür ihr sie haltet.«

Konzeptuelle Unwissenheit *(kun brtags kyi ma rig pa):* Im Dzogchen wird diese als »Geist, der sich selbst als Subjekt und Objekt begreift« definiert. Diese Unwissenheit, die ein Nichterkennen unseres eigenes Wesens impliziert und wahre Selbsterkenntnis verhindert, ist der ständige Strom konzeptuellen Denkens. Vorurteile, vorgefasste Meinungen und Anschauungen begleiten und konditionieren dann all unsere Erfahrungen und verschleiern die unmittelbare Schau der Wirklichkeit. Wenn wir in Gedanken verloren sind, schlafen wir mit offenen Augen.

Kostbarer menschlicher Körper *(mi lus rin po che):* In einem menschlichen Körper geboren zu sein bedeutet, acht Freiheiten und zehn Reichtümer zu besitzen. Wir sind frei von acht Einschränkungen, welche Erleuchtung verhindern, nämlich von der Geburt in den Bereichen der Hölle, der Tierwelt, der Welt der hungrigen Geister und im Götterbereich, oder in einem Land ohne Buddha-Lehre, und wir sind frei davon, die Lehre nicht verstehen zu können, weil wir zu dumm, blind oder taub sind. Die zehn Reichtümer oder Möglichkeiten, die wir besitzen, bestehen darin, dass wir als Mensch geboren sind, in einem zivilisierten Land, mit Intelligenz und intakten Sinnesorganen begabt. Des Weiteren, dass wir unseren Lebensunterhalt nicht mit unheilsamen Handlungen wie Töten und so weiter erwerben müssen und dass wir die Worte des Buddha verstehen und ihnen glauben können. Hierzu kommen die äußeren guten Umstände, nämlich dass ein Buddha in unserem Zeitalter erschienen ist, dass er den Weg zur Erleuchtung aufgezeigt hat, dass seine befreiende Lehre auch heute noch existiert und Menschen, die sie üben und lehren, und letztlich dass es deshalb immer noch die Möglichkeit gibt, dem Weg zu folgen, sich der Dharma-Praxis zu widmen und vollkommene Erleuchtung zu erlangen.

Logotherapie: auf die Erfahrung des Lebenssinns ausgerichtete Therapie Viktor E. Frankls (siehe auch unter »Selbstdistanzierung«, »Selbst-Transzendenz« und »Transpersonale Psychologie«).

Luzidität *(gsal ba):* Im Kontext der buddhistischen Bewusstseinslehre ist sie die grundlegende, inhärente Klarheit des Geistes, die alles Erkennen ermöglicht und dessen Gegenstände erleuchtet. Sind die Schleier des dualistischen Denkens und Fühlens gereinigt, ist sie die klare Erkenntnis, dass alles, was überhaupt erfahren werden kann, »ein Traum« beziehungsweise eine »Selbsterscheinung« *(rang snang)* des eigenen Geistes ist. Diese Realisation lässt alle verwirrten emotionalen Reaktionen und Störgefühle, die auf der begrifflich konstruierten Dualität von einem »Ich selbst« und einem von diesem verschiedenen anderen beruhen, ganz von selbst in sich zusammenfallen. Im höchsten Sinn und in ihrer optimalen Verwirklichung ist Luzidität aktualisiert in den zwei Arten der Erkenntnis eines Buddha, also der unverzerrten Erkenntnis der absoluten und der relativen Wirklichkeit (siehe auch unter »Zwei Arten der Erkenntnis«).

Mahasattva *(sems pa chen po):* Der Begriff »großes Wesen« wird für hoch realisierte Bodhisattvas und auch für Buddhas gebraucht (zum besseren Verständnis dessen, was diese Größe ausmacht, siehe unter »Acht Gedanken eines großen Wesens«).

Mantra *(sngags):* Eine geschickte therapeutische Methode des Vajrayana ist die intensive Verwendung von Mantras. Diese bestehen aus einer Kombination von wenigen Silben, welche die spezifische Schwingung einer bestimmten »Meditationsgottheit« wiedergeben, die als die Verkörperung einer besonderen Qualität unserer Buddha-Natur zu verstehen ist. Durch die Rezitation eines Mantras, wie zum Beispiel »Om A Hum Vajra Guru Pema Siddhi Hum«, das Mantra von Buddha Padmasambhava, können wir Körper, Rede und Geist auf unser höheres Selbst einstimmen. Rezitiert man ein Mantra nach dem anderen, so kann man, auch wenn es einem sonst schwerfällt zu meditieren, den Strom zwanghaften, dualistischen Denkens jederzeit in einen Strom von reinen Klängen verwandeln. Diese immer viable Methode, das obsessive Denken zu überschreiten, ist äußerst effektiv und kann in allen Lebenssituationen, in Stille und bei allen Tätigkeiten, welche einen Einsatz des Denkens nicht erfordern, fortgesetzt werden. Sie schützt uns vor negativen Gedanken und Sorgen und stimmt uns ein auf die nichtkonzeptuelle Kontemplation, bei der wir völlig entspannt und frei von allen Gedanken in der Stille reinen Gewahrseins ruhen, ohne Körper, Rede oder Geist zu bewegen.

Mara *(bdud):* Im Buddhismus und im Hinduismus wird »der böse Geist«, der Versucher, der den Menschen zu unheilsamen Handlungen verführt und seine Erlösung und Erleuchtung mit allen Mitteln verhindern will, »Mara« genannt. In der Mythologie gilt er als ein mächtiger Gott in der »Dimension des Verlangens«, welche alle sechs Bereiche der Wiedergeburt umfasst. Mit seinen Blendwerken und Verführungen ist er bestrebt, den Menschen in Selbstverblendung, Egoismus und in Leidenschaften zu halten. Nur wenn ein Mensch seine Geistesgifte gereinigt hat und bereit ist, in der Erleuchtung durch das magische Netz der Täuschung hindurchzubrechen und aus dem Traum der Maya von Ich und Welt zu erwachen, erscheint er mit seinen Heerscharen und bietet noch einmal alle Machtbefugnisse, Güter und Genüsse der Welt an, um ihn daran zu hindern, völlige Befreiung zu erlangen.

So geschah es dem Buddha kurz vor seinem Erwachen in Bodhgaya unter dem Bodhibaum, und so geschah es Jesus in der Wüste. Im großen Spiel des Lebens verkörpert Mara den Widersacher, die stolze Selbstsucht, Überheblichkeit und Verblendung des Ich-Bewusstseins, mit seinem teuflischen Gefolge von dualisierenden, also »*dia*bolischen«, das heißt »entzweireißenden« Gedanken und den destruktiven Dämonen der Geistesgifte.

Buddhas werden auch *rgyal ba* oder »Sieger« genannt, weil sie sich selbst besiegt und das dualistische, selbstsüchtige Denken mit seinem Gefolge von wahnhaften Wünschen und Ängsten völlig überwunden haben.

Materialismus: Alle ihrer Grundhypothese nach materialistischen Philosophien gehen von einem Primat der Materie aus. In der Sichtweise des Materialismus sind alle Geisteszustände und Bewusstseinsarten das Resultat von Modifikationen und Interaktionen der allem zugrunde liegenden Stofflichkeit der Materie. Materie wirkt auf Materie. Nur die für jeden nachvollziehbaren Gesetze der Physik sind gültig. Ethische und moralische Gesetze sind physikalisch nicht messbar und folglich unbegründet. Sie sind lediglich eine soziale Übereinkunft, die den Zielen einer materialistisch-sozialen Ideologie und ihrem Zweck angepasst werden kann. Weil der Mensch mit seinem Körper identisch ist, kehrt einfach Staub zu Staub zurück, und damit gibt es keine spätere Rückwirkung seiner Taten auf ihn selbst. Die Theorien des Materialismus sind in ihrer Oberflächlichkeit den Massen leicht verständlich, doch die daraus resultierenden Handlungen sind unheilsam und haben sehr viel Leid über die Welt gebracht. Scheinbar harmlos, zerstören sie, zur bewussten oder unbewussten Maxime des eigenen Handelns erhoben, die auf Mitempfinden und Kooperation beruhenden moralischen Grundlagen jeder Gesellschaft.

Meditation *(sgom pa):* Das lateinische Wort *meditari* bedeutet »nachdenken, sinnen«. Es ist ein In-die-Mitte-*(medium-)*Gehen und wird heute generisch für alle möglichen Arten geistiger Sammlung verwendet. Im Kontext der Praxis von Essenz-Mahamudra und Dzogchen, die beide das selbstbefreite Ruhen in der Frucht der leeren und klaren Buddha-Natur zum Weg haben, bedeutet Meditation, Tag und Nacht entspannt und wach in der von allen Konzepten freien Schau reinen Gewahrseins zu bleiben und so mit diesem, unserem ungebo-

renen Zustand immer mehr vertraut zu werden, bis schließlich unerschütterliche Stabilität darin erlangt ist. Diese ist gleichbedeutend
mit Buddhaschaft.

Meditation und nach der Meditation *(mnyam bzhag dang rjes thob):*
Generell gesprochen gibt es Instruktionen für das unbewegte Verweilen in sitzender Meditation und solche, wie die Meditationserfahrung
während der alltäglichen Tätigkeiten fortgesetzt werden kann. Was
spezifisch die Dzogchen-Meditation betrifft, so ruhen wir dabei gleichmütig und frei von allen Vorstellungen in uns selbst wie ein weiter,
offener Himmel. Wenn wir, zuerst durch unser häufiges, unbewegtes
Sitzen in Meditation, Erfahrung und Stabilität erlangt haben, wird
es uns immer besser gelingen, auch während verschiedener Tätigkeiten im ungeborenen, selbstbefreiten Zustand unabgelenkt achtsam
und gewahr zu bleiben.

In den Modus »nach der Meditation« verfallen wir, per definitionem, wenn wir das innere Gleichgewicht verlieren und beginnen,
den aufsteigenden Gedanken zu folgen und unser Erleben zu konzeptualisieren. Ist unser Geist in sich selbst wieder zur Ruhe gekommen, so gibt es in »der großen Vollendung« dieses ungeborenen und
nichtfabrizierten Zustands nichts zu denken, nichts zu tun und nichts
zu meditieren. Wenn wir das vergessen, indem wir einer aufsteigenden Vorstellung folgen, geraten wir temporär wieder in den Zustand
scheinbarer Dualität und unnötiger Geschäftigkeit.

Ein Buddha, so heißt es, hat keine eigene Gedankenaktivität mehr.
Nur ein Buddha hat die Fähigkeit zu denken, ohne von seinen Gedanken verblendet zu werden, da er sich lange und gründlich von der uralten Gewohnheit des Denkens und instinktiven Urteilens gereinigt hat.

Im derzeitigen hyperaktiven »Informationszeitalter« sind auch
jene Menschen, die manchmal meditieren, weit davon entfernt, auch
nur für eine halbe Stunde frei von Konzeptualisierung verweilen zu
können. Es gilt also zuerst einmal, langsam und still damit vertraut

zu werden, bis man eine gewisse Stabilität erlangt, und sich nicht eine Fähigkeit zuzuschreiben, die man als Anfänger mit wenig Praxiserfahrung in diesem Metier einfach noch nicht besitzt. Will man sicher zum Gipfel kommen, ist es besser, sich nicht zu überfordern, sondern lieber achtsam auf jeden Schritt zu achten und rechtzeitig zu bemerken, wenn wir wieder zu denken beginnen. So geht es in jeder Tradition von kontemplativer Geistesschulung um die Pflege einer beständigen geistigen Ruhe und Wachsamkeit, die den Übenden mit der Zeit befähigt, frei von guten und schlechten Gedanken im höchsten Zustand der Einheit des Geistes mit sich selbst, ohne ein Zweites, ohne jede gedankliche Projektion, verweilen zu können.

Metakognitive Therapie: Von Adrian Wells entwickelter Therapieansatz, der davon ausgeht, dass es nach einer initialen Anamnese und Exploration des psychisch-gedanklichen Problems des Hilfesuchenden nicht hilfreich ist, dem einschränkenden gedanklichen Konstrukt noch mehr Aufmerksamkeit zu widmen. Das Augenmerk wird im therapeutischen Gespräch, abweichend von kognitiven Therapieformen, weniger darauf gerichtet, was der Patient denkt, als darauf, wie er mit diesen Gedanken umgeht, sich immer wieder davon fesseln lässt und über sie grübelt. Experimentell wird dann die Möglichkeit aufgezeigt, dass man die Aufmerksamkeit von einschränkenden, depressiven, ängstlichen und zwanghaften Vorstellungen auch abziehen kann, indem man sie zum Beispiel auf verschiedene Töne im Außen oder auf eine einfache Visualisation und so weiter richtet, ohne sich von Gedanken davon ablenken zu lassen.

Man kann den obsessiven Strom der Gedanken auch zeitweise unterbrechen, indem man »Stopp!« ruft. Dadurch entsteht etwas Raum, und es wird erfahrbar, dass es weder nötig noch hilfreich ist, das Narrativ eines Problemkonstrukts durch Wiederholung und Nachdenken weiter zu affirmieren. Der Patient soll daran herangeführt werden, seine Gedanken und Gefühle nicht als Fakten, also im Objektmodus, sondern im metakognitiven Modus als interne Reize zu erleben, deren Beobachter er ist (Detached Mindfulness). Damit gehört MCT zu den neuen, auf Achtsamkeit basierenden Therapieansätzen.

Mystik: Dieser vom altgriechischen *myeīn,* das heißt »Augen und Mund schließen«, und *mystikós,* also »geheimnisvoll«, abgeleitete Terminus wird heute generisch für den innersten, lebendigen Kern jeder Religion verwendet – sei es nun im Christentum, Islam, Judentum oder im Hinduismus, Buddhismus und im Taoismus. Mystik ist eine *cognitio dei experimentalis* oder in anderen Worten ein »intuitives Erkennen der wahren Natur des Geistes«. Dieses Erkennen der all-erschaffenden, grundlegenden Wirklichkeit, erschließt sich durch die Praxis der Kontemplation, in welcher die Aufmerksamkeit von den Sinnesobjekten und Gedanken abgezogen und nach innen auf die Quelle aller Gedanken und aller geschaffenen Dinge gerichtet wird. »Beten ist das Ablegen aller Gedanken«, sagte der Wüstenvater Evagrius Ponticus (345–399). In einem Vergessen seiner selbst und aller Dinge ruht der Geist des Mystikers in sich selbst, *abitans in se,* und im Zustand der Einheit, der Unio mystica, im tiefen Schweigen des Unsagbaren, in der Stille vor allen Gedanken, Worten und Handlungen erkennt er sich selbst unmittelbar durch sich selbst.

Ngöndrö *(sngon ’gro):* Diese der Hauptpraxis der nichtkonzeptuellen Kontemplation »vorausgehenden« Praktiken dienen auf dem Pfad des Vajrayana und des *Dzogchen* dazu, die grundlegenden Lehren des Buddhadharma zu verinnerlichen, im Buddha, seiner Lehre und der Gemeinschaft der Übenden eine verlässliche Zuflucht zu finden, Mitgefühl zu entwickeln, früheres Karma zu erkennen und zu reinigen, große Opferbereitschaft und Großzügigkeit zu kultivieren und eine durch vertrauensvolle, liebende Hingabe ausgezeichnete Verbindung zum spirituellen Meister zu schaffen.

Die fünf Übungen des Zufluchtnehmens, kombiniert mit Niederwerfungen des ganzen Körpers, Bodhicitta, Reinigung durch Mantra,
Mandalaopfer und Guruyoga, werden mindestens 100 000-mal wiederholt. In der Nyingma-Linie ist es Tradition, zur Vollendung des
Guru-Yogas das Mantra von Padmasambhava zehn Millionen Male
zu rezitieren. Durch diese klare Ausrichtung und durch den täglichen
Empfang des Segens aller in der Gestalt des Meisters gegenwärtigen
Erleuchteten werden unsere drei Tore von Körper, Rede und Geist
gereinigt und den ihren angeglichen, und wir erlangen in unserer
Praxis der Kontemplation schließlich eine fortwährende Stabilität im
natürlichen, ungeborenen Gewahrsein aller Buddhas, was gleichbedeutend mit völliger Erleuchtung ist.

Nichterzeugtes Gewahrsein *(ma bcos pa'i rig pa):* Reines, bloßes Erkennen ist ungeschaffen, und es fabriziert und manipuliert nicht. Es ist
Dharmata, unser »natürlicher Zustand«, frei von jeder künstlichen
Anstrengung, zu dem wir durch die Einführung unseres Mentors und
das kontemplative Training des Dzogchen zurückfinden können. Eine
der Kernunterweisungen für diese Praxis lautet: »Belasse einfach alles
so, wie es von selbst ist.«

Nichtkonzeptuell *(rnam par mi rtog pa):* Geisteszustand oder Erfahrungsmodus, der frei von konzeptuellem Denkbewusstsein und dis-
kursiven Gedanken ist.

Nichtkonzeptuelles, zeitloses Erkennen *(rnam par mi rtog pa'i ye shes):*
Der grundlegende Zustand reiner, offener Präsenz ist nichts Besonderes. Er ist immer gegenwärtig, aber von Gedanken abgelenkt, sind wir
seiner nicht gewahr. Wenn wir wach sind und gerade einmal nichts
denken, ist er direkt erfahrbar.

Nichtmeditation *(mi bsgom):* Sind wir durch einsgerichtete Meditation, zuerst auf ein Objekt wie A und dann ohne jedes Objekt, mit dem Zustand anhaltender Geistesruhe und natürlicher Klarheit vertraut geworden, so erkennen wir unser reines Gewahrsein schließlich als immer gegenwärtig, als selbstexistierend und von Natur aus frei von Zerstreuung und Sammlung. In ihm gibt es kein Meditationsobjekt, es gibt keine Meditationsbemühung und niemanden, der meditiert. Wer weder bewusst meditiert noch in Gedanken zerstreut ist, befindet sich per definitionem im »natürlichen, ungeborenen Zustand des Geistes«.

Niedere Bereiche *(ngan song):* Der Buddha lehrte, dass, wenn wir die Chance, als Menschen geboren zu sein, nicht nutzen, sondern unvernünftig, selbstsüchtig und motiviert von Aversion, Begehren und Dummheit handelnd uns selbst und anderen schaden, es möglich ist, nach diesem Leben in einem der niedrigen, überwiegend leidvollen Erfahrungsbereiche als Höllenwesen, hungrige Geister oder Tiere wiedergeboren zu werden. Das Erleben ist die natürliche Folge oder Resonanz einer pathologischen, mitleidlosen Grausamkeit und Böswilligkeit, von exzessiver Gier und Sucht, von stolzer Uneinsichtigkeit oder willentlicher Betäubung, welche zu Lebzeiten kultiviert und ausagiert wurden.

Nihilismus *(chad lta):* Sinngemäß mit »die Sichtweise der Nichtkontinuität« zu übersetzen, wird die schon zu Zeiten des Buddha bekannte und als reduktionistisch und falsch verworfene Denkrichtung des Nihilismus klar definiert als der Glaube, dass es nach dem Tod kein Fortleben des Geistes gibt und deshalb auch kein Karma, also keine Rückwirkung der eigenen Taten auf einen selbst. Es gibt nur ein Leben, und das, was man tut, hat keine Konsequenzen außer den während des Lebens in dieser Welt möglichen. Wer sich nicht erwischen lässt oder sich durch Selbstmord seiner Verantwortung entzieht, hat keine unangenehmen Konsequenzen zu befürchten; denn nach diesem Leben erwartet ihn nur das Nichts.

Propagiert man diese Denkrichtung, so macht man ein kurzsichtiges und gewissenloses Zweckdenken gesellschaftsfähig, das ein rücksichtsloses, destruktives und menschenmörderisches Handeln nach sich zieht. Die nachhaltigen Folgen der eigenen Handlungen werden nicht gesehen, und jede weitere Verantwortung für das Getane wird abgelehnt und für nichtig erklärt.

Paramita *(pha rol tu phyin pa):* Sinngemäß bedeutet *pāra-mitā*, die dualistische Kondition zu »transzendieren« und »das andere Ufer« des Nirvana zu erreichen.

Hierzu gilt es, das diesseitige Ufer des Samsara zu verlassen und den Strom des Denkens in Begriffen von Subjekt und Objekt zu überqueren. Das Floß des Buddha-Dharma in Theorie und Praxis hilft uns, sicher ans andere Ufer zu gelangen. Sind wir angelangt, so lassen wir das Boot zurück und gehen auch noch über die subtilen Konzepte der Lehre hinaus. Der Entwicklungsweg dorthin wird in den Prajnaparamita-Texten des Mahayana-Systems als die stufenweise Reinigung und Reifung der Bodhisattvas über zehn Stufen bis zur völligen Erleuchtung beschrieben. Auf diesem Weg üben sie sich in den »sechs Paramitas«, das heißt in den Tugenden, welche »die Welt« und das »weltliche Verhalten« transzendieren, die zwei Ansammlungen von Verdiensten und von Weisheit vollenden und so zum Erlangen des Nirvanas führen (siehe auch unter »Sechs Paramitas«).

Parinirvana *(yongs su mya ngan las 'das pa):* Erlangt ein geistiges Wesen Parinirvana, so ist es damit tatsächlich »völlig über das Leiden hinausgegangen«, das heißt »endgültig ins Nirvana, den erleuchteten, selbstlosen Zustand leeren Gewahrseins, eingetreten«. Der Begriff wird deshalb auch als eine tiefsten Respekt ausdrückende Formulierung für den Exitus eines Buddha oder vollendeten Meisters verwendet.

Phowa *('pho ba):* eine yogische Methode, durch die es möglich ist, das wahrnehmende Bewusstsein aus dem physischen Körper auszusenden und es in der Hülle des feinstofflichen Körpers in einen anderen Erfahrungsbereich oder in ein »Buddha-Land« zu transferieren (siehe auch unter »Transfer des Bewusstseins«).

Positivismus: Der zuerst von Auguste Comte (1798–1857) nach der Säkularisation formulierte Positivismus war von diesem bereits als »säkularwissenschaftliche Ideologie« konzipiert. Die noch herrschenden theologischen, metaphysischen und idealistischen Anschauungen sollten abgelöst werden durch den Glauben an die Wissenschaft und ihre messbaren Beobachtungen. In der Sichtweise des Positivismus, welche noch heute in Wissenschaft, Forschung und Medizinbetrieb dominiert, gilt die Hypothese, dass ein sicheres, ein »positives« Wissen von Wirklichkeit nur auf sinnlich wahrnehmbaren oder mit Instrumenten messbaren Phänomenen beruhen kann. Nur diese empirisch nachweisbaren Fakten seien real. Alle anderen Erfahrungen seien unrealistisch. Wahrnehmungen, die über jene der fünf Sinne und des Gehirns innerhalb des Körpers hinausgehen, werden als unwirklich und als körperliche Störung betrachtet. In positivistischer Sicht existiert nur, was messbar ist: Der Mensch ist mit seinem Körper identisch, und mit dem Tod desselben ist alles aus.

Der Positivismus ist seinen Maximen nach also eine die Naturwissenschaft zur Religion erhebende Variation des Materialismus; und viele Handlungen, Erfindungen, Eingriffe und ihre Konsequenzen, die aus diesem Glauben resultieren, sind tendenziell ebenso unheilsam wie die unter »Materialismus« und »Nihilismus« genannten. Es gibt für den streng positivistisch denkenden Wissenschaftler oder Arzt keine wissenschaftlich begründete, nachhaltige Verantwortlichkeit für die eigenen Handlungen, da für ihn nur die physikalischen Gesetze und die Körperfunktionen nachweisbar und durch Messungen verifizierbar sind.

Es herrscht die Auffassung, alles sei prinzipiell denkbar und mach-
bar, wenn man nur einen Weg zu seiner Umsetzung fände. Hier heiligt
der angeblich gute Zweck auch sehr fragliche Mittel und Interventio-
nen. Traditionell gültige »ethische Grenzen« werden vom derzeitigen
Wissenschaftsapparat zunehmend als ein völlig unbegründetes Hin-
dernis für die »freie Forschung« betrachtet, das durch weitere Aufklärung beseitigt werden müsse.

Prana *(rlung):* die Energieströme oder »Lebenswinde«, die den Körper
mit dem Atem durchdringen, beleben und bewegen. Sie sind fein-
stofflich und konstituieren unseren Energiekörper, der im Tod den
physischen Körper verlässt.

Prana-Geist *(rlung sems):* Dieser Begriff bezeichnet »die karmischen
Winde«, die mit dem dualistischen Denkbewusstsein eines unerleuchteten Wesens energetisch eng verbunden sind. Im Körper bewegen
sich diese Pranas in der linken und der rechten Energiebahn peripher
um den Zentralkanal.

Primordiales Gewahrsein *(ye shes):* Es kann auch als »Urweisheit« oder
»zeitloses Erkennen« übersetzt werden, wobei Letzteres am besten
ausdrückt, dass es sich hier um die unentstandene und unvergängliche Fähigkeit reinen Erkennens handelt, die unabhängig von allen
Erkenntnissen, Erfahrungen und Konzepten, frei von jeder Stofflichkeit, schon immer und für immer durch sich selbst existiert. Unser
Geist ist primär reines Erkennen, frei von jeder Gegenständlichkeit
und kann deshalb weder mit den Sinnen erkannt noch mit Worten
beschrieben werden.

Provisorischer und wirklicher Sinn *(drang don dang nges don):* Die kon-
ventionellen Dharma-Belehrungen über Karma – Ursache und Wirkung – und über eine Sichtweise, einen Übungsweg und dessen Ziel

können den Sinn des Lebens nur provisorisch in Worten andeuten und zu seiner Erkenntnis einladen. Der eigentliche Sinn, das Wesen der Wirklichkeit erschließt sich in der Meditation, wenn alle Sinne ein Sinn werden und der Geist in seiner eigenen Erkennensklarheit und Leerheit ruht. Hier endet alles Sinnen im Sinn, der als vollkommene, allumfassende Erkenntnis, die Einheit des Erkennens mit allem Erkennbaren ist.

Psychosynthese: ein von dem Neurologen und Psychiater Dr. Roberto Assagoli (1888–1974) entwickeltes System der Psychotherapie. Unzufrieden mit dem materialistisch-biologischen Reduktionismus der Freud'schen Psychoanalyse, die alle psychisch-geistigen Prozesse und auch religiöse Aspirationen und Intuitionen von der Trieb- und Instinktebene her erklären möchte, erkannte er früh die Notwendigkeit eines alle Aspekte des Menschseins einschließenden anthropologischen Modells. Er unterschied darin im Wesentlichen drei Erfahrungsebenen: 1. eine *subpersonale, unterbewusste Ebene,* in der Gewohnheitsmuster, Triebe, Ängste und Komplexe wirken, 2. die *personale Ebene des Ich-Bewusstseins* mit seinen Gedanken, Urteilen und Willensregungen und 3. die *überpersönliche Ebene des »transpersonalen Selbst«,* das als Zeuge alle Bewusstseinsvorgänge und Geisteszustände, diese gleichmütig und ohne zu urteilen betrachtet.

Assagioli führte weiter aus, dass dieses überpersönliche Selbst weder Name noch Form hat und von der ihm untergeordneten Fakultät des Verstandes nicht erkannt werden kann.

Ziel der Psychosynthese ist die Synthese und das harmonische Zusammenwirken von Ich-Person und transpersonalem Selbst. In der therapeutischen, lösungsorientierten Arbeit finden sowohl annehmend betrachtende und achtsamkeitsbasierte Ansätze wie Kontemplation und Meditation als auch evokative und expositionelle wie Visualisierungen, Imaginationen und Traumreisen Anwendung (siehe auch unter »Transpersonale Psychologie«).

Reines Land *(dag pa'i zhing):* eine Erfahrungswelt, die dem völlig gereinigten Geist eines Buddha entspricht und sich als spontaner Ausdruck seiner erleuchteten Qualitäten manifestiert (siehe auch unter
»Sukhavati«).

Relative Wahrheit *(kun rdzob kyi bdenpa):* Alles Erkennbare und Benennbare gehört zum Bereich der relativen Wahrheit. Die absolute Wahrheit
ist das allem Erkennen zugrunde liegende und vorausgehende leere
Gewahrsein und kann deshalb weder erkannt noch benannt werden.
Padmasambhava lehrte: »Es ist nichts Erkennbares, aber alles entsteht aus ihm.«

Samsara *('khor ba):* Der Terminus umschreibt ein »Ständig-im-Kreis-Wan-
dern« oder auch die »Drehung eines Rads«. Samsara ist der Circulus
vitiosus karmischer Vision, der Normalzustand des nichtluziden Geistes der Wesen, der gebunden ist von Unwissenheit und dualistischer
Wahrnehmung, von alten Gewohnheiten und von konfliktuellen,
instinktiven Emotionen. Ein endloses Kreisen von Gedanken und
Wünschen, welches Frustration und vielerlei Leiden erzeugt. Auf dem
Rad des Lebens folgt Tod auf Geburt und auf den Tod neue Geburt in
einem der sechs leidvollen Bereiche des Daseins. Leben auf Leben, alle
gezeichnet von Unwissenheit, Anhaftung und Aversion, sind unvermeidlich – bis durch eine systematische Schulung des Geistes oder
durch unmittelbares Erwachen infolge früherer Übung die Ursachen
allen Leids, die Leidenschaften und der Lebensdurst von uns abfallen und unser Geist wieder in sich selbst, in der stillen, leeren Mitte
des Rads zur Ruhe kommt.

Samsarisch *('khor ba'i):* Samsara ist ein Zustand kontinuierlichen geistigen »Wanderns«. Alle Arten von Gedanken und alle Anhaftungen
an sinnlichen, profanen und tranceartigen, überweltlichen Zuständen und Erfahrungen halten uns im nichtluziden Modus samsarischer

Wahrnehmung und führen zwangsläufig immer wieder zu einer der sechs Arten der Wiedergeburt im Samsara.

Sechs Arten der Fehlwahrnehmung *(khrul pa drug):* Sie resultieren aus und bestehen im Festhalten an 1. Formen *(gzugs 'dzin),* 2. Tönen *(sgra 'dzin),* 3. Gerüchen *(dri 'dzin),* 4. Geschmäckern *(ro 'dzin),* 5. Berührungsreizen *(reg 'dzin)* und 6. Gedanken *(rtog 'dzin).* Dzogchen lehrt: Aus dem Festhalten an Formen entstand der samsarische, physische Körper, aus dem Festhalten an Tönen die samsarische, verblendete Rede und aus dem Festhalten an Gedanken das samsarische, dualistische Bewusstsein.

Sechs Arten von Wesen, die (im Samsara) wandern *(gro ba rigs drug):* 1. Götter, 2. Halbgötter, 3. Menschen, 4. Tiere, 5. hungrige Geister und 6. Wesen in der Hölle. Solange ein Wesen unter dem Einfluss der Unwissenheit und der sechs Geistesgifte denkt, fühlt und handelt, wird es seinem Karma entsprechend in einem der sechs Bereiche der Existenz wiedergeboren.

Sechs Bereiche der Existenz *('jig rten gyi khams drug):* Sie werden auch die »Sechs Bereiche der Wiedergeburt« genannt (siehe auch unter »Sechs Arten von Wesen, die [im Samsara] wandern«).

Sechs Geistesgifte *(dug drug):* 1. Stolz (Überheblichkeit, Eingebildetheit), 2. Eifersucht (Ehrgeiz, Missgunst), 3. Begierde (Verlangen, Sucht, Zweifel), 4. Dummheit (Verdrängung, Betäubung), 5. Neid (Geiz, Habgier) und 6. Ärger (Zorn, Hass, Unversöhnlichkeit, Groll, Missmut, Ungeduld).

Sechs Paramitas *(phar phyin drug):* Es sind dies die sechs die limitierte Kondition des egoistischen Bewusstseins transzendierenden Tugenden oder Virtutes: 1. Gebefreudigkeit, 2. Selbstbeherrschung,

3. Geduld, 4. freudiges Bemühen, 5. geistige Sammlung und 6. Weisheit, die auf dem Bodhisattva-Weg zur Erleuchtung kultiviert werden. Auf diesem Weg geistiger »Entwicklung«, im Sinne eines »Abwerfens der Schleier, welche die Buddha-Natur verhüllen«, werden die Paramitas verinnerlicht und immer wesentlicher verwirklicht. Im Leben des Meisters schließlich, der am anderen Ufer angelangt ist, bedeutet »Geben«, nichts mehr zu ergreifen oder loszulassen. »Selbstbeherrschung« bedeutet, keinem Gedanken oder Wunsch zu folgen. »Geduld« besteht darin, alles sein zu lassen, wie es ist. »Freudiges Bemühen« ist der begeisterte, nicht nachlassende Elan im Streben nach Erleuchtung. »Sammlung« heißt, in der ungeborenen Natur des Geistes zu ruhen, frei von Meditation und Gedankentätigkeit. Und »Weisheit« ist der Zustand vollkommener Luzidität, das klare Erkennen der Untrennbarkeit des eigenen leeren Gewahrseins und all seiner leeren Erscheinungen in jedem Moment der Wahrnehmung.

Sechs transzendierende Tugenden (Sanskrit *sat-pāramitā*): 1. geistige Sammlung, 2. Selbstbeherrschung, 3. freudiges Bemühen im Guten, 4. klare Unterscheidung oder Weisheit, 5. Freigebigkeit und 6. Geduld. Die hier aufgezählten Tugenden entsprechen als Heilmittel jeweils einem der oben von 1 bis 6 aufgezählten Toxine oder Leidensursachen des Geistes (Geistesgifte).

Sechs Zwischenzustände *(bar do drug):* Die sechs Bardos umfassen alle dem Menschen erfahrbare Geisteszustände oder Erlebensmodi:

- Der Bardo des Geburtsorts *(skye gnas bar do)* wird so genannt, weil unser Geist nur für eine begrenzte Lebenszeit in einem der sechs Bereiche der Wiedergeburt, zum Beispiel als Mensch, eine vorübergehende Verankerung findet. Diese kann in einem der himmlischen Bereiche oder in der Hölle auch ein paar Tausend Jahre andauern, in der Menschenwelt bis zu hundert Jahren und bei vielen Insekten nur einen Tag oder wenige Stunden.

- Der Bardo des Traums *(rmi lam bar do)* impliziert die Erfahrungen des Traums und des Tiefschlafs.

- Der Bardo der Meditation *(bsam gtan bar do)* umfasst alle Erfahrungen der Freiheit von Gedanken, Klarheit und Seligkeit, die wir im Zustand der Meditation erfahren können.

- Der Bardo des Sterbens *(chi kha'i bar do)* beginnt mit der letzten Phase einer tödlichen Erkrankung, mit einer irreparablen Verletzung des Körpers und/oder mit der Erschöpfung des spezifischen Karmas, das die karmische Vision ermöglicht hat, die nun endet. Sie umfasst alle Erfahrungen der Loslösung des Bewusstseins vom jeweiligen Sensorium und seiner Wahrnehmungswelt bis hin zum Exitus.

- Der Bardo der Wirklichkeit *(chos nyid bar do)* ist das Erleben des unsichtbaren, klaren Lichts des eigenen Geistes und, darauf folgend, der primären, reinen Erscheinung des klaren Lichts mit Tönen, Lichtern und Strahlen, das heißt das Erleben der Sambhogakayavisionen. Erkennt man diese nicht als die eigene Vision, so folgt darauf:

- der Bardo des Werdens *(srid pa'i bar do)*. Dieser gleicht einem Traum, den der Verstorbene für wirklich hält, da er sich zuerst, zu Bewusstsein kommend, wieder in dem gewohnten Körper und in der gewohnten Umgebung findet.

Die im Speicherbewusstsein wirkenden Spuren früheren Erlebens geben die Impulse zu instinktiven Reaktionen auf das visionär Erlebte und diese Zuneigungen und Abneigungen, diese Wünsche und Ängste führen zu einer neuen Wiedergeburt, zum Bardo des neuen Geburtsorts *(skye gnas bar do).* Die Erfahrung der sechs Bardos geht weiter, bis der Geist wieder in sich selbst zur Ruhe kommt und sein eigenes Wesen und das seiner Erfahrungen klar erkennt. Dieses durchgehend luzide Erkennen nennen wir »Erleuchtung«.

Selbstbefreiung *(rang grol):* Selbstbefreiung bedeutet, dass alles, was erscheint oder erfahrbar ist, sich ohne die Anwendung von Gegenmitteln oder willentliche Loslösung ganz von selbst auflöst, wenn wir es belassen, wie es ist, da jedes Phänomen seiner Natur nach ohnehin vergänglich, das heißt die Untrennbarkeit von Leerheit und Erscheinung ist.

Selbstdistanzierung: Der von Viktor E. Frankl in seiner Existenzanalyse und Logotherapie verwandte Begriff bezeichnet die Fähigkeit, sich selbst von oben her beobachten zu können, sich vom eigenen Selbstbild und von seinen eigenen Gefühlen und Gedanken humorvoll distanzieren zu können. Die uns gegebene Fähigkeit der Selbstbeobachtung impliziert nach Frankl ein dreidimensionales Menschenbild, in dem das menschliche Sein als eine lebendige Einheit der drei Dimensionen Soma, Psyche und Nous verstanden wird. Weil der Nous, den wir in dieser Triade als unser geistiges und wahres Selbst verstehen können, die Fähigkeit besitzt, das körperliche, psychische und gedankliche Geschehen zu beobachten, besitzen wir diesen gegenüber eine prinzipielle inhärente Freiheit. Diese ist im Normalfall leider unter den starken, gewohnheitsmäßigen Tendenzen zur Selbstidentifikation verborgen, kann aber durch die Praxis der Selbstbeobachtung besser erfahrbar und verfügbar werden. Im Freiraum, der dadurch entsteht, wird das eigene Erleben nicht mehr wie in der Opferrolle als Fatum und als vorgegebenes Faktum, sondern als annehmbar, veränderlich und damit offen für ein verantwortliches, heilsames Gestalten erfahren.

Selbstexistierendes Gewahrsein *(rang byung ye shes):* Gewahrsein oder reines Erkennen ist ungeschaffen, unentstanden und durch nichts verursacht. Es existiert von selbst, ist unbedingt und von nichts abhängig. Seiner Natur nach leer und erkennend, ist der Geist selbst der grundlose Urgrund allen Erkennens, der ortlose Ort, der ewige Augenblick, die nichtentstandene Ursache allen Lebens, das von ihm immer ungetrennt, sich in ihm spielend nur zum Schein entfaltet und wieder auflöst.

Selbst-Transzendenz: ein Grundbegriff der Psychologie Viktor E. Frankls, die nach ihm in dem Satz zusammengefasst werden kann: Es gibt keine Selbstverwirklichung, außer man vergisst sich selbst. Wer sich selbst im Auge hat und als ein Etwas sieht und von dieser Prämisse ausgehend handelt, der lebt in einem pathologischen Zustand und leidet notwendigerweise unter seiner Isolation und Abtrennung vom Sinn. Für Frankl werden die glückliche Übereinstimmung mit dem Lebenssinn und die Erlösung von der »Angststätte des Ich« folglich am stärksten im selbstlosen Wirken für die anderen erfahrbar.

Shang-Shung Nyängyüd *(Zhang zhung snyan rgyud):* wörtlich übersetzt »die mündliche Überlieferung aus dem Lande Shang-Shung«. Ein Zyklus von Dzogchen-Belehrungen, dessen Übertragungslinie von Meister zu Schüler zurückgeht bis auf den Buddha Tonpa Sherab Miwoche, der vor circa 12 000 Jahren in Tazig, einem antiken Reich westlich des heutigen Kaschmir, lebte. Nach dieser Frühzeit wirkten viele Generationen von Meistern der Linie im Königreich Shang-Shung, das westlich vom Berg Kailash lag. Im 8. Jahrhundert n. Chr. gestattete Pönchen Tapihritsa, der nach neun Jahren der Praxis in einer Höhle am Berg Kailash den Regenbogenkörper verwirklicht hatte, als Erster die Niederschrift dieser mündlichen Dzogchen-Lehren des »Yungdrung Bön«, die bis auf den heutigen Tag gelehrt und praktiziert werden.

Sichtweise, Meditation, Verhalten und Resultat *(lta ba sgom pa spyod pa bras bu):* Jeder der neun Übungswege des Buddhismus besitzt seine eigene, spezifische Definition dieser vier Aspekte einer systematischen Geistesschulung. Es ist eine Einteilung, die man auch auf die Übung der Kontemplation in theistischen Traditionen anwenden könnte.

Die *Sichtweise* ist die Theorie, die grundlegende philosophische Anschauung und Lehre über die Natur des Geistes und des Universums, von welcher der Übende ausgeht.

Die *Meditation* ist das ruhige Verweilen des Geistes frei von Konzepten und das Verifizieren der Theorie oder Lehre, durch direkte Beobachtung und unmittelbare Erfahrung der Wirklichkeit.

Das *Verhalten* ist die Umsetzung und Anwendung der eigenen Anschauung und Erkenntnis im Alltag und das gelassene Bewahren von geistiger Sammlung und Achtsamkeit in allen Tätigkeiten.

Das *Resultat* oder die Frucht, die der Übende durch solch geistige Übung erlangt, entspricht dem Maß seiner Hingabe an die Praxis.

Haben wir uns von allen Anhaftungen und Wünschen gereinigt, so sind unser Geist und unser Körper frei und unbeschränkt. Haben wir die konzeptuellen und emotionalen Verdunkelungen gründlich gereinigt, so sind wir wieder eins mit uns selbst und selig – sind selbstlos leeres Gewahrsein, sind leer, doch erscheinend und erscheinend immer leer.

Sieben-Zweige-Gebet *(yan lag bdun):* eine frühe sutrische Form des Ngöndro. Sie enthält diese Praxis: 1. Niederwerfungen vor der Versammlung der Buddhas, 2. das Darbringen von Opfern, 3. das Bekenntnis der eigenen Verfehlungen, 4. das Sichfreuen an den Tugenden der Buddhas, 5. die Bitte, weiter den Dharma zu lehren, 6. die Bitte, nicht in das Nirvana einzugehen, und 7. die Widmung, das heißt den Wunsch, dass die aus der eigenen Praxis entstandenen Verdienste und positiven Impulse im Kontinuum der Wesen im Samsara reifen und ihnen die gute Frucht von Wohlergehen und Erleuchtung bringen möge.

Sinnesbereiche *(skye mched):* Die tibetischen Wörter *skye* und *mched* beschreiben ein Entstehen und Sichausdehnen, hier bezogen auf das Spektrum oder den Bereich von Erfahrung, der in der Interaktion eines Sinnesbewusstseins mit seinem jeweiligen Wahrnehmungsobjekt entsteht. Die sechs inneren Sinnesbereiche sind 1. das Auge, 2. das Ohr, 3. die Nase, 4. die Zunge, 5. der Körper und 6. das Denkbewusstsein. Die sechs äußeren Bereiche sind die entsprechenden »Objekte« von 1. Formen, 2. Tönen, 3. Gerüchen, 4. Geschmäckern, 5. Gefühlen und 6. Gedanken.

Soheit *(de bzhin nyid,* Sanskrit *tathatā*): ein Synonym für die Leerheit oder die unveränderliche, selbstbefreite »Natur der Dinge und des Geistes« – Dharmata. Dzogchen-Praxis bedeutet, zum »natürlichen Zustand der Soheit« zurückzukehren und darin unabgelenkt und gelassen zu verweilen. Ihre grundlegende Instruktion rät uns deshalb: »Belasse alles so, wie es von selbst ist!« Vergessen ist dann alles Streben, all die erdachte Künstlichkeit und manipulative Kontrolle des Ich-Bewusstseins, vergessen ist der Übende, sein Weg und auch sein Ziel. Zu Hause angekommen, in der Vollendung reinen Gewahrseins ruhend, vom unruhigen Traum des Denkens erwacht, bleibt nichts zu wünschen, nichts zu tun übrig.

Sukhavati *(bde ba can):* Als »Reich der Seligkeit« oder »Sukhavati« wird meist das Paradies oder reine Land des Buddha Amithaba verstanden – der Begriff wird aber auch generell für die höchsten Bereiche reiner, von den Geistesgiften unbeeinflusster Wahrnehmung verwendet.

Störgefühle *(nyon mongs pa):* Ihr breites Spektrum kann in die drei Felder von 1. Anhaftung/Sucht, 2. Aversion/Angst und 3. Nicht-wissen-Wollen/Verdrängung unterteilt werden. Manchmal auch mit »widerstreitenden Emotionen« übersetzt, sind diese »Störgefühle« die sechs toxischen pathogenen Emotionen 1. des Stolzes, 2. der Eifersucht,

3. des Verlangens, 4. der Ignoranz, 5. des Neids und 6. des Zorns, die den eigenen Geist vergiften, beunruhigen, verdunkeln und quälen. Wenn wir uns nicht von ihrem Einfluss befreien und uns gründlich reinigen und entgiften, werden sie uns weiter in die leidvollen Erfahrungen des Samsara führen und für uns selbst und unsere Umgebung immer neues Leid generieren. Selbstbeobachtung, Geistesübung und Therapie sind deshalb im Normalfall unerlässlich, um vom Leiden und seinen Ursachen frei zu werden.

Theologia negativa: Ausgehend von der platonischen und neuplatonischen Philosophie, formulierten die Patriarchen der frühchristlichen Kirche ihre Theologie. Plotinus (204–270) nennt das von Platon als »das Gute« bezeichnete Höchste »das Eine« (griechisch *hén [eins]*). Das Eine ist ihm der Ursprung und der Urgrund aller Dinge. Das Eine ist weder seiend noch nichtseiend, sondern jenseits aller Gegensätze. Das Eine ist unsagbar (griechisch *árrheton*) und unbeschreiblich.

Proklos (412–485) empfiehlt in seiner Theologie deshalb »die Methode des Entfernens« als geeignetste Vorgehensweise, um alle Begriffe und Zuschreibungen auf dem Weg zum »Einen« zurückzulassen. Alle Begriffe sind verfehlt, wenn sie das formlos »Erste« und »Eine« definieren wollen. Nur in »schweigender Schau« könne es unmittelbar intuiert werden. Die »negierende Theologie« ist die Lehre von der unerkennbaren Natur Gottes, welche das Wesen des göttlichen Seins als Absolutum von seinen erkennbaren Attributen, Kräften und Schöpfungen deutlich abscheidet. Sie ist die *Theoria,* die dem Weg der mystischen Kontemplation der apophatischen Tradition zugrunde liegt.

Der Kirchenvater Basilius (330–379) unterschied, wie später Gregorios Palamas (1296–1359), zwischen Gottes erkennbaren Offenbarungen, Energien oder Theophanien und seinem prinzipiell unerkennbaren Wesen. In seiner »mystischen Theologie« lehrt Dionysios Areopagita (frühes 6. Jahrhundert), dass man sich nur auf dem »Weg der Verneinung aller Attribute, Charakteristika oder

Eigenschaften« *(via negationis)* der unaussprechlichen, göttlichen Wirklichkeit annähern könne. Das höchste, unerkennbare Wesen könne nur durch »ein nichterkennendes Erkennen« erkannt werden. Absolute Leere und absolute Fülle werden als identisch erlebt, wenn der Schüler alle Namen, Merkmale und Begriffe zurücklässt und im überhellen Licht der göttlichen Dunkelheit sich selbst und allen geschaffenen Dingen entsinkt. »Im ungeschaffenen, grundlosen Grund der Gottheit entsinke«, sagte Meister Eckhart und an anderer Stelle: »… und so ist dein Unwissen nicht ein Mangel, sondern deine oberste Vollkommenheit und dein Nichttun ist so dein oberstes Werk«.

Transfer des Bewusstseins *('pho ba):* Im Augenblick des Todes kann das Bewusstseinsprinzip durch drei Arten von »Phowa« in höhere Dimensionen der Erfahrung transferiert werden, die dem Sog zur Wiedergeburt in einem der sechs Bereiche des Samsara entzogen sind. Welche Art von Transfer für uns geeignet ist, ergibt sich daraus, was wir am meisten geübt haben:

- *Transfer auf die Ebene des Dharmakaya* ist möglich, wenn wir die Fähigkeit erlangt haben, frei von konzeptuellem Denken in der Natur des Geistes zu ruhen. Dann gibt es auch im Tod nichts weiter zu tun, und wir werden die vollkommene Erleuchtung erlangen.

- *Transfer auf die Ebene des Sambhogakaya* ist möglich, wenn der Übende seinen Feinkörper in der Gestalt seines Yidam, seine Rede in der des Mantras und seinen Geist im Zustand der Untrennbarkeit von Leerheit und Klarheit stabilisiert hat. Er transferiert sein Bewusstsein beim Exitus direkt in seinen Yidam-Körper, wobei dieses als Lichtkügelchen visualisiert wird, das vom eigenen Herzen aufsteigt, den Körper durch die offene Fontanelle verlässt und mit dem Herzen der Yidam-Gottheit verschmilzt.

- *Transfer auf die Ebene des Nirmanakaya* ist möglich, wenn der Übende den klaren Wunsch kultiviert hat, nach diesem Leben in einem reinen Buddha-Land und in der Gegenwart eines Buddha seiner Wahl geboren zu werden. Vertrauen in die erlösende Kraft des Buddha und das Erzeugen einer herzlichen, liebevollen Verbindung zu diesem ist nötig, um im Sterben, ohne irdische Anhaftungen und Wünsche, mit der letzten Ausatmung auf diese Ebene überwechseln zu können.

Transpersonale Psychologie: Dieser Leitbegriff wurde Anfang der Sechzigerjahre von einigen humanistisch orientierten Psychologen geprägt, um die künftige Richtung ihrer Arbeit klarzustellen. Da sie alle erkennen mussten, dass die positivistisch-materialistisch orientierte Schulpsychologie Freud'scher Prägung eine Tendenz hat, die spirituelle Dimension der menschlichen Psyche zu ignorieren und in ihren eigenen Paradigmen zu stagnieren, waren sie, jeder auf seine Art, bestrebt, zu einer ganzheitlichen, das heißt alle erfahrbaren normalen und anormalen Bewusstseinszustände umfassenden Anthropologie zu kommen. In dieser sollten nun auch ethische, philosophische, spirituelle, religiöse und paranormale Erfahrungen des Menschen gebührend beachtet und integriert werden.

1969 erschien erstmals das *Journal of Transpersonal Psychology,* das zu einem Forum für den Meinungsaustausch der an dieser neuen Entwicklung Beteiligten werden sollte. Als Begründer und Theoretiker der »Transpersonalen Psychologie« sind unter anderen Abraham Maslow (1908–1970), Ronald D. Laing (1927–1989) und Stanislav Grof (geb. 1931) zu nennen.

Wichtige theoretische Grundlagen und Ansätze einer therapeutischen Arbeit in dieser Richtung, welche in Meditation und Achtsamkeit die Möglichkeit erkennt, über das persönliche Ich und seine normalen und anormalen Geistesstörungen hinauszugehen, finden sich auch in der »Psychosynthese« des bereits genannten Roberto

Assagioli, in Elementen der »Analytischen Psychologie« von C. G. Jung, in der von Viktor E. Frankl begründeten »Logotherapie« und der von Karlfried Graf Dürckheim (1896–1988) begründeten »Initiatischen Therapie«. All diesen Ansätzen ist eine interessierte Wertschätzung für die Bewusstseinslehren und die Geistesschulung des Ostens zu eigen, wie sie im Buddhismus und Hinduismus noch heute gelehrt und geübt werden.

Achtsames Gewahrsein ist seiner Natur nach transpersonal und störungsfrei. Alle Störungen sind personal. Die achtsamkeitsbasierten Therapieformen, die den hilfesuchenden Menschen in die reine »Praxis der Achtsamkeit« oder »Vipassana« einführen, haben sich heute bereits als die wirksamsten erwiesen. Vor allem wenn sie, wie der Buddha lehrte, mit »Übungen zur Entfaltung des Mitgefühls« wie »Metta« oder »Bodhicitta« kombiniert angewendet werden, ist damit ein äußerst viabler Weg der Lösung von personalen Störungen durch deren urteilsfreie Beobachtung und zur Transformation belastender, selbstbezogener Denkweisen in eine gelöstere, annehmend und liebevoll über das Persönliche hinausführende Einstellung eröffnet und verfügbar. Er führt aus der Anspannung belastender, selbstbezogener Denkweisen in eine annehmend und liebevoll das persönliche Erleben beobachtende Dimension gelöster Achtsamkeit.

Tripitaka *(sde snod gsum):* Die drei Körbe oder Sammlungen der Lehren von Buddha Shakyamuni, die im Theravada-Buddhismus bewahrt werden, sind: Vinaya (Disziplin, rechtes Verhalten), Sutra (Lehrreden und Instruktionen) und Abhidharma (Bewusstseinslehre, Psychologie, Kosmologie und Erkenntnistheorie und so weiter). Viele dieser Texte sind bereits in westliche Sprachen übersetzt worden (siehe auch unter »Abhidharma-Pitaka«).

Unbedingte Tugend: Sie ist das Erkennen der eigenen Buddha-Natur und ein selbstloses Handeln und Ruhen frei von jedem Konzept eines

Übenden oder Handelnden, einer Übung oder Handlung und eines Resultats der Übung oder Handlung, also ein luzider Geisteszustand von »dreifacher Reinheit«.

Ungeborene Dharmata *(chos nyid skye ba med pa):* Die »wirkliche Natur« der Dinge und des Geistes ist wie der formlose, substanzlose, unbegrenzt offene Raum, und obwohl er sich selbst als alles und jedes erscheinen kann, hat es in Wirklichkeit ein vom Geist unabhängiges »Subjekt« oder »Objekt« niemals gegeben. Beide, Bewusstsein und Objekte, halten in der Tat einer näheren Untersuchung nicht stand und sind als ein »konkretes Etwas« nicht nachweisbar. Sie sind erscheinend und erlebbar, doch leer.

Untugenden *(mi dge ba):* Die zehn Untugenden sind ungeschickte, unheilsame Handlungen, die der Mensch aufgrund seiner geistigen Verdunkelungen und Leidensursachen, beginnend mit seiner Überheblichkeit, begeht: Es sind dies die physischen Verfehlungen wie Töten oder das Leben nehmen, wozu auch die Abtreibung eines Kindes und der Selbstmord zählt, Stehlen oder Nehmen, was einem nicht gegeben wurde, sexuelles Fehlverhalten, welches der Liebe ermangelt, andere zwingt, instrumentalisiert und missbraucht oder im eigenen Bewusstsein Abhängigkeit und Suchtstrukturen erzeugt, wie Pornografie und Sex im Internet. Verfehlungen durch die Rede sind: Lügen und mit gespaltener Zunge reden; intrigante, die Menschen entzweiende Rede führen und schlecht über andere reden; harte, verletzende Worte äußern, schimpfen und fluchen; Gerüchte verbreiten und sich sinnlosem Geschwätz hingeben. Die geistigen Verfehlungen sind: innerlich ständig nach Macht, Befriedigung der eigenen Gelüste und Besitz gieren, sich Schlechtes und Unheilsames wünschen, das heißt andere abhängig und unfrei machen, um sie für die eigenen Zwecke auszunützen und zu schädigen, und darüber hinaus an falschen, egoistischen Zielsetzungen und unheilsamen Überzeugungen festhalten, obwohl man sieht, dass sie anderen Wesen Leid bereiten und die Natur und Umwelt zerstören.

Vertiefung der Praxis *(bogs don):* Die Kultivierung von Hingabe an den Meister und von Mitgefühl für alle Wesen sind die beiden wichtigsten Methoden, um Hindernisse zu beseitigen und unsere Meditations-praxis zu vertiefen. Des Weiteren geht es bei den »Anwendungen zur Vertiefung« meist darum, eine in günstiger Situation bereits erlangte Stabilität des Ruhens in reinem Gewahrsein durch Exposition in schwierigen, unbequemen, turbulenten oder Angst erregenden Situ-ationen zu prüfen und zu stärken. Alles hat nur einen Geschmack, wenn es uns aber noch nicht so ist, können wir in uns noch vorhan-dene Limitationen entdecken und beseitigen. Solange Tadel und Lob, Verlust und Gewinn, Freud und Leid und andere Gegensatzpaare uns verschieden scheinen, sind wir noch in der Dualität. Auch gilt es, Geist und Körper frisch, flexibel und lebendig zu halten und jede Tendenz zur Anhaftung an Wahrnehmungen und Konzepten sowie an den drei Meditationserfahrungen Klarheit, Seligkeit und Leer-heit deutlich zu erkennen und möglichst gleich im Augenblick ihres Erscheinens aufzulösen.

Vier Allegorien *('du shes bzhi):* Sie beschreiben die Phasen der Geistes-schulung:

- Der Mensch leidet, erkennt, dass er krank ist, und möchte gesund werden. Er sucht den Rat eines spirituellen Lehrers und sieht ihn als seinen Arzt.

- Er vertraut auf die Dharma-Belehrungen und Praxisanwei-sungen des Meisters als bewährte Heilmittel und Therapie.

- Er wendet die Heilmittel regelmäßig an, widmet sich also den therapeutischen Methoden der Entgiftung, der

Reinigung, der Metanoia (Umdenken, Sinensänderung) und der Kultivierung achtsamen und gleichmütigen Gewahrseins gemäß den Instruktionen.

- Am Ende ist er geheilt und hat seine ursprüngliche Gesundheit wiedererlangt, was der vollkommenen Erleuchtung entspricht.

Vier Ängste *('jigs pa bzhi):* In den schwierigen Phasen seiner Existenz reagiert der Mensch instinktiv mit Angst, Ablehnung und Verdrängung. Er empfindet Angst 1. vor der Geburt *(skye ba),* 2. vor dem Altern *(rgas pa),* 3. vor Krankheit *(na ba)* und 4. vor dem Tod *('chi ba).* Das Bewusstsein ist die Stätte vieler weiterer Ängste, die den Menschen, aus den Spuren früheren, traumatischen Erlebens im Unterbewusstsein genährt, als Angststörungen belasten und einschränken.

Vier Arten des Vertrauens *(rton pa bzhi):*

- Vertraue auf die Unterweisung des Mentors, nicht auf seine Persönlichkeit *(gang zag la mi rton chos la rton).*

- Vertraue auf die Bedeutung, nicht auf die Worte *(tshig la mi rton don la rton).*

- Vertraue auf den wirklichen Sinn, nicht auf die provisorische Bedeutung *(drang don la mi rton nges don la rton).*

- Vertraue auf dein zeitloses Gewahrsein, nicht auf dein wahrnehmendes Bewusstsein *(rnam shes la mi rton ye shes la rton).*

Vier Betrachtungen, die das Bewusstsein umwenden *(blo ldog rnam bzhi):* Diese vier Betrachtungen führen zu authentischer Metanoia. Sie haben den Effekt, dass sie den normalerweise nach außen hin orientierten Geist zurückwenden auf seine Quelle, auf das Wesentliche. Es ist zu Beginn unerlässlich, dass der Übende sich der Natur seiner eingeschränkten, leidvollen Bedingtheit im Samsara und der Erfordernisse für seine völlige Befreiung und Erleuchtung sehr bewusst wird, denn nur dann wird er die ihm verbleibende Zeit nicht an die Verfolgung weltlicher Ziele verschwenden, sondern sie der systematischen Geistesschulung widmen. Vier Gegebenheiten gilt es deutlich zu erkennen, damit sie uns ein Ansporn für die Praxis werden können:

- Die Kostbarkeit des menschlichen Lebens und wie schwierig es ist, solche Freiheiten und Begabungen nochmals zu erlangen.

- Die Vergänglichkeit aller Phänomene und dass wir morgen schon tot sein könnten.

- Die leidvolle Natur des Samsara und dass, solange Unwissenheit, Anhaften und Aversion in uns und allen Wesen nicht beseitigt sind, das Leiden nicht enden wird.

- Karma oder Ursache und Wirkung oder dass ein jedes Wesen genau das erntet, was es einmal selbst durch seine Handlungen von Körper, Rede und Geist selbst gesät hat. Unser jetziges Leben ist die Frucht unserer früheren Handlungen und Neigungen, und unser zukünftiges Leben bereiten wir jetzt durch unser Denken, Handeln und Meditieren vor.

Vier Edle Wahrheiten *(bden pa rnam bzhi)*:

- Die Wahrheit vom Leiden *(sdug bsngal),* das heißt die Erkenntnis, dass alle samsarische Erfahrung mit Leiden behaftet ist.

- Die Wahrheit vom Ursprung des Leidens *(sdug bsngal kun byung ba nyon mongs),* das heißt, dass dieses Leiden seine Ursachen in Ignoranz, Anhaftung und Aversion hat.

- Die Wahrheit von der Aufhebung des Leidens *(sdug bsngal gog pa)*, das heißt, diese Ursachen können gereinigt und beseitigt werden.

- Der Weg zur Befreiung und Aufhebung des Leidens *(sdug bsngal gog par gro ba'i lam)*. Dieser ist der »Achtfache Edle Weg«, den Buddha Shakyamuni gelehrt hat.

Vier Grundlagen der Achtsamkeit *(dran pa nye bar bzhag pa bzhi):* Durch die Übung des Vipassana lernt man, das von selbst gegebene Spektrum der eigenen vergänglichen Erfahrungen achtsam und damit frei von instinktiven Reaktionen von Anhaftung und Aversion und Konzeptualisierung zu betrachten. Der Übende kultiviert, beim Gröberen und einfach zu Beobachtenden beginnend, nacheinander: 1. ein achtsames Erleben der körperlichen Vorgänge und hier vor allem des Atems *(lus dran pa nyer bzhag)*, 2. ein achtsames Erleben der eigenen Empfindungen und Gefühle *(tshor ba dran pa nyer bzhag)*, 3. ein achtsames Erleben der Gedanken *(sems dran pa nyer bzhag)* und 4. ein achtsames Erleben der Natur aller Phänomene *(chos dran pa nyer bzhag)* (siehe auch unter »Achtsamkeit« und »Vipassana«).

Vier korrekte Bemühungen *(yang dag spong ba bzhi):* Sie bestehen darin, darauf zu achten, 1. dass unheilsame, negative Eigenschaften und Handlungsimpulse nicht in uns entstehen, 2. diejenigen, die schon entstanden sind, aufzulösen und 3. stattdessen heilsame Impulse und Qualitäten zu erzeugen und zu kultivieren sowie 4. bereits vorhandene, gute Eigenschaften und Impulse nicht zu schwächen, sondern sie zu bewahren und zu verstärken, sodass sie in Zukunft vervollkommnet werden können.

Vier perverse Sichtweisen *(phyin ci log bzhi):* Diese vier auf unserer grundlegenden Unwissenheit und Selbstverblendung beruhenden verzerrten Sichtweisen sind zu jeder Zeit in unserem samsarischen Geistesstrom aktiv und prägen die Art, wie wir die Dinge erfahren und fälschlich einordnen. Sie bestehen darin, 1. das, was unrein ist, als rein zu sehen, 2. das, was leidvoll ist, als Glück zu betrachten, 3. das, was vergänglich ist, als unvergänglich zu sehen, und 4. das, was kein Selbst ist und keine unabhängige, eigenständige Existenz besitzt, als unabhängig existierendes Ich oder als reales Objekt zu sehen.

Vier Schleier *(sgrib pa bzhi):* Die folgenden vier Verdunkelungen oder Schleier verhindern das luzide Erkennen und freie Wirken unserer Buddha-Natur: 1. der Schleier der karmischen Spuren *(las sgrib),* 2. der Schleier der Gewohnheitsmuster *(bag chags sgrib),* 3. der Schleier der Störgefühle *(nyon mongs sgrib)* und 4. der Schleier des begrifflichen Denkens *(shes sgrib).*

Vier Übungen eines spirituellen Asketen *(dge sbyong gi chos bzhi):* 1. andere nicht hassen, auch wenn man von ihnen gehasst wird, 2. sich nicht ärgern, auch wenn man von anderen geärgert und provoziert wird, 3. andere nicht verletzen, auch wenn sie uns verletzen, 4. andere nicht schlagen, auch wenn man von ihnen geschlagen wird. So übt sich ein Sramana im Shanti-Paramita, in der Tugend der Geduld, mit deren Hilfe wir unser profanes Ich und die Welt überschreiten.

Vier unbegrenzte Geisteszustände *(tshad med bzhi):* Auch die »vier göttlichen Zustände des Verweilens« genannt (Sanskrit *catur brahmavihāra),* sind inhärente, in uns angelegte Qualitäten des Buddha-Geistes, die jeder Übende auf dem Weg zur Erleuchtung zur völligen Entfaltung bringen kann: 1. unbegrenztes Mitgefühl oder *maitrī,* 2. unbegrenztes Mitleid oder *karunā,* 3. unbegrenzte Mitfreude oder *mudita* und 4. unbegrenzter Gleichmut oder *upeksā.*

Indem wir allen Wesen gegenüber, ohne Einschränkung, ein bedingungsloses Wohlwollen kultivieren, können wir die Dunkelheit, Beschränktheit und Verblendung unserer Selbstbezogenheit abschütteln, uns völlig öffnen und unsere Buddha-Natur im Geiste und im Fühlen der vier »Unermesslichen« freudig erstrahlen lassen (siehe auch unter »Bodhicitta«).

Vierundachtzigtausend irrtümliche Konzepte *(khrul rtog brgyad khri bzhi stong):* Hierbei ist daran zu erinnern dass der Buddhismus unter »Konzept« ein sowohl gedankliches wie auch emotionales Muster versteht:

- die 21 000 irrtümlichen Konzepte, die aus Verlangen und Anhaftung entstehen *(dod chags),*

- die 21 000 irrtümlichen Konzepte, die aus Zorn und Aversion entstehen *(zhe sdang),*

- die 21 000 irrtümlichen Konzepte, die aus Dummheit entstehen *(gti mug),* und

- die 21 000 irrtümlichen Konzepte, die aus der Kombination der drei Gifte hervorgehen *(dug gsum cha mnyam).*

Vipassana *(lhag mthong):* Die beiden grundlegenden Aspckte buddhistischer Geistesschulung sind »Shamata« oder »ruhiges Verweilen« und »Vipassana«. Der erste Aspekt entspricht der Leerheit und Unbewegtheit unseres Geistes und der zweite seiner Klarheit, die sich in allen bewegten Phänomenen offenbart. Auf der Basis eines ruhig gewordenen Geistes können wir uns der »klaren Schau« oder »Vipassana« widmen, dem Exerzitium einer ruhigen, achtsamen und direkten Beobachtung der eigenen körperlichen, psychisch-emotionalen und geistigen Erfahrungen, ohne wie von früher her gewohnt mit Anhaftung, Aversion oder Verbegrifflichung auf das Erlebte zu reagieren.

Vorbereitende Übungen *(sngon 'gro):* Die vorbereitenden Übungen bereiten den Übenden auf die Hauptpraxis der nichtkonzeptuellen Kontemplation vor, indem sie zuerst in ein grundlegendes Verständnis der Hauptpunkte der Geistesschulung einführen, auf dessen Basis dann mit der systematischen Anwendung tantrisch-therapeutischer Methoden der Metanoia und Katharsis die Entfaltung von Mitgefühl, die Ansammlung heilsamer Impulse und eine stabile Anbindung an die Segensquelle und den inneren Meister kultiviert werden. Die vier äußeren vorbereitenden Übungen sind die Betrachtungen über die Kostbarkeit der menschlichen Geburt, Vergänglichkeit und Tod, Karma (Ursache und Wirkung) und die leidhafte Begrenztheit der samsarischen Existenz. Die vier inneren vorbereitenden Übungen sind die vier Praktiken, von welchen jede mindestens hunderttausendmal zu wiederholen ist, um eine wirkliche Wandlung, Reinigung und Selbsterkenntnis zu bewirken. Es sind dies: 1. die Zufluchtnahme zur Segensquelle, 2. die altruistische Ausrichtung des Übens auf die Erleuchtung aller Wesen, 3. die Praxis der Gewissenserforschung und Reinigung der karmischen Spuren und 4. der Yoga der Verbindung mit dem inneren Meister, unserer eigenen Buddha-Natur, und das Empfangen des Segens der vier Ermächtigungen, welche unseren Körper, unsere Rede, unseren Geist und unser Gewahrsein dem seinen gleich machen (siehe auch unter »Ngöndrö«).

Weg der Selbstbefreiung *(rang grol lam):* Der direkte Weg zurück zum luziden Wahrnehmungsmodus unserer eigenen Buddha-Natur beginnt, wenn wir uns als leeres Gewahrsein erkannt haben, das ganz natürlich immer frei von Gedanken ist. Im Zustand des »All-guten Buddha Samantabhadra« werden alle spontan aufsteigenden Erscheinungen als Manifestation des eigenen Geistes erkannt und folglich weder begehrt noch gefürchtet. Da unser Gewahrsein ganz von selbst ohne jede Anhaftung oder Widerstand ist, befreien sich alle Gedanken und Erfahrungen im selben Augenblick, da sie erscheinen. Die einfache, sehr unkomplizierte Hauptpraxis von Yogis und Yoginis auf dem Weg der Selbstbefreiung, also von Praktizierenden des Essenz-Mahamudra oder Dzogchen, besteht darin, offen, entspannt und wach alle Gedanken und Erscheinungen, ohne diesen zu folgen oder einzugreifen, ihrer natürlichen Selbstbefreiung zu überlassen. Der Mahasiddha Saraha lehrte: Vergiss den Denker und alles, was man denken kann, und ruhe – wie ein neugeborenes Kind.

Weg der Täuschung *(khrul lam):* Der Weg der Täuschung, der Fall in die Dualität, beginnt genau genommen in dem Augenblick, da wir beginnen zu urteilen und das Erfahrene zu konzeptualisieren. In diesem Augenblick fallen wir aus dem reinen, unschuldigen Gewahrsein eines Buddha, dem undefinierbaren, offenen und klaren Zustand zwischen zwei Gedanken heraus, folgen den Erscheinungen und verlieren uns wieder in Gedanken. Diese unsere Erfahrungen für selbstexistierend, wirklich und wichtig haltend, vergessen wir uns selbst als Buddha und befinden uns wieder im nichtluziden Wahrnehmungsmodus eines fühlenden Wesens. Nur ein erfahrener Praktizierender, der bereits in Achtsamkeit und Gewahrsein gut verankert ist, kann Gedanken und Worte formulieren, ohne von ihnen verblendet zu werden.

Weisheit *(ye shes):* »Weisheit« ist eine gebräuchliche Übersetzung für *ye shes,* dessen Silben *ye* »zeitlos oder ewig« und *shes* »Erkennen« bedeuten. Dieses »zeitlose Erkennen«, das unabhängig von den drei Zeiten Vergangenheit, Gegenwart und Zukunft existiert, ist zeitlos begabt mit den »Fünf Weisheiten«, das heißt:

- Unser Buddha-Geist ist seiner Natur nach leer wie der Raum.
- Er ist fähig, alles unvoreingenommen und ohne Anhaftung zu reflektieren und zu erkennen wie ein Spiegel.
- Er ist vollkommen gleichmütig, da er alles als sich selbst erkennt.
- Er erkennt und versteht die Fülle und Vielgestalt der Erscheinungen en détail, ohne zu unterscheiden – genau so, wie sie sind.

- Er ist fähig, alles zu tun und zu schaffen, dabei erkennend, dass alles in ihm bereits vollendet ist.

Durch den Verlust der Luzidität entstand Anhaften, und durch diese Verdunkelung der Erkenntnis sind unsere Fünf Weisheiten zu den Fünf Skhandas geworden.

Wind des Karmas *(las kyi rlung):* Wir handeln, getrieben vom Wind des Karmas, der sich in unserem zwanghaften Denken und instinktiven Reagieren zeigt. Gedanken und Gefühle sind das momentane Reifen der Spuren unserer früheren Handlungen und Erlebnisse, die von innen her wie im Traum aufsteigen oder, während wir gleichzeitig die Sinnesobjekte wahrnehmen, diese Wahrnehmungen begleiten, überdecken und gewohnheitsmäßig einordnen und interpretieren.

Wunscherfüllendes Juwel *(yid bzhin nor bu):* Unser Geist, der mit ungehinderter Kreativität und Wahrnehmungsfähigkeit begabt ist, wird mit einem »wunscherfüllenden Juwel« verglichen, weil er alles verwirklicht, woran wir denken und was wir wünschen und begehren. Auch der Buddha oder unser spiritueller Meister wird manchmal als wunscherfüllendes Juwel betrachte, weil er, wie ein Spiegel, all unseren Wunschgebeten Erfüllung schenken kann, wenn wir uns ihm zuwenden und wirklich auf seine Kraft und seinen Segen vertrauen.

Wurzeln der Tugend *(dge ba'i rtsa ba):* Auch »Wurzel des Guten« genannt, bezeichnet der Begriff die Spuren, die heilsame, selbstlose Handlungen in unserem Speicherbewusstsein hinterlassen haben. Momente von Güte, Entsagung, Großzügigkeit, Barmherzigkeit, Wohlwollen und bedingungsloser Liebe – von Glaube, Gebet, Meditation, Sehnsucht nach der Erleuchtung und Selbsterkenntnis –, die wir in diesem und in unseren früheren Leben erlebten, haben positive Impulse und Neigungen in unserem Geistesstrom geschaffen und verankert, die uns bis hin zur völligen Erleuchtung beglücken und begleiten werden.

In den Jataka-Erzählungen wird geschildert, wie solch gute Taten sich in den zahlreichen Vorleben des Buddha Shakyamuni ihrer Besonderheit entsprechend auswirkten.

Yoga *(rnal 'byor):* Heute versteht man unter dem bekannten Terminus oft nur den Praxisaspekt der körperlichen Positionen und Übungen, aber »Yoga« bedeutet im Grunde dasselbe wie *re-ligio,* nämlich den Geist wieder mit der Gottheit oder seinem göttlichen Ursprung zu verbinden. Das wird auch in der tibetischen Übersetzung des Worts in *rnal 'byor* deutlich, was so viel heißt wie »sich mit dem natürlichen Zustand verbinden«. Das Erlangen der Buddhaschaft und der drei Buddhakaya bedeutet, dass unsere drei Tore – Körper, Rede und Geist – wieder zu ihrem ursprünglich reinen, erleuchteten und immateriellen Zustand zurückgekehrt sind.

Zehn heilsame Handlungen *(dge ba bcu):* Unser Handeln ist wahrhaft heilsam, geschickt, weise und vernünftig, wenn es für uns selbst und unsere Mitgeschöpfe und Umwelt jetzt und in Zukunft keine schädlichen Wirkungen hat, kein Wesen verletzt, niemandem ein Leid zufügt, sondern nur Gutes bewirkt. Heilsames, ethisch korrektes Handeln bedeutet also, auf schädliche, untugendhafte Handlungen zu verzichten und stattdessen Gutes zu tun, zum Beispiel: 1. Leben zu retten und zu erhalten, 2. großzügig zu geben, 3. Sexualität als eine liebevolle Beziehung zu leben, 4. die Wahrheit zu sagen, 5. sich zu versöhnen, 6. beruhigend und tröstend zu reden, 7. das Gute in anderen zu betonen, 8. altruistisch zu denken und zu handeln, 9. wohlwollend zu sein und 10. die Bereitschaft zum Erkennen der eigenen Fehler und zur Selbsterkenntnis zu zeigen.

Zehn unheilsame Handlungen *(mi dge ba bcu):* 1. töten oder Leben nehmen, 2. stehlen und geizig sein, 3. Sexualität als Gier, Sucht und Macht leben, 4. lügen, 5. intrigieren und entzweien, 6. verletzend und hart reden, 7. über andere lästern, 8. selbstsüchtig denken und rücksichtslos handeln, 9. böswillig sein und 10. überheblich auf dem eigenen Selbst- und Weltbild beharren.

Zeitalter des Sichmühens *(rtsod dus):* Das ist unser gegenwärtiges Weltzeitalter, geprägt von Hyperaktivität, Oberflächlichkeit, Vielwisserei, Konkurrenzdenken, gepaart mit dem Streben nach weltlichen Zielen und Konsumgütern und gekennzeichnet durch einen Verfall ethischer Werte und empathischer Kommunikation, mit einem Mangel an unterscheidender Weisheit und Urteilskraft sowie dem Verlust des Glaubens an die zeitlose Gültigkeit moralisch-ethischer Paradigmen und Verhaltensregeln. Diese werden von nihilistischen, materialistischen und selbsterdachten Glaubensvorstellungen abgelöst, und die Menschen folgen ungehemmt ihren Geistesgiften. Ihre ganze Zeit widmen sie der Erfüllung immer neuer Wünsche, und ihr immer unruhiger Geist ist in zahllose Eindrücke, Tätigkeiten und Unterhaltungen zerstreut.

Zwei Ansammlungen *(tshogs gnyis):* 1. Die »Ansammlung von Verdiensten« *(bsod nam kyi tshogs)* entstand und entsteht aus heilsamen, altruistischen Handlungen, welche mit Konzepten verbunden waren, und 2. die »Ansammlung von Weisheit« *(ye shes kyi tshogs)* entstand und entsteht aus tugendhaften, selbstlosen Handlungen und aus den Erfahrungen der Kontemplation, welche frei von Konzepten im Zustand »zeitlosen Gewahrseins« oder *ye shes* vollzogen und erlebt wurden. Den Mahayana-Sutras folgend, muss ein edler Bodhisattva beide Ansammlungen vollenden, um ein Buddha zu werden. Sind sie vollendet, so ist er erleuchtet und hat sein Potenzial von Liebe und Weisheit voll entfaltet.

Zwei Arten der Erkenntnis *(mkhyen pa gnyis):* Ein Buddha besitzt zwei Arten der Erkenntnis: 1. Er erkennt die absolute Wahrheit, die Natur des Geistes, so wie sie in sich selbst ist. 2. Er erkennt die relative Wahrheit, die Natur aller Wahrnehmungen, Erscheinungen und Zusammenhänge.

Zwei Arten der Wohltätigkeit *(don gnyis):* Tun wir Gutes mit Körper, Rede und Geist und streben wir nach der Erleuchtung aller Wesen, so sind unsere Handlungen 1. wohltätig, heilsam und erleuchtend für uns selbst *(rang don)* und 2. wohltätig, heilsam und erleuchtend für andere *(zhan don).* Wir selbst werden als Frucht dieser Praxis Stabilität im Dharmakaya erlangen, und unser Mitgefühl für die fühlenden Wesen wird sich spontan als die zwei Formkörper manifestieren. Tun wir aber, angetrieben von den »Sechs Geistesgiften« und unserem Egoismus Schlechtes, so ist das schlecht für uns selbst und schlecht für andere, da alle fühlenden Wesen immer miteinander verbunden sind.

Zwei Arten von Selbstlosigkeit *(bdag med gnyis):* 1. In unserem Gewahrsein ist kein »Ich« nachweisbar, und 2. in unseren Wahrnehmungen ist kein »Objekt« nachweisbar. Beide Aspekte der Wahrnehmung sind selbstlos, ohne jede Substanz und leer.

Zwei Arten von Wahrheit *(bden pa gnyis):* 1. die relative Wahrheit *(kun rdzob bden pa)* der Erscheinungen und 2. die absolute Wahrheit *(don dam bden pa)* der Wirklichkeit. Die relative Wahrheit entsteht in Abhängigkeit von der absoluten Wahrheit, der Natur oder Essenz des Geistes, die allein und unverursacht durch sich selbst existiert.

Zwei Konzepte von Selbstheit *(bdag gnyis):* 1. das Konzept, eine Ich-Person zu sein *(gang zag gi bdag nyid),* und 2. das Konzept eines substanziellen, unabhängig existierenden Phänomens *(chos kyi bdag nyid).* Ein Bewusstseinszustand und sein Gegenstand entstehen im Traumgeschehen der Wahrnehmung gleichzeitig; und voneinander abhängig entstanden, entsprechen sie einander. Ohne Stand aber gibt es auch keinen Gegen-Stand – ohne fiktives Subjekt gibt es kein fiktives Objekt. Die grundlegende, ungeborene Untrennbarkeit von Leerheit und Gewahrsein bleibt vom Spiel der Gedanken und Geisteszustände immer unberührt.

Zwei Verblendungen *(sgrib gnyis):* Der Begriff bezeichnet die zwei primären Verunreinigungen des Geistes, welche die in uns immer gegenwärtige Buddha-Natur temporär verschleiern und ihr klares Erkennen verhindern: 1. die Verblendung des dualistischen Denkens *(shes sgrib)* und 2. die Verblendung der Störgefühle *(nyon sgrib)*. Sinn und Zweck jeder kontemplativen Geistesschulung ist es, diese zwei Hindernisse zu beseitigen und die eigene Buddha-Natur als den primordialen Zustand leeren Gewahrseins unverzerrt und anhaltend zu erkennen.

Zwei Verwirklichungen *(dgnos grub rnam gnyis):* 1. die Erlangung »gewöhnlicher« übersinnlicher Fähigkeiten und 2. die höchste Verwirklichung der vollkommenen und irreversiblen Erleuchtung.

Zweiter Buddha *(sangs rgyas gnyis pa):* ein Beiname des Buddha Padmasambhava.

Zwischenzustand *(bar do):* wichtiger Terminus, der für alle Geisteszustände gilt, welche erfahrbar sind, seien sie überbewusst-gewahr, oberbewusst, unterbewusst oder unbewusst. Da all diese Zustände ephemer sind und einander ablösen, wird jeder von ihnen als die vergängliche Erfahrung eines Intervalls oder Interims zwischen dem vorherigen Erfahrungsmodus und dem darauffolgenden definiert (siehe auch unter »Bardo«).

Zwölf Glieder des abhängigen Entstehens *(rten cing 'brel bar 'byung ba'i tshul bcu gnyis):* Alles, was entsteht, entsteht aufgrund bestimmter Voraussetzungen. Die allem Erkennen und jeder Erscheinung zugrunde liegende Basis ist die leere und klare Natur des Geistes selbst. Sie ermöglicht alles Erkennen und »Ver-kennen«. Luzide Erfahrung im übergegensätzlichen Modus und nichtluzide Erfahrung im dualistischen Modus werden beide von der leeren und klaren Basis aus erkannt, welche selbst unveränderlich ist, so wie ein Spiegel, der von den in ihm erscheinenden Reflexionen nicht verändert oder affiziert wird.

Im Sterben lösen sich alle Bewusstseine nacheinander in die Basis hinein auf, aber die meisten Wesen können nicht in der grundlegenden Untrennbarkeit von Klarheit und Leerheit ruhen und erkennen sie nicht als ihren ursprünglichen Zustand. Aufgrund dieses Nichterkennens, nämlich der 1. Voraussetzung, dem Verlust der vollen Luzidität oder dem Nicht-Gewahrsein *(ma rig pa),* können 2. instinktiv-reaktive Handlungsimpulse entstehen und daraus 3. dualistisches Bewusstsein. Dieses verfestigt sich in 4. Name und Form, und so wird in der Folge 5. der Bereich der sechs Sinne zur Erfahrung. Aus 6. dem Kontakt mit den Sinnen entstehen als 7. Glied Empfindungen, und aus ihnen entstehen 8. Verlangen und Ergreifen. Aus diesem Anhaften entstehen 9. die fünf Skandhas, nämlich ein Körper, Empfindungen, Gedanken, Willensregungen und Bewusstsein. So kommt es 10. zum Prozess konditionierten Werdens, welcher 11. zu einer neuen Wiedergeburt führt. Hat man einen neuen Körper erlangt, ist man 12. dem Prozess des Alterns und des unausweichlichen Todes unterworfen, denn alles, was geboren wurde, muss auch wieder sterben.

Wenn wir sterben, lösen sich die zwölf Glieder in umgekehrter Abfolge wieder auf, und so haben wir in jedem Sterben die Möglichkeit, am Ende des Auflösungsprozesses das klare Licht der allem Erkennen zugrunde liegenden Basis zu erkennen und mit ihm verschmelzend zur völligen Luzidität unseres eigenen Dharmakaya zu erwachen.

Ob uns dies gelingen wird, hängt allein davon ab, wie sehr wir uns während des Lebens damit vertraut gemacht haben, im klaren Licht leeren Gewahrseins zu ruhen, frei von allen Gedanken und ohne jeden Bezugspunkt.

Abbildungsverzeichnis

Über den Autor

Yungdrung Wangden Kreuzer wurde 1952 in München geboren und begann 1967 mit dem Studium der philosophischen und mystischen Lehren der Weltreligionen. Während seines Studiums an der Münchner Kunstakademie (1969–1975) entwickelte er seinen eigenen visionären Malstil. Seit 1970 zeigte er seine Bilder regelmäßig in Ausstellungen im In- und Ausland. Im Sommer 1972 nahm er in Frankreich Zuflucht bei Kalu Rinpoche und empfing Belehrungen zum Ngöndro und der Praxis des Mahamudra von ihm. Im selben Jahr besuchte er sein erstes Sesshin und entschied sich daraufhin dafür, dem nichtkonzeptuellen Weg des Rinzai-Zen zu folgen.

1980 emigrierte er nach Italien, das zu seiner zweiten Heimat wurde. Er erwarb ein altes Haus, baute es über die Jahre selbst aus und lebte und meditierte dort in ländlicher Abgeschiedenheit. Von 1973 bis 1985 übte er sich in der Praxis des Zen-Buddhismus in der Myoshin-Ji-Linie der japanischen Rinzai-Schule. Er studierte mit Engaku Taino Osho, einem Dharma-Erben des großen Mumon Yamada Roshi, und ist von daher mit der Koan-Übung vertraut und als Meditationslehrer im Zen autorisiert. Von Taiten Deshimaru Roshi wurde er in die Praxis des Soto-Zen eingeführt.

Anschließend an eine längere Übungszeit in einem japanischen Zen-Kloster unter der Leitung von Shodo Harada Roshi bereiste er Ende 1985 Malaysien und Thailand, um die kontemplative Tradition des Theravada-Buddhismus besser kennenzulernen, und schulte sich bei Ajahn Buddhadasa in Südthailand in der Achtsamkeitspraxis der Vipassana-Meditation. 1986 reiste er nach Indien und übte Vipassana in Dhammagiri, dem Zentrum von S. N. Goenka. Nach einigen Wochen der Meditation in Buddhas Erleuchtungsort, Bodhgaya, führte ihn sein Weg in das Kloster des Dzogchen-Meisters Tulku Urgyen in Kathmandu und damit zurück zum tibetischen Buddhismus.

Vom Ende des Jahres 1986 bis 1989 lebte er in Bodhanath, Kathmandu, und widmete sich unter der spirituellen Leitung von Tulku Urgyen Rinpoche, dessen Sohn Tulku Chöky Niyma Rinpoche, S. H. Dilgo Khentze Rinpoche, dem Studium und der Praxis von Sutra, Tantra und Dzogchen. In dieser Zeit studierte er auch am dortigen Marpa-Institut die tibetische Sprache, um sein Verständnis der Lehren des tibetischen Buddhismus zu vertiefen. Um möglichst unabgelenkt meditieren zu können, nahm er 1986 die Mönchsgelübde mit Chöky Nyima Rinpoche, und er versprach Tulku Urgyen, die folgenden Jahre vorwiegend in Retreat zu verbringen.

In Bodhanath lebend, vollendete er einen Großteil der vorbereitenden Übungen des Longchen-Nyingthik.

Anfang des Jahres 1989 weilte er einige Monate in Bodhgaya, Indien, und erhielt dort von S. E. Kyabje Kalu Rinpoche wichtige Belehrungen und Einweihungen der Shangpa-Kagyüd-Linie.

Infolge einer schweren Nahrungshepatitis kehrte er 1989 nach Italien zurück. Zwischen Weihnachten und Neujahr desselben Jahres besuchte er ein Retreat des Dzogchen-Meisters Namkhai Norbu in dessen Zentrum Merigar nahe der Stadt Arcidosso, und eine bis heute weiterwirkende Verbindung entstand.

Wangden bereitete sich dann auf eine mehrjährige Klausur vor, nachdem er von seinem Mentor Dilgo Khyentze Rinpoche die Erlaubnis hierzu erhalten hatte. Er verkaufte sein Haus in Norditalien, um die hierfür nötigen Mittel zu haben, und in einem abgelegenen Wald in der Toskana, nicht weit von Merigar, fand er einen geeigneten Ort und baute dort ein kleines Retreathaus.

Im Sommer 1990 empfing er von Khyentse Rinpoche im Rahmen eines Retreats von drei Wochen alle Transmissionen, Ermächtigungen und Belehrungen des Longchen-Nyingthik-Termas, inklusive der Einweihungen und geheimen Dzogchen-Instruktionen des »Yeshe Lama«. Zurückgekehrt in seine Eremitage, widmete er sich in den darauffolgenden Jahren allein und in völliger Abgeschiedenheit der Umsetzung der erhaltenen Belehrungen. Die meiste Zeit widmete er dabei der Praxis der nichtkonzeptuellen Meditation, beendete aber auch das in Nepal begonnene Ngöndro des Longchen Nyingthik und die speziellen vorbereitenden Übungen des Dzogchen, wie das innere Rushän und das Training der drei Tore von Körper, Rede und Geist.

Beginnend mit den Jahren in Bodhanath, erhielt Y. W. K. in Nepal, Indien und Europa Einweihungen, textuelle Übertragungen und erklärende Belehrungen von einigen der bedeutendsten spirituellen Meister aller fünf Schulen des tibetischen Buddhismus. Hier wären, ergänzend zu den oben bereits genannten, noch zu erwähnen: Chokling Rinpoche, Tenga Rinpoche, Deshung Rinpoche, Behru Khyentze Rinpoche, Thinley Norbu Rinpoche, Jamgön Kongtrül Rinpoche, Thrangu Rinpoche, Khenpo Tsültrim Gyatso, Gendün Rinpoche, Wangdor Rinpoche, S. H. der Dalai Lama, Sangye Nyenpa Rinpoche, Adzom Paylo Rinpoche, Thinley Nyima Rinpoche, Shenpen Dawa Rinpoche und Gangteng Tulku Rinpoche, von dem er, unter anderem, die von Padmasambhava stammenden rituellen Einweihungen für die Dzogchen-Praxis aus dem Terma-Zyklus »Kunsang Gongdü« des Tertön Pema Lingpa erhielt.

Im Herbst 1994 kehrte Wangden nach Indien zurück und meditierte von November bis Mai in einer kleinen Höhle oberhalb von Tso Pema, in Himachal Pradesh. An diesem heiligen Ort leben tibetische Yogis und Yoginis unter der Leitung von Wangdor Rinpoche und in der Nachfolge des Mahaguru Padmasambhava, der selbst dort jahrelang in einer Höhle praktiziert hat, ein Leben der Entsagung und der Meditation. Nach diesem sechsmonatigen Retreat reiste er Ende Mai 1995 zuerst nach Dharamsala, wo er Belehrungen und Einweihungen von S. H. dem Dalai Lama empfing, und anschließend nach Kathmandu.

Dort erneuerte er seine Verbindung mit Chöky Nyima und Chokling Rinpoche und begegnete dann, einige Wochen nach seiner Ankunft, zum ersten Mal Lopön Tenzin Namdak Rinpoche, dem größten lebenden Dzogchen-Meister der tibetischen Bön-Tradition. Wangden wurde sein Schüler und ist 1996 im Kloster Triten Norbutse von Lopön Rinpoche als Mönch in der Überlieferungslinie des Yungdrung Bön ordiniert worden. Er erhielt den Mönchsnamen Yungdrung Wangden. In den darauffolgenden Jahren bis heute empfing er von seinem Meister die Transmissionen und Belehrungen zu den bedeutendsten Dzogchen-Texten der Yungdrung-Bön-Linie. Er erhielt ergänzend essenzielle Bönpo-Dzogchen-Belehrungen von Thinley Nyima Rinpoche und Kundröl Drakpa Rinpoche, den Linienhaltern des Shang-Shung Nyamgyud und des Sar-bön Khandro-Nyingthik.

Im Jahr 1998 veröffentlichte Wangden *Belehrungen zur Praxis des Dzogchen in der Tradition des Shang-Shung Nyangyud*. Der von ihm transkribierte, übersetzte und zusammengestellte Text enthält mündliche Belehrungen von Lopön Rinpoche zum »Druchen Gyalwa Chagtri«, einem grundlegenden Kompendium der Dzogchen-Lehren aus dem 13. Jahrhundert, und war das erste Buch in deutscher Sprache, das die Dzogchen-Praxis mit ihren geheimen Instruktionen zu Trekchö, dem direkten Durchschneiden der (konzeptuellen) Verwirrung, und Thögal, der Kontemplation der Visionen des inneren Lichts, darstellte.

1999 rief er die gemeinnützige »Yungdrung Bön-Stiftung« ins Leben, deren erklärter Zweck es ist, die kostbaren Lehren dieser uralten Überlieferungslinie des Dzogchen zu erhalten und die tibetischen Mönche und Nonnen, welche sie praktizieren, mit den jährlich aufgebrachten Spenden nach Kräften zu unterstützen. Khenpo Tenpa Yungdrung Rinpoche hat

auf Wangdens Bitte hin, im August 2007 den Vorsitz der Stiftung übernommen, welche unter der Schirmherrschaft Yongdzin Lopön Tenzin
Namdak Rinpoches steht und wirkt.

Im Jahr 2013 veröffentlichte Wangden *Drei Übungen für ein gutes
Sterben und ein gutes ewiges Leben* – ein thanatologisches Praxisheft für
die persönliche Vorbereitung auf den Tod und für die Begleitung von
Menschen im Bardo des Sterbens und im Nachtodzustand. Seit dem Jahr
2004 hat Yungdrung Wangden auf Einladung des Thanatologischen Semi-
nars des IVS und von Lopön Tenzin Namdak Rinpoche dazu autorisiert
jedes Jahr drei »Dzogchen-Praxis-Retreats« insbesondere für Ärzte, Psychologen, Sterbebegleiter und andere thanatologisch Interessierte geleitet.

Für seine praxisorientierten Seminare übersetzte und verfasste er Lehr-
und Übungstexte, welche die Teilnehmer unkonventionell und direkt in
die Grundlagen der tibetischen Geistesschulung und Thanatologie und
in die Sichtweise und Meditation des Dzogchen einführen.

Mit *Kunst des Lebens, Kunst des Sterbens* legt Y. W. K. nun ein Buch
vor, das, für eine größere Öffentlichkeit bestimmt, sowohl einführende
Belehrungen in die Theorie und Praxis eines von Achtsamkeit und Mitgefühl getragenen heilsamen Verhaltens und der kontemplativen Geistesschulung wie auch »Die drei Übungen für ein gutes Sterben und ein gutes
ewiges Leben« enthält. Dieses Manual für die Praxis einer systematischen
Begleitung im Sterben und im Postmortem macht die befreienden Instruktionen des *Tibetischen Totenbuchs* in kulturübergreifend verständ-
licher und einfacher Form für einen größeren Kreis von Interessierten
zugänglich und anwendbar.